中国社会科学院　学者文选

王毓铨集

中国社会科学院科研局组织编选

中国社会科学出版社

图书在版编目（CIP）数据

王毓铨集／中国社会科学院科研局组织编选. —北京：中国社会
科学出版社，2006.9（2018.8 重印）

（中国社会科学院学者文选）

ISBN 978-7-5004-5672-8

Ⅰ.①王… Ⅱ.①中… Ⅲ.①王毓铨—文集②中国—古代史—
秦汉时代—文集③中国—古代史—明代—文集④货币史—中国—文集
Ⅳ.①K230.7-53②K248.07-53③F822.9-53

中国版本图书馆 CIP 数据核字（2006）第 054688 号

出 版 人　赵剑英
责任编辑　丁玉灵
责任校对　韩天炜
责任印制　戴　宽

出　　版　中国社会科学出版社
社　　址　北京鼓楼西大街甲 158 号
邮　　编　100720
网　　址　http://www.csspw.cn
发 行 部　010 - 84083685
门 市 部　010 - 84029450
经　　销　新华书店及其他书店

印刷装订　北京市十月印刷有限公司
版　　次　2006 年 9 月第 1 版
印　　次　2018 年 8 月第 2 次印刷

开　　本　880×1230　1/32
印　　张　15.875
字　　数　379 千字
定　　价　89.00 元

凡购买中国社会科学出版社图书，如有质量问题请与本社营销中心联系调换
电话:010 - 84083683

出 版 说 明

一、《中国社会科学院学者文选》是根据李铁映院长的倡议和院务会议的决定，由科研局组织编选的大型学术性丛书。它的出版，旨在积累本院学者的重要学术成果，展示他们具有代表性的学术成就。

二、《文选》的作者都是中国社会科学院具有正高级专业技术职称的资深专家、学者。他们在长期的学术生涯中，对于人文社会科学的发展作出了贡献。

三、《文选》中所收学术论文，以作者在社科院工作期间的作品为主，同时也兼顾了作者在院外工作期间的代表作；对少数在建国前成名的学者，文章选收的时间范围更宽。

中国社会科学院

科研局

1999 年 11 月 14 日

目　录

编 者 的 话

　　王毓铨先生是国际知名学者，著名秦汉史、货币史、明史专家。

　　1910 年 3 月 10 日王毓铨先生生于山东省莱芜县小曹村，1924 年考入曲阜山东省立第二师范学校，受进步思想影响，1925 年加入中国共产主义青年团，1926 年任曲阜县团委书记。1927 年初，他被调至济南团省委书记处，负责秘密印刷党中央、团中央和省委的文件。他一人隐蔽居住在济南西乡的农村，夜以继日的紧张生活，使他得了十二指肠溃疡，经常胃疼、呕吐、便血。"4·12"政变发生后，国民党军队进入济南，团省委被冲散，他返回曲阜，继续省立第二师范的学业。

　　省立二师中有许多学识渊博的老师，古诗文教师刘盼遂先生、白话文学教师陈翔鹤先生、书法教师乌世章先生、校长兼诗词教师宋还吾先生，都给毓铨先生后来的学术研究以深远的影响。刘先生的课给他打下了古诗文的基础，乌先生关于"学书法先要放开手，大字要写得又大又粗。手若先锈住了，再写不出好的大字。由大变小易，由小展大难"的教诲，使他在治学上得到启迪和教益，他常对青年后学说："初写论文也要把眼光放高大，即所谓'常将两眼安高处，不然，先写些无关大体的小典故、小考证，手笔锈住了，日后很难放开写大题、论大事，纵观历史。"

1929 年夏，毓铨先生考入北京大学预科。1931 年，他完成预科学习，进入经济系。没过几天，"九一八"事变爆发，日本帝国主义侵占了东三省，在民族危亡之时，他同北大的千家驹及另外一名同学发表了抗日宣言。这份宣言由学生自己出钱印刷，成了北京学生抗日宣言的第一张，在当时起了很大的召唤作用。1931 年 12 月北京大学学生自发地组成了新学生会，废除了不抗日的旧学生会，并组成"北京大学学生南下示威团"，到国民党首府南京去请愿、示威。毓铨先生当时任学生会交际股股长，负责联络南北大学学生进行抗日救亡运动。12 月 9 日，南京示威游行遭到镇压，他又去上海学生们那里求援，由于往来奔波，饮食不正常，十二指肠溃疡病复发，出血不止。学生的示威请愿运动被镇压后，他和其他爱国学生被国民党军队遣送回北大，尔后，转入历史系学习。

当时北大的学生须学会两门外语，除英文外，毓铨先生选修了德文，自学读本是德文版的《共产党宣言》，假期又加入日文班学习日文，能够阅读日文社会科学的书，他读了日本平野义太郎翻译的德国 Karl August Wittfogel（魏特夫）的著名的《支那的经济与社会》上下两卷。这三种外文对他日后的学术研究起了重要的作用。在北大，他选修了胡适先生的"传记文学"课，该课是个研究作业班，同学不过十来位，上课都在胡适家的客厅里。有一次胡适大声批评他："王毓铨，你不应该像李逵那样光耍大刀阔斧，还应当像江南十六七岁的少女学着绣花。"他说胡先生的话使他受益终生，从此逐渐养成了做学问从大处着眼，从小处着手的方法。

1936 年，王先生的第一篇英文文章《The Rise of Land Tax and the Fall of Dynasties in Chinese History》（中国历史上田赋的增加与朝代更替）在太平洋学会主编的《Pacific Affairs》季刊上发表后，南开大学经济研究所所长何廉先生和副所长方显廷先生认为不错，希望他毕业后去他们那里进修经济史。于是 1936 年王毓铨先生在北京大学毕业后，便到了南开大学经济研究所做研究工作。

不到一年，"七七"事变爆发，日军侵入华北，继而平津沦陷。为了反对日本帝国主义的侵略，不做亡国奴，毓铨先生抛弃了南开优厚的待遇，毅然离开天津回到家乡，支持本县的"抗日救亡运动委员会"，配合八路军山东第四支队做抗日救国工作，并给第四支队的政治训练班讲授社会发展史，政治部主任就是已故著名法学家张友渔先生。艰苦的抗日游击生活，使他的十二指肠溃疡病再次复发，又一次吐血、便血。

1935 年夏，魏特夫以太平洋学会研究员的名义从美国来到北平，经朋友介绍，与王先生相识，成了朋友。后魏特夫以太平洋学会名义申请美国国务院，准予王先生以专家名义赴美参加他主编的"中国历史编纂计划"（The Chinese History Project）。

1938 年底毓铨先生抵达美国。刚到纽约的第二天晚上，陈翰笙先生便来看他，询问山东南部八路军敌后抗日游击队的活动情况，嘱托他把所知情况在几天之内用英文写出发表，以争取西方人民的援助。于是王先生立即用英文写成《The Organization of a Typical Guerrilla Area in Southern Shantung》（一个鲁南典型游击区的组织），由太平洋学会印行。这篇文章记载了山东南部八路军山东游击队第四支队领导下的抗日军事工作、民主政治改革、妇女工作、宣传工作等等，在美国人和海外华人中起了很好的宣传作用，扩大了中共的抗日影响。中共纽约党支部的饶漱石认为很好，便找王先生谈话，从此王先生和支部的同志们有了经常的联系。他从陆璀那里得知宋庆龄主席领导的"保卫中国大同盟"在香港的通讯处，便每月捐款以购买物资运给陕北的八路军。他生前一直保存着宋庆龄主席给他的每一封来信。

1939 年他正式参加太平洋学会（设在美国）主持的"中国历史编纂计划"，承担秦汉部分。这是一部中国历史社会经济资料汇编。由于该书不仅收集有关资料，译成英文，还要详加文字和典制注释以及秦汉之后各代学者的论述及今人的研究成果，译文须准确，注释须简明，这就需要阅读大量文献。后来在《历史研究》上发表的《汉代"亭"与"乡""里"不同性质不同行政系统说》和《爰田（辕田）解》，就是根据注释《汉书》史文时的笔记整理的。

这期间，他在哥伦比亚大学研究生院攻读硕士学位，主修专业为古代希腊史和罗马史。有一次，美国古代史著名教授里里安·威斯特曼（Lilian Westermam）在上课时让他讲解北非出土的刻有罗马皇帝诏书的石刻，他讲完后，这位教授说："你讲的是字面上说的，你没有讲字面上没有说的，看皇帝诏令这一类的文件不仅要看他讲什么，还要看他不讲什么，他该讲而不讲的往往是重要的。"这番话给王先生的震动启发非常大，以后一直影响着他的学术研究。他的硕士学位论文是《The Organization of the Central Government of the Western Han Dynasty》（西汉中央政府的组织），将中国汉代和古代罗马政府作比较研究，这篇文章成为美国各大学学生学习中国历史的必读文章，里里安·威斯特曼教授还把这篇论文推荐给学习古罗马史的学生们。

1947 年，毓铨先生的博士学位还没有读完，便被美洲古钱学会所聘，担任该学会博物馆远东部主任，同时研究商周古钱。作为研究成果，写成《Early Chinese Coinage》（中国古货币）一书，1952 年在纽约出版。这部书得到世界许多学者的书评赞誉，谓之为有开创性的贡献。由于该书的贡献，伦敦出版的《WHO is WHO》（《世界名人辞典》）将他的小传列入这部年年发行的世界最有名的一般名人辞书中。在纽约，傅斯年先生曾专程去参观过毓铨先生的古钱研究工作。1957 年他在这本书的基础上改写出版的《我国古代货币的起源和发展》，也曾得到脍炙人口的赞许，顾颉刚先生把它列入他的《拟历史研究所第一组培养干部学程表》的必读典籍之一。

1946 年，反法西斯战争胜利后，因为魏特夫政治上反苏反共，王先生与中共纽约支部陈翰笙先生斟酌后，便辞去了中国历史编纂处的工作，表明了自己政治上的态度。1948 年随着解放战争的节节胜利，统一战线的工作越来越扩大，在中共纽约支部的领导下，王毓铨先生与进步人士在留美学生和学者中组织"新文化学会"，配合国内的解放战争，削弱国民党在海外华人中的影响。芝加哥、旧金山也成立了分会。这个学会实际是中共纽约支部的外围组织，王先生被选为第一届主席，并以主席的身分号召留美人士在新中国成立后回国参加社会主义建设。1950 年 1 月，为了给大家树立榜样，他不顾老师胡适的反对，克服了许多阻力和干扰，经过一个多月的海上漂荡，举家于 1950 年 3 月回到北京。作为学生，他对老师胡适虽然感情很深，但二人在政治上却有分歧。

回国后，他的老师许德珩和王冶秋安排他去历史博物馆（即后来的中国历史博物馆）工作，任历史博物馆陈列部主任。在历史博物馆，他响应党的号召，主动将自己的工资减半，从每月 1500 斤小米改为每月 750 斤小米。他说："回国不是为了赚钱。"经老师许德珩介绍，毓铨先生加入九三学社，曾经担任九三学社中央学习委员。

　　1954 年博物馆陈列工作就绪后，他于 1955 年到中国科学院历史研究所工作，任研究员，因工作需要改治明史。他以研究土地制度为基础，进而研究中国封建社会的生产关系及各种人户的户役，陆续发表了专著《明代的军屯》和《明黔国公沐氏庄田考》、《明代的王府庄田》、《明代军屯制度的历史渊源及其特点》和《明代的军户》等论文，用大量而确凿的历史资料，得出新颖的学术观点。

　　1971 年他从"五七"干校调回北京，参加周恩来总理委托顾颉刚先生负责组织点校廿四史的工作。1978 年以后任中国社会科学院历史所明史研究室主任，中国社会科学院研究生院硕士生和博士生导师。曾兼任中国明史学会会长、中国古代经济史学会会长、太平洋历史学会顾问、明藩王学会名誉会长、《香港大学中文集刊》顾问、英国剑桥大学《大亚细亚学报》顾问、意大利东方大学《中国历史与文化百科全书》顾问以及《中国历史大辞典》、《中国大百科全书·中国历史卷》、《中国通史》、《中国经济通史》各书明代部分主编。

　　改革开放以后，毓铨先生又进行了许多开创性的研究，提出了一些新的问题，关于古代封建社会生产关系的有：封建土地所有制、编户齐民的身分、赋役的性质、户役制（配户当差制）、户役审编准则、庶人在官与官吏之异同、封建统治阶级内部的矛盾、阶级矛盾同生产破坏与中国古代封建社会基本结构长期停滞的原因、皇室经济与大地主经济的经营性质、封建专制主义治国平天下的基本思想与政策等等。为阐述他的观点，发表了《〈中国历史上农民的身分〉写作提纲》、《明朝徭役审编与土地》、《籍·贯·籍贯》、《封建社会的土地具有主人的身分》、《纳粮也是当差》、《明朝田地赤契与赋役黄册》、《明朝的配户当差制》、《户役田述略》等。

在半个多世纪的学术研究中，他从土地和人民属于皇帝所有这一根本点出发，通过对具体问题的微观分析和理论问题的宏观研究，对明代及中国封建社会的经济基础和上层建筑的基本特征做了完整、全面的论述，从而构建了中国古代封建社会史的完整理论体系。他认为中国封建社会，是"家长制专制封建社会"，人民和土地都是皇帝的财产，皇帝设置百官以管理经营这份财产，于是产生了官僚政制。为尊隆其圣子贤孙，皇帝赐予其财产的一部分作为他们的庄田人户。为崇贵其功臣国戚，皇帝也赐予他们土地人户，并免其正杂差役，为使官僚门户贵于庶人，也允许他们广占庄田、免其杂泛差役，自嘉靖二十四年始并免其正役（税粮）有差。皇帝依靠贵族官僚统治，贵族官僚依靠皇帝营私，因与皇帝争夺"王土、王民"。这种争夺形成了统治阶级内部的也是它内在的矛盾，矛盾的加深导致朝廷的土地、人户逐渐失额，因而使朝廷的粮差收入也日渐减损。为保持其粮差原额不变，因将失额粮差强令现存人户赔办，加重了现存人户的负担，导致阶级矛盾尖锐化，生产破坏，编户流亡，人民造反，朝代更替。与资本主义社会不同，中国古代社会中虽也有经济权力和政治权力这两种权力，但最基本、最终的决定权力是政治权力，不是经济权力，是政权，不是资本。对一个社会或一个社会中的众集团来说是这样，对一个人来说也是这样。政治权力能使一个人获得财产和社会荣誉，也能促使一个社会的生产发展；政治权力能使一个人丧失财产和社会荣誉，也能使一个社会破产。因此，这个社会的经济体制和权力体制的主要特征是政治权力支配经济权力，政治权力就是经济权力。这个社会的经济是政治控驭下的经济，等级控驭下的经济，因此是封建政治经济，封建等级经济，政治等级体制就是其经济等级体制，经济体制完全建立在其政治体制之上，且决定于政治体制。政治的经济，政治权力经济，正是封建社会经济的本质。

他认为中国古代家长制专制封建经济的基础，是皇帝控制着全国的生产资料和劳动力——土地和人民。中国古代历史上的封建政权基础是土地和人民，从有文字记载的历史以来，没有哪一位帝王及其官僚不说土地和人民是帝王所有，土是"王土"，民是"王民"，全国的土地和人民是皇帝的家业私产，土地山林川泽被帝王据为私有，便成为他们持以役使剥削人民的条件。因此古代封建中国没有土地私有制。皇帝是最高最大的地主，是社会的主宰，是全国人民的大宗主。皇帝的权力全是来源于他控制着据说是他受之于天的全国的土地（疆土、生产资料）和人户（人民、劳动力）。

毓铨先生还认为，在家长制专制封建社会里，由于土地和人民为皇帝私有，由于其经济是政治的经济，因此封建的人身依附关系在各阶级、各阶层间居有支配的地位，人是属于别人的，人身依附关系统治着所有的人，没有自由的事实，没有自由的思想，也没有独立的权利，专制政治制度和人身依附关系占绝对优势。

他认为，皇帝为了经营管理他的私产（土地和人民），为了实施"代天理物"的天职，遂设置百官庶尹，形成一个庞大的官僚机构和专职官僚政体。百官有司为皇帝经营财产、牧养人民，是皇帝的纪纲之仆。品官，无论他品级多么高，也还不过是皇帝的当差的。不过他的差使是佐皇王以统治"野人"的"君子"之差，属于统治阶级。他认为研究这个专制官僚政体是研究古代中国的阶级结构的重点，是研究古代中国权力结构的重点，是研究古代中国政治、经济、宗教、文化的重点，是研究古代中国为何长期停滞在封建社会阶段上的重点。

毓铨先生对明代及中国封建社会形态的基本特征做了深入探

讨，系统论述，提出了独创性的学说体系。他的一系列观点，是20 世纪 80 年代以后明史研究中出现的重要学说。他所著《莱芜集》是论证中国中古时期的土地制度和农民身份的专著，是一部厚实、细致的作品。

在研究工作中，他首先是详细占有材料，去伪存真，去粗存精，从零碎的史料中清理出一定历史范围内的发展规律。他的功底深厚，态度谨严，有一个良好的学风。他不轻易写文章，白寿彝先生赞许他"不趋时尚，不苟立论"，他对自己作品的要求是"宁质勿夸，宁拘勿达"。

王毓铨先生是一位有着卓越学术贡献而又具有鲜明革命立场的学者，他一生追求光明与进步，始终把自己与国家的前途、民族的命运联系在一起，并表现出一种无畏的献身精神，这在他那一辈学者中是不多见的。

2002 年 10 月 27 日，王毓铨先生在北京逝世，终年 92 岁。

张宪博

2005 年 12 月 20 日

汉代"亭"与"乡""里"不同性质不同行政系统说[*]
——"十里一亭……十亭一乡"辨正

　　班固著《汉书·百官公卿表》叙述县以下的地方职官说："大率十里一亭，亭有长。十亭一乡，乡有三老、有秩、啬夫、游徼。"若不细加推究，这话就给人这么一种印象：汉代的地方行政组织是"乡""亭""里"；"乡"以下是"亭"，"亭"以下是"里"。所以一千多年来，凡是论到汉代官制或地方行政制度的，总以为汉代是"积里为亭，积亭为乡"。顾炎武发现了汉朝是"以县统乡，以乡统里"（《日知录》二二），首先接触到了这个问题，但他未因此对"十里一亭，十亭一乡"的因袭说法予以应有的怀疑。俞正燮作《少吏论》（《癸巳类稿》一一），论历代地方职官，也没有发现汉代"亭"和"乡""里"的正确关系，或有无关系，反而据《续汉书·百官志》"一里百家"的文字，推论说汉制是"千家亭长"。近人也有接受这个说法的。

　　最初使我怀疑"十亭一乡"的，还是由于班固自己的话。

　　* 本文原载《历史研究》1954 年第 2 期。

叙述了乡里职官以后，班固便列举汉帝国境内县道国邑乡亭的总数，"乡六千六百二十二，亭二万九千六百三十五"。这两个数目字不像有错，所见各本都如此。如果没有错，那就有问题。据前引班固的话，汉代是"十亭一乡"的，"乡"既有六千六百二十二个，那么，"亭"就应该有六万多个。即使设置的情况是"大率"吧，那也不能相差如此之多。因此，我怀疑《汉书》里"十里一亭……十亭一乡"的记载，不可能理解成"积里为亭，积亭为乡"，必定另有个说法。

应劭也是后汉的学者，曾做过泰山太守，并且特别留心过汉朝的政治组织，著《汉官仪》，他必定知道汉朝的地方官制和行政机构的，但他却不曾说汉代是"十里一亭……十亭一乡"。他说："国家制度，大率十里一乡"（刘昭《续汉书百官志》补注引《风俗通》）；"乡""里"中间没有"亭"。如果前汉和后汉的地方行政组织不同，班固和应劭两人的说法不同，是没有什么关系的。可是我们知道在这方面前汉和后汉是没有什么不同的。

为了解决这个问题，我把两汉的地方行政制度和有关问题，稍稍考察了一下。我的出发点是这样的：

一、汉代的"亭"和"乡""里"是不是同性质同系统的地方行政组织？

二、"亭"是不是隶属于"乡"，而又统辖着"里"？

三、如果肯定应劭"十里一乡"的话，和班固的"十里一亭"的话有无矛盾？怎样解除这个矛盾？

      *   *   *   *

如一般所周知，"亭"不是个施政主民的机关，和"乡""里"不同。

第一，因为"亭"的设置目的是为"以禁盗贼"、"主求捕盗贼"（《续汉书百官志》），主要是为禁盗防盗，《汉旧仪》、

《汉官仪》和《续汉志》无不如此说法。《汉官仪》说:"亭长课徼巡。尉、游徼、亭长皆习设备五兵。五兵弓弩、戟楯、刀剑、甲铠、鼓。吏赤帻行縢带剑佩刀持楯被甲,设矛戟习射。"又说"亭长持二尺板以劾贼,索绳以收执贼"。(《续汉书·百官志》刘昭补注引,《汉旧仪》文字大同小异。)《史记》、《汉书》和《后汉书》所载"亭"或"亭长"的故事,也无一不是所谓防盗备奸的,很切合《汉旧仪》和《汉官仪》的说法。《后汉书·仇览传》记览为蒲亭长,一老母诣亭讼其子不孝。这故事好像是说亭长主讼狱。其实这件事是偶然的。因为亭长主不法,所以那位老母才向他告她那不孝的儿子。类似的调解事情在旧社会里是常有的。严格说来,亭长的职责不主民间词讼。

相反的,乡官里正的设置是主一乡之人,或一里百家。他们的任务重在民事行政:如教化,诉讼,"知民善恶,为役先后;知民贫富,为赋多少"等等。这和亭长的单纯的半军事性质的维持治安的职务是不同的。

为维持治安镇压不法,"亭"不只设于乡野,而且设于城市街道上和城门上。"洛阳二十四街,街一亭,十二城门,门一亭。"(《续汉书·百官志》注引蔡质《汉仪》)不只重要大街和城门上设"亭",有亭长,就是衙门门前也有亭长。所以丞相府有骑亭长七十人(《汉旧仪》),"郡……正门有亭长"(《续汉书·百官志》),"长安令雒阳令及王国郡县加前后兵车亭长"(同上《舆服志》)。因为这个缘故,所以在汉石刻(如武梁祠画像刻石)和文献里才有"门亭长","汉故乐安太守廑君亭长",汉代古墓里出现了很多亭长砖,汉代壁画和楼房明器大门前也有持戟守卫的亭长。

郊野设亭的制度,后汉以后开始废弃,到了西晋,仿佛已经不存在了。所以贺循(260—319 年)在上晋怀帝一奏章里说,"按汉制十里一亭,亦以防禁切密故也。当今纵不能尔,要宜筹量,使力足相周"(《晋书》本传)。"防禁切密"就是汉"亭"的主要任务。

第二点可以证明汉代的"亭"不是主民施政的机关,不和"乡""里"同一系统的,是当时的户籍制度。现今所谓姓名籍贯,春秋时代叫"名居",汉代叫作"名数",登记人户的"名县爵里"。每户人家成员的姓名、性别、年龄、爵级和财产(如果有的话),以及他们所属的地方行政单位,每年登记("案比")一次,编成名册,县令转呈郡太守,郡太守再派遣上计呈献给皇帝,以后朝廷征收赋税,征调劳役,全凭这个"名数"册子。敦煌居延两地所发现的汉代简牍里有若干是载着戍卒的"名县爵里"的。有的记"县"和"里",有的记"郡"或"国"和"里",有的记"郡"或"国","县"和"里"。居延汉简里有两简,一曰,"魏郡繁阳北卿佐左里公乘张世……",二曰,"河南郡雒阳北部北昌里公乘……"(见《居延汉简考释》三,释文之部。标点是我加的——作者注)简文里的"北卿"和"北部"都在县名之下里名之上,必定是乡名;"卿"和"部"大概是"乡"字的误释①。汉时一县平均说来少的有三

---

① 《三国志·魏志》云,曹操"年二十举孝廉为郎,除洛阳北部尉"。由是观之,洛阳有"北部",劳释不误。但细审之,则不然。洛阳乃县名,县中分"部"不见于文献,也不见于汉碑文字(汉碑阴多载县中职官名)。《续汉书》谓"尉大县二人,小县一人"(《百官志》),此二尉当即应劭《汉官仪》中所载之"左右尉"(《续汉志》刘昭补注引)。汉"溧阳令潘乾碑"亦有"左尉""右尉"官名,但从未见"北部""南部"之记载。裴松之注《魏志》引《曹瞒传》曰:"太祖初入尉廨,缮治四门,造五色棒……有犯禁者不避豪强,皆棒杀之。"这是都尉的派头,县尉没有这么大权力。而且当时推荐曹操作"尉"官的是京兆尹司马防。一个京兆尹也不会推荐他所钦佩的人作县尉这么一个小官。汉代县不分"部",但郡分"部",部有一都尉。《魏志》所谓"洛阳北部都尉"疑为"洛阳北部都尉"。裴松之注引《魏武故事》载曹操自谓曰,"孤始举孝廉……后征都尉",是曹操曾一任都尉。可见《魏志》之"尉"非县尉,实为郡都尉。"尉"既为郡都尉,则"洛阳"代表的不是个县,应该是郡。东汉末洛阳乃河南尹之首县,且居河南尹之北部,在通常称谓里时或有用"洛阳"代"河南"之办法,致有《魏志》"洛阳北部尉"之文字,也未可知。简文中"河南郡雒阳北部北昌里""北部"为"北乡"之误释(章草中乡部二字易混)当无问题。

乡，多的有五乡。县城所在之乡叫"都乡"，三乡的就还有"左乡""右乡"，五乡的就有的以东西南北之名名之。汉铢里有"南乡三老"印，汉《苍颉庙碑》文里记载着万年县有"北乡"，汉封泥里"东乡""西乡""南乡""北乡"印都有（《续封泥考略》，五）。汉代实际上是有"北乡"的名称的。如此说来，上引居延两简就是记载着"郡""县""乡""里"的名籍了。居延一地发现了六百七十四片名籍木简，但没有一简是记载着"亭"的。《学斋占毕》（三）载一汉代墓碑，文曰："永憙元年二月十二日蜀郡临邛汉安乡安定里公乘校官员王幽字珍儒。"① 这一名县爵里写的很详细，但也没有提到"亭"。汉代通行的"爵里刺"（如后世拜会用的名帖）也是记载着"郡县乡里"，同样没有"亭"（《释名》，六）。如果汉代地方上确是"积里为亭，积亭为乡"的话，"亭"在名籍的记载里必可一见，焉能遗漏得这么干干净净！

　　第三，再就汉代的实际行政上说，也只见"乡""里"相刺，不见"亭"。《春秋繁露·止雨篇》记董仲舒的止雨仪式说："令县乡里皆扫社下。县邑若丞令吏啬夫三人以上祝一人，乡啬夫若吏三人以上祝一人，里正父老三人以上祝一人。皆斋三日。"在这个布置里有"县"，有"乡"，有"里"，也没有"亭"；主事的有"县令"，有"乡啬夫"，有"里正"，也没有"亭长"。

　　为什么呢？因为"亭"只是个徼循机关，主"盗"不主民。正因为"亭"是个防"盗"维持治安的机关，所以亭长在后汉时代是"承望都尉"（《续汉书·百官志》），而不从属乡游徼。

----

　　① 碑文标点是作者加的。"永憙"即东汉冲帝"永嘉"。钱大昕谓"憙""嘉"易乱，"永嘉"实为"永憙"（《三史拾遗》四）。

"乡"不辖"亭"，乡游徼也管不着亭长。后汉如此，前汉想必也是如此。

＊　　　＊　　　＊　　　＊

说到这里，就不得不提一提"亭"的来历了。

"亭"在周代是个伺候敌人的设备，像一个小障。敌人来攻，主"亭"的人（或"尉"，或"长"），便报告消息，并设法抵抗。所以那时的"亭"都是设在一国的边境上。平时无事，诸侯之间的遣使聘问，亭吏就主送迎之责。《韩非子·内储说》上载吴起为魏西河守攻克秦一小亭，那亭就在秦的边境上。贾谊《新书》（七）载梁楚邻界，两国边境上都设着亭。《国语·周语》载单襄公答固定王说，"周制有之……疆有寓望"，应劭把"寓望"解作汉代的"亭"（《全后汉文》，三七），那是很恰当的。这些例子，可以把我们引到这么一个结论：原先，"亭"是设在边境上用以守望并防备敌人进攻的。

《墨子·备城门》篇（想是战国晚期作品），谓城上设亭以固守卫，亭一尉。这也是防外敌的。这城上的守亭和境界上的边亭性质是差不多的。两汉时代边境上也有亭，那就是所谓"亭障""亭燧"一类的设置。它们的作用是军事的，防备敌人的袭击的，和先秦时代亭的主要作用完全一样。但在汉代，边亭只占少数，大多数的亭都在内地；而这些境内之亭则主防内"盗"内"奸"。什么时候亭由边境上发展到内地，由防御外敌也变到逐捕内"盗"，即由周亭变成了秦汉亭，是亭制史上的一个重要问题，可惜文献缺乏，不能考明。想来，大概是秦国统一六国建立中央集权的专制国家的时候，为防备反抗和逐捕叛逆，利用了旧制，稍稍改变了它的性质，并且拓大了它的范围而创立的吧？劳干研究汉代亭燧制度说："亭之本义为乡亭，指烽隧者其引申也"（《居延汉简考释》，考证一），这话适得其反。

总之，从历史上看，"亭"原是守望防敌的，是个军事设备，在汉代，它的本质仍然如此。它和掌教化，主赋役，窥伺居民的行为的乡官里正之类，在性质上是不同的①。

　　*　　　　*　　　　*　　　　*

为了把这个问题再弄清楚一些，我们有把地方行政组织做个简单的历史考察的必要，给汉"亭"不主民，"乡"不辖"亭"，"亭"不辖"里"，做个旁证。

西周器"令彝"铭文里有"里君"（《尚书·酒诰》里的"里居"王国维已说明为"里君"之讹），是个官名。我们大概可以把他看作和《周官》里的"里宰"、秦汉时代的"里正"同性质的官吏②。他所主管的就是"里"，一里的居民。如果这个解释不错的话，那么远在西周我国历史上的基本行政单位——"里"，就已经存在了。春秋时期，城（国）里的最小行政单位仿佛都是"里"。郊野就有不同的名称；不同地域，也有不同的名称。"叔夷钟"铭记齐侯征服莱国以后，把莱国三百个"县"封给了叔夷。这"县"好像邑聚那样大小。如果是地方行政单位的话，那也是最低的一级。据《左传》，齐晋宋卫郑各国的地方行政单位都是"邑"。当时采邑的封赐便是用"邑"来计算③。《国语·齐语》说"制鄙三十家为邑"，不知可靠不可靠，也不知晋宋卫郑的"邑"是否也如此。但那时在"邑"里住的

---

　　① 魏晋以后，亭制废，地方上逐捕"盗贼"的责任就转到"里长"或"里正"身上了。这有唐律为证（见《唐律疏议》户婚上）。所以唐张守节才把他那时候的"里正"比作秦汉时代的亭长（《史记·高祖本纪》注）。

　　② 郭沫若先生首先把"里君"解作地方官（见《两周金文辞大系考释》"令彝"）。严格地说，汉代的"里正"还不能称为官。

　　③ 齐景公赐晏婴"北郭佐邑六十"（《左传》襄公二八），郑伯赏子产六十邑（同上，襄公二六）。卫之懿氏有六十邑，而公孙免余说卫国卿的封邑是一百邑（同上，襄公二七）。宋公赐给他的左师六十邑（同上）。

大抵是农奴式的"庶人"、"黎庶"或"隶农"。贵族们为容易统治他们进行生产并施行强制劳役，就他们的居住地，依一定的户数，编成若干单位，这事是极合情理的。在春秋末战国初，"里"，而且有一定户数的"里"，或类似的组织，便变成了地方行政的基本单位了。

在那有一定户数且为地方行政基本单位的"里"出现以前，"乡"似乎早就出现了。《史记·孔子世家》载孔子生鲁昌平乡陬邑。《论语》有"乡党"（"党"就是"里"，见宋翔凤《四书释地辨证》，"阙里"条）。《左传》载宋郑楚三国都有"乡"（宣公十一，襄公九及三十一）。这些记载直接地或间接地表示着"乡"是侯国以下的行政区。《周礼》有"乡大夫""乡士""乡师""乡老"。

自有"乡""里"以后，在地方的行政系统上，总是以"乡"辖"里"，以"里"隶"乡"。《墨子·尚同》里的行政系统是"天下""国""乡""里"。里长"率其里之万民以尚同乎乡长"，乡长"率其乡万民以尚同乎国君"，国君"率其国万民以尚同乎天子"。《逸周书·大聚》里的行政层次是"国""邑""乡""闾"。"闾"即"里"。《吕氏春秋·怀宠》里的是"国""邑""乡""里"。此两处之"邑"都相当于汉代的"县"；古文献里"邑"字可以用以代"县"。总之，在先秦的文献里，地方行政组织和系统，大致说来，先是"国""乡""邑"（或"里"），后来是"国""邑"（等于秦汉的"县"）"乡""里"。"乡""邑"或"乡""里"之间没有"亭"，虽然那时"亭"已经存在。

秦汉以后呢？情形也是这样的；只要是规规矩矩的地方行政系统存在的话，那个系统总是"县""乡""里"，小小的差异和名称之不同自然是免不了的。不只文献里如此，古物的铭记里也是如此。

《晋书·职官志》里有"县五百户以上皆置乡……率百户置里吏一人",出土晋砖上就有"元康六年太岁丙辰扬州吴兴长城湘陵乡真定里哇晞年世先君之冢"（《千甓亭古砖图释》，七）相印证。杨之庐曾检查过四十七个后魏墓志铭，他说，"墓志之中恒有题为某某乡某某里者，是里之上有乡，乡乃为统里而设者也"（《中国学报》二卷一期，《后魏里名考》）。到了唐代，地方上的行政系统仍然是"乡""里"。《旧唐书·食货志》"百户为里，五里为乡"。《通典》，"唐初百户置里正，五百户置乡耆老"。在敦煌发现的唐天宝六年的户籍上，写的是"敦煌郡，敦煌县，龙勒乡，都乡里"。宋代也是以"乡""里"统辖地方。现在的地方志有不少的把各该县的乡里制度追溯到宋代的。《泉州府志》（同治庚午重刊），《鄞县志》（光绪三年本），和《歙县志》（民国二十六年本），便是些例子。宋代以后，乡里的名称虽然有些改变，但实质上，地方上的行政系统仍然是以"县"辖"乡"，以"乡"辖"里"。

这样上溯先秦，下推晋唐，地方行政系统"乡""里"之间也都没有"亭"。

根据以上的论证，我们可以得出下边这么几个结论：

第一，"亭"和"乡""里"既是不同性质的地方行政组织，因而也不属于一个行政系统。"亭"只求捕盗贼，不主民事。所以亭长上不隶属于乡官而"承望都尉"，下不辖"里"而只与"邮"发生关系。因此，凡是以为汉代是以"乡"统"亭"以"亭"统"里"或"积里为亭，积亭为乡"的说法，都不正确。

第二，汉代的地方行政组织是"乡"和"里"；以"乡"统"里"，积"里"为"乡"。应劭说汉代"国家制度，大率十里一乡"是对的。《汉书》"十亭一乡"的"亭"字，大概是错的。如果不错，当别有解释。遗憾的是这别的解释在史汉三史和汉人的著作中却找不到。也许《汉书》的原文也是"十里一乡"。后人不明汉制,读《汉书》见上边既有"十里一亭",下边不应该又有"十里一乡",遂将原来的"里"字改为"亭"字,也未尝不可能。岂不知"十里一亭"的"里"字和"十里一乡"的"里"虽然字同,但意义不同。

第三,应劭的"十里一乡"是对的,而班固的"十里一亭"也是对的。其实,说"十里一亭"的不只班固,应劭也这样说,而且至少说过两次(见《汉官仪》及《风俗通》,刘昭《续汉书·百官志》补注引)。为什么说"十里一乡"是对的而"十里一亭"也是对的?因为这两个"里"字意义不同,而所代表的制度也不一样。"十里一乡"的"里"字是"里居"之"里",意思是居住地区,或据居住区域而定的行政单位;"十里一亭"的"里"字是"步里"之"里",代表一定的长度或距离。应劭曾说过:"十里一亭……五里一邮,邮间相去二里半。"这"里"字明明是长度之"里"。求诸实际,也正如此。"亭"既是为防"盗"而设的,所以这一个亭和那一个亭之间,必须保持着合适的距间。太近了,不必要;太远了,一遇有事,亭长击鼓,邻近的亭就不易听见。所以不近不远,大致相去十里就设一个"亭";这才有了"十里一亭"的办法。这"里"当然是长度之"里",非"乡里"之"里"。汉代十里差不多等于现今六里,六里之遥,鼓声可以听见。如果是在边塞上,夜里的火把白天的烟也都可以看得见。

内地"亭"间的距离,和"亭"制本身一样,大概也是仿照边亭设置的。黄文弼在蒙古新疆的考察(见所著《蒙古新疆两地考古经过》),劳干对居延一带亭燧制度的研究(见《居延汉简考释》,考证二),都说汉代的边亭距间大率是十里,合乎"起烽燧,十里一候"(《后汉书·马成传》)的制度。由此可见亭的设置距间标准是长度的"里","或依远近为断,或依什伍而断"(《居延汉简考释》,考证一)的调协说法,就不妥当了。

　　第四，"亭"既是以长度的"里"为距间标准，那么它们的原则是面积的大小距离的远近。"乡""里"的设置就不这样，"乡""里"的设置原则是按户口，和"县"的一样。"乡"有大小之分，决定大小的是户数的多寡。《汉官》（《续汉书·百官志》刘昭补注引）说"乡户五千则置有秩"。《续汉书·百官志》说"其乡小者置啬夫一人"。小乡之所以称小乡当然就是它的户数不满五千。"一里百家"也是由户数来决定的。这样，从设置的原则上，也可以看出"亭"和"乡""里"的不同性质不同行政系统①。汉代名籍上之所以记"郡""县""乡""里"而不及"亭"，这也是原因之一。

------

　　①　"亭"与"乡""里"之不同性质不同系统，在组织原则上，也多少可以从汉代地券的文字里看出一点来。汉代地券有两种：一种是迷信用物，俗所谓"买山地券"，一种是实在用的地券。就已发现的实在的地券里至少有五个（就我个人所知道的）将被买卖的土地记上它所在的某某"亭部"（此"亭部"想系指亭的辖地而言，不是许慎《说文解字》中"徒隶所居"的"亭部"——"坰"）。如"王未卿买地券"："建宁二年八月庚午朔廿五日甲午，河内怀男子王未卿，从河南河南街邮部男子袁叔威，买鞏门亭部什三邱西袁田三亩……"（《贞松堂集古遗文》十五）"孙成买地券"："建宁四年九月戊午朔二十八日乙酉，左骏厩官大奴孙成，从雒阳男子张伯始买所名有广德亭部罗伯田一町……"（《蒿里遗珍》）"房桃枝买地券"："中平五年三月壬午朔七日戊午，雒阳大女房桃枝从同县大女赵敬买广德亭部罗西（伯?）变（南?）步兵道东冢下余地一亩……"（《贞松堂集古遗文》十五）"樊利家买地券"："光和七年九月癸酉朔六日戊寅平阴男子樊利家从雒阳男子杜谞子子弟□，买石梁亭部恒千东比是佰北田五亩……"（同上）从这几个券文里我们可以看出，记某块田地在某"亭部"时，也必记在某"千"（阡）或某"千"某"佰"（伯，邱，陌）的某个方向（阡陌是田间道），意在使其位置明确不疑。使其位置明确这就是券文记"亭部""千""佰"而不言"乡"的道理。一则亭部范围较小，二则亭是按远近设置的，因而地界明确。很有意思的是，即使券文记交易之田在某某亭部，但购买人的名籍，则仍按县乡里的制度。"曹仲成买地券"就是一个例子。该券文曰："光和元年十二月丙午朔十五日，平阴都乡市南里曹仲成从同县男子陈胡奴买长谷亭部马领佰北冢田六亩……"（券在日本中村氏书道博物馆。券文记引见仁井田陞《汉六朝の土地卖买文书》，《东方学报》，东京版，第八册，五四页）

　　就是从这点小文物上，我们也可以看出建立在地理远近上的"亭"和建立在户口多寡上的"乡""里"（自然"乡""里"也是不能脱离开空间的）在实际应用上的不同了。
　　（以上券文之标点都是笔者加的）

"民数"与汉代封建政权[*]

一 民数的重要性

往时读两汉史书，见县乡设置不以地域广狭而以人户多寡为标准，官吏名号秩别也因人户多寡而不同，以为此异于今制，不疑其别有缘故；又见名郡国之下具列户口细数而无垦田细数，尝惜其体例未必尽善，不识其另有道理。历朝律中只有户律（或称婚户律，户婚律），无田律。田事讼狱禁令等均附于户律或户婚律中①，而户律又首重脱漏户口之罪，遂感到古时封建国家及反映当时政治制度之文献，都重视人户，也就是本题的"民数"。其重视之程度有时过于土田。地方行政区划以户口为标准之原则，到明朝才有所改变，改为以税粮为准；地渐与丁等，且渐重于丁。可见历代封建国家对"民数"之重视。

两汉封建政权之所以重视"民数"，与其封建政权赖以存在

---

　　* 本文原载《中国史研究》1979 年第 3 期。

　　① 汉有《田令》。云梦出土秦简中之秦国（非统一后之秦朝）律文有标题为"田律"的。"田律"律名彼时可能有，但也有可能如"游士律"、"中劳律"等或非原律篇名，而系录者所为。

的经济基础（或称物质基础）有关。综观两汉封建政权经济基础之荦荦大端，约有下列七项：

（一）田租

汉初田租是十五税一，景帝元年降低租率，三十税一①。这个租率经新朝终后汉，四百多年间基本未变②。后汉桓帝延熹八年"亩敛税钱"（史文未言多少）、灵帝中平二年"放敛十钱"，大概都是一时的加派，非永制，当时也没有说它作永著为令的记载。

（二）刍稿

刍稿就是元帝时御史大夫贡禹所说的"稿税"。《后汉书》称刍稿，与古秦律同。它与田租均征自土地，也与田租同时并减免。例见后书本纪建武二十二年，中元元年，元和二年，永元四年、九年、十三年、十四年、十六年，延平元年。永初四年，延光三年，永建元年，刍稿既与田租并征并减免，它实际上是广义田租的一部分。

（三）算赋

这是一种成年人的人头税。据《汉仪注》（如淳所引），《汉旧仪》，民年十五以上至五十六出算赋，人百二十钱③。男人出，女人也得出，说见《汉旧仪》。惠帝六年令女子年十五以上至三十不出嫁的输五算。不言而喻那些及年出嫁的女子当然就止输一

---

① 此从《景帝纪》；《食货志》系于二年。
② 前汉高帝时期曾一度提高租率，高于十五之一。惠帝即位后复。后汉建武六年以前曾行什一租率，是年十二月诏复三十税一。
③ 孙星衍说注释家所称之《汉仪注》即卫宏《汉旧仪》。《汉旧仪》亦称《汉官旧仪》。

算了。这是丁女也须输算赋的证明，后汉明帝永平九年诏郡国死罪囚减死与妻子赴五原朔方占著，"所在死者皆赐妻父若男同产一人复终身；其妻无父兄有母者，赐其母钱六万，又复其口算"。"口算"即算赋。这也是后汉丁女得输算赋的证明。

占著民籍的丁男丁女以外，名著市籍的贾人和名著家籍（主人名籍）的奴婢也得出算赋，而且还得加倍出（据惠帝六年诏注引应劭说）。新朝禁私人畜奴婢，改称"私属"。天凤四年令"公以下诸有奴婢者率一口出钱三千六百"。可见有爵位的贵族还可养奴婢，一口输钱三千六百，那赋率可算很不轻了，但不知实际情况如何。

（四）口赋

"口赋"之名见昭帝元凤四年诏，又称"口赋钱"，见昭帝元平元年诏。但通常的名称是"口钱"，也许是为别于算赋而姑权称如是。

在汉代，不输算赋的幼年男女输口赋。他们是汉文献中称作"小男""小女"的。元凤四年诏注引如淳说《汉仪注》谓："民年七岁至十四岁出口赋钱，人二十三。"《说文解字》称："民不繇，资钱二十三。"[①]《论衡·谢短》称："七岁头钱二十三"，说的都是这宗口赋。

口赋钱始于何时，史文无证。七岁起征是元帝因贡禹的奏请改定的。依贡禹说，前此的起征年龄是三岁。

（五）献（献费）

《汉书·高帝纪》十一年诏曰："欲省赋甚，今献未有程，

---

① 原作"资钱二十二"，依段玉裁注改。

吏或多赋以为献，而诸侯尤多，民疾之。令诸侯王通侯常以十月朝献，及郡国各以口数率，人岁六十三钱，以给献'费'。"

"献"（献费）究为何物，何所谓而征收，向无确解。有人以为献费就是算赋者，元人马端临有这个意思。今人劳榦且有详说。求诸事实，都不当。《汉书·贾捐之传》说，文帝时"民赋四十"。"赋"指算赋。如果献就是算赋，在文帝元年六月已令郡国"勿来献"之后，又何能再言民赋四十？这是第一层。又惠帝元年诏注引应劭说："汉律，人出一算，算百二十钱。"既曰律，当是高帝所制①。而且此律终汉世未改。既为高帝所制，彼曰百二十钱，此曰六十三钱，不免抵牾，这是第二层。

那么"献"到底是什么？它大概是为皇帝祭祀宗庙向人民勒索的祭礼。

汉家制度，"天子宜世世献祖宗之庙"，祭其祖和宗（景帝时高帝庙号高祖，文帝庙号太宗）。祭时，"诸侯王列侯使者侍祠天子所献祖宗之庙"。制见《汉书·景帝纪》。侍祠就是侍祭，侍祭须进祭礼。祭礼征自民间，人六十三钱，这大概就是高帝诏里所说的"献费"。它的渊源可能上溯到周代的"祀贡"②。后来的演变可能就是"酎金"③。这宗"献"不仅王国侯国人民输纳，诸郡人民也得输纳，这是高帝诏中明说的。

（六）贡

贡是封建时代臣民向封建君主或皇帝贡输的物品。其制不始

---

① 廷尉杜周说："前主所是著为律，后主所是疏为令。"见《汉书》本传。

② 《周礼·天官大宰》："以九贡致邦国之用，一曰祀贡。"

③ 《续汉书·礼仪志》中，立春，刘昭补注引丁孚《汉仪》称："汉金布今日，皇帝斋肃，亲率群臣来祠宗庙。群臣宜分奉请，诸侯列侯各以民口数率，千口奉金四两奇，不满千口至五百口亦四两，皆会酎，少府受。"亦可参看《汉书·武帝纪》元鼎五年注引如淳引《汉仪注》，《史记·平准书·集解》。

于汉，也不止于汉，整个封建时期里都有。虽然它是汉代人民的一项繁重负担，但现存汉文献和有关汉代历史的文献中都没有制度上的明确记载。偶或涉及，名称不一。或曰"岁贡"（《汉书·贾山传》），或曰"赋输"（《史记·平准书》、《汉书·食货志》），或曰"贡输"（《盐铁论·本议》）。曰岁贡，可见是岁岁贡纳。郑玄称之为"计偕物"（《礼记·射义》注），又可见是岁岁由上计吏奉进的。

贡的什么？《史记》、《汉书》中不见记载，《后汉书》里有一点，也很零碎。勉强勾稽，有下列数事。

会稽贡越布，见《陆续传》，贡藕，鲐酱，见《说文解字》。河内郡贡甘醪、膏饧，见《樊宏传》，贡缣，素，绮，縠，见《后汉纪·朱穆传》。齐郡贡冰纨，方空縠，吹纶絮，见《后汉书·景帝纪》。南海郡贡龙眼、荔枝，见《和帝纪》。郡国献异味、献太官食，分见《光武帝纪》，《和帝纪》。中常侍吕强说还有什么"诸郡之宝"，"天下之缯"（《后汉书》本传）。

这几条都是因人因事偶尔记载下来的，不及全部事实百之一二。一地之贡不止一二种，数量之大不及一二船车[①]。

就是如此零碎的记载，《史记》、《汉书》中也难得见。但前朝也有贡，规模也可观，可由均输官的设置上看出个大概来。均输官的设置就是为了改革传统的贡输办法。

《史记·平准书》、《汉书·食货志》对均输官都有说明，但都不如《盐铁论·本议》中大夫的辩词明白。大夫说："往者郡国诸侯各以其物贡输，往来烦杂，物多苦恶，或不偿其费，故郡置均输官以相给运而便远方之贡。"那时一岁之中由均输官经办

---

① 《后汉书·郑弘传》："旧交址七郡贡献转运皆从东冶，汛海而至，风波艰阻，沈溺相系。弘奏开零陵桂阳山峤道，于是夷通。"由此可略见贡献规模。

的帛就达五百万匹之多。

汉代人民除了贡方物于朝廷之外，恐怕还得贡物料人力于朝廷在郡国置办的工官、服官等。它们是朝廷的手工业作坊，也颇具规模。元帝时贡禹说齐三服官"作各数千人，一岁费数钜万"。蜀郡广汉郡工官主制金银器，岁各五百万。此二郡工官制造的漆器、金银器近世出土不少。物勒工名，分工细致，制作精美。制作者大抵是卒徒工匠，都是从徭役发自民间。其物料则按户口调自民间。桓帝时梁冀为大将军秉政，府僚朱穆奏记谏曰："顷者官民俱匮……而京师诸官费用增多，诏书发调或至十倍。河内一郡常调缣素绮縠才八万余匹，今乃十五万匹。各言官无见财，皆当出于民。民多流亡，皆虚张户口。户口既少，而无资者多，当复榜掠割剥，强令充足。"① 这是调发贡物也按户口的明证。

（七）力役

汉代力役有两种，即一般力役和兵役。其梗概见于《汉书·食货志》、《汉仪注》、应劭《汉官仪》。后二书文字为注家转引者相同。《食货志》述董仲舒言秦民"又加月为更卒。已，复为正一岁，屯戍一岁，汉兴循而未改"。《汉仪注》称："民年二十三为正，一岁为卫士，一岁为材官骑士，习射御驰战阵。年五十六乃免为庶民就田里。"（《汉书·高帝纪》注引）

更卒，如淳据《律说》谓："卒践更者居也，居更县中五月乃更也。后从尉律，卒践更一月休十一月。"（《汉书·昭帝纪》元凤四年注引）"居更县中"当是在县里服役。其役种类杂多，主要是土木工程，转输、漕运、官作坊卒徒工匠以及县廷中的常川供

---

① 严可均：《全后汉文·朱穆》。朱穆奏记之文袁宏《后汉纪》和《后汉书》各有删节，严氏合二书而成此篇。

奉和地方上的杂泛差役。为别于兵役，姑称之曰一般力役。不过"居更县中"一语不可拘泥，因为有的力役不在役者本县之内；不止不在本县之内，甚至远在本县之外。"后从尉律"之后字，也不知从何时说起。依此说，则在尉律之前，每人从傅籍给公家徭役之年起至免役之年止，每年服一般力役两个月；从尉律之后，始改每年一个月。但依董仲舒说，则自秦皇至汉武"月为更卒"每年一月。二说不合。如淳之说如别无他解，如师古转引无误，则不可为训。如淳《汉书》之注往往有错误，此又其一。

正，也可以称正卒，是兵役。兵役有二。一为材官、骑士①，驻在郡国，习战阵，受军事训练，充郡兵；一为"卫士"，戍卫京师或屯守边疆。汉代文献中，戍屯京师的通常称"卫士"，屯守边疆的通常称"戍卒"。名称不同，性质则一，都是屯戍兵役。正因为性质相同，又可通称"卫士"。"卫士"也可以称"卫卒"②，也可以称"戍卒"③。董仲舒所说的"正"当是驻在郡国的郡兵，"屯戍"则是屯戍京师或边疆的戍卒。一人一生或屯戍京师或屯戍边疆，都是一年④。今人尚有遵奉如淳戍边

---

① 此举其主要兵种而言，曰材官（步卒）、骑士（骑兵）。其实二者之外，还有"轻车"、"楼船"。"平地用轻车"，"水泉用楼船"，见《续汉书·百官志》刘昭补注引应劭《汉官仪》。

② 《汉书·贡禹传》：贡禹"又言诸离宫及长乐宫卫可减大半以宽繇役……天子下其议……省建章甘泉宫卫卒，减诸侯王庙卫卒，省其半"。

③ 《汉书·魏相传》："后人有告相贼杀不辜。事下有司，河南卒戍中都官者二三千人遮大将军，自言愿留作一年以赎太守罪。"时魏相为河南太守。

④ 京师屯戍兵役一年，向无异说，独戍边兵役如淳说是三日。《汉书·昭帝纪》元凤四年师古注引如淳曰："天下人皆直戍边三日，亦名为更，律所谓繇戍也。"此言最近尚有人遵信不疑，甚非是。汉代边戍兵役为期一年，见《史记·汉兴以来将相名臣年表》："高后五年令戍卒岁更"；又见《汉书·晁错传》："方今远方之卒守塞一岁而更"；又见《盐铁论·执务》，贤良曰："若今则徭役极远，尽苦寒之地，危难之处，涉胡越之域，今兹往而来岁旋。"

三日说的，实在令人不解。

至于傅籍应役的年龄，前后凡三变。汉初承秦制，傅籍应役年龄可能是十七岁①。景帝二年，行宽政，改为二十②。昭帝再次提高年限，改为二十三③。如果五十六岁为免役之年始终未变，那么汉初至景帝二年这四十七年之间人民在役年数是三十九。自景帝二年至昭帝元年的六十九年间的在役年数是三十六④。自昭帝至后汉末这二百八十六年之间的在役年数是三十三。今人不究底细，往往据如淳注"民年二十三傅之畴官"，以二十三岁应役始年以概两汉四百余年，实在不妥当。颜师古引之以注汉二年之事，亦欠审慎。二十三岁傅籍应役之令距汉初已经一百四十多年了。

当然，这是仅就法令而言，事实是否尽合法令，那又当别论。居延汉简有一简称"戍卒居延昌里簪袅司马骏年廿二"，又一简称"戍卒河东皮氏成都里傅咸年二十"⑤，均系昭帝或昭帝以后物，戍卒年龄都不足二十三。法令规定五十六岁免役，实际上还有"今五十以上至六十与子孙服辄输并给繇役"的⑥。

后汉兵制有改革，影响到兵役。建武六年省郡都尉，罢都

---

① 云梦秦简《大事记》载：喜于秦昭王四十五年出生，"今（始皇帝）元年"傅籍，喜（墓主）傅籍之年为十七，可信。

② 《汉书·景帝纪》，二年，"令天下男子二十始傅"。

③ 《盐铁论·未通》："御史曰：今陛下哀怜百姓，宽力役之政，二十三始傅，五十六而免。""傅"字原作"赋"。王利器据杨树达说校改，是，今从之。见所撰《盐铁论校注》卷3，112页。"今陛下"当然是指昭帝，但昭帝此令何年所制，无确据。要在始元元年盐铁会议召开之前即宣布矣。

④ 权从昭帝始元元年算起。

⑤ 劳榦：《居延汉简考释》，释文之部，453、468页。

⑥ 《盐铁论·未通》。

试，七年罢轻车骑士材官楼船令还民伍。有人认为这是"徭戍役的废止"，募兵制代替了兵役制，践更县中也一并改为更赋。"相对地摆脱了徭役地租在劳动方式上的原始性和落后性。"这话有些过当。事实上是兵政上有改革，人民的兵役却未豁除。明帝永平十六年伐匈奴，用的是酒泉、敦煌、张掖三郡的"甲卒"和太原、雁门、代、上谷、渔阳、右北平、定襄七郡的"郡兵"（《后汉书·窦融传附窦宪传》）。和帝时伐匈奴，用的是缘边十二个郡的郡兵（同上）。安帝永初三年讨南单于，用的是缘边十郡的郡兵（《后汉书》本纪）。

　　对外征讨用郡兵，对内镇压也用郡兵。安帝永初三年张伯路反，发去镇压的是"州郡兵"。元初三年苍梧等处蛮夷反，发的也是"州郡兵"（《后汉书·安帝纪》）。灵帝中平元年黄巾起义，"发天下诸郡兵征之"（《后汉书·卢植传》）。史文未言募郡兵或募州郡兵。即使是"募"，也不可以今义释"募"字，纯出自愿，《说文解字》说释募曰："广求也，从力，莫声"，以力广求是其本义。自然，也不可就那么绝对，以为全无出自自愿的，也不可以为后汉兵役全无变化。如因经常调发乌桓、鲜卑兵，相应地就减少了调发腹里的郡兵，就是一例。但后汉编户民仍有当兵的封建义务，那是没有改变的。与前朝不同的仅仅是平时不置郡都尉，郡中无常川驻扎的郡兵，更赋多于践更，如此而已。而实际上腹里郡都尉的职掌并没有撤销，改由太守兼管，且"每有剧贼，郡临时置都尉"（《续汉书·百官志》刘昭补注引应劭语）。"一方有难，三方救之……一切（临时之义）取办，黔首嚣然。"（同上引应劭《汉官》语）还是得用兵，兵还是得老百姓充当。何况安顺以后，"剧贼"时发，"一切取办"，实与经常无异。在阶级社会里，没有无军伍的国家；在中国封建社会里，没有无兵役的编户民。

　　至于一般力役，无事则敛以更赋如兵役①，役少则以更赋为平价给役者，而事烦之时编户民仍不免践更应役。和帝永元十三年诏谓："幽并凉户口率少，边役众剧"，就是明证。

　　以上考察了汉代编户民对国家所担负的封建义务，共七项。它们是构成汉代封建政权经济基础的基石。汉代封建政权的经济来源当然不止这七项，还有官营的盐铁，酒酤，訾算，车船算，缗钱，市租等等。其中盐铁最为重要，也是汉以后历朝经济收入之大宗。但盐铁生产所需劳动力，"卒徒工匠"，调自民间，前于力役中已经提到。其他租税项目都不是大宗的，故从略。

　　那七项经济基础基石中有两项出自田土，即田租和刍稿，有五项出自人户或人身，即算赋、口赋、献、贡、力役。出自田土的可说是以土地为本，出自户和口的可说是以人身为本。以人身为本的收入项目大大多于以土地为本的项目。但两者的轻重并不在项目的多寡上，而在实质重要的差次上。出自人身的重，出自土地的轻。现在再就这一层辨明如下。

　　汉代田租文帝时尚十五税一，租率不轻，但不算过重，姑且以晁错所言计算，农夫五口之家其能耕者不过百亩，百亩之收不过百石，百石的十五分之一约为七石。桓谭说文帝时"谷至石数十钱"（《太平御览·时序部·丰稔》引《新论》）。所谓"数十钱"当不过五十钱。如以五十钱计，则百亩七石之租约当三人算赋之总和②。何况景帝而后，三十税一，租率又减轻了一半。

————————

　　①　汉代一月而更的力役，一岁而更的郡兵役，和一岁而更的屯戍役，都称更卒。不践更曰过更，过更须输钱，其钱曰更赋。
　　②　这种计算切不可据以为实，它止能看作是一个大致的概念，一个情况比较的概念，比较以土地为本的田租和以人身为本的各种赋敛的轻重之别，文帝时的农夫哪能户户皆百亩！

至于刍稿，税率不明，但低于田租，甚或远远低于田租。《东观记》称光武皇帝在王莽时曾为他的季父春陵侯"讼地皇元年十二月壬寅前租二万六千斛，刍稿钱若干万"（《后汉书·光武帝纪》，更始元年注引）。这是一条罕见的珍贵史料。虽是罕见，但也只能表示出刍稿与田租之间的税率比例，而且还是个大概的比例。田租的单位是斛，刍稿的单位是钱。如所言"若干万"为二三万，则田租与刍稿之比为税一斛刍稿一钱。如是四五万，那比例便是租一斛刍稿二钱。由此大致可以测度刍稿税比田租轻，而且轻得多。

比起田租刍稿来，以人身为本的算赋、口赋、献费那就重了，而且重得很多。按最低的情况说，假如一家五口，夫妇二人，不成丁的三岁至十四岁的子女三人，两个成年人的算赋是二百四十钱，三个儿女的口赋是六十九钱，献费如只户主一人缴纳，那就是六十三钱，总共三百七十二钱。这是个什么数字呢？也就是说它的实际价值是多少呢？

桓谭说文帝时谷石数十钱（已见前）。《汉书·食货志》说宣帝时谷石五钱。这大概都是丰穰的平年，也都指的是平原地区的谷价。在边疆地区，宣帝时张掖以东粟石百余钱，金城湟中谷斛八钱（《汉书·赵充国传》）。至于灾伤饥馑如元帝即位之齐地谷至石三万余（《汉书·食货志》），永光二年比岁不登，京师谷石二百余，边郡四百余，关东五百余（《汉书·冯奉世传》），都是特殊情况，姑且不论。以五钱计，则三百七十二钱得谷七十余石，以五十钱计，得谷七石余。人日食五升，七石可供一人百四十日之食，七十石则是一千四百日之食。如果农家一户内成丁者在二人以上，那负担就更重了。

算赋、口赋、献费之合不止较田租刍稿之合重，且很少普遍减免，更不用说普遍豁免。文帝二年减田租之半，十二年又减过一半，十三年则统统免了。最后这道"除田之租税"诏，终文帝朝共十一年未曾撤销。到景帝元年才又征收，三十税一①。武帝一朝未改租率，也未见减免，史书失载也是有的。昭帝始元二年诏免本年田租，宣帝本始二年、甘露三年都免过本年田租。这些诏免都是全国性的普免。其他因巡行，水旱灾伤、地震等等局部地区的蠲免，都不在其内。

反之，算赋、口赋则不大减免。文帝曾减算赋八十钱收四十钱，昭帝元凤四年免过四五两年的口赋，元平元年减过口赋钱十之三，宣帝五凤三年减天下口钱，未言多少，甘露二年减民算三十，成帝建始二年减天下赋四十。总的情况是口赋钱还全免过两年，算赋则一次也未全免。献费文帝时可能免过一次②，别的年代未曾见过减免。

后汉免除田租、算赋、口赋的次数虽然不少，但都是由于特殊原因，限于个别地区，如皇帝巡行所过、奖励生子，地震、水灾、旱蝗、战争、内乱等等。田租、刍稿和帝永元十六年还普遍减半征调过一次，而算赋、口赋却一次也没有。

至于贡，据说文帝即位时"亲自勉以厚天下"、"止岁贡"（《汉书·贾山传》），不知止的什么贡。后汉光武帝曾罢郡异味的贡，明帝罢过野王孙的甘醪膏饧贡，和帝罢过南海龙眼、荔枝的贡，安帝罢过大官口食贡，顺帝封还过桂阳太守贡的大珠，皆琐屑不重之物。独章帝省齐国冰纨、方空縠、吹纶絮，还值得提一提。总之，在贡上，前后两汉都不曾有过切实的减或免。

较诸田租、刍稿，算赋、口赋、献、贡重则重矣，尤其重的还是徭役。徭役可说是封建时期编户民的负担中最重的负担。

---

① 此据《汉书·景帝纪》，《食货志》系于二年。
② 《汉书·文帝纪》元年："六月令郡国无来献。"

　　汉朝徭役的繁重，贾谊、晁错、董仲舒都曾指陈过，《盐铁论》的《备胡》、《执务》、《徭役》诸篇中评斥更为具体。其时五口之家，其服役者不下二人。非宗室、贵族、五大夫以上之高爵及属籍仕宦者，均不得轻复。至少前汉是这样。后汉诏赐民爵事较多，但民爵至第八级公乘（五大夫是第九级）就得转让给儿子或兄弟之子。"爵过公乘得移与子若同产同产子"的诏文就是这个意思。其身非宗室贵族高爵品官而复身免役者，都是由于特殊原因，也止限于狭小地区和少数人。其中有曾从军为皇帝打天下的，汉二年、五年、八年、十一年、十二年的复除令属于这一类。有因为是皇帝出生地的子民而复身的，高帝复丰、沛，光武复济阳，明帝复元氏，桓帝复河间属于这一类。它如前汉曾复三老、孝弟力田，博士弟子，通一经者，均是为达到某一政治目的而举行的，人数极有限。宣帝本始三年大旱，诏三辅民就贱者且毋收、事，地节三年诏流民还归者且勿算、事，都是不复除也得复除的事，那些流民反正无钱缴纳，也无力承应。

　　前后两汉的力役也有过更（不践更）而代以更赋的，而且还有免收更赋的事。昭帝元凤四年免收了三年以前逋欠的更赋。后汉免更赋不是因人祸，便是因天灾。和帝永元十六年复象林县更赋两年，因为该县遭受了讨伐反叛"蛮夷"的战乱。安帝永初四年、元初元年两次诏复三辅更赋，因为三辅地迭遭羌人战乱。桓帝永寿元年复泰山琅邪更算，因为二郡人民遭遇了内乱。顺帝永建五年免责的过更，止限郡国被灾的贫民。阳嘉元年除冀州更赋，因为该地比年水涝。永和四年除太原更赋，因为该地比年干旱，民庶流冗。后汉复除更赋之事大致不过这么一点。总算起来，在免除徭役上，后朝的皇帝比前朝的还吝啬。

　　从上面的分析中，可以得出这么个结论：作为汉代封建国家经济基础的七项征敛中，以人身为本的征敛比以土地为本的征敛重，而且重得多；以土地为本的征敛的减免较易而且多，以人身为本的征敛的减免较难而且少。换句话说，汉代封建政权所赖以维持其统治的物质基础（土地和人户），人户具有更大的重要性。其所以如此，当然有它的缘故。徐干在《中论·民数》中曰：

> 庶功兴在事役均，事役均在民数周，民数周为国之本也。……庶事既兴，故国家殷富。……故曰水有源，治有本道者，审乎本而已矣。周礼孟冬司寇献民数于王，王拜而受之，登于天府，内史司会冢宰贰之，其重之如是也。……迨及乱君之为政也，户口漏于国版，夫家脱于联伍，避役者有之，弃捐者有之，浮食者有之；于是奸心兢生，伪端并作矣。……故民数者，庶事之所自出也，莫不取正焉。以分田里，以令贡赋，以造器用，以制禄食，以起田役，以作军旅，国之建'典，家以之立度，五礼用修'九刑用措者，其惟审民数乎。

徐干是建安七子之一，曹操的军谋祭酒掾。他这篇"民数"是汉代文献中论人户对于封建统治之重要性的最精辟的文字。它说明了"民数"是封建国家制土处民、征敛贡赋、造作器物、制定禄食、调发力役、组织军旅的基本依据，建典立度的基础。孟子说"诸侯之宝三，土地、人民、政事"，看来人民最是"宝"中之"宝"。杜佑讲求政治，著《通典》，深识民数之重要，遂将徐干这篇文字全部移录。

重视人户，不止汉朝。魏、晋至隋、唐也都重视人户，且更殷切。魏之屯田、晋之课田、北魏隋唐的均田及其租庸调课，无不以人户为准。唐以后封建国家广泛采用了魏晋南北朝期间发展起来的配户当差制，各色人户以籍为定，控制人口的措施并未稍减，人户仍然是封建政权建典立度的基本条件。唐人李峤说："国计军防并仰丁口"，宋人苏轼说："古者以民之多寡为国之贫富"，明人丘濬说："天下盛衰在庶民，庶民多则国势盛，庶民少则国势衰"，都是极中肯的评论。明乎此，则行政区划以人户多少为标准，地书详载户口细数，律有户律且首重脱户之罪，就不难理解了。

马克思说："封建领主的力量，和每个君主的一样，不靠他的租簿卷的长度，而靠他的臣民的数目，后者则决定于他的自营农民的数目。"①他的话很能启导我们比较深入地理解我国封建时期国家重视民数的意义。

二　案比、上计、检核

"民数"（户口）既是封建政权"以分田里，以令贡赋、以造器用、以制禄食、以起田役、以作军旅"的基础，封建国家重视户口管理那就是自然的事。户口管理包括朝廷上设置专职，督责地方政府依时案验，定时上报，必要时进行检核，力求控制最大数量的人户。

首先是户口调查登记。户口的调查登记，汉代谓之"案比"。例于每年八月举行。

《续汉书·礼仪志》称："仲秋之月，县道皆案户比民。"仲秋之月就是八月。《后汉书·安帝纪》："方今案比之时。"《东观记》则说："方今八月案比之时。"（《后汉书》卷五，元初四年七月诏，注引）

因为是"案户比民"，所以又称作"算民"。《后汉书·皇后纪》说："汉法常因八月算民"，比民案验计数故称算。以人为本的"算赋"之名，当由此而来。

---

①《资本论》第1卷，人民出版社1975年版，785页。

仲秋八月收获已毕，五谷登场，一岁田功告竣，故称"岁时"。所以《后汉书·江革传》称"每至岁时，县当案比"。

汉制，县道有户曹，职掌户口簿籍。"案比""算民"当由户曹主持。其事，著于"汉法"。既曰"汉法"，后汉如此，前汉当亦如此。

"案比"的实例，见于《后汉书·江革传》。传云："革建武末与母归乡里。每至岁时，县当案比。革以母老，不欲动摇，自在辕中挽车，不用牛马。由是乡里称之曰江巨孝。"由此可以想见，当案比之时，老百姓必须扶老携幼，前往县府，聚集廷中，待主吏验阅。李贤注"案比"曰："犹今貌阅也"。"今"，即唐；汉唐一揆。汉张迁为谷城长，据说他对民有惠政，案比之时，不召集老百姓到县廷，而是自己到老百姓住的乡村里去貌阅，所以撰碑者颂其功德曰："八月筹民，不烦于乡，随就虚落，存恤高年。"（《金石图说》甲上）汉人吊民伐罪，往往指斥秦始皇帝"头会箕敛"，看来，"头会"是有根据的。秦如此，汉何尝不然。

案比过后，该就是编造户口簿籍。汉文献称这户口簿籍为"名数"。封建国家便凭这簿籍编制什伍乡里；征敛"头钱"（口赋钱）、算赋、献、贡；调发卒徒工匠，兴作土木工程，制造器物；赐与诸侯王、列侯，为其封户，供纳户赋[①]；编为民户，输纳田租、稿税；发为更卒、正卒，以充军伍。当年汉军攻占秦都咸阳，诸将争走金帛府库抢夺财物，而萧何独先入丞相府收取秦丞相御史律令图书藏之，正是为了这个目的。"图书"即是舆图

---

　①　汉代封建诸侯，王以"城"，即郡，列侯以户。城封也考虑到户，故高帝封齐王时，凡能齐语者皆与之，即是。户封也有一定的国境。匡衡之乐安乡侯国、田蚡之武安侯国，即是。

簿书，其中就有户口名数。

在汉代，户口名数（户籍）年年更造①。每至岁终乡县上报所属郡国，郡国再上报朝廷（后汉又添了州转报一层）。上报，当时称为上计，即奉上会计簿籍的意思。《续汉书·百官志》谓郡守之职"常以春行所在县……岁尽遣吏上计"。郡之属官为县令县长，"皆掌治民……秋冬集课，上计所属郡国"。颜师古、李贤都把汉代的"上计簿"视同唐代的"计账"，甚是。

上计簿不止户籍，不过户籍是其主要部分之一。《续汉书·百官志》补注引胡广曰："秋冬岁尽，各计县户口垦田、钱谷入出、盗贼多少上其集簿。"刘昭补注又引卢植《礼注》曰："计断九月，因秦以十月为正故。"八月算人，名数也当断于九月。

汉郡守之下设有上计掾，或称计史，当是为主管计簿而设的。

郡国上计，朝廷视为重典，由大鸿胪掌之。（《续汉书·百官志》）大鸿胪，本注曰："掌诸侯及四方归义蛮夷……诸王入朝，当郊迎，典其礼仪。及郡国上计，匦四方来，亦属焉。"前汉武帝甚至亲自受计。元封五年"受郡国计"于明堂，太初元年，"受计于甘泉"（均见《汉书·武帝纪》）。在汉朝，明堂是祠高祖以配上帝的地方，皇帝受上计于此，典礼之隆重可知。后汉皇帝不见有亲自受计的记载，但班固《东都赋》称："春王三

---

① 有人以为汉代户籍是三年一造，引《周礼·地官·小司徒》郑玄注。《史记·范雎传》、《汉书·食货志》、《汉书·韩延寿传》、《潜夫论·考绩》、《东观记》、《后汉书·安帝纪》等以为佐证。所引证据都欠切当，三年一造之说不足为训。《汉书·武帝纪》称武帝元封五年（公元前106）春三月甲子"受郡国计"于明堂，又于后年，太初元年（公元前104）春"受计于甘泉"。两次受计止隔一年。上计簿中有名数，且是其主要部分之一，如三年一造则太初元年武帝所受上计簿籍当与元封五年所造者无异，此合理耶？两汉一年一次造簿籍，有上引《续汉书·百官志》可证。郑玄注《礼记·射义》曰："岁献国事之书及计偕物也"，也是一证。

朝，会同汉京。是日也，无子受四海之图籍。"（《昭明文选》卷
一）后汉天子也是亲自受计的。

上计吏在京，还荣预大朝贺大典，与宗室诸刘公卿大夫陛觐
受食，详见《续汉书·礼仪志·朝会》刘昭补注引蔡质《汉
议》。大朝之后，天子郊祀，然后上陵。上计吏也荣预上陵大
典，与四姓皇亲妇女，公主，诸王等会陵。皇帝亲陵后，遣返计
吏，赐之佩带。其仪详见《续汉书·礼仪志》。上计吏不过郡守
之丞侯国长史，秩仅六百石，而皇帝礼遇隆重如此，止是因为他
奉献给皇帝的是国家的重要图籍，其中有"国以之立典，家以
之立度"的编户名数。

汉代名籍后世称黄册。皇帝举行郊祀时置之于祭台下。皇帝
受命于天，"受民受疆土"，代天理民。郊祀告天陈列黄册，就
是于祭告成功之时，也展示他受命于天的权力基础。这郊祀仪注
虽见于后代，可能有很古的传统。《周礼·小司寇》曰："乃大
比，登民数，自生齿以上，登于天府"；"冬祠司民，献民数于
王，王拜受之"。这里周王属吏小司寇祭祀的不是上帝，是上帝
的属吏司民星。封建等级，天上人间一致。"王拜受之"，就是
皇朝建立之后的皇帝受计。

汉代的户籍如此案比编制上计，手续密致，处置隆重，但究
诸实际，都不确实可靠。

《汉书·地理志》和《续汉书·郡国志》里的户口数字，无
论大数或细数，都来源于两汉官府的名数，后世各史所记户口数
目，也都如此。学者不究底细，往往援引以评说一代社会经济之
盛衰，实不妥当，更说不上科学。

为什么？因为，第一，户籍中的数字本来就不是全部实际上
存在的户口数字。户籍上的户口只是官府能使之附（傅）籍的
人户，它可以控制的人户。但实际上存在而官府不能控制的人

户，因而未附籍的人户，还是大量的。诸如皇室、列侯、公卿、豪右所有的奴婢、宾客、徒附以及隐匿的逃亡人户都是地方有司不能控制或难以控制的人户，他们是不附（傅）籍，或不完全附籍的。第二，官府户籍户中没有那些在流离道路辗转沟壑中死亡和出生的人口，没有逃亡山林一年以上的人户（逃户脱落原籍但并未于在所著籍）。第三，官府户籍中没有那些实际存在而未曾著籍的人户，即漏籍人户。而这种人户和流民一样是大量存在的。武帝元封四年，关东流民二百万，其中"无名数者"就有四十万（《汉书·石奋传》）。"无名数者"就是没有户籍的。二百万与四十万之比是五与一；五人之中就有一人脱籍或不曾附籍，情况不可谓不严重。更严重的是漏籍人户经常存在，不止武帝时有，别时也有，在武帝时候才可能那么大规模地查出是可以理解的。后汉时期，无名数人户之多与流民之众，构成了当时严重的社会痼疾。明帝一即位就以赐爵一级招诱流民无名数者占籍（著籍）。永平三年、十二年、十七年、十八年都下过这种诏令（诏令的措辞都一样）。后来的皇帝也都效法他的榜样下诏赐爵招诱"民无名数及流民"占籍。见于记载的有章帝建初三年诏、建初四年诏、元和二年诏，和帝永元八年诏、永元十二年诏、元兴元年诏，安帝永初三年诏、元初元年诏，顺帝永建元年诏、阳嘉元年诏。由诏书颁布之频繁，足见使无籍人户占籍的努力未获成果。当然旧无籍者已占籍而新无籍又生也是可能的。桓、灵、献三朝没再见这种招诱占籍的诏令，这并不是说那时"民无名数者"问题已解决，而是因为那时已证明旧的诱招无结果，爵已"成为空设文书"，"夺之民亦不惧，赐之民亦不喜"（《全后汉文·王粲》），更没有任何诱致力了。这三种情况都说明官府名籍上的户口数字和实在户口数目不可能一致；名籍没有反映实际。不过不一致的程度在不同的时期有些差异罢了。在一般的情况之下，名籍上的户口数字往往因封建朝廷的统治力量的增强而增长，因统治力量的削弱而减缩。

汉代对地方官吏有考课法，考察其治民的成绩以为殿最。而考课项目中垦田与户口是否增殖最为重要。因此地方官吏常以己私虚益垦田户口数字，企图课最，攫取升职增秩，或隐瞒流亡、"盗贼"，以避下课。武帝元封四年关东流民达二百万之多，地方长吏不敢实报，朝廷公卿慢不加察，或有意曲容。"今流民愈多，计文不改。"（武帝报责丞相石庆语，《石奋传》）"计文不改"者，诚如如淳说，"郡上计文书自文饰不改正也"。

昭帝时，王成为胶东国相，据说"治甚有声"，"流民自占八万余口，治有异等之效"，地节三年宣帝下诏褒扬，赐他爵关内侯，秩中二千石（地方官的极等），未及征用而卒。后来宣帝诏使丞相御史廉问郡国上计的长吏（史）守丞政令得失[①]，有的说："前胶东相成伪自增加，以蒙显赏，是后俗吏多为虚名。"（《汉书·循吏传》）王成欺蒙皇帝虚增户口是当时官场的流行作风不足怪，怪的是以"信赏必罚，综核名实"见称的汉宣帝竟予褒扬，真是个莫大讽刺。

武、宣二帝是两位比较有统治力量的皇帝。一则"雄才大略"，曾诏置刺史部十三州以六条察吏治，一则"足以知吏称其职、民安其业"，"侔德殷宗周宣"。在他们的统治之下上计簿尚且虚罔如此，其他时期的情况概可想见。甚至我们可以用陈留郡上计吏的话说，"不可问"。

殇帝延平元年邓太后临朝称制，邓骘为车骑将军辅政，做了几件有利于整饬朝政的事。这一年下诏指责郡县长吏说："郡国

---

① 刘敞说"长吏守丞"的"吏"字当作"史"，是。案侯国上计者为长史，郡上计者为太守之丞，故曰"长史守丞"。

欲获丰穰虚饰之誉，遂覆蔽灾害，多张垦田，不揣流亡，兢增户口，掩匿盗贼。"（《后汉书·和帝纪》）诏书虽有"将纠正其罚"的话，恐怕也是说说而已。四十年以后，情况依然如故。桓帝时朱穆谏梁冀说"民多流亡，皆虚张户口"，就是明证。这样弄虚作假的户口簿籍实在没有全可凭据的价值。

两汉户口数字之不可凭信，浮夸增饰止是它的一面，另一面是脱漏。而脱漏恐怕还是那些数字不可信的更重要的一面。

前汉武帝时，关东地区五户之中就有一户脱漏户籍（见前），漏籍情况不为不严重。后汉末参与丞相曹操军谋的仲长统说："向者，天下户过千万"，又说"遗漏既多，又蛮夷戎狄居汉地者尚不在内"（《后汉书》，本传）。户过千万，还说是遗漏既多，不及千万，遗漏就更多了。按今日可得而见的后汉户口数字除《续汉书·郡国志》所载顺帝时的户口大数（户九百六十九万八千六百三十）与细数外，尚有刘昭补注引应劭、皇甫谧、伏无忌的户口大数。据应劭，则顺帝"永和中，户至千七十八万，桓帝永寿二年，户千六百七万九千九百六"。据皇甫谧，则永嘉元年数字比《续汉书》顺帝时数字多九十七万八千七百七十一，当为一千六十七万七千四百零一。据伏无忌，则顺帝建康元年的户数为九百九十四万六千九百一十九，冲帝永嘉元年为九百九十三万七千六百八十，质帝本初元年为九百三十四万八千二百二十七。顺帝朝三个数字差异相当大，而永嘉元年两数不一致，实际情况未悉究竟如何。以应劭所记前汉平帝元始二年民户千三百二十三万三千六百一十二①，与后汉桓帝永寿二年户数相较，后汉约增二三百万。百余年间，户口的增殖当不止此数。后汉户口自然增殖情况因文献不足，无从猜度，前汉户口的自然增殖却相当

————————

① 《汉书》卷28下《地理志》作"千二百二十三万三千六十二"。

迅速。前汉初，"大侯不过万家，小者五六百户"，经文景二帝四五世间，"流民既归，户口亦息，列侯大者至三四万户，小国自倍"（《汉书·高惠高后文功臣表》）。具体例子如平阳侯曹参，汉六年初封一万六百户，至征和二年侯宗坐罪免时为户二万三千。曲逆侯陈平，汉六年初封五千户，至元光五年侯何坐罪死时为户一万六千。酂侯萧何，汉七年初封为八千户，至文帝五年侯则罪免时为户二万六千。曲周侯郦商，汉七年初封为四千八百户，至文帝十二年（？）侯寄罪免时为户一万八千。这四个侯国户口增长律少者一倍，多者三四倍，增益的户数中，可能有归还的流民，但自然繁息的应该是基本的。如无动乱大故，户口繁息户口增多是自然规律。前汉如此，后汉怎能反是。后汉户口数字不增长或增长不多，只能是由于官府所控制的户口数没有随实际的繁殖而增长的缘故。平民逃避公室封建重赋投托有威之门，战国以来就已如此。这条规律也符合汉朝的实际。再加上年复一年的大量无名数人户、流离人户，户籍上的名数与实际名数不一致那是当然不可免的事，也是实实在在的事。

　　两汉时期的户籍既不符实际，而户口又是两汉封建政权的经济基础的基石之一，统治者就不加检核吗？不，有检核，不过史书失载或未完全记载罢了。武帝发现"流民愈多，计文不改"事在元封四年，元封五年他置刺史部十三州以"六条问事"，察张宗豪右，察二千石守相，这两件事未必没有部分因果关系。六条之中虽未明言检校户口，但在察二千石守相的第一条"不奉诏书遵承典制"中便应包括户口田土的簿籍的造作。宣帝发现上计簿都是"具文"而后，便命令御史"察计簿疑非实者按之，使真伪毋相乱"，只是结果如何，史书失载，今无从得知。

　　刘秀夺得了皇位，承天下豪强数年兢逐之后，很想振刷一番，加强专制皇权。而"是时，天下垦田多不以实，又户口年纪互有增减"（《后汉书·刘隆传》），于是他在建武十五年六月，"诏天下州郡检核垦田顷亩及户口年纪"，"又考实二千石长吏阿枉不平者"（《后汉书》，本纪），他企图本末兼治：既核实垦田及户口数字，核实户口、年纪，又惩处阿枉不平编造不实数字的郡国守相。结果，次年，建武十六年，处死了河南尹张伋及郡守十余人。这事引起了大地主们的反抗，"郡国大姓及兵长群盗处处并起，攻劫所在，害杀长吏"，而山东、青、徐、幽、冀四州尤甚（同上）①。这次叛乱规模虽然很大，而且为首的不是平民，而是"郡国大姓及兵长"，不久却平息了。朝廷的惩处也未见严肃认真。听叛乱者"自相纠擿，五人共斩一人者除其罪"。结果"贼并解散"。是后，"徙其魁帅于它郡，赋田受廪，使安生业"。这样优厚地对待叛逆首犯，旷世未闻。其实"徙了"与否，也令人怀疑，因为他们都是"郡国大姓及兵长"。对负责的地方长官则"其牧守令坐界内盗贼而不收捕者，又以畏懦捐城委守者，皆不以为负"，免了失职之罪。光武皇帝对大姓妥协了。光武皇帝从这次与大姓的斗争中，总结出了以"柔道"治天下的教训。建武十七年冬十月甲申，"幸章陵②。修园庙，祠旧宅，观田庐，置酒作乐，赏赐。时宗室诸母因酺悦相与语曰：‘文叔少时谨信，与人不款曲，唯直柔耳，今乃能如此！’帝闻之，大笑曰：‘吾理天下，亦欲以柔道行之。’"从此以后，"柔"便成了后汉皇权的突出特点。集权专制的"干"变弱了，带有分裂割据性的"枝"变得更强，此后再不见检核垦田户口的举动了。当殇

---

① 史文没有说明这次叛乱的原因。《光武帝纪》的上文是"秋九月，河南尹张伋及诸郡守十余人坐度田不实，皆下狱死"，下文接着便是"郡国大姓及兵长群盗处处并起"云云，读者不难看出二事的因果关系。首先揭明二事的因果关系的是清人赵翼，见所著《廿二史札记·后汉书间有疏漏处》。

② 故舂陵乡，光武四世祖刘买封邑，建武六年改为章陵县。

帝延平元年邓太后、邓骘发现郡国守相"覆蔽灾害，多张垦田，不揣流亡，兢增户口"时，也曾敕司隶校尉和郡刺史"自今以后，将纠其罚"，恐怕也只是说说而已。

由此看来，户口数字虽然不实，虽然不足以据以评判当时的社会经济状况，但多少还有点用处：它可以供我们揣度当时封建国家的统治力量和枝干强弱关系。在非战乱割据时期，在一般地方长吏还奉公守法的情况下，户口数字的增多，可以看作是封建国家统治力量较强的标志；反之，亦然。

三　户口政策

案比、上计、检核，就其性质讲，可以说是封建国家的户口行政。户口行政的主要目的是获得最高额的民数，也就是在其行政力量之所及的限度内可能检括到的民数①。民数得到之后，封建国家即将他们编入什伍，控制住这既得民数使不失常额。控制民数还不是封建国家的终极目的，而主要是使它的人户都能担负起供应国家的封建义务。为此目的，封建国家便制定了它的户口政策。政策的基本原则是民尽其力、地著为本。其具体措施则是人皆著籍，什伍相保，奖劝生息，振济贫乏，安辑流亡，假公田，贷牛具种食。

（一）人皆著籍

人皆著籍是封建国家周知民数控制民数的根本措施，历代皆著于律，脱籍有罪。

汉律今已不存。汉承秦制，云梦出土秦残律有题为《傅律》

---

① 此民数与实在存在之民数不一致，说已见前。

者："匿敖童及占瘅（癃）不审，典老赎耐。百姓不当老，至老不用讳敢为酢（诈）伪者，赀二甲；典老弗告，赀各一甲；伍人，户一盾，皆罢（迁）之。"有所谓"游士律"，出游须持"符"，有律解，谓徙居须谒吏"更籍"，有乡爰书程式，谓脱籍当诣吏论罪受罚。此秦时人皆必须著籍的证明。

汉无律文可证，也无佚文可考。唯于史文中尚可勾稽一二事实，以见汉人亦必须著籍。

武帝元封四年关东"无名数"者四十万构成丞相石庆的失职，光武帝以户口年纪不实下令检核，二事皆与著籍之制有关。《史记·扁鹊仓公列传》文帝问仓公淳于意齐文王病时为何未请他去诊治，答曰："文王病时臣意家贫，欲为人治病，诚恐吏以除拘臣意也，故移名数，左右不修家生[①]，出行游国中问善为方数者事之久矣。"因为那时他已经"移名数"出游事名师久不在家了。"移名数"就是谒告乡吏取得出游的"符"、"传"或"符"、"传"一类的证件。"移名数"也就是迁移户籍。居延汉简有一简说得更清楚。简文云："建平五年八月□□□□□广明乡啬夫客、假佐玄敢言之：善居里男子丘张自言家买客田居作都亭部，欲取□□。案张等更赋皆给，当得取检谒移居延，如律令，敢言之。"（简面）"放行"（简背）[②] 这简有三点可注意。（1）一乡的名籍在乡吏之手，迁移更籍均由乡吏办理，如秦旧律之制。（2）迁出更籍的条件是"更赋皆给"。（3）"如律令"证明汉代也有管理户口的律令，或相当于秦的《傅律》。这是有户律的最确凿的证据，看来"更、赋皆给"是准予更籍迁出的

---

① "左右"二字属下读，据杨树达《古书句读释例》。
② 《居延汉简甲编》，1982A 及 1982B；劳榦《居延汉简考释》，释文之部，Ⅰ、六，（二三）五〇五、三七。

主要条件，也是人人必须著籍的最主要的原因。"更、赋"想是当时的法令术语，义即更役赋税，也就是著籍之人所承应的封建义务，即第一节所列述的那些封建义务①。"更、赋皆给"是指编户民在所隶之乡已完成他们所承担的封建义务，按照律条可准予迁移新居占籍。汉时人户迁移须先到他的名籍所在的乡吏处申明理由，乡吏按律察其是否已"更、赋皆给"，如律，则给予证明文书，俾其前往移所谒吏更籍，这事证明汉代有人皆必须著籍的制度。

　　另外，汉代还有"舍匿（'首匿'）法"，防止窝藏逃户逃人。被舍匿的不止是罪犯，也有亡命②、逃民、流民、亡符的游民。这也是防止入户脱籍的法令。例见《汉书·淮南厉王长传》，《汉书·王子侯表》，《后汉书·梁统传》。隐匿逃亡无名数之人是隐匿朝廷的编户，是和朝廷争夺人户。《梁统传》中所说的"豪桀犯禁"，犯的就是这一种禁，禁隐匿人户的法。

　　汉舍匿之法，禁隐匿人户之法，也是承袭的秦法。"商君之法，舍人无验者坐之"《史记·商君列传》。"匿户弗繇使弗令出户赋之谓殴（也）"，见《云梦秦简（三）》。

（二）什伍相保

　　什伍是封建国家人户编制的最基层的组织。十家为什，五家为伍，什伍就是十、五。它们是封建统治者为控制人户于律条之

---

　　① 近人有将简文"更赋"读作一词的，说它是卒不践更缴纳的更赋。"更赋"一般确可如此读，但简文中的"更、赋"如此解说则不妥。如读作一词，而非"更"、"赋"合词，不独简文下文中的"皆"字无所应，也与制度不合。汉编户民的封建义务不仅仅是更赋一事，还有田租，算赋等等，止责更赋而不问其他是不可能的，也不合理。"更、赋皆给"是当时有关文书成语。指更役赋饯租税等等。

　　② 亡命，义即亡（无）名，亡名数之人。"名""命"通。

外设置的组织形式。这种组织的历史传统相当古老。而发扬之者，好象是商鞅。商君在秦变法，"令民什伍而相收司连坐。不告奸者腰斩，告奸者与斩敌首同赏，匿奸者与降敌同罚"（《史记·商君列传》）。秦律，舍匿人口，里典伍老俱受罚，户口年纪敢为诈伪者，里典、伍老、伍人不告发，各受罚有差，前已言之。军士匿不攻城，什伍知而不告，赀，"伍二甲"①。同伍之人被贼，号呼，四邻、里典、伍老皆外出不在，不闻号声，四邻如真不在，可免究，典、老虽不在，也当论。四邻是谁？"四邻即伍人谓殹（也）。"② 前一条是律文，后一条是律解。从律文和律解，就可见出什伍告奸连坐的实际用意。

汉承秦法，乡里之下也设什伍。《续汉书·百官志》称："里有里魁，民有什伍，善恶以告。本注曰，里魁掌一里百家。什主十家，伍主五家，以相检察。民有善事恶事，以告监官。"互相检察。善恶以告是创设者赋予什伍编制的基本任务，而告恶告奸又是基本任务中之主要任务。恶的含义广，凡不利于封建统治秩序的都属于奸恶。不过在我们这里所要说的奸恶只是不利于封建政权经济基础的奸恶。脱漏户口，自占年纪不实，律上写明有罪，自然属于奸恶，人户逃亡不承应田租赋役也得属于奸恶。伍人什人事前未加阻止，未告奸告恶，未行检察之责，照统治者的逻辑，虽不全属奸恶，但须连坐；连坐就是包赔逃户遗下的租赋徭役，保证不失原额。汉武帝报石庆说："惟吏多私，征求不

---

① "军新论攻城，城陷，尚有栖，未到战所，告曰战围以折亡叚者，耐；敦（屯）长、什伍智（知）弗告，赀一甲，伍二甲"（《云梦秦简释文（三）》，见《文物》，1976 年第 7 期）。

② "贼入甲室，贼伤甲，甲号寇，其四邻、典、老皆出不存，不闻号寇，问当论不当。审不存，不当论；典、老虽不存，当论。可（何）谓四邻？四邻即伍人谓殹（也）。"《云梦秦简释文（三）》，见《文物》，1976 年第 8 期。

已，去者便，居者扰。"他说的"扰"，就是指现居人户包赔之扰。"去者"指逃户。"居者"指现在人户。昭帝始元六年，在盐铁会议上御史责备农民"背恩弃义而远流亡，避匿上公之事"，文学说："往者军阵数起，用度不足，以訾徵赋，常取给见民。"又说"大抵逋流皆在大家，吏正畏惮，不敢笃责，刻急细民。细民不堪，流亡远去，中家为之色（包）出，后亡者为先亡者服事"①。"常取给见民"、"中家为之色（包）出"、"后亡者为先亡者服事"，也都指的是现在人户包赔逃户遗下的赋役事，都是伍人、什人、里人连坐的具体事实。什伍编制虽然没有完全起到封建统治者所期望的作用，但起了些作用也是不可否认的，不然后世各朝统治者也就不再循而不改了。这作用主要是使什人伍人互相检察。善恶以告，相收司连坐，从而达到封建国家对人户的控制。

（三）奖劝生息

奖劝生息是鼓励增加人口，是一项比较积极的政策。

汉七年，刘邦令民产子"复，勿事二岁"，复除徭役两年（《汉书·高帝纪》）。后汉章帝元和二年诏，"令云，民有产子者复，勿算三岁。今诸怀妊者赐胎养谷人三斛，复其夫，勿算三岁，著以为令"（《后汉书》，本纪）。诏中所引之令，当然是此诏以前之令。此令著于何时，不得知。但它肯定不是上引高帝汉七年令。因为彼令言"复，勿事二岁"，此言"复，勿算三岁"。一免徭役，一免算赋，一作二年，一作三年，显然不是一事。它

---

① 《盐铁论》卷 3《未通》。文中"逋流"之"流"字，俞樾谓当作"赋"，疑是。俞说引见王利器《盐铁论校注》。又"色出"不辞，郭沫若改作"包出"，疑是，当从之。郭说见《盐铁论读本》。

虽然不是高帝令，但元和二年前曾颁布此令，那也是可以肯定的。元和二年章帝诏重申此令，令产子者勿算三岁外，还免征她丈夫的算赋一年。这三道诏令就蠲免了产子之妇本人算赋三年，给胎养谷三斛，并免其夫算赋一年，徭役二年。汉封建国家对生子之家的奖劝，可谓厚矣。其实，朝廷所得远远超过所免之数。一子出生，七岁起输口钱，十五岁起输算赋，二十三岁傅籍给徭役（自昭帝时起），充军伍，另外还得输贡品，纳献费。朝廷所得较之所予，多得无法比拟。

至于前后两朝是否仅仅颁布过这三道诏令，那很难说。从元和二年诏中所引之令史书失载一事看，两汉朝廷未必没颁过第四道，第五道同类诏令而史书失载。

由奖励生子，汉封建国家还想到了婴儿的养育。如果婴儿没有父母亲属养育或父母无力养育，国家就予以供给。元和三年，即在奖劝生息诏之次年，章帝又诏令："其婴儿无父母亲属及有子不能养食者，廪给如律。"（《后汉书》，本纪）"廪给如律"说的是律，律有朝廷廪给婴儿之失养者之条。封建国家之关心其劳动力的再生产，可说是相当周到的。

对产子者有奖，对当产子而不产子者当有罚，惠帝元年令："女子年十五以上至三十不嫁，五算。"应劭说"汉律，人出一算，今五算，罪谪之也"（《汉书》，本纪，注引）。这道诏令虽是消极的，目的却是求得积极的效果，就是使人口增息。因为人口少则不能尽地力，租无从出，赋无从输。汉初生养休息三十年过去了，到文帝时仍然"生谷之土未尽垦"（晁错语，见《汉书·食货志》）。到了后汉末仲长统的时候，也还是"土广民稀，中地未垦"（《后汉书·仲长统传》）。终两汉之世，官府名籍上的户口最高额，户不过千万上下，口不过五千万。所以封建朝廷和政论家总是以劳动生产者不足为虑。其所以如此的原因，主要是由于人民的封建负担过重，以致隐匿、流离、逃亡或投托势要，与日俱增。其甚者，且"生子辄杀"（贡禹上元帝疏语，《汉书》，本传）。王莽时侯霸为淮平大尹，更始元年遣使徵之，百姓号哭请再留一年，谓侯君一去，生子之后"必不能全"（《后汉书》，本传）。桓帝时，豫州新息县"小民重困，多不养子"（《后汉书·贾彪传》）。民间杀子之风，或由来已久，久则成俗，遂渐托以吉凶禁忌之说聊以自解。武威郡俗多妖忌，凡二月五月所产之子以及所产之子与父母同月生者，悉杀之（《后汉书·张奂传》）。此等貌似迷信，实皆为生计所迫而然。

为鼓励户口繁息，生子之家不止减免赋役，所在封疆大吏也往往因户口增益而获课最、迁擢。南阳太守召信臣因"户口倍增"，迁河南太守；颖川太守黄霸因"户口岁增"，徵守京兆尹。由此户口增殖便成为歌颂地方长吏惯用的誉词。第五访为新都令，据说三年之间户口十倍，史家称之为"政平化行"（《后汉书》，本传）。蔡湛为稿县长，碑文撰者赞曰："远邻附就，户口增前。"（《隶释·稿长蔡湛颂》）张寿为竹邑侯相，人颂曰："黔首乐化，户口增前。"（同上，《竹邑侯相张寿碑》）这样的言过其实的颂词流行，反映了时代的风气。

（四）放免私奴婢

放免私人奴婢事也是封建国家增加它的人户的手段之一。

封建国家视私人奴婢为不事生产者，不向国家输租赋服徭役，所以企图强干弱枝较有作为的统治者，总想利用机会寻取借口以不同方式将奴婢从私人手中解放出来，使他们成为国家可以驱使的劳动力。

刘邦一作皇帝，就下诏将"民以饥饿自卖为人奴婢者皆免为庶人"。文帝接受晁错的建议，募民以丁奴赎罪输奴婢拜爵，朝廷将这些奴婢送往北边，与之室屋、田器、冬夏衣、廪食，并赐以高爵，复其家（《汉书》，本传），使他们成为一面防边一面耕殖的国家农民。这一举措规模相当大，放免奴婢的数量也相当可观，这有助于文帝除戍卒令并长期免征田租。为补充东置沧海、北筑朔方所耗费大量人徒，武帝募民入奴婢得以终身复，为郎（皇帝近侍官）增秩，方法几乎和文帝前令相同。汉中期以后，诸侯王、列侯、公主、吏二千石及豪民多蓄奴婢，田宅无限，哀平二帝及新朝王莽都曾限制或禁止私人蓄养奴婢，也见过成效，但皆因势豪之家反对而止。

刘秀做了皇帝，很想恢复秦皇汉武的权威，强干弱枝，夺取私人的奴婢以增加国家的编户。从登临皇位的第二年起就颁布放免私人奴婢的诏，此后十三年间接连颁发了六道。建武二年诏："民有嫁妻卖子欲归父母者，恣听之，敢拘执，论如律。"六年诏："王莽时吏民没入为奴婢不应旧法者，皆免为庶民。"七年诏："吏民遭饥乱及为青、徐贼所略为奴婢下妻欲去者恣听之，敢拘执不还，以卖人法从事。"十二年诏："蜀民被略为奴婢自颂者及狱官未报，一切免为庶民。"十三年诏："益州民自八年以来被略为奴婢者，皆一切免为庶民，或依托为人下妻欲去者恣听之，拘留者比青、徐二州从略人法从事。"十四年诏："益凉二州奴婢自八年以来自讼在所官，一切免为庶民，卖者还其直。"（以上均见《光武帝纪》①）

诏文中所说的"律"、"旧法"，虽不明其条文如何，均系抑制妄没人民为奴及禁约拘执人民为奴的律令。其"卖人法"和

---

① 文中"庶人""庶民"二字错出，"庶人"原当作"庶民"，乃唐讳后人回改而未尽者，今改从"庶民"。其"吏人"之"人"，原亦当作"民"，今如例回改，使之一致。

"略人法"当是一法二名。程树德说"卖人法"属"盗律"，即唐律之"盗贼律"，并谓《通典》引魏律言略人卖为奴婢者死（见《九朝律考》），惩罚是很重的。律令重略卖人口拘执为奴不是出自所谓仁政（因为朝廷各官府和皇帝内廷蓄养着大量奴婢和宦官），而是防止著籍现额民数消失，削弱皇权的经济基础。

光武皇帝的诏文不仅多，而且规定严厉，规模可观，但建武十四年以后，竟戛然停止。原因不是这时私家奴婢已放免尽净，略人为奴之事已完全消止，前面说过，而是由于他的放免措施遭到了贵族豪右的反对。汉代四百年间朝廷与豪族争夺人口的矛盾、斗争是很激烈的。

（五）抚流亡、振贫乏、假公田

以上几种措施，人皆著籍和什伍连坐是控制国家编户的措施，奖劝生息和放免私奴婢是增加国家编户的措施，而抚流亡、振贫乏、假公田、牛具、种食则是保持现额编户并使之劳动生产的措施。

人民流亡是汉代的一个严重问题。前汉如此，后汉更甚。战争动乱，持续水旱都是驱使人民流亡的原因，但最经常、最根本的原因是赋役苦累。武帝制定"流民法"他自己说的是"以禁重赋"。凡敛于民者皆可曰赋，尤重"军赋"，即算赋、口赋、兵役。贾谊说国家编民"逋逃而归诸侯者已不少"也是因徭役苦累。晁错言农夫"不地著"，"离乡轻家如鸟兽"，在促成这种情况的原因中，他首先举的是五口之家其服役者不下二人。董仲舒说"民愁亡聊亡逃山林转为盗贼"的四个原因中，"三十倍于古"的力役是其一。

后汉流民问题较前汉更严重。安抚流民诏令之多，招诱流民还归占著赐爵之频繁，前汉未之见。自明帝至顺帝还归赐爵之诏凡十五下，为前汉之所无。桓帝未下过这类诏令，而永兴元年"百姓饥穷，流亡道路至有数十万户"（《后汉书》，本纪），足证流民问题仍旧严重。

其情况艰窘不致流冗而贫乏不能自存或有土地而缺乏牛具种食的为数也不少。此常见于两汉皇帝的诏令和臣工的奏疏。他们是流民的后备队伍。

流离于道路和尚未流离而不能生产的大量人户严重折损了封建国家的经济基础，同时也威胁着封建统治的社会秩序。为此两汉朝廷曾采取过多种措施，诸如允许饥民就食他乡；听从他们徙宽乡、肥乡；流民所至，赈贷廪食；流民贩卖营生免输租税；就贱占著及还归原籍复田租更赋等等（有关诏令见于两汉书本纪）。措施中之最重要或稍具实效的当为假公田、贷种食、牛具。下面举一些例子。

汉二年关中大饥，诏民得田秦苑囿园池。建元元年，罢苑马（养马苑）赐贫民。元狩四年徙山东饥民七十余万于关西及新秦中，"并贷与产业"。元凤元年罢中牟苑赋贫民。地节元年假郡国贫民田，三年诏池蓣未御幸者假贫民，又诏流民还归者贷种食且勿算事。初元元年以三辅太常郡国公田及苑可省者振业贫民，以江海陂湖园池属少府者假贫民，勿租赋。又诏省苑马以振贫乏。初元二年诏罢水衡禁囿宜春下苑，少府佽飞外池，严蓣池田假与贫民。永光元年令各务农亩，无田者假之。建平元年太皇太后诏外家田非冢茔，皆以赋贫民。元始二年以安汉公以下吏民二百三十人所献田宅赋贫民，并罢安定呼池苑募徙贫民赐田宅什器，假与犁牛种食（以上见《汉书》，本纪及《食货志》）。

后汉这类诏令比前汉还多。永平九年诏郡国以公田赐贫民。十三年汴渠成，诏以渠下田赋与贫民。建初元年诏以上林池蓣田赋与贫民。元和元年令郡国募民无田欲徙他界就肥饶者，到在所，赐给公田，为雇耕佣，赁种饷，资与田器，勿收租五年，除算三年。三年诏将未垦肥田悉以赋贫民，给与种粮，"务尽地力，勿令游手"。

和帝一朝共十七年，几乎年年颁发振恤贫民或假贷公田的诏令。仅举其中以下列二例。永元五年诏自京师离宫果园、上林广成苑悉以假贫民；十六年诏贫民有田业而以匮乏不能自农者，贷种粮。安帝永初元年以广成苑游猎地及被灾郡国公田假与贫民。三年三月诏以鸿池假与贫民。四月诏以上林苑广成苑可垦辟者假与贫民。七月诏长吏案行在所，令民"务尽地力"，其贫者给种饷。（以上均见本纪①）

以上材料充分证明，流则安之，困则振之，贫而不能自农则贷种饷，无田则假公田给牛具，是两汉封建国家户口政策中一项重要的措施。封建国家煞费周折对其人户采取这些措施，说明它不是徒有人户，而要的是"以令贡赋、以造器用、以制禄食、以起田役、以作军旅"，具有对封建政权能尽其经济基础作用的人户。为实现此目的，国家必须使它控制的人户具备生活条件和生产条件，使他们的劳动力和生产资料结合，使他们有土地（主要的）。这就是皇汉户口政策的主旨，也是历代皇朝政策之本。

资本主义生产方式的基础是使农民（及所有劳动生产者）与土地（及其他生产资料）分离，封建主义生产方式的基础是使农民与土地相结合。资本主义生产方式将土地与丧失土地的农民一起投入流通过程中，封建主义生产方式则力图使男耕女织的农户安土，重迁，地著。使农民地著的上策是使之与土地结合，把他们束缚在土地上。因此可以说使农民与土地相结合是巩固封建政权基础的根本政策。

---

① 纪文"贫人""贫民"错出。"人"当作"民"，唐人避唐讳改。后人回改作"民"而未尽，今一律改作"民"。

明黔国公沐氏庄田考[*]

一 沐氏庄田

明代的勋臣身为贵族，各个拥有巨大庄田，都是大地主。有的是非常大的大地主。沐氏是其中之一。

沐氏庄田地土的来源，有钦赐，有垦置，有掠夺。其中掠夺的居大宗。沐氏如何掠夺民人地土扩建庄田，下有专节叙述。现在且先说说沐氏以侯公勋爵和镇守总兵官所获得的赐田，以及它的庄田的规模。

和其他勋臣一样，沐英曾于洪武四年获赐苏州府吴江县田一十二顷八十亩，岁租一千石。那时他是大都督府都督佥事，还未封侯。洪武五年，他由都督佥事升为都督同知，又获赐铜陵县田十二顷四十八亩，岁租五百四十石。不过这种赐田不是严格的勋贵庄田，只是一种以公田（所赐均为公田）的收入充作禄米的养赡田，颇似明初诸亲王在苏州府吴江县的赐田。受赐者有钦赐土田之名，但不得自行管业，无拥有该项土田之实。而且这种赐

* 本文原载《历史研究》1962 年第 6 期。

田洪武二十五年后大致都还官了，原受赐者专支禄米。从此在苏州府吴江县的《赋役全书》上只留落了一项"勋田"的名色。

也和其他公侯勋臣一样，在上述禄米田土之外，沐英还获得了一宗钦赐庄田。这时他已封为西平侯镇守云南了。沐英曾获得钦赐庄田的证据，是他的儿子沐昕的一道奏疏。《英宗实录》正统十年七月庚寅载：

> 驸马都尉沐昕奏：臣父西平侯英，洪武间征进云南，就留镇守，在彼病故，臣兄春、晟相继袭。缘父遗下庄田畜产财物人口，俱在云南。臣见今四时祭祀公主坟茔（所尚常宁公主时已卒），及臣母年老缺乏养赡，乞赐怜悯，分拨庄田畜产人口给臣，则臣事死养生，两得无憾。①

明代的勋臣除了朝廷拨赐的庄田以外，还有所谓自置田土。自置田土的传授，皇帝例不干预。今沐昕疏请皇帝分拨其父沐英遗下的庄田畜产人口，可见这项庄田畜产人口是钦赐的。这项庄田畜产人口又俱在云南，可见钦赐这项庄田畜产人口事，是在沐英封为西平侯以总兵官镇守云南的时候。嘉靖八年巡按云南御史刘臬奏请清查沐府庄田，户部复议，谓"总兵庄田原有赐额"②。据此，我们上面的推断便可肯定了。肯定的事实是，西平侯沐英曾获得一宗钦赐庄田，且在云南。只是这宗庄田的原赐顷亩，现在还无法确知。

与拨赐田土的同时，还赐给了沐英"畜产人口"。勋臣拨赐畜产，我们从沐氏事才知有此例。明初藩王，如秦王樉、晋王㭎、鲁王檀，都有"官羊"，役民牧放。秦王有十五万多只，鲁

---

① 《英宗实录》卷131。
② 《世宗实录》卷109，嘉靖九年正月庚戌。

王有三千一百多只①。晋王官羊即使不如秦王之多，也决不会少于鲁王之数②。这所谓"官羊"恐怕也是，至少有一部分是钦赐的。拨赐西平侯沐英的"畜产"，大概类似王府"官羊"一类的牲畜，王府还有钦赐马匹，也是"畜产"，沐英爵为西平侯，职为镇守总兵官，也是有马匹的。

拨赐的"人口"，除各种承役人户外，主要的是佃户。勋臣给赐佃户见于明太祖洪武五年申诚公侯的铁榜③，也见于其他法令。洪武四年中书省曾奏上公侯佃户名籍之数，那些佃户就是钦赐的佃户。这次给赐的佃户共三万八千一百九十四户，分别给与韩、魏、郑、曹、宋、卫六位国公和延安、吉安、江夏、淮安、济宁、长兴、临江、六安、荥阳、平凉、江阴、静海、南雄、德庆、南安、广德、营阳、蕲春、永嘉、豫章、东平、宜春、宣宁、汝南、中山、巩昌、河南、颍川二十八个侯④。这年左丞相韩国公李善长致仕还家，也给过他佃户一千五百家⑤。上列二十八侯中没有西平侯，因为沐英封西平侯是六年以后洪武十年的事。西平侯沐英及其子黔国公沐晟有钦赐佃户，那是绝对没有疑问的。嘉靖八年清查沐氏庄田的令文有云："果系先年给赐者，将正数庄民计田分户，佃纳子粒。"⑥ 这所说的"正数"的"庄"自然是原赐的庄，"正数"的"民"自然是原赐的佃户了。清代云南方志如乾隆《云南通志》，有康熙二十五年该省各府"额外增出沐庄人丁"的记载。云南府六百六十八丁，曲靖

---

① 见拙著《明代的王府庄田》。
② 秦王樉系明太祖嫡二子，晋王㭎系嫡三子，鲁王檀则系庶十子。
③ 铁榜文见《太祖实录》卷74，洪武五年六月乙巳。
④ 《太祖实录》卷68，洪武四年十月甲辰。
⑤ 《明史》卷127，本传。
⑥ 万历《大明会典》卷17，户部四，田土，凡诡寄投献。

府二百五十五丁，临安府三百七十八丁，澂江府一百二十四丁，武定府二十一丁，大理府一百七十七丁，楚雄府六十二丁，姚安府四十六丁，顺宁府三十丁，等等。这些"沐庄人丁"原不隶各府人丁名籍，大概就是沐氏钦赐庄田的佃户①。

永乐六年，西平侯沐英的儿子沐晟以征安南功进封黔国公，岁禄由二千五百石增至三千石，钦赐庄田与佃户未尝没有相应的增加。但实情如何，现在不能确知。

西平侯沐英和黔国公沐晟除了坐落云南的钦赐庄田外，在陕西平凉府固原州还有一处牧马草场。

这处牧马草场可能是因侯、公勋爵而钦赐的，也可能是因镇守总兵官职位而钦赐的。明代亲王之国就藩之后，赐给牧马草场，公侯伯勋臣钦赐牧马草场，未见明令。但《武宗实录》载大同镇巡守备等官有"钦赐草场地"②。这所谓镇巡等官指的是镇守（总兵官）、协守（副总兵官）、分守、守备（参将）③。他们都是以公侯伯或都督充任的。大同镇的镇巡等官有钦赐草场地，其他边镇的镇巡等官也应有钦赐草场地。沐英、沐晟都是镇守云南的总兵官，也应该有钦赐的牧马草场地。不过沐氏的草场地不在其镇守地云南，远在陕西平凉府，使人怀疑沐氏的牧马草场不是以镇守总兵官的身分而钦赐的，倒象以勋爵的持有者而蒙给赐的。我们之所以如此说，是鉴于明代藩王的钦赐牧马草场常是不在他的封地，而在北边。即使他的封国在腹里，也是如此。楚王就是一个例子。沐府的牧马草场在西北固原，或类此。至于

---

① 上记各府沐庄人丁数目决不能看作是各府沐庄人丁原额。我们引此数字止在证明沐庄有自己的人丁（庄民）。

② 《武宗实录》卷57，正德四年十一月己巳。

③ 总镇一方者为镇守，与主将同守一城者为协守，独镇一路者为分守，各守一城一堡者为守备。

这宗草地原来是赐给谁的，西平侯沐英，还是他的儿子黔国公沐晟，那就不知道了。如各藩王一样，后来沐氏也将这处草场开种成了熟田，遣家人建庄，佃种收租。穆宗隆庆三年陕西巡抚张祉以"平凉去滇（云南）数千里不能遥制，徒资佃户侵渔"为理由，奏请将沐氏的固原庄田"籍以入官"①。隆庆四年，户部复议陕西事宜，遂建议"黔国公庄田在固原州境内者，止将五十顷给其家人沐注等，余悉分为三则，载入屯田册内征粮以充军饷"。报可②。从此沐氏在陕西平凉府的庄田算是没有了，黔国公的地租便变成了固原镇饷额京运银中的一部分③。我们前面说平凉沐氏草场（庄田）是钦赐的，就是因为它可以这样"籍以入官"的缘故。这项庄田的原额一定很大。留给家人沐注等人的尚且五十顷，其总额应相当可观。

另外，沐氏还有确以镇守总兵官职位而获得的田土。一项是钦赐的养廉田，一项是钦命授权开垦的田地。

明初，"听武臣垦荒田为业，文吏悉授职田"④。后来不知何年文吏授职田的事取消了，而武臣垦荒为业的法令还继续了下去。宣宗宣德四年，因"各处镇守内外官多占田地耕种栽植蔬果，动千百亩，俱无粮税"⑤，遂从户部议，令"各处镇守内外官家下开垦田土每亩岁纳旧钞三十贯，菜地每亩果树每十株岁纳旧钞五十贯，候钞法通止"。⑥镇守官遵不遵诏令暂时缴纳旧钞，那不是这里的重要问题；这里的重要问题是，各地镇守官（武

---

①　《穆宗实录》卷37，九月己卯。
②　《穆宗实录》卷45，五月壬辰。
③　万历《大明会典》卷28，户部一五，会计，京粮。
④　见《洞庭集·纪》《大明初略》卷3。《玄览堂丛书续集》第3册。
⑤　《宣宗实录》卷57，八月壬辰。
⑥　万历《大明会典》卷31，户部一八，库藏二，钞法。

臣）确仍依明初法令得继续开垦荒田建立庄业。所以后来成化年间兵部尚书陈钺等奏称五军都督府的都督出镇在外，"又有庄田园圃之利"①。万历间云南巡抚周嘉谟疏陈云南镇守总兵官沐氏的庄田时说："看得镇握兵符，世守兹土，禄俸之外，听置庄田。"②"听置庄田"自然也包括听其自行垦置一项。而沐府事实上也确有垦置的庄田。周嘉谟前疏又言沐府庄田中有"新垦置"者。"新垦置"是对旧垦置而言。可见沐氏在云南是一向不停地在垦置庄田。这是朝廷赐给他这一类贵族的特权。

叫谁去为他垦置呢？镇守总兵官手下有现成的官军，他就役使官军为他垦种。私役官军垦种庄田事，洪武年间就有了。例见明太祖自作的《大诰武臣》。景泰五年，协赞军务山西右参政叶盛疏陈："今日各边各关军中奸弊固多，而莫大于管事官员私占官军广种庄田一事。"他说："第往年无事之先，总兵镇守内外文武官员专一役占官军，广种庄田多至千余，少亦数百。守墩台者不及看庄出馌者之多，执犁锄者不比操弓演箭者之少。附近肥饶地土，尽属官豪。"③他这话不是具体指言云南的镇守总兵官，但云南镇守也在其中，那是没有问题的。私役官军垦种庄田的岂止镇守总兵官，就是下级武官指挥使也如此。景泰六年，云南腾冲卫官豪指挥使陈升等五十四人耕种附城屯田，被云南巡抚郑颙劾奏，就是个例子④。

后来各地镇守总兵官等武臣私役官军开种庄田的事越来越厉

①　《宪宗实录》卷214，成化十七年四月丁未。

②　《周嘉谟庄田册疏》，引见顾炎武《天下郡国利病书》册45，云贵交阯。商务印书馆影印原稿本。

③　《英宗实录》卷238，景泰五年二月丁未；叶盛：《劾内官弓胜疏》，《明臣奏议》，清高宗敕选。

④　《英宗实录》卷251，景泰六年，三月戊午。

害，致使军政废弛屯田破坏，这就不是这里再应述说的事了。

镇守总兵等官之给养廉地，明初好象没有。边将养廉地之出现，是他们假开垦荒田之名而广占官田屯田引起的。朝廷不能禁止边将扩建庄田，遂采取了这种公开尝给地土的办法，希望他们稍稍收敛侵占官田的行为。谓之为"养廉"，用意就在这里。现仅举孝宗武宗二事例，说明这个问题。

孝宗时赐给总兵镇守等官养廉田，是因为甘肃总兵镇守等官"各据草湖相传为业"，甘肃巡抚罗明奏请另给土地，退出草湖给军采草饲马。户部议给镇守太监二百顷，总兵官一百五十顷。这个建议是准了的[1]。措施的本质就是将镇守总兵等官占夺官田的行为，稍为加以限额而使之法令化。这个例令虽是因甘肃而生，其他各镇都可能或不免援例请乞。而黔国公沐氏是镇守云南的总兵官，也有援例的资格。

另一次颁赐镇守总兵官地土的事，发生在武宗正德四年。这年"诏以内外镇守官朝廷重托，俱准与水旱地各十顷，副总兵半之"[2]。这个诏令涉及内外各镇守总兵官，镇守云南的黔国公准有份。拨赐的顷亩并不算太多，但借名此项拨赐而额外侵夺官民田，那多少就无限制了。万历十八年户部奏，"或将官假养廉而侵夺其膏腴之地"[3]，就是明证。而且这被侵夺的地土，还不是一般的官民田，而是直接关系官军俸粮的原额军屯地土。

以上所说，仅限于镇守云南总兵官黔国公沐氏，由于钦赐或钦赐垦置田土的权利，而建立和扩建庄田的事实。其实在沐氏扩建的庄田中，用强侵夺民田是它的庄田地土的主要来源。因为下

---

① 《孝宗实录》卷25，弘治二年四月癸巳。
② 《武宗实录》卷54，九月庚子。
③ 《神宗实录》卷220，二月乙亥。

有专节叙述，这里先不细说。

利用钦赐，垦置和侵夺，沐府在沐晟父子时候，就已建立了巨大的庄田。王世贞说："晟父子前后置圃墅田三百六十〔区〕。"而且自嘘曰："吾日食其一，可以周岁。"① 这时云南沐氏已经成为一个很大的大地主了。

沐晟扩置庄业至三百六十区，这个数字不知何据。王世贞对待史实尚属审慎，明史纂修者又遵从此说，故所言数目应该有点根据。但隆庆三年巡抚陕西都御史张祉言，"沐氏世镇云南，庄田百七十四所，视他勋戚，不啻倍之"②。一言三百六十区，一言百七十四所，不知孰是。万历三十九年巡按御史邓渼疏称沐家庄田在云南各府州县境内的有一千八百四十六处，共田地八千八百四十二顷（详见《附录》）。其中沐氏自称是钦赐的有一千三百五十一顷，其余都是以投献纳献，用强"置买"，侵夺官民田等等不法手段扩建的。就数字的来源说，邓渼的最可信。他在万历末年巡按云南，前后五疏请革沐氏庄田，改归有司代管。上记数字见于他在万历三十九年的《奏缴总庄田粮册疏》，根据的是云南布政司、分守道、分巡道、兵备道共同踏勘然后又经他覆查的册报数字。

嘉靖八年有查勘沐氏庄田革退所夺民田的诏令，其在丽江所侵民田也有革退的事实（均见下），但从总的趋势上看，沐氏庄田地土在与日俱增。到了万历年间，仅侵夺的民田一项，已达八千多顷。

《神宗实录》万历三十九年二月戊寅载：

---

① 《弇州史料前集》卷31《西平王世家》。傅维麟《明书》卷92《黔宁王沐英世家》："晟父子前后置圃田业三百六十五，曰，日食其一，可以周岁。"《明史》卷126《沐英传》："晟久镇，置田园三百六十区，资财充牣。"

② 《穆宗实录》卷37，隆庆三年九月乙卯。

　　先是云南抚按奏镇臣沐昌祚田自钦赐外，多至八千余顷①。
这里所指的抚臣，就是云南巡抚周嘉谟。周嘉谟原疏中的数字是
八千三十一顷三十七亩②。

　　周嘉谟这个数字是根据万历十六年的税粮册籍说的③。勋贵
庄田非钦赐者例应办纳粮差（实际并不办纳），故税粮册中载有
此数。

　　从万历十六年至万历三十九年（或三十八年④），即周嘉谟
上疏之年，沐府还在大规模地扩建庄田。周嘉谟说：

　　　自（万历）十六年来，迄兹仅二十四年，又复增加于旧。

　　　环滇封内，莫非总庄，有更仆难悉数者。⑤

将周嘉谟疏语翻成现在的话就是说，沐府在万历十六年以后仍在
大建庄田，旧额之外又有增加，以至全云南境内都成了总兵官的
庄田，数也数不过来。据邓渼前疏这二十四年里沐庄增加的具体
数额是八百一十一顷。从八千八百四十二顷中减去八百一十一
顷，正是八千三十一顷。不过《神宗实录》之言"自钦赐外"，
与邓渼疏不合，因为据邓渼那八千三十一顷数额中包含着沐府自
称的钦赐庄田一千三百五十一顷（见《附录》）。

　　今天我们自然难以得知沐氏庄田一共有多少，就是在当时恐
怕也没有人知道它的确数。经过一年的复查之后邓渼说："据该
司道议评造册到臣，臣再三参酌，大约调停之意多，持正之议
少，殊非臣本怀。而蹲踞顾虑于内外人情之间，臣力所可为与得

---

　　①　《神宗实录》卷 483。

　　②　《周嘉谟庄田册疏》，引见《天下郡国利病书》册四五，云贵交趾，商务印
书馆影印原稿本。

　　③　同上。

　　④　《神宗实录》卷 483，万历三十九年二月戊寅载"先是云南抚按奏"云云，
事在该年二月，故抚按之奏可能在三十八年末。

　　⑤　见《周嘉谟庄田册疏》。

为者尽于此矣。"所以八千八百四十二顷之数也只能看作是"可为与得为"的数字，还不是实在数字。后来顺治十六年，清兵进入云南，黔国公沐天波跟随南明永明王逃往缅甸。那时清朝廷要筹措云南兵饷，有人想在沐氏遗下的庄田上打主意，但苦于不知其数也不知其地。兵科给事中王命岳在他的"议滇饷疏"中说："黔国世镇云南，各府置有庄田，不载有司册籍。宜访沐府经管旧员，令其开报。熟者收其籽粒，荒者一体募人耕耨①。""不载有司册籍"是明代贵族地主自行扩建的庄田的通例，黔国公并不特殊。但因为这个缘故，公府以外的人就无法知道沐氏庄田的顷亩坐落去处，不得不求助该府旧日的经管人员。

今天借助清代云南的地方志，我们还可以勉强窥见该府庄业规模之一二。不过，这也仅限于它的分布情况，土质优劣，它的总额仍不知晓。

借助于这些方志，我们所得到的第一个事实是，沐氏庄田遍布云南布政司所属主要府州。

据雍正十年的册籍，清代云南各府州厅有"成熟"沐庄田地的有云南府、大理府、临安府、楚雄府、姚安府（明姚安军民府）、徵江府、顺宁府、曲靖府（明曲靖军民府及寻甸军民府）、鹤庆府（明鹤庆军民府）、永昌府（明永昌军民府）、蒙化直隶厅（明蒙化府）、永北直隶厅（明北胜州）、广西直隶州（明广西府）、武定直隶州（明武定府）、元江直隶州（明元江军民府），共十府二厅、三州。没有"成熟"沐庄田地的仅有广南府、丽江府（明丽江军民府）、普洱府（明无）、开化府（明无）、东川府（明无）、昭通府（明乌蒙军民府，属四川）、景东

---

① 见所撰《耻躬堂文集》卷 4，疏。顺治十七年准吴三桂之请，清朝廷就将沐氏庄田全赐给他了。

直隶州（明景东府）、镇沅直隶州（明镇沅府），共六府一厅一州①。明代隆庆万历间云南布政司领府十四，军民府八，直隶州二②。其在清代尚有"成熟"沐庄田地的明代的府共九：云南府、大理府、临安府、楚雄府、澂江府、顺宁府、蒙化府、广西府、武定府；军民府共六：曲靖军民府、姚安军民府、寻甸军民府、鹤庆军民府、永昌军民府、元江军民府；直隶州一：北胜州。换言之，明代的十四府中雍正间还有"成熟"沐庄田地的，有九府。八个军民府中雍正间还有"成熟"沐庄田地的，有六个。两直隶州中之一，也有"成熟"沐庄田地。这就是说，隆庆万历间云南布政司直属的二十四个行政区划中，十六个里有沐庄田地。

不过这是从形式上计算得出的结果，不足以表示沐府庄田在云南各府各直隶州之真正的普遍性。因为那十四府有四府，从科学的分析上说，不应该和其他府一样考虑在内。永宁府镇沅府均"系夷方"，没有官民田土③。孟定府孟艮府地居云南西南极边，"民皆僰夷"或杂以他"夷"。地无官民田土，民无赋税差徭④，产无五谷稻麦⑤。可见该二府也没有什么垦种的田地。即有，也

---

①　道光《云南通志稿》卷 59 食货志二之三，田赋三。乾隆《云南通志》卷 10，田赋，所记同。括弧内明代名称系据隆庆六年李元阳纂修之《云南通志》地理志。

②　此据隆庆六年李元阳等纂修之《云南通志》卷 4，地理志，及万历《大明会典》卷 16，户部二，州县，二。

③　隆庆《云南通志》（李元阳修）卷 6，赋役志，不载此二府官民田土，只有户口数字，此或可视为该二府无官民田土之证。云南布政司所属之府、军民府、直隶州凡有官民田土者，该志无不具载。其土田极少如顺宁府，该志亦言"虽有田地，原无大量顷亩"。由此可见其无官民田土记载的府，实际上没有田地。

④　隆庆《云南通志》卷 6，赋役志，凡府州有官民田土及赋税差徭项目数量者，该志无不具载。志中独无孟定孟艮府，此可证该二府既无官民田土，也无赋税差役。

⑤　隆庆《云南通志》卷 4，地理志四，俱载各府州风俗物产。其生产谷物果蔬者，亦载谷物果蔬名称。孟定孟艮二府物产中，孟定府止有香橼（一种野果），孟艮府全不记物产。

稀松寥寥。纵使沐府欲于此四府建置庄田，也不可能。所以云南布政司在行政区划上虽有十四府，在垦田的有无上说，只有十府。十府之中有沐氏庄田的达九府，这个比例就大了。

此外还有两件事应予以注意。第一，上记有沐庄田地的府州（清代的府、厅、州），是仅限于在雍正时尚有"成熟"沐庄田地的，其府州虽曾有沐庄田地雍正时已经抛荒了的，或因种种原因丧失了的或查勘不出了的，都不在其内。第二，乾隆《腾越州志》谓沐庄田地远及"夷地"，这实实在在是句真实话。顺宁府"虽有田地原无大量顷亩"，但沐氏于此也曾建置庄田。可见沐氏在云南各府州广建庄田是极尽其能事了的。

借助清代云南方志我们所发现的第二个事实是：一府之中沐氏庄田遍布各州县。

今举云南府和楚雄府为例。云南府各州县有沐庄的有昆明县、富民县、宜良县、罗次县、晋宁州、呈贡县、归化县、安宁州、禄丰县、昆阳州、三泊县、嵩明州①。云南府属共四州九县。有沐庄的有四州八县，没有沐庄的仅易门一县。

楚雄府各州县有沐庄的有楚雄县、镇南州、南安州、碍嘉县、广通县，定边县②。本府所属共二州五县。有沐庄的二州四县，没有沐庄的仅定远一县。

第三个事实是，沐庄地土强半是膏腴田土。

再举云南府为例。云南府的沐庄地土有"地"，有"田"。'地'是旱地，"田"是水田。水田较肥沃，种稻，亩产量高。该府州县沐庄地土水田多于旱地。其分布情况如下③：

---

① 康熙《云南府志》卷6，赋役志一，赋役，民赋。州县名称，明清一致。

② 康熙《楚雄府志》卷3，赋役志，田赋。州县名称，明清一致。

③ 康熙《云南府志》卷6，赋役志一，赋役，民赋。

州县名	地	田
昆明县	九顷四八亩四分	四五顷四〇亩三分
富民县	二顷八七亩	一顷四七亩七分
宜良县	三顷八二亩五分	二三顷五八亩一分
罗次县	四一顷	四五顷九八亩六分
晋宁州	五顷七四亩六分	二二顷四五亩六分
呈贡县	一六顷七八亩四分	九顷六八亩九分
归化县	二〇顷三七亩一分	二顷五亩二分
安宁州	三一顷八分	五顷二亩九分
禄丰县	二顷七九亩	三八顷七八亩七分
昆阳州	（无）	七三顷八七亩
三泊县	一二顷四八亩四分	四四顷二二亩一分
嵩明州	一五顷一八亩八分	一一顷八亩五分

以上云南府沐庄共旱地一百六十一顷五十五亩，水田三百二十顷零七分。地田相较，水田适为旱地的两倍。历代各色地主有个通例：到处掠夺地土，而且首先掠夺膏腴地土。云南黔国公沐氏又是一个例证。邓渼疏称"看得环滇之地而称膏腴者皆镇庄也"（见《附录》）。

顺便附一句。上边说的云南沐庄旱地一百六十一顷五十五亩、水田三百二十顷，共四百八十顷五十五亩，这只是见于清代云南府志的数字，它不足据以肯定当年沐庄在该府的就只有四百八十顷五十五亩。明清鼎革之际，明藩王庄田勋贵庄田有很多被"隐匿""隐占"或少数抛荒的。清代方志中的数字，只能看作是清代地方政府曾经查出来的数字，它绝不能代表各项庄田的原额。因为这个原因，水旱田地四百八十顷不能说是沐庄在云南府的原额，最多只能说是最低额。个中原因已详见拙著《明代的王府庄田》，今从略。

总上所记，我们要想说明的事实是，世镇云南的黔国公沐氏是个大地主，而且是非常大的大地主。它的庄田遍布云南各主要府和军民府①。一府之内，遍布各州县。田土多膏腴。正统以前已达三百六十区。后世续有增置。至万历三十九年已是"环滇封内，莫非总庄"。查出的数额达八千八百四十二顷，连同没查出的，总数可能在一万顷以上。邓渼也曾这样估计过（见《请革总庄疏》第四疏，《南中奏牍》，7）。

据《大明会典》，万历六年云南布政司田土为一万七千九百九十三顷五十八亩零②，万历七年云南屯田为一万一千一百七一顷五十四亩零③，两项合计共二万九千一百三十五顷零。而沐府庄田逐年增加，至万历三十九年查出数额已近九千顷。增加之数多是侵夺的民田，也就是原隶布政司的土地。此增彼减，粗略计之，沐氏庄田所占，约为全省田土总额的三分之一。

二　沐氏掠夺民田扩置庄田

沐氏的巨大庄田使它积聚了惊人的财富，过着极为豪侈的生活。王世贞说该府"珍宝金贝充牣库藏，几敌天府。后庭曳罗绮者恒数百人，役使阉奴亦可数十百"④。《鹿樵纪闻》谓"沐氏世镇云南，府藏盈积。佛顶石、青箭头、丹砂、落红、琥珀、马蹄赤金，皆装以篚。篚皆百斤。藏以高版，板库五十篚。共二百

---

① 此就大体言之。事实上沐氏庄田在隆庆以前尚有远在陕西平凉固原者。

② 万历《大明会典》卷17，户部四，田土，凡田土。

③ 同上，卷18，户部五，屯田："见额屯田一百一十一万七千一百五十四亩一分八厘零。"

④ 《弇州史料前集》卷31，西平王世家。"天府"谓"皇室"。"数十百"犹言数千。"贝"在当时当地是货币。

五十余库。他珍宝不可胜计"①。天启元年沐昌祚助"辽饷",一捐便是两万两②。这样慷慨的人,在当时勋臣贵戚中是很少有的。但这两万两银子比起他的全部库藏来,也不过是九牛之一毛。就是因为沐府这样"家饶富足",据说才引得南安土酋沙定洲"心动"。遂计袭天波府(时黔国公为沐天波),"尽得沐氏所有"③。"定洲运入本坰,累月不绝"④。见财心动这是当时文献这样说的,其真情如何,还得研究。沙定洲事变也可能是少数民族反侵暴的行动,是云南各族人民反压迫反剥削斗争的一部分。无论如何,沙定洲事变也证明了黔国公沐府的财富"几敌天府"。

　　沐府之所以如此豪富,所凭借的主要有两个条件。第一个是封建特权,第二个是与封建特权密切相关的巨大庄田。

　　黔国公是公爵,正一品,在封建等级中,仅在皇帝之子亲王之下。佩大将军印,位列朝班之首。沐晟首封黔国公。赐号,"显忠辅运推诚宣力武臣";阶,"特进荣禄大夫";勋,"右柱国"。把这一套爵、号、阶、勋加起来,便是"显忠辅运推诚宣力武臣特进荣禄大夫右柱国黔国公"。在明代十二级武臣勋级之中,居第一,正一品。实职是云南镇守总兵官。敕令"节制土汉诸军,抚按官不得擅调",独揽云南军事大权,且有调遣四川贵州二省各军之权。

　　据敕令,军权之外也干预民政。云南"诸司白事及移文谒见礼仪,俱先镇守尔后抚按"。"诸司"即云南承宣布政使司,

---

　　① 《鹿樵纪闻》卷中,沙定洲之乱(《痛史》第十六种)。是书原题娄东梅村野史撰。"藏以高版板"不辞。疑为"藏以高版库,库五十箧"。

　　② 见《熹宗实录》卷9,九月丁卯。

　　③ 见师范:《滇系》三之一,事略。

　　④ 《鹿樵纪闻》卷中,沙定洲之乱。

云南提刑按察使司，和云南都指挥使司。都指挥使司都指挥使白
事移文须先镇守尔后抚按，尚有可说。今令布政使司布政使和按
察使司的接察使白事移文也须先镇守尔后抚按，是直将镇守总兵
代巡抚巡按而为布按二司的上级长官，结果必致云南镇守总兵官
得干预云南地方政务。而且二司白事进谒所行的礼仪是"廷
谒"。这种礼仪将布按二使对总兵官的关系，变成了人臣与主君
之间的关系，使二司行事不得违背总兵官的意旨。如此，云南镇
守总兵官又俨然成了云南地方的最高行政官①。据《明史》、《沐
英传》，沐英沐晟父子在镇，除军事职掌外，并总揽百务。简守
令，课农桑，较屯田，增垦田，修滇池河水除水患溉农田，通盐
井之利来商旅，辨方物定贡税，视民数均力役，也都是一个军政
两权并兼的封疆大吏才能做到的事。

在云南各地，总兵官黔国公又有支子分守或守备重要去处，
如前引腾越州例。沐府这些镇守支子也难免干预当地政事。于是
云南全境的军政大权便为沐氏家族所操纵②。

而诸黔国公，如沐晟，又利用他们搜刮的资财"善事朝贵，

---

① 以上有关云南镇守总兵官的职权可参看下列各文献。一、《世宗实录》卷
431，嘉靖三十五年正月壬戌："赐黔国公沐朝弼敕，令其节制土汉诸军，抚按官不
得擅调。诸司白事及移文谒见礼仪，俱先镇守而后抚按。违者以名闻。"为何现在给
沐朝弼这道敕呢？原因是"初朝弼自都督袭封，又先以事被勘，有司薄其为人，稍
夺之权。至是援父祖例，许之"。可见敕中所授黔国公各种权力，其父祖之时早已如
此，想亦原赐黔国公敕中所必有。二、云南总兵黔国公有调遣四川贵州各军兵权见
《穆宗实录》卷17，隆庆二年二月辛卯。时兵部从兵科都给事中议，以沐朝弼暴横不
道，抗违明旨，用调兵火牌遣人入伺京师动静，请革其火牌，"以川贵调兵事添入巡
抚敕中"。是总兵官黔国公原有调川贵兵之权。三、诸司谒见黔国公行"廷谒"礼，
见《明史》卷203《曾钧传》："出为云南副使。两司诣黔国公率廷谒，钧始正其
礼。"时当为嘉靖二十一年，黔国公为沐朝辅。朝辅即奏陈此事，遂有二十二年之
令："凡职务体统，抚按司府等官务循旧遵前旨，毋为更变侵越"，恢复了廷谒礼。
② 有一个期间，云南也设了镇守太监，沐镇职权或稍有分移。嘉靖间已将镇守
太监撤还。

赂遗不绝，以故得中外声"①。"而滇人慑晟父子威信，庄事如朝廷。片楮下，土酋具威仪出郭迎，盥而后启，曰，此令旨也。"②此后沐氏世袭公爵和镇守总兵官，遂致"威权日盛，尊重拟亲王"③。

沐府就凭借这种威福，肆无忌惮地侵凌各族民人，掠夺他们的土地。

沐府侵凌民人掠夺地土财产的方法，用的是明代一切贵族地主——亲王皇亲勋臣贵戚——惯用的那些伎俩：纳献、夺买和直接占夺。

纳献起于投献。投献的地土有官田、有民田，而民田居多。或指为空闲，或指为退滩、或指为无粮白地，或指为竞争不明，奸人勾结勋贵管庄人役，或管庄人役勾结奸小，将民人地土投献勋贵，勋贵立标据为己业。夺买是勋贵假卖买之名，不与价值或抑减价值，强迫业主写立契券，夺为己有。占夺则是假钦赐之名，额外丈括，或因其近便或土质肥沃，用强占据。除侵夺民田外，勋贵也占夺官田，扩大他们的庄业，役使并剥削人民。这样的事实很多，等我们撰述明代勋贵地主时，再举例说明。

沐府在云南也用这些方法扩建庄田。沐晟父子庄田三百六十区，不用强占夺无法达到这样的巨大规模。嘉靖八年，云南巡抚欧阳重劾奏沐晟五世孙黔国公沐绍勋，"任千户何经管庄，诱引投献，混占民田"④。嘉靖九年，巡按云南御史刘臬也劾奏沐绍

---

① 《明史》卷126《沐英传》。

② 同上书。傅维鳞《明书》卷92《黔宁王沐英世家》云："南方慑服晟父子威信，庄事之无异人主。每片纸下，土官具威仪出郊迎迓，盥而后启之。曰，此令旨也。"

③ 《明史》卷126《沐英传》："亲王"又称"藩王"。

④ 《世宗实录》卷108，十二月辛巳。

勋"奸恶管庄之人，凭借声势，始而侵占投献，终则劫掠乡村"①。隆庆六年兵部奏黔国公沐朝弼"凶恶久著，奸迹日萌……弃国法如弁髦，视人命如草菅。通夷占军，谋财夺产，贻害地方，不止一端"②。万历三十九年兵部尚书李化龙奏黔国公沐府"或受投献，或勒契券"③。"或勒契券"所指就是沐府勒逼业主写立文契，将田土转与该府；用买卖之名，行豪夺之实。关于纳献，巡按御史邓渼在其《请革总庄疏》第三疏中称："他且不论，即据近月余内一事言之：奸民杨阿五妄指张应学等数十余家民田，投献该镇。应学等急诉之臣等衙门。该镇闻之，径差豪仆百余执应学等于官家，各责四十，内张七十三一名遂殴折其右脚。"（《南中奏牍》，6）。关于夺买，邓渼在其《请革总庄疏》第二疏中说："今镇臣不但斥买，又从而侵夺之。今日得某处产业，下令府州县曰，此业已属本镇，一切徭银悉行蠲免。明日得某处产业，又下一令，以致其宗族参随人等所买产业下令亦如之。"受献田土数量也很大，有云南一县申称"该镇十年之内受献民粮至八十余石"。以民粮则例每亩三升三合五勺计，民粮八十余石约等于民田二千五百亩。"一县且然，何况通省。"（见《请革总庄疏》第二疏，《南中奏牍》，6）

还应当说明，沐府庄田所在地是云南。而云南"多夷少汉"④。所以沐氏所掠夺的民人地土中，有很多是"夷民"的地土。乾隆《腾越州志》言沐氏"勋庄"云：

勋庄者，明沐氏世守云南，设立勋庄。腾越镇守他姓止有毛

---

① 《世宗实录》卷109，正月庚戌。

② 《神宗实录》卷4，八月壬申。"占军"谓私占官军供沐府役使。私役之军多为种田。

③ 《神宗实录》卷485，七月庚子。

④ 正德《云南志》卷2，云南府，屯田。中国科学院藏天一阁本胶卷。

腾、卢和二人，其余皆沐氏支子镇之。故庄田远及于夷地，比他处为多。田七十九顷四十六亩。①

《孝宗实录》载，弘治四年五月戊子，升云南按察司佥事贺元忠为本司副使，整饬腾冲地方兵备，赐之敕云：

> ……故官军纵肆不知法度。往往占夷民，交通其官豪之家。又多在夷方置立庄所，役使夷民，依势剥削……今特升尔前职（按察司副使），专在腾冲驻扎……仍禁约官豪军民人等，不许往夷方置庄搅扰。②

敕中之"腾冲地方"，就是腾越州。州系嘉靖三年十月改置，原为腾冲军民指挥使司（正统十年置）。敕中所言占夺"夷民"地土置立庄所的"官豪军民人等"，其中主要的是"官豪"。"官豪"之中主要的就是镇守该地的参将以及指挥使千百户等官。

孝宗时腾冲（腾越州）的镇守是沐氏支子。从景泰五年到天顺二年的四五年中，镇守该地的是乾隆《腾越州志》中提到的毛胜。毛胜（爵南宁伯）和腾冲千户所千户蔺愈，在镇守任内"强占招捌地方寨子田亩，分作庄户，办纳银两米谷等物，逼民逃窜"，曾被南甸土官宣抚刀落奏劾③。由此可见，凡有权可恃有势可依的"官豪"，都占夺各族民人地土，掠夺地租等物，不独沐氏及其支子如此。

毛胜天顺三年卒④，子荣袭。不久毛荣即坐石亨党，调发广西。毛胜的庄田日后必然就落到沐氏或其镇该地的支子手里了。这是插话，且回本题。

---

① 乾隆《腾越州志》卷5，田赋志。
② 《孝宗实录》卷51，弘治四年五月戊子。
③ 《英宗实录》卷298，天顺二年十二月壬申。
④ 《明史》卷56《毛胜传》谓胜天顺二年卒。《明史》卷107《功臣世表三》谓胜天顺二年八月卒。均误。因是年十二月毛胜尚被刀落所奏劾。

　　沐氏用"受投献"、"勒契券","谋财夺产","劫掠乡村",置立庄所等方法，到万历十六年时已侵夺了云南各族人民田地八千多顷。是后二十四年中，到了万历三十八九年，沐氏庄田"又复增加于旧"，"山泽之饶膏腴之产半入于镇臣之家"（见《请革总庄琉》第二疏，《南中奏牍》6）。

　　明代亲王皇亲勋臣占夺民产，逼民逃窜，赋役空亏，封建统治秩序不稳，曾引起封建朝廷的注意。英宗、孝宗、武宗各朝数下诏令禁约或查勘退革，终未发生效果。嘉靖六年大学士杨一清等又奏陈："近畿八府土田多为各监局（太监）及戚畹势豪之家（勋贵）乞讨，或作草场，或作皇庄。民既失其常产，非纳之死地则驱而为盗耳。既往无论已，愿陛下自今以来凡势豪请乞绝勿复许，小民控诉，亟赐审断，应使畿内之民有所恃以为命。"①接到这个奏疏，世宗批答（圣旨）：

　　卿等所奏，深合朕意。近年里八府地方多有被奸人将军民征粮地土投献与势要之家，朦胧奏讨，作为庄田。侵占强夺，捶挞逼取地租。虽节经奏诉委官勘断，终不明白。民既失其常产，何所恃以为命。逼迫逃窜者实多。京畿如此，在外可知。便着户部差侍郎一员，科道各差公直风力官一员，领敕前去各该地方踏勘。不问皇亲势要，除已赏有田土足勾不动，但系泛滥乞讨及额外多占、侵夺民业曾经奏诉的，查吊籍册再勘是实者，退与军民照旧管业。各项草场亦有将军民地土混占致令失业，一体清查断理。在外地方都行与各项巡

————————

　　①　《世宗实录》卷82，嘉靖六年十一月甲午。案《清查黔国公田土》云："嘉靖六年十二月内该少师兼太子太师吏部尚书华盖殿大学士杨等称，近京里八府地方民间地土，多被各监局及戚畹势豪之家乞讨，或作草场，或作皇庄。其间占夺军民征粮地土，比比有之。乞命该衙门查理，从公归断。"见《嘉靖事例》，北京图书馆藏明抄本。

按御史委官查勘。各王府功臣之家除祖宗朝钦赐有明文籍册可质的不动，但系近年乞讨及多余侵占的，都给还军民住种，纳粮当差。各处势要官员亦有将军民世业指作无粮抛荒地土、及将系官山场湖荡草涂等项势属官司，夺为己有，都要清出，从公处置。……事完，各另造册回报。钦此。①

这个批答很重要。它概括地道出了明代王府勋贵势要之家侵夺民田的广泛和严重程度，以及侵夺民田所造成的封建统治秩序的不稳定。因近畿而及外省，因此云南黔国公沐府的庄田也在踏勘之中。

这时承袭黔国公的是沐绍勋。他上奏免行查勘他的庄田。主要理由是他的庄田是用价立契买置的。户科当即驳参，谓：

看得黔国公沐绍勋奏要将伊庄田不必查勘一节。为照官民地土各有定主。若果用价置买别无侵占等情，则契券俱存，界限明白。委官查勘，外无多余，安静不贪，因之益见。今因移文勘理，辄欲求免丈量，显是平时侵占民田数多及有人投献情弊，虑恐查出退给还民，故具奏支离，委属阻挠。②

户科所参完全揭破了沐绍勋的心计，更证实了沐府确有侵占军民田土不法等情。户部完全同意户科的主张，并奏请再行明旨查勘。"要见某项系何年钦赐，某项系何年用价两平置买。如有额外用强侵占并投献等项田土，俱退给军民住种管业，纳粮当差。事完一并造册送部查考。"③

───────────────

① 见《清查黔国公田土》(《嘉靖事例》)，北京图书馆藏明抄本。《世宗实录》卷82，嘉靖六年十一月甲午亦载此批答，但文字多有改动，不如《嘉靖事例》所载近原文，故从之。

② 见《清查黔国公田土》，《嘉靖事例》。

③ 同上。

这是嘉靖八年四月初三日户部的题请。本月初五日，"奉圣旨，是"①。于是才有了《大明会典》所载下面的诏令：

> 又今云南总兵官田土果系先年给赐者，将正数庄民计田分户，佃纳子粒。如有额外侵占民业并投献等项，悉照例退给军民住种，纳粮当差。一应投充影射庄户，严加查究。积年极恶，照例发遣。②

查勘的诏令虽然有了，但并未执行，因为沐府还在奏乞免勘，管庄人役阻挠清丈。明年（嘉靖九年）初，巡按云南御史刘臬遂上奏："黔国公沐绍勋庄田近奉旨查勘，而奸恶管庄之人凭借声势，始而侵占投献，终则劫掠乡村，动以激变，驾言阻挠，有司惧变束手，而绍勋且屡以奏乞分豁为词。及今不处，则蓄乱宿祸，贻害地方，非世臣子孙之福。"③ 户部复议刘臬奏请，"委守巡官老成练达者一员清查之"。且明奏"总兵庄田原有额赐……其额外无文籍可据者，即属侵占投献之地，宜悉归军民"④。疏上，"诏如议行"⑤。

这时沐绍勋又上疏具奏乞免查勘。世宗竟"以绍勋世守边陲，优诏许之"⑥。

户部尚书梁材等闻命，又执奏查勘。以"特诏清查勋戚田土盖欲正王法，恤民情，原图本"为言，请"遵照先旨清查"⑦。世宗批答：

> 朕念边镇勋臣，故推诚待之。彼必益加自励，不负朕恩。可

① 见《清查黔国公田土》，《嘉靖事例》。
② 万历《大明会典》卷17，户部四，田土，凡诡寄投献。
③ 《世宗实录》卷109，正月庚戌。
④ 同上。
⑤ 同上。
⑥ 《世宗实录》卷114，嘉靖九年六月丙子。
⑦ 同上。

如前旨行。①

"可如前旨行"，便是免行查勘沐府庄田。世宗这道命令，不止免了沐府田土的查勘，而且尽将该府所有纳献的田土、夺买的田土、用强侵夺的田土，合法化了。

但后来也有偶尔使沐府不得恣所侵夺的时候；云南也曾出现过较公正的地方官吏。大概在嘉靖二十一年，曾钧出为云南提刑按察司副使。据说他为官"刚廉疾俗"。到任后做了两件稍杀沐府威福的事。过去云南的布按二司（承宣布政使司和提刑按察使司）官见黔国公都得行"廷谒"礼，如臣下。曾钧改正了这种非法的礼节。这是一件。另一件是曾钧厘还了沐府在丽江侵夺的民地②。

这两件事触恼了当时的黔国公沐朝辅。他上疏抗争："父祖世守兹土，上下相承，体统不紊。近者有司多纷更典制，关臣职守不使与闻。甚者侵及庄田家事，接见不循旧制。臣迹远孤危，动多掣肘。且先臣绍勋尝以庄田事奏奉旨免查勘，令抚按官勿侵扰之。乞赐申饬诸臣，悉仍其旧"。③

世宗是死心塌地支持沐府的。因此他批令地方官司不得侵越："沐朝辅父祖世受朝廷重寄，控制南夷。地方赖以抚定。凡职务体统抚按司府等官，务循旧规，遵前旨，毋为更变侵越。"④

嘉靖二十六年沐朝辅卒，其弟朝弼、朝弼子昌祚、昌祚子叡，相继袭黔国公爵镇守云南。朝弼"不遵礼法，事多僭肆，听凭拨置，虐暴小民"⑤。"又用调兵火牌，遣人入伺京师动

---

① 《世宗实录》卷114，嘉靖九年六月丙子。

② 《明史》卷203本传。传云："出为云南副使。"万历《云南通志》官师志未载曾钧。

③ 《世宗实录》卷271，嘉靖二十二年二月壬辰。

④ 同上。

⑤ 《世宗实录》卷551，嘉靖四十四年十月丁卯，切责沐朝弼诏中语。

静"①，及通番诸不法事，锢禁南京。昌祚在镇擅作威福，"尊重拟亲王"，病免。沐叡因武定土酋阿克攻昆明，胁府印去，被逮下狱死②。

大概是因为这种种事情的发生，沐氏稍忤朝廷意，所以查勘沐氏庄田事才有了可能。

查勘沐府庄田大约是万历三十八年进行的。据巡抚周嘉谟奏，"幸两院会题，圣明俞旨，司道郡邑奉以从事，竭半年之力而始犁然"③。详情见《附录》中所载巡按云南监察御史邓渼的奏疏。

查勘是查勘了，侵夺的民田并未退还。因为当时的处理办法是："称钦赐者，仍从免科，以广皇仁于亡穷。宽投献者，姑不例遣，止令认纳差粮，以开法网于大宥。"④ 这样的查勘既不革退侵夺，又不追究投献，止是为沐府造报了田土清册，又一次肯定了沐府对它所侵夺的民田的占有权。

三 沐氏庄民

沐府庄田的佃种人户，诏令奏疏中常称之为"庄民"，间或也称之为"庄户"。其实，就是佃户。

沐府的佃户，和王府佃户及其他勋贵佃户一样，不外如下几类。

第一是钦赐佃户，这项佃户见于洪武五年申诫公侯的铁榜，见于嘉靖八年的诏令（"正数庄民"），见于清代云南的方志（"沐庄人丁"），前边都已经提到了。可惜的是我们现在不知道

---

① 《穆宗实录》卷17，隆庆二年二月辛卯。兵科给事中欧阳一敬等劾奏语。
② 此系万历三十七年事。
③ 《周嘉谟庄田册疏》，《天下郡国利病书》册45，云贵交阯。
④ 同上。

这项佃户的数目有多少。

第二类是"投充""影射"隐占的佃户。沐府之有"投充""影射"佃户见于嘉靖八年查勘沐庄田土的诏令。该诏令要将"一应投充影射庄户，严加查究"①。"庄户"即沐庄佃户。投充佃户一般都是丧失地土的贫民，逃避粮差的农民，因各种原因背井离乡的流民，和逃军、逃匠以及"犯法"亡命之人。这些人户经常被王府勋贵招纳隐匿，役使佃种庄田。沐府的投充庄户也有这样的人户，而且数量很大。邓渼在他的请革总庄第三疏中说："至其家广受投献（即投充），招纳逃民，几半郡县，以故公家丁粮日蹙，小民差徭日重。"（《南中奏牍》，6）

影射庄户指的是那些冒充沐府庄户的人户。这些人户都是有自己的土地的农民。他们经受不了封建朝廷粮差的沉重负担，将自己的地土影射为沐府庄田地土，或将自身影射为沐府人户，借此逃避粮差。这和农民将自己田地或自身、影射"势要"或"官户"（缙绅）人家脱避差役的办法是一样的。朝廷法令说这是"影射"；从沐府那方面说，那就是"荫庇"。被荫庇者对荫庇者负担着一种封建义务，使被荫庇者沦为奴仆，为之耕田，输贡租粒。

第三种佃户是沐府在"买置"的和"垦置"的地土上招募的佃种人户。这类佃户的存在是必然的。夺买的土地的原业主未必全部沦为沐庄佃户，"垦置"的地土上也必须招募佃户。沐府在陕西平凉府的牧马草场，是召人承佃而开垦成熟为庄田的。那些向沐府交纳地租的佃户是招募。万历三十八九年查勘沐府庄田，其中据说有"新垦置者"②。新垦置庄田如果不私占军士开

_____

① 万历《大明会典》卷17，户部四，田土，凡诡案投献。

② 见《周嘉谟庄田册疏》及《附录》邓渼奏疏。

种，那也得招募人户。两者可能都有。如果是私占军士开种，被私占的军士到后来也必然变成了沐府的佃户。山东鲁王府就曾私役军士种田，把他们变作了自己的佃户，缴纳地租，承当差役①。各地镇守总兵等官役占军士耕种庄田事，充满了明代有关军屯的文献。前引隆庆六年兵部疏，也说到沐府私占军士。私占必为役使，役使之一法便是垦田种田。

　　第四种佃户是沐府经纳献占夺地土，将原来住种人户抑勒为该府的佃户的。这些人户原来都是农民，有自己的土地的农民。土地既被侵夺，营生无门，不得不继续承种被夺去的地土，向沐府交纳地租，或被沐府用强抑为庄民，承种庄田。前引孝宗弘治四年敕，谓官豪人等"多在夷方置立庄所，役使夷民，依势剥削"，那些"夷民"显然就是被强迫役使的。此外也可能有为朝廷粮差所累，被迫将自己土地投献沐府，充当它的佃户的（见《附录》）。这种佃户王府庄田上也不少。

　　据现在残存的一点文献，可以窥见沐府对它的佃户的剥削是极残酷的。沐府本府的盘剥以外，还有该府管庄人役的勒索。且看万历三十八年（或三十九年）云南巡抚周嘉谟的疏文：

> 看得镇握兵符，世守兹土。禄俸之外，听置庄田。国家所为优待也。查十六年（万历十六年）册税粮田地共八千三十一倾三十七亩，共税粮二千四百一十九石，不为不多矣。推而上之，西平入滇尚未有此。其后岁积代系，乃及此数。……自十六年来，造兹仅二十四年，又复增加于旧。环滇封内，莫非总庄，有更仆难悉数者。于是乎镇不得不委之参随，分之大小管庄火头佃长。正征之外有杂派。杂征之外有亡名。虐焰所加，不至骨见髓干不止。嗟嗟！此固朝廷二

---

① 见《鲁府招》，北京图书馆藏显微胶卷。

百余年所休养汉夷出诸鸟言卉服而归版图者也。饥寒既迫，相率寇盗，抑何惮而不为！①

《神宗实录》亦载：

先是云南抚按奏镇臣沐昌祚田自钦赐外，多至八千余顷。横征暴敛，以致庄户劫掠公行，该镇庇之②。

根据云南抚按官的奏劾，兵部尚书李化龙也上疏说：

近日抚臣周嘉谟按臣邓渼疏言该镇总庄横征暴敛，以致劫夺蜂起。昆阳易门宁州嶍峨等数十处，大盗公行，惨于夷虏，无非庄（总）镇庄户。生员军民纷纷告讦，或受投献，或勒契券，问徒遣戍，罪状山积，无非该镇羽翼。群小壅蔽，犹曰陷于不知。饰辞强辨，是显为遁主。③

这些奏劾疏文里关系到沐府和它的庄户（佃户）的，有两个问题。沐府将它的佃户剥削得"骨见髓干"，"饥寒既迫，相率寇盗"。"庄户劫掠公行，该镇庇之"。沐府庇护他的庄户，倒不一定完全是为的它的庄户；而是为的它的地租（庄户被逮，地租无着），为的它的声势（有司不许干涉它的人户），为的维护它的威福。这还不是很重要的问题。重要的问题是沐府怎样"横征暴敛，以致庄户劫掠公行"。

在这个问题上，像在佃种人户问题上一样，残存的一点沐府文献就不够用了。据巡抚周嘉谟沐府庄田册疏，沐府对它的佃户的剥削有"正征"，"正征"之处有"杂派"，杂派之外有"亡名"④。这三项大致可以概括明代贵族地主（亲王皇亲勋臣贵戚）

---

① 见前引《周嘉谟庄田册疏》及《附录》邓渼疏。疏中所言"参随"，即镇守等官随任官舍。

② 《神宗实录》卷483，万历三十九年二月戊寅。

③ 《神宗实录》卷485，万历三十九年七月庚子。

④ "亡名"即无名之征。

对一般佃户剥削的主要项目；黔国公是勋臣贵族之一。

　　"正征"是正额地租。当时的正式名称是"籽粒"。贵族地主的自定正租租额，多与各该地方私租额相等。如山东德王府在北直隶广平府清河县的庄田，征银每亩夏地七分四厘，秋地五分。在兖州的庄田，每亩征租谷二斗。其他各王府的地租，每亩或二斗或三斗。湖广长沙府的吉王府，征银每亩九分四厘或一钱，征谷则四斗二升或四斗五升①。成化六年以后，封建朝廷曾规定钦赐庄田每亩征银三分，偶有征四分或五分的，但庄田持有者总是私自加租。河南府福王庄田的租额原来定的是每亩征银三分，但他征租之时外加五分，共征八分。长沙府吉王庄田租额原定的是每亩征银四分，后来加耗二厘，他私自又加五分二厘，共征九分四厘②。均接近私租之数。黔国公在云南的租额不知多少，推测起来也不会低于私租。邓渼《请革总庄疏二》（见前）有这么一桩事："近日陆凉州生员张应宿等告该镇管庄员役太一清、甘以文等科收租粒原额二百两，新增至一千七百余两。"增收八倍多，重的惊人。但不知原额顷亩多少，实在租率不知道。

　　"杂派"种类就多了。以长沙吉府例说，如征银，则额外勒索煎销火耗，供给纸札及柴菜之类。如征谷，则临仓车飏，淋尖踢斛，索取加耗垫席等项。银租的额外勒索重达一钱三五分，谷租的额外勒索超过正租以上③。曲阜衍圣公府除金派它的佃户应当"伴当"、铜匠、修建工匠及其他役使外，也向他们科敛各种杂派。经常的有"年例布花""年例猪钱"等等。修建时征调工料如石灰，朝贡时（一年一次）则征敛紬布花绒香油北进银，

　　① 见《宪宗实录》卷76，成化六年二月乙亥；同上，卷86，十二月壬戌；《议处吉府田租》，《嘉靖事例》，北京图书馆藏明抄本。总见拙著《明代的王府庄田》。
　　② 《神宗实录》卷528，万历四十三年正月戊辰；"议处吉府田租"。
　　③ 见"议处吉府田租"。

以及上贡用的马匹银两①。"科派骚扰，不胜劳苦。"（张居正语）②
黔国公府对它的佃户（庄民）的"杂派"，其性质当类此。

"亡名"之征那就是没有一定的名色，或提不上一定的名色
的了。这项诛求多半是管庄人役——参随、大小管庄火头、佃
长——的勒索。也就是周嘉谟所说的"参随人等无名之科派、
下乡之骚扰、庄民平日敢怒而不敢言者"③。

除"正征"、"杂派"、"亡名"之外，无征发之名而有盘剥
之实的，还有一项，那就是庄田子粒遇灾不免。庄田子粒遇灾不
免，明代王府勋贵无不如此，沐府也如此。巡抚周嘉谟疏请将沐
府庄田子粒归州县有司征收时所列举的好处之一，便是"灾伤
并议减免"④。于此可见沐府自征子粒，必是灾伤不减不免。

在"正征"、"杂征"、"无名之科派"，灾伤不予减免的
"横征暴敛"之下，沐府的佃户（庄户、庄民）"饥寒既迫，相
率寇盗"，那就是必然的结果了。

上引云南巡抚周嘉谟巡按邓渼兵部尚书李化龙各疏，指陈黔
国公沐府横征暴敛以致庄户公行劫掠，是万历三十八九年的事。
其实，远远在此以前，在八十二年以前，嘉靖八年，这种情况就
已经发生了。那时都御史欧阳重因云南省城近地"群盗纵横"，
上疏言"今为盗者皆总兵官沐绍勋太监杜唐等庄户"，请究治主
治之官。兵部议遣科道官往勘，世宗不允，止敕命沐绍勋杜唐与
新抚按官协心督捕，"毋得徇私误事，有负委托"⑤。

---

① 见衍圣公府"稿薄"。所记各项均系万历十八年的科派。
② 张居正：《答山东巡抚何来山》，新刻《张太岳先生文集》卷33，江陵邓氏藏
版。书云孔氏朝贡一节，"渠每岁一行，族人佃户科派骚扰，不胜劳苦"。
③ 《周嘉谟庄田册疏》。
④ 同上。
⑤ 《世宗实录》卷106，嘉靖八年十月辛卯。

世宗的敕没发生任何效力，情势反而愈加严重。嘉靖十一年地方官报剿平了云南府昆阳州澂江府新兴州的"强贼"，朝廷赏了御史毛凤和左布政使陈轼。主兵的总兵官黔国公沐绍勋未得赏，"准以功赎罪"，原因是"盗多绍勋庄户"①。

沐府庄户为饥饿所迫而采取的武装行动虽然这次遭受了镇压，但并没有消灭，反而与日俱增。所以到了万历年间，昆阳、南安、易门、宁州、嶍峨等数十州县，"大盗公行"。

关于沐府庄民被迫为盗的原因和情况，巡按御史邓渼上疏说：

滇中郡县无处无总镇田土，佃其田者谓之庄民，即与有司不相统摄，四方奸宄窟聚其中。或躲避徭役，或逋逃罪囚。差人拘摄，动见殴辱。有司扼腕，莫敢谁何。此辈自谓城社足依，招纳叛亡，实繁有徒，横行自若，其为盗者十而三四。至于管庄人等，皆市井无赖营求管事，每假追征子粒，分投下乡，擅作威福。所至责令佃夷俯伏道旁，男妇膝行，上食唯谨，淫酷并行。甚至对夫奸妻，对翁奸媳，莫敢喘息。又或纵令去劫村落，坐享赃物。夷性固勇为盗，积威所怵，半不自由，由此而为盗者十而五六。且也管庄之上复有大管庄，又有参随亲近人等，皆递相约束，递相攫夺，而皆取给于贫佃之手。故镇臣取一，管庄科派几至十倍。租粒不足，夺其牛马。牲畜既尽，罱及男女。而犹未足也，不得不劫夺以求偿彼。其内迫饥寒，外畏箠楚，计宁反顾，由此而为盗者十而八九。（《请革总庄疏》，《南中奏牍》，5）

庄民个别为盗，沐府往往予以庇护。大批为盗，则官兵力薄不敌。沐府声言愿纠集庄丁讨剿自效，结果为害更甚。邓渼疏陈实情说：

———

① 《世宗实录》卷138，嘉靖十一年五月甲子。

以庄民讨庄贼是率狐捕兔也。指挥千百户官势固远出管庄人下，而责之以军令约束，力既不能，兼之纪律不闲，跋扈成性，所过夺人之食，掠人之财，甚且乘间抄虏，淫杀并行，地方官民不敢诘问。问之，则曰我庄兵也，而真贼反纵不诛。（《请革总庄疏》第二疏，《南中奏牍》，6）

沐府庄民被迫为盗影响了封建的统治秩序。于是在外巡抚巡按等官，在内内阁大学士、各部尚书、科道诸臣，纷纷上疏，建议"拔本塞源"之术，将沐府庄田改由有司代管，代征籽粒，转解该府。他们企图用官府代管代征方法，减少沐府管庄人役的额外勒索，缓和沐府地主与庄民之间的矛盾，从而稳定云南的统治秩序。巡抚周嘉谟说：

且有司征解，其体统崇也。户免渔肉，其输将乐也。有参随庄佃向所侵渔镇弗知而坐受怨谤者，今悉征纳，其收入实也。行之一二年，官民相得，粮粒不逋，将榛莽之区胥成沃壤，夷獠之种，悉为良民。绿林之衅自消，素封之瑕不起。宁独编粮差者，止照民间则例起科，而小民亦不（不字衍）得均沾一分之赐。盖赋役均平，惠泽溥徧，皆以广朝廷浩荡之恩也。惟是参随人等无名之科派，下乡之骚扰，庄民平日敢怒而不敢言者，不得不通行裁革，以苏民困，绝盗源。是则庄民踊跃欢呼，而参随人等不无觖望者，似不暇顾矣。矧其中有镇臣徒负虚名未得实惠，利归于下怨归于上者，今一旦尽数清出，其所利于镇臣尤多乎。若夫严督有司，及时征解，毋得逋负，使镇臣借为口实，灾伤并议减免，收纳必须公平，毋得偏累，使庄民永有依归，则又臣等抚按司道之责，无烦庙堂过虑者矣。①

---

① 《周嘉谟庄田册疏》。

若按照这个建议处理，第一，不革退被夺民田，沐府庄田不受损失；第二，参随火头佃长向所侵渔部分今则实征入府，增加租入；第三，抚按司道等官严督有司征解，庄租及时入府，且无逋欠。这三件，件件有利于沐府。其不甚利于沐府的止有二事：该府侵夺的各族民田（即所谓"编粮差者"）的籽粒，照民间田则例起科，租额稍低；灾伤并议减免，庄户不再包赔。其不利于参随人等者一事：革除他们的无名科派和骚扰。如此，沐府的"横征暴敛"虽稍有减少，但可使它的庄民"永有依归"，承种庄田，保证庄租（'粮粒不逋'）抛荒庄田可再垦为沃壤。"绿林之衅"（庄民的阶级斗争）可消，封建统治稳定。究其实，"其所利于镇臣（沐府）尤多"。这是上疏人的希望。

庄田有司代管，籽粒有司征解，早已实行于少数王府和部分勋贵。黔国公威盛权重，一向自管自收。若不是因为沐府庄民的斗争影响了云南的封建统治，巡抚周嘉谟和巡按邓渼还不会上疏请归州县有司代管代征。

周嘉谟和邓渼的疏请，首先得到兵部的支持，但该部"疏催不下"。这是万历三十九年二月间事①。

到了七月，兵部尚书李化龙又题请"将该镇庄田尽数清核，酌议每亩收税若干，责令有司征解，布政司转给，一如在京勋戚事例，庶可弭盗安民矣"。神宗批允②。沐府接着抗疏，神宗又允许了该府自行管业征收籽粒③。大学士叶向高执奏，谓"诏旨前后相违，朝行夕改，甚非事体"④。《神宗实录》未记皇帝批语，大概叶疏又"留中"不发了。此后终神宗一朝，沐府庄田

---

① 《神宗实录》卷480，二月戊寅。

② 《神宗实录》卷485，七月庚子。

③ 《神宗实录》卷493，万历四十年三月癸酉。

④ 同上。

籽粒事，未见再有请令有司代征的记载。

到了天启初，云南巡抚闵学言又疏请有司代征，但奉旨"不必遽更"①。疏上一年以后，天启四年，沐府征租"驿骚更甚"，闵学言又"乞命有司征收以救此一方民命"②。诏"仍该镇征收"③。

天启五年户科给事中孙绍统又疏陈沐镇庄田之害，宜令有司征收。但"上命沐镇征收仍旧"④。

崇祯朝未见记录，大概也没有什么变化。

云南沐府的庄民（庄户，佃户）这样就一直牢牢地在该府的控制下，任其宰割。困累疲敝，迄未稍苏。

顺治十六年，清兵入云南，庄主沐天波逃往缅甸。清政权代替了明政权，世祖便将胜朝勋臣的田庄，全部拨赐给今朝的勋臣吴三桂。康熙十七年三桂兵败死，庄田地土复归朝廷。这时清圣祖已将前明藩王及勋贵庄田改为更名田地，授民耕种，依民田则例起科。原沐庄庄民遂摆脱了私人的奴役，覆被编为朝廷人丁，纳粮当差。

附　　录

巡按云南监察御史邓渼请革沐氏庄田五疏

节录自邓渼《南中奏牍》卷五至卷十五。奏牍十六卷，明万历间原刊本，台北中央图书馆藏，美国剑桥哈佛燕京学社图书

---

① 《熹宗实录》卷49，天启四年十二月癸巳。闵学言疏中追述此事。
② 同上。
③ 同上。
④ 《熹宗实录》卷53，天启五年四月丁亥。

馆藏显微胶卷。1980 年芝加哥大学李中清先生过北京，告以邓疏有关沐氏庄田事甚详。铨始知有是书存世。李先生并告知日本东京尊经文库除是书外，并藏邓渼撰《南中集》四十六卷。疏中"总镇"，乃"镇守总兵官"之简称，即沐氏也。"镇守总兵官"是其职称，"黔国公"乃其爵号。

（上略）有关地方安危至计不得不渎陈于皇上之前者有二事焉。

一曰总镇之名当革也。

滇中郡县无处无总镇田土。佃其田者谓之庄民，即与有司不相统摄，四方奸宄窟聚其中，或躲避徭役，或逋逃罪囚，差人拘摄，动见殴辱，有司扼腕，莫敢谁何。此辈自谓城社足依，招纳叛亡，实繁有徒，横行自若，其为盗者十而三四。至于管庄人等皆市井无赖营求管事，每假追征子粒，分投下乡，擅作威福。所至责令佃夷俯伏道旁，男妇膝行，上食唯谨，淫酷并行。甚至对夫奸妻，对翁奸媳，莫敢喘息。又或纵令出劫村落，坐享赃物。积威所怵，半不自由。由此而为盗者十而五六。且也管庄之上复有大管庄，又有参随亲近人等，皆递相约束，递相攫夺，而皆取给于贫佃之手。故镇臣取一，管庄科派几至十倍。租粒不足，夺其牛马。牲畜既尽，鬻及男女。而犹未足也，不得不劫夺以求赏彼。其内迫饥寒外畏箠楚，计宁不顾。由此而为盗者十而八九。（下略）

《请革总庄疏二》

（上略）臣顷见地方多事，盗贼蜂起，强半皆属镇臣庄民。移文切责严督文武将吏设法剿抚，而镇臣亦纠集庄丁愿讨贼自效……

盗首施成信，原充南安州门役，后为该镇庄佃，本一人也，臣初移该镇擒捕，该镇回文有云：施成信虽系庄民，历来安分守农种［田］，是明知成信纵迹所在，今以其盗情难掩，谩云前后，或称州民，或称庄佃，申报不一……

庄民十七皆盗也。以庄民讨庄贼是率狐捕兔也。指挥千百户官势固远出管庄人下，而责以军令约束，力既不能，兼之军律不闲，跋扈成性。所过夺人之食，掠人之财，甚且乘间抄掳，淫杀并行。地方官民不敢诘问。问之，则曰我庄兵也，而真贼反纵不诛……

近日凉州生员张应宿等告该镇管庄员役太一清、甘以文等科收租粒原额二百两，新增至一千七百余两。见批行曲靖兵备道查勘。民力不堪，聚而为盗，盖由于此。一处且然，他庄可知……

夫齐民虽田连阡陌，安能比之镇臣之万一。间有豪横佃仆，责之缉捕，孰敢衡命。而庄盗为虐，则有司不敢问也。非镇臣捕之而谁也？……

该镇又云：臣家产业原奉国恩赐予，非有占种私夺。乃经臣衙门先后告理者何止数十起。而云南一县中称该镇十年之内受献民粮至八十余石。一县且然，何况通省……边地不毛，任土之宜，国家一无所利，而山泽之饶，膏腴之产半入于镇臣之家，非虚语也……毋论滇，即贵筑一省，殆为沐氏守耳……

且镇臣，现任官也；见任官则不得置买田产，以其势足凭藉，不宜复与小民争利。重悬厉禁以坊民欲，此国制也。今镇臣不但斥买，而从而侵夺之。今日得某处产业，下令其府州县曰，此业已属本镇、一切徭银悉行蠲免。明日得某处产业，又下一令，以致宗族参随人等所买产业，下令亦如之……

仍祈敕下该部检发先朝给赐沐氏庄亩数目，行臣等代为清查。如以年远卷册无考，乞严限镇臣自行开造奏上，以便发付臣等（下略）。

《请革总庄疏三》

（上略）至其家广受投献，招纳逃民，几半郡县。以故公家丁粮口蹙，小民差徭日重，怨声载道，相视以目。臣以为及今不为清查，曷有纪极。

至于庄民之为盗也，联络乡村，千百成群，劫掠公行，惨毒至不忍闻。来往冲突，官司莫制。臣与地方官计之，独有归并庄田于有司，足以消除祸本⋯⋯

而庄兵所过，更甚于盗。荞甸庄兵李应禄一枝又甚于各路。庄兵奸人之妇，夺人之食，戕人之命，一一皆有左验⋯⋯

他且不论，即据近月余内一事言之。奸民杨阿五等妄指张应学等数十余家民田投献该镇。应学等急诉之臣等衙门。该镇闻之，径差豪仆百余执应学等于家，各责四十，内张七十三一名遂殴折其右脚（下略）。

《请革总庄疏四》

（上略）镇庄所在，凡聚庐而处者若别是一国，百姓几不复知有朝廷，况于有司。奸宄一逃其中，有司辄不敢睨视，况于其真为庄民者⋯⋯

且其土田全滇郡邑无处不有，计非千百人不能征收⋯⋯管庄参随皆盗也⋯⋯有司不敢往摄，请之镇臣，而镇臣未有不藏匿之者⋯⋯

及查万历十二年清丈田地，该镇钦赐田地共一千三百五十八顷八十一亩零，其自行置买者二千一百一十二顷八十一亩零，新垦田地四千五百六十六顷七十四亩零。今经二十余年，臣近又查出一千三百余顷，其未经查出者不啻数倍，大约在百万亩之外。

至嘉靖八年题准云南总兵官田土一款，则专为沐氏一家。内云果系先年给赐者，将正数庄民计田分户佃纳子粒。如有额外侵占民业并投献等项，悉照例退给军民住种，纳粮当差，一应投充影射庄户严加查究，积年极恶，照例发遣。不知前项所谓自行置买者果尽无侵占乎……且如克举大理保之乱……其武寻两府贼产应没入官，而邻近镇庄者遍插红旗，冒为己物，不容委官清丈，则其他所谓置买者可类推也。若乃新垦田地……缘滇地土旷人稀，其后生齿日繁，居民以次开垦，而其中玩猾者竟不报官起科，竞献之镇臣之家。镇臣利其所有，故减课以招之。由此投献者接踵。一隶镇籍，有司不敢问。（下略）。

《奏缴总庄田粮册疏》

奏为弭盗……以图治安事。行据云南布政司经历司呈奉本司札付蒙臣案验奉都察院札准兵部咨该本部题据云南巡按御史邓揭称职本年四月内题为滇地巍峣不安镇臣执迷滋甚据实剖陈仰祈圣断以奠边疆事等因，又准云南右副都御史周□□揭为民穷盗炽……以安边徼事，内开一款，禁诛求以弭盗源，大率谓盗贼猖獗半属庄佃，因总镇管庄参随人等大肆剥削而为盗要申饬镇臣约束及将庄田改属有司征收，其于庄贼为害地方事止大略言之，亦未敢缕及等因，各具呈到部送司卷查本年七月内云南巡按各题议革镇守总庄及将庄田归并有司代征各一节，已经本部酌议题覆间，今据抚按覆奏，词益恳切……将该镇庄田行抚按衙门尽数清核酌议每亩收税若干，责令有司征解该布政司转给……等因。万历三十八年十一月十一日少保本部尚书李等具题，三十九年七月初三日奉圣旨：该镇世守滇南，受国厚恩，当以弭盗为重，岂得纵容恶辈贻害地方，以后须加意约束，毋生事端；该地方官也着遵守旧规，务存体统，不得自分彼此，争论不休，余依议行。钦此。钦遵抄出到部送司案呈到部，移咨备札到臣，案行布政司行准守巡兵备各道咨牒将督查过云南等府所属州县册报旧新庄田税粮租粒到司。该本司选委云南府通判邓云衢、临安府推官卢一豸、永昌府推官童述先在司将先次丈报印信底册与今所报数目，逐一对算，将各府州县境内镇庄共一千八百四十六处，除沐指挥田地听呈贡县科粮另额报征外，共该田地八千八百四十二顷五十二亩一分三厘二丝六忽七微二纤八尘。内除本镇旧称钦赐一千三百五十一顷八十一亩四分六毫一丝八忽八微九纤照旧免派外，其余旧置买投献开垦清出钦赐外，多余田地共七千四百九十顷七十亩七分二厘四毫七忽八微三纤八尘，比十六年原丈该增田地八百一十一顷十四亩六分五厘九毫八丝四忽四微一纤八尘，共科税粮六千三百二十八石一斗九升四合四勺七抄九撮六粒六颗、果税养粮二百石五斗九升四合一勺九抄三撮五圭，二项共六千五百二十八石七斗四升八合六勺七抄二撮五圭六粒六颗，内除旧额税粮二千四百一十九石四斗八升三合五勺二抄三撮五圭一粒，并十六年以后续置及投献税粮一千一百三十五石七斗九升五合六勺六抄三撮一圭三粒六颗俱近奉丈详允改正入额已编差条银九百五十八两八钱一分九厘七毫五丝二微七纤七尘行各州县会计随民输纳外，今又清出多余亩数新科税粮并果税养粮共二千九百七十三石五斗六合四勺八抄五撮九圭二粒各折不等，该银一千八百九十七两四钱七分八厘六丝六忽七微六纤一尘，七合新旧税粮除果税养粮荒粮照例免编外，实编条编银共二千一百四十八两五钱八分二厘四毫二丝二忽一微三纤七尘。其先迁去汝南王遗留田地、并刘游击擒剿逆酋岳凤后献送总镇夷田应照金腾兵备道原议还官、又未丈夷田议于〔租〕粒内酌量扣纳公赋，三项共银五百四十九两二钱二分三厘五毫俱增充兵饷，岁纳总镇子粒银并米谷荞豆豍等项折银共三千零九百四十七两二钱三分七厘三毫一丝四忽四微五纤，内因管庄荼毒佃逃田荒暂行停征粒银一千零三十七两六钱五

分四厘一毫二丝二微俟开种成熟照数征解，实征银二万九千九百
四两五钱八分二厘一毫九丝四忽二微五纤行各有司征解布政司移
都司转解本镇，裁革管庄参随等额外加派并加收年例银米谷麦荞
豆海貔猪羊下程长夫供应等项通共该银一万三千六百一十三两五
钱八分九厘四毫五丝三忽四微以苏佃困，至奸臣（民）雠报投
献忠顺及无田科粒并杂派白粮酒米花椒等项，悉照议改正还民。
又先年开垦田地并无粮税，止将上每亩科饷米一升，向为奸细负
通今既收田科粮，原科饷米名色尽数开除等因册类到司覆查相
同。除造册外，看得该镇世握兵符，长守兹土，禄俸之外，复给
庄田，国家所以示优渥也。但查十六年册税粮田地共八千三十一
顷三十七亩，共税粮二千四百一十九石。西平入滇原无此数。其
后岁积代累连阡越陌乃至溢额如斯耳……自十六年来迄兹仅二十
余年，又复增加于旧。环滇封内莫非总庄，有持筹难以悉数者。
于是乎不得不委之参随，而参随分之大小管庄火头佃长。正数之
外有杂派，杂征之外有无名，虐焰所加，不至骨见髓乾不止……
饥寒交迫，相率寇盗，抑何惮而不为。拔本塞源，非尽改镇庄而
属有司则燎原滔天之势殆日寻干戈地涂汗脑……幸两院会题枢部
覆奉谕旨，司道郡邑奉以从事，竭半年之力而始犁然。称钦赐
者，仍从免科……宽投献者，姑不例遣，止令认纳粮差……新垦
置者，改照民田则例……等因，造册通详到臣，覆查无异。该臣
谨会同巡抚云南右副都御史周，看得环滇之地而称膏腴者，皆镇
庄田。环庄之居而称为佃户者，皆盗魁也。夫庄民非生而为盗，
而盗多者其故有三：曰科敛繁而饥寒若为之殴也，窟穴固而法禁
有所不行也，兵食诎而抚剿有时或穷也……镇臣与有司为二，庄
民与百姓为二，交相厉也，交相尤也，而主客之势实不相当，强
弱之形复大悬绝。以故庄盗日炽，民生日蹙。小民知盗之为利而
庄主人之足依也，孰不去民图而肆庄籍。其豪猾既公犯投献之

例，而善良亦阴借其隐庇之方。民丁愈耗，则庄丁愈增；民田愈狭，则庄田愈广。优免于此，势必加派于彼，而蚕食之势方张未已也。滇赋贫狭不当江南一大县，镇产蔓延乃为宇内所未有之巨室。日晙月削，曷其有极。民力竭矣，穷则为非，其究即不为庄民，而亦不能不为盗。蠡涌兽骇，滇南尚安有宁宇……臣故于受事之日，目击不平，图回无术，私计独有改属有司一节可以永绝祸本。乃原奏甫上，而辩疏先行。最初部覆，明示偏袒，字字为镇着力。臣得邸报读之痛愤几绝。然而非枢臣之意也，乃一无耻司官啖其金宝之赂，居中作梗，臣久始得其详，而今亦不必追论矣。夫以镇臣蟠据之深，系援之厚，权势之烜赫，而臣奋不顾身毅然请行之者，所赖圣明独断……覆请得旨，虽于臣原疏不尽照应，而改属有司之议行，则关键甚巨而救正者多矣。臣率属奉行拮据一载，中间阻挠情状，更仆难悉。臣惟知奉旨从事……查覆既明，幸不辱命，据该司道议评造册到臣，臣再三参酌，大约调停之意多，持正之议少，殊非臣本怀，而踌躇顾虑于内外人情之间，臣力所可为与得为者，尽于此矣。故彼以为钦赐则亦以为钦赐，并照万历十六年丈册，而其果否出自钦赐，不能诘也。勋臣田土止于二百顷，即以为出自钦赐，何至溢额七倍之外。尽追还官之例甚明，而臣不能难也。会典开载云南总兵官田土除先年给赐外，凡侵占民业并投献等项悉还军民管业。今其家此项田土多至七千四百九十顷而反责令有司代为征纳等于家隶……而臣不能正也。至于投充影射庄户积年极恶倒应究遣，亦以咎在既往、法不胜诛，故概从宽待也……镇臣衣租食税，一洗污蔑之名……臣一念愚忠，止知为国，其实忠于镇臣者甚大，而不意近自科臣之议阴相沮格，亦大异事。又虑夫与科臣同心者之共为煽惑也，敬因奏缴庄田册籍，陈其大概若此。

（下略）

明代的王府庄田[*]

一　王府庄田

明代的地主阶级，和以往各代的地主阶级一样，是由皇帝、贵族、地主构成的。贵族地主中有同姓贵族，皇室族属；有异姓贵族，功臣国戚公侯伯。皇室贵族中最重要的是亲王及其宗室。亲王是明代历朝皇帝嫡长子以下的诸子（支子）。诸子例封为王。年长建藩就国，故又称藩王。通称亲王。

有明一代，皇诸子受封为亲王的共有六十二人^①：太祖二十四，建文三，太宗（成祖）二，仁宗八，英宗七，宪宗十，世宗一，穆宗一，神宗四，庄烈帝二。其受封而又建藩就国的有五十人：太祖二十三，太宗二，仁宗五，英宗五，宪宗九，世宗一，穆宗一，神宗四。建文所封吴、衡、徐三

＊　本文原载《历史论丛》1964 年第 1 辑。

①　太祖从孙（太祖嫡兄南昌王之孙）靖江王守谦位等郡王，故不得视为亲王。靖江王洪武三年封，九年就藩广西桂林府。

王，前二王被太宗废为庶人，徐王被降为郡王，均不在内。庄烈帝虽然封了两个王，但均未来得及建藩，明朝就亡了。

五十个受封建藩的亲王建立了五十个王府①。其间或以罪夺爵，或因无子封除，只有廿八王府得与明朝同时告终。他们分布在山东、山西、河南、陕西、湖广、四川、江西诸布政使司②。山东有三王：德王、鲁王、衡王。山西有三王：晋王、代王、潘王。河南有七王：周王、郑王、唐王、赵王、崇王、潞王、福王。陕西有五王：秦王、庆王、韩王、肃王、瑞王。湖广有七王：楚王、岷王、襄王、荆王、荣王、惠王、桂王。江西有二王：淮王、益王。四川始终只有一王：蜀王。王府建立时间长的，传续到十一世或十二世，如秦、晋、代诸王；短的，如穆宗、神宗诸王，一世而止。

亲王长子为王世子，继承王位。其他诸支子则封为郡王。郡王长子继为郡王，诸支子授镇国将军，诸孙授辅国将军，诸曾孙授奉国将军。四世孙为镇国中尉，五世孙为辅国中尉，六世孙以下皆为奉国中尉。亲王是王府之首，其下郡王至奉国中尉都是各该王府的宗室。亲王及其宗室构成一个王府的总体。

这些皇子皇孙养尊处优，瓜瓞绵绵，繁衍很盛③。到了嘉隆年间，二百年来朱明宗支造入玉牒（皇室谱牒）的有四万五千多人；隆庆初见存的亲王、郡王、将军、中尉以及未名未封的，共有二万八千四百九十一。亲王郡王的女儿（郡主县主之类）

---

① 见附表一，《明代藩王表》。

② 建藩广西桂林府的静江王府不在内，理由见前。南北直隶及江浙等财赋之地均不得封王建藩。

③ 其中晋府的庆成王（晋王棡庶四子）可算是个典型。据说他生了一百个儿子。人数多的至不能相识。长子继为郡王，其他九十九个儿子都封为镇国将军。

还不在其内①。其时河南一地，周府、赵府、郑府、唐府、崇府五王府有亲王五，郡王八十，将军、中尉、郡县主君、仪宾并无名无禄者共六千八百九十余人②。

除洪武永乐间情况稍有不同外（详下），明代的亲王都是大地主，特别是封藩就国以后的诸亲王（藩王）。

亲王的庄田有两种。一种是受封以后出京就藩之前的养赡田和香火地。一种是就藩以后的藩国庄田。养赡田近在京畿，年长出京就藩时必须还官。藩国庄田主要坐落在藩王封地的各府州县。有的散在全省（布政司），有的跨踞二省③。福王常洵的庄田甚至跨了三省。除非因罪夺爵或因无子封除，藩国庄田亲王得世代承袭，一如亲王世爵然。如夺爵，或封除，庄田也必须还官④。养赡庄田亲王或不自行管业，而藩国庄田基本上是亲王自行管业。养赡田数量少，藩国庄田数量大，而且各个藩王得自行扩置，几乎没有限制⑤。

亲王在京养赡田之名，洪武间不见记载。但自洪武五年始，曾数次给赐已封诸王苏州府吴江县田各百顷，以该田所入岁米计算。亲王对之无实际管业权，只食其租税。这好象是亲王禄米（洪武九年制岁五万石）之外的一种优给，也可以看

---

① 此据何起鸣《条陈宗藩事宜疏》，见《皇明经世文编·补遗》卷1。戚元佐所记数字大致相同，见其《议处宗藩事宜疏》，万历重刻《皇明两朝疏抄》了。万历间宗藩盛况可参看王世贞《藩国之盛》及《宗室之盛》。均见《弇州史料后集》卷41。

② 徐学谟：《题酌议宗藩事宜疏》，见《皇明经世文编》卷199。

③ 如德王府、景王府、潞王府的庄田。德王府（国济南府）庄田跨踞山东省北直隶两地。景王府（国德安府）和潞王府（封国卫辉府）的庄田都跨踞湖广河南两省。

④ 如系无子封除，庄田还官后，王妃另给养赡田。

⑤ 禁止王府奏讨地土、置买民田、侵夺民业的诏令是有的，但多流为具文。

作是种养赡田①。永乐年间，太宗（成祖）曾给赐赵府诸王养赡田园六十三所，也在京畿附近②。洪熙元年赐越王瞻墉昌平县庄田四十四顷九十亩③。天顺三年以西直门外新村庄并果园、固安县张华里庄赐德王见潾，德胜门外伯颜庄鹰坊庄、安定门外北庄赐秀王见澍④。成化十年赐吉王见浚河间府地一百顷⑤。弘治四年赐岐王祐棆永清县信安镇地五百七十五顷⑥。本年又赐益王祐槟顺天府望军台地五百顷，明年又加赐二百顷⑦。弘治七年加赐衡王祐楎一百五十顷⑧。本年兴王祐杬就藩安陆州，辞还原赐

　　①　《太祖实录》卷74，洪武五年三月己卯："赐秦王樉晋王棡今上（燕王棣）苏州府吴江县各百顷。又以江西湖池渔课岁米赐之。秦王九千二百石，晋王今上各三千石。"洪武五年六月庚辰："赐吴王靖江王苏州府吴江县田各一百顷，岁计米各七千八百石。"洪武五年六月癸巳："赐楚王潭王苏州府吴江县田各一百顷，岁计米各七千八百石。"《太祖实录》卷75，洪武五年七月辛未："以安庆武昌二府湖池渔课岁米赐吴楚靖江三王各三千八百石。"《太祖实录》卷86，洪武六年十一月己巳："诏赐亲王土田各百顷，岁入租米七千八百石，并湖池渔课米三千石。"本文所据明代各朝实录均为现行影印本。此本错字甚多，间有漏抄错抄。因无善本，姑据之。下同。其错误之明显及可校正者，引用时均酌予改正，并注明。

　　②　事见《英宗实录》卷5，宣德十年五月丁丑。实录云，宣德十年英宗即位，以"赵府诸王所遗在京田园六十三所"给民耕种。此赵王当非太祖庶九子赵王杞，而是太宗嫡三子赵王高燧，因赵王杞洪武四年卒，无子封除。赵王高燧备受太宗宠爱，虽封于永乐二年，一直留居京师，洪熙元年始就藩河南彰德府。在京必有所养，故曾给赵王及其诸子田园六十三所。给田园事，当在永乐间。

　　③　《宣宗实录》卷10，洪熙元年十月己卯。越王瞻墉系仁宗嫡三子，永乐二十二年封。

　　④　《英宗实录》卷302，天顺三年四月辛酉。德王见潾系英宗庶二子，天顺元年封。秀王见澍系英宗庶五子，景泰三年封。

　　⑤　《宪宗实录》卷133，成化十年九月庚午。吉王见浚系英宗庶七子。天顺元年封。

　　⑥　《孝宗实录》卷19，弘治元年十月庚戌。岐王祐棆系宪宗嫡五子，成化二十三年封。旋因信安镇地不堪耕种，更赐武营地九十顷。

　　⑦　《孝宗实录》卷56，弘治四年十月丙辰及60，弘治五年二月戊辰。益王祐槟系宪宗庶六子，成化二十三年封。

　　⑧　《孝宗实录》卷87，弘治七年四月丁亥，加赐以补前赐丰润县庄田不堪耕种部分。丰润县庄田之赐失载。衡王祐楎系宪宗庶七子，成化二十三年封。

武清县养赡田六百八十七顷①。九年赐汝安王祐榰玉田县望军台庄田七百顷②。到了十六年，汝安王和泾王祐橓各之国河南卫辉府山东沂州府，辞还玉田县庄田一千多顷③。万历十一年给潞王翊镠庄地二千顷，又给通州等处抄没庄宅④。二十三年给福王常洵赡养庄田二千八百一顷九十一亩，征银六千五百八十四两⑤。

　　以上都是亲王在京养赡田给赐的例子。很多给赐，实录及其他文献根本未记，有的记了我们未取。仅举以上诸例，以见一斑。由上举诸例可以看到养赡田的给赐也是从无到有，由少趋多。多虽多了，但万历前无过千顷的；最多的只七百顷。神宗突破了旧例，颁赐豪奢，潞王福王各得养赡庄田二千多顷。

　　前面已经说过了，养赡庄田的给赐有些限制，亲王年长出京就藩时又必须辞还，为害还比较有限。为害大的，还是亲王就藩以后给赐的和他们用各种手段扩置的庄田。亲王藩封庄田的给赐与扩张，留待下面叙述。现在且举三五个例子，以见此等庄田的规模。

　　万历以前的文献都说明代王府以蜀府为最富，楚府秦府次之⑥。四川巡抚谭纶奏称"蜀府之富甲于天下"。原因，据他说，

----

　　① 《孝宗实录》卷93，弘治七年十月癸亥。此项赐田前亦失载。兴王祐杬系宪宗庶四子，成化二十三年封。

　　② 《孝宗实录》卷117，弘治九年九月庚午。汝王祐榰系宪宗庶十一子，弘治四年封。

　　③ 《孝宗实录》卷196，弘治十六年二月辛丑。泾王祐橓系宪宗庶十二子，弘治四年封。其赐田前亦失载。

　　④ 《神宗实录》卷135，万历十一年三月丁酉及136，四月癸丑。潞王翊镠系穆宗嫡四子，隆庆五年封。

　　⑤ 《神宗实录》卷405，万历三十二年正月丁丑。福王常洵系神宗庶三子，万历二十九年封。

　　⑥ 例见陆钎《病逸漫记》（《纪录汇编》卷201），陆代曾以翰林编修预修《武宗实录》。

是蜀府请裁二护卫时，那两个护卫的军屯地土完全归了该府①。因此蜀府拥有广大田庄。它的庄田自灌县至彭山县，占据了成都府属平原沃野的十分之七②。楚府之所以富，据说是因为楚王桢是太祖的爱子，田地最多③。它的庄田不仅坐落在封地湖广，而且有的远在陕西平凉固原州④。秦府庄田初年有多少不知道，康熙《陕西通志》载西安府属秦府更名地八千九百九十二顷五十九亩六分。此外还有山场四百八十三段，山坡竹枝五坡，鲜笋五百把，竹园三处，栗园二处⑤。清初秦府的更名地就是明末秦府的庄田。不过秦府更名地这个数字应该看作是明末秦府庄田的最低额，未必是实数（说见下）。

其他诸王府当然也都拥有巨大田庄，但多未见记载数额。据清顺治八年户科给事中陈协奏报，"陕西平凉府固原州地（指民地）止壹千玖百余顷，民止贰千叁百余丁"，而坐落该州的楚、韩、肃、沐四王府的庄田，则"地数万顷，民数万丁"⑥。如果这次奏报确属"见闻极真者"（陈协题本中语），那么固原州的地土和人民几乎已绝大部分被王府所占有。其他个别王府其部分庄田见诸记载的，有晋府、兴府、崇府、景府、潞府、福府等

---

① 谭纶：《恳乞圣明讲求大经大法以足国用以图安攘以建永安长治疏》，见《谭襄敏公奏议》卷7（万历间刊本）。疏上于隆庆三年七月七日。先是谭纶曾巡抚四川，故有所知。王府原来有三护卫。护卫旗军屯田如卫所军。

② 《神宗实录》卷421，万历三十四年五月丁酉，四川巡按孔贞一奏。

③ 陆钎：《病逸漫记》。楚王桢洪武十四年就藩，赐银二万两，黄金一千六百两，钞二十万锭，赏赐也特别优厚，见《太祖实录》卷135，二月丙寅。

④ 顺治十三年户部尚书车克等据该部陕西清吏司陈报如此。见顺治朝题本，明藩类，第3号，中央档案馆藏。并见附表二《陕西明藩庄业表》。

⑤ 康熙《陕西通志》卷9，贡赋。清初曾废除明藩庄田，改为更名田地。参看附表2《陕西明藩庄业表》。

⑥ 顺治朝题本，田赋类，第54号，中央档案馆藏。所谓四王府中之沐府原非王府。始祖西平侯沐英卒后，以功追封黔宁王。今陈协称沐府为王府，当职此之故。

王府。

晋府庄田仅坐落山西太原等处的就有七千二百多顷①。湖广兴王府的庄田至少也有一万四千多顷，或接近两万顷（见下）。崇王见泽成化十年就藩河南汝宁府，所赐庄田几达万顷②。钦赐王府庄田顷亩之巨，至景恭王载圳、潞简王翊镠而极，各四万顷。神宗爱子福恭王常洵万历四十二年就藩河南府，曾援例奏讨四万顷，也弄到了两万。天启七年就藩汉中府的瑞王，初赐庄田三万顷，后来也括到了八千顷。这些数字并不包括各该王府宗室郡王以下的庄田。

郡王，亲王诸支子，也是些大地主。其规模虽然比不上亲王的那么大，但也不小。明代文献或有关明代的文献中，有提到个别郡王的地土田园府第屯厂的，多不记数额③。据何起鸣说，周府南陵王睦樸（周悼王安㶇庶九子，隆庆元年卒，无子）死后遗下府第庄田金银财物不止数十万④，不知道其中有多少庄田。晋府宁化郡王府万历十年时有庄田五百七十五顷坐落聂营等屯，另外还有敕赐祖产一宗在古城大陵二屯⑤。康熙《交城县志》，载该县有宁化王地一百五十五顷六十一亩零⑥。其他诸郡王情况，由此或可推知一二。

郡王以下便是封为将军、中尉的郡王诸支子诸支孙。依洪武九年所定诸王公主岁供之制，"郡王诸子年及十五每位拨给赐田

---

① 《神宗实录》卷126，万历十年七月庚申。

② 《武宗实录》卷15，正德元年七月庚辰。

③ 如《英宗实录》卷211载景泰二年以谋危社稷罪夺岷府广通王徽煠阳宗王徽焟爵，将其地土田园给与镇南王收用。《明史》卷116《鲁王檀传》，鲁府东瓯王健揪因无子将其所受府第屯厂归鲁府管业，待给新封。

④ 《条议宗藩至切事宜疏》，见《皇明经世文编·补遗》卷1。

⑤ 《神宗实录》卷126，万历十年七月庚辰。

⑥ 《食货考》卷4，田赋。

六十顷，以为永业，并除租税。诸子所生之子，唯世守永业"①。
如再加上他们的兼并侵夺，郡王诸子的田土只有比这个数目多，
决不会比这个数目少②。

那么，明代诸王府到底有多少处庄田，一共占了多少土地？
只就我们所接触到的文献记录说，还不能回答这个问题。今天之
所以难以得知明代诸王府的庄田数额，基本上有两个原因。第
一，明代司、府、州县的《赋役全书》不载王府庄田；第二，
各王府的册籍又经兵火无存③。清代建国后，清朝廷曾于顺治六
年下令将明藩庄田革去宗室名目，与民田一例纳粮当差④。实际
上的办法是，凡明藩庄田租额较民田粮差重的，就没作官田令承
种人照旧纳租；其租额较民田粮差轻的，就估价变卖与民田一例
纳粮当差⑤。到了康熙八年，完全废除了明代藩王和明代勋戚的
庄田，将原来属于他们的庄田地土，"编入所在州县，与民田一
体给民为业"，名曰"更名田"或"更名地"⑥。陕西布政司
（省）所属共有更名地二万五千八百九十三顷⑦。山西有一万四

---

①　《太祖实录》卷104，洪武九年二月丙戌。王圻《续文献通考》卷196，系
此事于洪武八年，与《实录》不合。且谓郡王诸子赐田十六顷，亦与《实录》异。

②　明中期以后，郡王诸子诸孙也有日趋空乏仅靠禄米为生的。其所以如此的原
因很多，不在此文述说范围之内，故从略。

③　顺治十三年户部题陈如此。见顺治朝题本，明藩类，第3号，第10、11号，
中央档案馆藏。《赋役全书》系征收赋役的册籍，布政司府州县均有。内载承当赋役
的各色田土及其数额。明代王府庄田、勋戚庄田系钦赐者均免征赋役（例外极少），
故《赋役全书》不载。

④　顺治六年户部尚书巴哈纳等题，摄政王多尔衮旨批依议，见顺治朝题本，遗
民类，第7号，中央档案馆藏。

⑤　湖广湖北例见顺治十四年巡按湖广湖北监察御史张朝瑞《为清查废藩遗产
以裕国用事》揭帖。顺治朝揭帖，明藩类，第7号，中央档案馆藏。

⑥　大致是水田曰田，旱地曰地。光绪《大清会典》卷17，记其事，以"更名
地"一名概称之。

⑦　此据康熙《陕西通志》卷9，贡赋。

千一百九十零四顷①。河南更名地当也不下五万八千多顷②。山东布政司（省）所属更名地尚未查到总数，散见于各府州的不少。如莱州府五百六十多顷，兖州府五百零四顷，东平州三百九十四顷，临清州二百三十顷，昌邑潍县高密三县有衡王胭粉地二千七百六十五顷四十三亩二分③，等等。德、鲁、衡、泾四府于山东各州县俱置有庄田，而德王衡王泾王就藩（济南府，沂州府，青州府）时，据说曾"将民间地土，搜括殆尽"④。我们可以断言，山东的王府庄田总数也一定不少。据顺治十年户部尚书噶达洪等题，"济南之德府，兖之鲁府，青之衡府，原封及私置王庄不下万余顷"⑤。这个数字未必就是三王府庄田的原额实数⑥。即使是原额实数，而山东的明藩田产是以五百四十步为一亩的大亩，而不是以二百四十步为一亩的小亩（官亩）。明藩庄田改为小亩，是顺治十五年的事⑦。所以名虽万余顷，实际是两万顷以上。

---

①　据雍正《山西通志》卷 39，田赋 1。光绪十三年张水熊等纂修之《晋政辑要》卷 9，（户制，田赋 1）载有各府属更名地细数，合"旧管"新收"二项，共一万三千多顷。参看附表三《山西更名地表》。

②　据雍正《河南通志》卷 21，田赋上。《志》云，康熙八年四月收并更名地并各卫所熟荒大小等地十一万四千二百二十四顷有奇。此十一万四千顷之数系更名地与各卫所归并屯地之总和。据万历《大明会典》，河南都指挥使司万历间屯地见额为五万五千五百八十九顷。如可以此数量作清初归并之屯地数，从总数十一万四千二百二十四顷中除去此数，所余五万八千五百三十五顷，即可视为更名地数字。但此是在假设上的近似数，绝不可视为实在数。

③　顺治十五年山东巡抚耿焞奏报。见顺治朝揭帖，明藩类，第 8 号，中央档案馆藏。

④　《世宗实录》卷 130，九月己卯，户部奏。

⑤　顺治朝题本，屯垦类，第 34 号，中央档案馆藏。

⑥　理由见下关于更名田地数字的讨论。

⑦　光绪《大清会典事例》卷 165，丈量："（顺治）十五年覆准山东明藩田产相沿以五百四十步为一亩，今照民地例勘丈，概以二百四十步为一亩。"

　　湖广布政司在明末尚存七王。清代将明代的湖广布政司分为湖北、湖南二布政司。据雍正《湖广通志》只湖北七府原额更名田地就有六万五千三百三十六顷六十七亩。额外更名田地一千六百三顷二十四亩。两项合计共六万六千九百三十九顷九十一亩[①]。乾隆《湖南通志》更名田赋项下，载长沙、岳州、澧州、常德四府州属，共田地山塘三千九百九十一顷五十亩[②]。湖南共九府三州四直隶州，仅长沙府八县吉王府的"鸡鹅食田"就有十二万九千七百三十二亩（一千二百九十七顷三十二亩）[③]。可见该《通志》所载更名田地的数额不完全。而且岷府所在的武冈州桂王所在的衡州府，还不在其内。湖南的实在更名田地当不止上记三府一州的三千九百九十一顷五十亩。即使记载不完全，湖北湖南两地合计也有更名田地七万九百三十顷。

　　江西和四川的更名田地一时还未查出[④]。明末，江西尚有淮王益王二府，四川有蜀王府。淮王和益王的情况不甚清楚。蜀府在明代诸王府中据说最为富有（见上），拥有广大地土。我们只知道该府的庄田占去了成都府平原的十分之七[⑤]，但不知道它的实在顷亩数。

　　仅就已知和推知的数字，清代陕西、山西、河南、湖北、湖南五布政司的更名田地已达十七万多顷。此外尚有山东、江西、四川三布政司的更名田地尚未查出。如果江西、四川明代藩王庄田在清代也已改为更名田地，那么清代更名田地的总数当不下二

---

　　①　雍正《湖广通志》卷18，田赋志。参看附表四《湖北更名田地表》。武昌府有山塘。

　　②　乾隆《湖南通志》卷36，田赋1。

　　③　见附录一，《议处吉府田租》。

　　④　在所有上述明代王府分布的地区中，独江西四川在清代文献中不见有更名田。《大清会典》及《户部则例》亦均未载。

　　⑤　《神宗实录》卷421，五月丁酉，四川巡按御史孔贞一奏。

十多万顷。

清初的更名田地数字是否可以视为明末王府庄田的实在数字呢？回答是不可以。不可以作如此回答，是因为有下列各种复杂情况，使清初更名田地数字难以符合明藩庄田的原额。

第一是"隐匿"和"隐占"。在明代，各色地土都有所谓"隐匿"。民人常"隐匿"田土，脱避粮差，这是周知的事。就是大土地拥有者的庄田，也有被佃种人户"隐匿"的。"隐匿"是佃种人户反对封建剥削的一种斗争手段。正德三年徽府世子奏"土民"（佃户）赵朋等拖欠子粒（地租），"霸占地土"①，嘉靖二十二年崇府奏本府庄田"多为佃户侵没"②，究其实，这都不过是佃种人户希望借此脱避王府地主重剥削的方法。万历十七年潞简王翊镠就藩河南卫辉府，得景府遗下庄田。就在这个时候，户部查出景府庄田"半失原额"，"租收比昔较少"③。潞王具奏请勘，查勘官员发现"诚有不堪隐欺霸占者"④。如果"隐欺"是事实，不是"隐欺"于景王载圳死年前后（嘉靖四十四年景王薨），便是"隐欺"于景府遗下庄田转赐潞府之际（万历十七年）。佃户们借这种机会隐匿地土是很可能的。明亡清代之际封建统治秩序混乱，备遭残酷压迫和沉重剥削的佃户不趁此时设法减轻自己的负担更待何时。清初方志中更名田地项下，常有"额外""查出"等字样，未尝不是佃户隐匿庄田后经查出的反映。

佃户"隐匿"之外，还有权势豪右的隐占。譬如湖广兴府的庄田。兴献王子厚熜入继为世宗皇帝时，留有邸业九千二百

---

① 《武宗实录》卷34，五月戊辰。

② 《世宗实录》卷275，六月庚辰。

③ 《神宗实录》卷241，万历十九年十月壬寅。

④ 同上。

顷，再加上"新增"之数，实在也不过一万四千二百四十顷余。但此数之外，还有很多"余地"为守备太监杜茂所隐占①。天启七年户部尚书郭允厚奏称湖广已废藩府潭、谷、郧、梁、岐、雍等六府所遗田地虽变置改拨多寡不同，"然而里胥之隐没，豪猾之侵占暨郡藩（谓各该王府诸郡王）之私收，恐不止一二处也"②。在明朝本朝内，藩府庄田还官转赐中尚有里胥豪猾诸郡王的隐占私收，何况在明清鼎革之际。

现存的清初档案证实了这一点。顺治初清廷内外臣工就奏报过明藩庄田多被隐占。顺治八年，给事中陈协题称"弊窦多端，欺隐最大"③。十年，户部尚书固山额真等引给事中王桢题称，明藩勋戚庄田"数年以来为土豪武弁侵占，虽抚按亦有报部之名，而实利尽属他人"④。十三年，左副都御史魏裔介也题称"豪强侵占，以熟作荒"⑤。户部覆议，议准，清朝廷遂令各督抚按限文到三个月内清查造册汇报⑥。册报到了户部，但极不真实。"如河南王府甚多，该省册报地土房屋数目甚少。""江西省王府每府止报地十余亩，甚至一二亩。""各省地方……匿不开报，欺隐尚多。""此等情弊必系势豪衙蠹悍将骄兵占据，而地方有司赡狗顾畏，督抚按又漫无稽核"⑦，清朝廷遂严令确查⑧。

———————————

　　① 《神宗实录》卷524，万历四十二年十一月甲戌吴亮嗣奏，同书卷525，十月戊子姚宗文奏。

　　② 《熹宗实录》卷77，天启七年三月丁亥。

　　③ 顺治朝题本，田赋类，第54号，中央档案馆藏。

　　④ 顺治朝题本，屯垦类，第34号，中央档案馆藏。

　　⑤ 顺治朝题本，田赋类，第355号，中央档案馆藏。

　　⑥ 顺治朝题本，敷陈类，第252号，中央档案馆藏。

　　⑦ 户部覆议陕西巡抚陈极新题为清查藩产事。顺治十三年七月廿七日。顺治朝题本，明藩类，第2号，中央档案馆藏。

　　⑧ 同上。

　　顺治十三年是清查明藩庄田地土雷厉风行的一年。五月下令，到了十二月衡州府耒阳县知县屈成品、岳州府澧州知州王嗣仍屡催不报，以"定属怠玩"被劾①。清查之后，报额多了，但仍然不符合实际。一直到了顺治十五年，山东明藩的庄产还有被隐占未查报的。这年潍县县民王三固赴京首举衡王府胭粉地二千余顷，草场一千余顷。朝廷令户部行文清丈，结果查出了大量被隐占的明衡府地土②。可查的查出了，首举的也查了，但是否已完全查出，已完全册报，实在令人怀疑。如将清初方志中所载有关明藩庄田的更名田地数额看作是明藩庄田的原额，那是错误的。

　　第二是夺取。在明末农民大起义中，铲除王府地主的压迫与剥削，夺回王府掠夺的他们的土地，是农民斗争的目的之一。所以有很多明王府都受到农民义军的摧毁。被毁灭的王府有秦府、晋府、楚府、蜀府、代府、肃府、岷府、韩府、襄府、崇府、福府、瑞府、桂府等王府。凡义军所至之地，王府都逃脱不了它们应受的惩罚。义军消灭了王府，农民必然夺占了王府的庄田。例如大同。顺治元年镇守大同总兵官姜瓖题称："窃自逆寇发难以来……而宗藩（明藩王）罹祸尤甚。云之宗姓约计四千余，闯贼盘踞六日，屠戮将尽。兼过天星张天林百计搜查，几无噍类。而素居州县潜匿乡村与逸出者所存无几。宗之房屋尽为贼居。地土庄窝无一不为贼据。"③ 这所谓"贼"不是讨伐至此的农民军，便是当地的农民；后者居多。农民夺回的明藩庄田地土，虽然日后被清查或转为势豪隐占，

① 顺治朝题本，明藩类，第11号，中央档案馆藏。
② 顺治朝揭帖，明藩类，第8号，中央档案馆藏。
③ 顺治朝启本，第55号，中央档案馆藏。

但仍有一部分还在农民手中。一直到顺治十七年，兖州府郓城县的农民还有夺取了明藩的庄田未经交出的①。而且在明代藩王的庄田中有一部分是以逼买形式劫夺的农民的田产。他们劫夺之后不过户不报官，田产仍留在"卖者"名下为之代办粮差（这就是所说的"产去税存"，见下《夺买与侵占》节）。这批土地在名义上虽然还属于卖者，实际上已是藩府庄田的一部分。就名义而改编藩产，当然就牵连不到这部分地土。清初的更名田无疑是就名义改编的。所以从这一点上说，清代更名田地的数额也不能看作是明藩庄田的原来实在数额。

　　第三是方志所载有遗漏。譬如康熙《陕西通志》的记载。该志所载瑞藩更名地仅汉中府瑞府自置地三顷八十七亩。但汉中府瑞藩庄田原额决不止此数。瑞王常浩天启七年就藩汉中府赐田三万顷。本年二月汉中府已奏报括得四十一顷五十二亩②。这个数目离钦赏原额差得多，所以熹宗曾屡次下令催括。到了本年十一月瑞府已获得庄田八千顷。《熹宗实录》云："瑞王分封汉中，庄田八千顷，亩税三分，有司输纳。本省不过□□顷，四川河南协取之。"③史文有阙，瑞庄陕西顷亩待查。瑞王的封国是汉中府，属陕西。他那八千顷庄田虽说是由河南四川协济括凑的，但派给陕西的必居大宗，少亦不下三之一。崇祯十二年六月间，李国奇所部千人奉调由秦州赴湖广，途中步卒八百人噪于略阳，剽瑞王国租。据说这宗国租是"一万两"④。一万两的数字或不尽

---

　　①　见顺治朝题本，明藩类，第12号，中央档案馆藏。

　　②　《熹宗实录》卷76，二月戊午。

　　③　《熹宗实录》，天启七年十一月己丑。（所阙二字，待日后查补。北京图书馆藏《熹宗实录》显微胶卷缺天启七年十一月。）

　　④　李国奇兵剽瑞王国租事见戴笠《怀陵流寇始终录》卷12（《玄览堂丛书续集》第9册）。一万两之数见吴伟业：《绥寇纪略》卷6《谷房变》。此数字未必完全可靠。略阳属汉中府宁羌州。

可靠，但为数不小，不可怀疑，因少数租银不致引起部队八百人的剽劫。如实系万两，亩以银三分计，万两地租之庄田为额不下三千三百余顷。康熙《陕西通志》所载瑞藩更名地三顷八十七亩仅居其庄田原额千分之一。清初方志所记明藩更名田地之不能视为各该王府之庄田原额，又甚明。那三顷八十七亩之数如果象该《通志》所言系瑞王"自置地"（非钦赐庄田），那么瑞王的钦赐庄田之改为更名地的在康熙《陕西通志》中就完全失载了。如果瑞藩钦赐庄田在顺治间或康熙六年（该《通志》修纂年）以前已经拨作别用，所以《康熙通志》就不见瑞王庄田名目了，那结论仍然一样：方志失载了明藩庄田。

第四，清初更名田地数额仅仅是各该地方政府临时呈报的明藩勋贵庄田的现存数额，不是各该庄田的原额。此有一事可证。顺治元年镇守大同等处总兵官姜瓖奏报大同明藩宗室（代王府）的庄田，"除从军效力有功将佐比因钱粮无措原无厚赏量给房地住座耕种用示酬劳外，仍查出贼遗故宗空房共壹千陆拾所，地壹千叁百柒拾余顷，大小庄窝伍拾捌处"[1]。据此可知大同代府宗室庄田原额必多于一千三百余顷，而且多得多（酬赏将佐数必不小）。但《晋政辑要》一书所载大同府属的更名地仅"旧管"八百八十二顷五十五亩"新收"五百九十六顷四十六亩[2]。二数相加，也不过一千四百七十九顷，较姜瓖奏报之数相差无几。至于代府宗室庄田之已经分赏各将佐的，就不再籍为更名地了。换句话说，大同的明藩庄田之籍为更名地的，止是分赏各将佐以后剩下的那一部分，决不是该地明藩庄田的全部，或者说，原额。大同一处是这样，别的地方也可能有同样的事实。

---

① 顺治朝启本，第55号，中央档案馆藏。
② 见附表三《山西更名地表》。

　　考虑到这些复杂的情况，所以我们才说清代方志所载有关明藩庄田的数字，只能看作是各该地方明藩庄田的最低数字；它代表的仅仅是明藩庄田原额的一部分。如果说清代明藩更名田地总额不下二十多万顷，明藩庄田的原额当然比这个数目还要大，而且大得多。

　　顺便还想提一提，明代王府不仅据有巨大的庄田，而且它们的庄田地土还是土质比较肥沃的地土，耕种条件比较便利的地土。在钦赐的庄田中，地土有卑湿不堪耕种的，朝廷就再给有关王府拨补良田，如衡王府。有"零芜"的，地方官府就用变价另买或找价贴换的方法，换成良田，如福王府。这些事实，在下文里都可以看到。在下文里还可以看到各地王府所奏讨的、夺买的和侵占的民田，也都是膏腴田土。因为这个原因，所以平凉府韩王府和它的宗室的庄田坐落在泾水四渠灌溉地区。亩直银十两，甚至三十两以上。而晋王府代王府潘王府的庄田，则主要坐落在汾水流域的太原府、汾州府、大同府、平阳府、蒲州府、平定州、忻州、代州、解州、绛州、霍州，或土质较好的可因水灌溉地区。其中尤以坐落在阳曲、徐沟、沁源、忻州、定襄、崞县、代州、岳阳、虞乡、绛县各州县的为最多。而山陵地带如泽州、隰州、保德州及沿边朔平府和归化等厅，却没有或极少王府的地土[①]。

　　明代王府直接拥有广大田土并不是明代一开始就如此，也不是明代初期就如此；其中有个发展过程。

　　其初，明太祖朱元璋分封诸子为藩王，他的主要用意在"慎固边防，翼卫王室"[②]。秦王封西安，晋王封太原，燕王封北

---

①　见附表三《山西更名地表》。

②　《续文献通考》卷208《封建考》3。

平，代王都大同，肃王都兰州，庆王都宁夏，韩王都平凉，都是
"据名藩，控要害，以分制海内"①。每王辖三护卫，兵一万六千
人，牧马数千匹。常岁训将练兵，临视周回险易，制造军器。燕
晋二王屡次将兵出塞，筑城屯田，大将如宋国公冯胜颖国公傅友
德都受他节制，"军中大事方以闻"。洪武三十年贵州少数民族
（"古州洞蛮"）起兵反抗明朝廷，明太祖即命楚王桢湘王柏统领
四川都司所属诸卫军马进征②。明初诸王权势虽如此之大，但
"分封而不赐土，列爵而不临民，食禄而不治事"③。所以他们虽
各有封国，但均无实土。他们那时是将兵的皇子，不直接拥有广
大庄业。当时因他们的存在所产生的问题不是由于占有广大田土
侵夺民人，而是由于"秉钺部兵，崇权握势"。这就是戚元佐所
论明代王府历史第一个时期的特点④。

　　但明初的亲王是否就完全没有土地，完全没有赐田呢？那也
不是。洪武初燕王棣将兵北征，获得降人张福等若干名。他把他
们散处宛平黄垡东营等地，叫他们开垦为业。后来明太祖就将张
福等所垦田土给予燕王，作了他的王庄⑤。这件事说明明初亲王
有的有庄田。但燕王此例比较特殊，不可看作通行制度。

　　燕王得赐王庄之事，不知发生在哪一年。亲王就藩拨赐庄田
之成为制度，是远在洪武九年以后的事。这年二月太祖命重定王
府官制，同时制定诸王公主岁供之数，制文里边没有提到给赐亲
王郡王庄田。说明拨赐庄田的，只有已受封的公主和郡王诸子。

---

　　①　王世贞：《同姓诸王表序》，《弇州史料前集》卷1。
　　②　明初诸亲王掌握的军武权势，可参看洪武三十年四月乙酉给晋王燕王的
《备边十事敕》。
　　③　《明史》卷120《诸王列传·赞曰》。
　　④　礼部郎中戚元佐曾上《议处宗藩事宜疏》（《皇明两朝疏抄》卷3），将明代
王府二百年间的变化分作四个时期，每个时期都列有特点。
　　⑤　见沈榜：《宛署杂记》，黄垡仓，19之1，530北京出版社铅印本。

亲王所赐只是岁支禄米五万石，钞二万五千贯，锦四十匹，纻丝三百匹，纱罗各一百匹，绢五百匹，冬夏布各一千匹，绵二千两，盐二百引，茶一千斤，马匹草料月支五十匹。郡王岁给禄米六千石，钞二千八百贯，绵十匹，纻丝五十匹，罗二十五匹，纱二十五匹，绢一百匹，布一百匹，锦五百两，盐五十引，茶三百引，马匹草料月十匹[①]。初时也许因有如此优厚岁供[②]，所以不给庄田。

虽然明初亲王不给庄田，但他们还是可用其地方法得到土地。《明史·潞简王传》云："明初亲王岁禄外，量给草场牧地。间有以废壤河滩请者，多不及千顷。部臣得执奏，不尽从也。"就我们所接触到的有关王府庄田的文献而论，《明史》这段话可信。亲王请乞废壤河滩之后，就可以把它们垦为庄田。永乐十二年封美圭（晋恭王㭶孙）为平阳郡王，给予恭王故连泊滩田[③]。显然，晋恭王是请乞过河滩一类的土地的，他后来确也将他请乞的河滩垦辟成了田。所以永乐间才有美圭连泊滩田之赐。垦辟废壤河滩为庄田的，不可能只有晋王㭶这一个亲王。究其实，藩王们之所以请乞废壤河滩，目的就在把它开种成庄田。

不止废壤河滩可以开种成田，牧马草场也可以开种成田。明代官府牧马草场召人佃种开垦成田的事非常多，王府牧马草场开垦成田事，有叶淇奏疏可证。弘治六年户部尚书叶淇陈请禁革王府自行征收庄田子粒，"请令各庄田及牧马草场佃户……输于本

---

①　《太祖实录》卷104，洪武九年二月丙戌。

②　如禄米一项，日后减削很多。以秦王为例，后减至岁一万石。嘉靖四十四年奏辞一千石，余九千石。肃王禄米后减至岁一千石。隆庆四年本府辅国将军承袭王爵，仍支辅国将军禄米，岁八百石。其他亲王禄米减削情况，均见万历《大明会典》卷38，户部25，宗藩禄米。

③　《明史》卷116《晋王㭶传》。案此段史文与《明史》卷100《诸王世表一》所列史实有不同处，待考。

管州县而后令各该人员来领"①。即有牧马草场佃户输纳庄田子粒，那么这牧马草场是已经垦种成田的了。王府牧马草场是何时开始陆续开垦成田的，尚需探索，但孝宗初显然已成了普遍事实。因此，早年也不可排除这种垦种的可能，尤其是在洪武九年制定月给亲王郡王马匹草料之后。王府垦辟废壤河滩牧马草场为田，可以看作是王府藩国庄田最初的形成。

虽然如此，废壤河滩牧马草场究竟不同于日后钦赐的已经垦种成熟的田土，也不同于假荒闲退滩之名奏讨而蒙钦赐的民人住种田土。而且，藩王所请废壤河滩不过千顷，并不为甚多，每请也并不辄得允准，还不成通例。这也和日后庄田的奏讨钦赐有别。

嘉靖中查秉彝谓"国初分封自一二远藩之外不给庄田"②，万历末吕坤谓明初分封亲藩"赐田多寡不等"③，《明史·食货志》以及《续文献通考》均谓"亲王庄田千顷"④，所言不一，均不得其详，也不知其何所据而云然。

从我们所见到的历史记录讲，明初没有给赐藩王庄田的制度⑤。明代亲王出京就藩后王庄的建立，实由奏讨"废壤河滩"始。仁宗以田园赐赵王，后来遂相沿为例。宣德以后，诸王竞相陈乞、纳献，并侵夺官民田地。规模越演越大，遂酿成一代严重问题，加深了社会矛盾，激化了阶级矛盾。

从明代王府庄田发展的历史上看，可以看出在他们的形式上，明代的王府地主（以及和王府地主接近的勋臣国戚地主）和一般地

---

① 《孝宗实录》卷75，五月壬辰。

② 《世宗实录》卷304，嘉靖二十四年十月甲午。

③ 《明史》卷226，本传。

④ 《续文献通考·田赋考》卷6；《明史·食货志一》。所言则与《明史·潞王传》所言不一致。

⑤ 燕王王庄例是特别的偶然的。诸王所给苏州府吴江县田各百顷非庄田，说已见前。吴江县田后来也没有了，大概是在洪武二十五年取消的。

主有不同的地方：他们是在一个新封建皇朝建立后最高统治者皇帝有意识地培植起来的一批贵族地主——同姓贵族地主。他们随着新封建皇朝的建立而产生，也随着它的颠覆而消灭。各朝都有各朝的皇帝，各朝也都有各朝的亲王贵族地主。旧朝代被新朝代代替了，新朝代的贵族地主也代替了旧朝代的贵族地主。贵族地主集团和封建社会相终结，但集团的构成分子却随着朝代的更替而变换。毛主席说，在封建社会中最高统治者皇帝"依靠地主绅士作为全部封建统治的基础"。在这全部封建统治的基础中，贵族地主居有重要的地位，而王府贵族地主，即同姓贵族地主，在贵族地主集团中又居有重要的地位。今就王府地主庄田的建立，和王庄上的生产关系等等，略记如下，以供研究明代阶级结构与阶级斗争者参考。郡王以下庄田有记载可查的，也酌量援引以说明问题，但非重点。

二 钦赐与奏讨

明代亲王获得庄田的途径不外这么几条：钦赐、奏讨、纳献、夺买、直接侵占。其中奏讨的田土必须经过皇帝的允准，亲王方可占有，而纳献的大部也必须经过奏讨手续；亲王方得管业，所以王府庄田的田土经奏讨而获的也罢，经纳献奏讨而得的也罢，前后都必须经过钦准即钦赐方式才能变为王府的庄业。其区别仅仅在于钦赐主动在皇帝，皇帝援例赐给管业；奏讨和纳献奏讨是由亲王指地请乞。因此可以说，五条途径之中，钦赐为主。

但钦赐的田土的性质有所不同。援例钦赐的田土，名义上多半是系官田土，官田①。经奏讨而蒙钦赐的田土则绝大部分是民

---

① 此就制度而言。实际上，援例钦赐的田土也有民田，而且有时数额很大。看下文便知。

人的永业或民人住种年久的田土，民田。因此，王庄田土的来源从形式上看，是以钦赐为主；从土地的性质上说，则以被掠夺的民田为主。

钦赐的田土一般称为"庄田"，也有"胭粉地""鸡鹅食田"等名目①。今先述各种形式的钦赐，实质的分析移见下节。

明文献中，钦赐、奏讨、纳献的事件很多。现在选择一些重要的，按年代叙列如下。所以要按年代叙述，是因为这样一则可以看出王庄建立的主要史实，二则可以看出王庄发展的基本趋势。

明初之国就藩的亲王可以奏请废壤河滩，太祖曾赐燕王黄垡王庄，俱已见前。这些，是我们现在可以找到的明代早年给赐王府田土的事实。自仁宗以后，亲王之国赐田的事渐渐多了，记载也较详。洪熙元年，赵王高燧之藩河南彰德府，仁宗给予田园八十顷有奇②。宣德四年梁王瞻垍就藩湖广安陆州，宣宗从其奏求，将郢王栋原有的庄宅田园和安陆郢王护卫官军遗下的房屋田土，全部赐给了他③。正统二年，英宗给赐淮王瞻墺江西余干县强山地四百二十亩供采薪之用④。同年，以湖广襄阳府所属襄阳

---

① 山东衡王府有"胭粉地"二千余顷，见顺治朝揭帖，明藩类，第8号，中央档案馆藏。湖广郧阳府等处的楚王府钦赐庄田叫"鸡鹅食田"，见顺治朝揭帖，明藩类，第3号。中央档案馆藏。长沙府吉王府的钦赐庄田也叫"鸡鹅食田"，见附录一，《议处吉府田租》。

② 《宣宗实录》卷4，七月癸未。赵王高燧系太宗嫡三子，太宗时因宠爱一直留居京师。在京亦有田园，见前。

③ 《英宗实录》卷61，宣德五年正月戊申。郢王栋太祖庶二十四子。永乐六年就藩安陆州，十二年卒，无子封除。梁王瞻垍仁宗庶九子。实赐之年为宣德五年。

④ 《英宗实录》卷33，八月癸亥。淮王瞻墺仁宗庶七子，宣德四年就藩韶州府，正统元年移饶州府。

各县的"无税田"三百九十六顷并山二所，给赐襄王瞻墡①。正统三年，英宗给赐庆王楇宁阳侯陈懋原有的果园②，景泰三年，景帝给赐郑王世子祁锳河南修武获嘉二县间荒闲地，补足他那被水冲没的原赐牧地③，又给襄王瞻墡湖广襄阳等五县无粮空闲山地一百顷④。成化三年德王见潾就藩济南府，四年宪宗诏从其请，给予山东寿张等县田四千一百余顷⑤，齐汉二庶人所遗东昌兖州闲田⑥，以及直隶广平府清河县地土七百余顷⑦。成化六年，秀王见澍就藩河南汝宁府，曾讨得归德、陈、睢、寿、颖等州，霍邱、商水、鹿邑等县黄河退滩水淀地，汝宁府卫顺阳王所遗菜果牧马水陆园场田地。成化十年崇王见泽就藩汝宁府，重又讨得了秀王的庄田⑧。成化十三年吉王见浚就藩长沙府，拨给他了长沙八县土田一十二万九千七百三十二亩三分（一千二百九十七顷三十二亩）作为他的"鸡鹅食田"（即庄田）⑨。成化十八年赐赵王见灂汤阴县地七百一十一顷四十亩，水碱地七十顷四十二亩，徽州安阳县地七十七顷九十九亩，彰德卫未纳粮地二百三十

①　《英宗实录》卷36，十一月丙申。襄王瞻墡仁宗嫡五子，宣德四年就藩长沙府，正统元年改襄阳府，"无税田"即未纳粮的田。

②　《英宗实录》卷44，五月甲申。庆王楇太祖庶十六子。封国宁夏。

③　《英宗实录》卷216，五月乙巳。

④　《英宗实录》卷223，十一月乙丑。

⑤　《宪宗实录》卷50，正月丁卯。德王见潾英宗庶二子。

⑥　《明史》卷119《德王见潾传》。齐汉二庶人即故齐王榑与汉王高煦。齐王于永乐四年夺爵封除，汉王以宣德元年谋反削爵。二王均废为庶人。《明史》中之兖州闲田可能即实录所称寿张等县田，或部分相同。

⑦　《宪宗实录》卷86，成化六年十二月壬戌：大理寺左少卿宋旻奏"广平府清河县先年德府奏讨地土共七百余顷"。奏讨之确年不明，姑列于成化四年。

⑧　《宪宗实录》卷125，成化十年二月壬申。秀王见澍英宗庶五子，成化六年就藩汝宁府，八年卒。崇王见泽英宗嫡六子。顺阳王乃一郡王，周王橚庶三子，名有烜。永乐十三年卒。

⑨　见附录一。吉王见浚系英宗庶七子。

四顷一十一亩及荒芜地八十一顷六十八亩①。这一年德王见潾又奏讨山东白云湖、景阳湖、广平湖三湖地②，宪宗也诏允了。其中只白云湖一处，就周围五百四十里，计田一千五百二十顷三十一亩③。成化二十一年，又增赐崇王见泽青庄坡等处地九百余顷④，二十三年又增赐德王见潾新城、博兴、高苑三县水定（淀）芦荡并空闲地四百三顷三十四亩⑤。可能是在弘治七年兴献王祐杬就藩湖广安陆州的时候，孝宗赐给了他郢王梁王二府遗下的庄田三千八百三十九顷⑥。弘治九年赐给岐王祐棆观滩店田三百顷⑦。弘治十一年，又赐岐王德安府田三百顷⑧。十三年寿王祐楮就藩四川保宁府，赐田四百三十顷有奇⑨，同年又增赐兴王湖广京山县近湖淤地一千三百五十二顷⑩。岐王前已两次获得赐田，这年又赐给他德安府田六百十二顷⑪。崇王见泽在宪宗朝

---

① 《宪宗实录》卷230，八月丙午。赵王见灂乃赵简王高燧曾孙而继为亲王者。此次赏赐显然是增赐，因赵王高燧原已有钦赐庄田。"徽州"系《实录》原文，疑衍。抑或"磁州"之讹。

② 见《世宗实录》卷130，九月己卯；同书卷226，七月癸酉；《明史》卷119《德王见潾传》，据《世宗实录》卷226，七月癸酉户部奏，三湖地之奏请与给赐在德王之国后十五年，德王之国在成化三年，据之故列于是年。

③ 《神宗实录》卷170，正月癸亥。据李开先《白云湖子粒考》，湖地以外包套近湖征粮民地并虚增地亩共一千六百余顷，该考见《李开先集》中册，中华书局铅印本，715—717页。

④ 《宪宗实录》卷272，十一月癸酉。

⑤ 《宪宗实录》卷287，二月辛巳。

⑥ 《孝宗实录》卷129，弘治十年九月壬戌。兴王祐杬宪宗庶四子，弘治七年就藩安陆州。郢王栋太祖庶二十四子，永乐六年就藩安陆州；十二年卒，无子封除。梁王瞻垍已见前。宣德四年就藩安陆州，正统六年卒，无子封除。故二府均有遗下庄田。

⑦ 《孝宗实录》卷118，十月丙子。

⑧ 《孝宗实录》卷138，六月乙酉。

⑨ 《孝宗实录》卷158，正月戊午。寿王祐楮宗庶九子。

⑩ 《孝宗实录》卷159，二月辛丑。

⑪ 《孝宗实录》卷164，七月辛巳。

已蒙赐地土二千五百余顷（此仅就已见记录者而言），本年又讨得河南归德州等处黄河退滩地二十余里①。河南开封府周府的建立是在洪武十四年，周王橚（太祖嫡五子）是它的始祖。到弘治十四年时，周王是定王橚的六世孙恭王睦㰪。周府是个大王府，庄田一定不少。这年孝宗又赐给周府睢州等处地五千二百一十多顷②。弘治十三年衡王祐楎就藩山东青州府，十四年汝王祐梈就藩河南卫辉府，二位藩王都奏请田土，孝宗遂赐给衡王山东寿光、潍县地一千二百十四顷，汝王河南获嘉县地七十顷③。本年泾王祐橓就藩山东沂州府，孝宗也赐给了他沂州等处枣沟芦塘泥塘柏埠湖牧马草场茶园仓山山庄田七区④。十六年又从衡王请，给了他供祀山川等坛的地土，和齐王府遗下的花果园地二顷⑤。就是这同一个衡王，也曾乞得山东平度州庄田三百五十顷⑥，但不知事在何年。十七年孝宗将岐王祐棆遗下的庄田给了寿王祐楎三百顷，荣王祐枢六百顷⑦。前记崇王府已受赐庄田两次，据正德元年户部尚书韩文奏，到这时崇府所受赐田几万顷，滥于常例⑧。徽王见沛曾在成化初年奏讨彰德卫官田（屯田）二百一十三顷，那时户部执奏不与（因系军屯地土）。到了这年，

───────────

① 《孝宗实录》卷159，二月己酉。

② 《孝宗实录》卷182，弘治十四年十二月戊辰。

③ 《孝宗实录》卷185，三月辛巳。《实录》该处文谓给赐二十六顷。但据《武宗实录》卷32，十一月癸卯，户部奏勘汝王奏报之地为三百三十一顷，已给七十顷。其余退滩地亦可拨给。诏此以原赏地与之。原赏地或即已拨之七十顷耶？衡王祐楎系宪宗庶七子。汝王祐梈宪宗庶十一子。

④ 《世宗实录》卷132，十一月壬申。泾王祐橓系宪宗庶十二子。

⑤ 《孝宗实录》卷198，四月庚子。

⑥ 见《武宗实录》卷32，十一月乙巳。

⑦ 《孝宗实录》卷217，十月壬戌。荣王祐枢系宪宗庶十三子，正德三年就藩常德府。岐王弘治十四年卒，无子封除。

⑧ 《武宗实录》卷15，七月庚辰。

武宗以宪宗特旨所赐为理由，终于赐给徽府管业①。前此孝宗也曾赐给徽府河南唐、泌阳等县田地一百二十九顷有奇，鹿邑等县地七百五十七顷有奇②（以上二事《孝宗实录》均失载）。孝宗给赐荣王祐枢六百顷以后，正德二年武宗又赐给了他龙阳县地方沿河两岸新洲等处田地五百三十顷有奇③。泾王祐橓孝宗已给赐过庄田七区，正德三年武宗又赐给他沂州府枣沟湖等处"无税地"七百七顷八十亩④。孝宗原赐衡王祐楎平度州白埠泊荒地三百五十顷卑湿不堪耕种，佃种人户每年陪纳税银，现在又拨给了他傍近前地的"未税地"四百八十顷以补原赏地土⑤。正德四年以前荣王祐枢已受赐田土两次（仅就已见记载者而言），这年又从其陈乞赐给他常德辰州等府"无粮田地"一千五百九十五顷有奇，山场周围八百二十里，房屋铺面一千五十八间⑥。

　　因孝宗武宗两朝时期亲王、勋臣、贵戚奏讨庄田过多且日甚一日，世宗即位后企图把奏讨的地土加以整顿，因此钦赐庄田之风稍歇。嘉靖八年，户部尚书梁材因议筹王府禄米，主张收复给赐王府的税课，并将洪武永乐以后赐给王府的山场湖陂税课河泊之类查复入官，以补禄米之缺⑦，遂议准："天下王府分封日增，税粮益不足。凡河泊所税课局并山场湖陂除洪武永乐以前钦赐不动外，其余一应奏讨之数，自本年为始，将所入花利照数征收存

---

　　① 《武宗实录》卷19，正德元年十一月乙酉。徽王见沛系英宗庶九子。成化十七年就藩河南钧州（即均州，万历三年改称禹州）。据《武宗实录》卷111，正德九年四月丙申，所赐屯地是二百三十顷。不知哪一数字是正确的。

　　② 《武宗实录》卷30，九月壬戌。

　　③ 《武宗实录》卷30，九月戊申。

　　④ 《武宗实录》卷35，二月壬午。此地前曾勘明召民佃种，今仍以给泾王。

　　⑤ 《武宗实录》卷37，四月甲戌。

　　⑥ 《武宗实录》卷48，三月癸卯。

　　⑦ 《世宗实录》卷100，四月己卯。

留本处府县仓库，抵补王府禄米。如有占恡不退及再奏讨者，将该府拨置人员参问发遣。"① 这就是惹起了朝廷与王府之间的争执的嘉靖八年例。

明封建朝廷之所以企图限制王府奏讨田土，目的不是要损害王府大地主的基本利益，而是因为奏讨多侵夺民业（见下），减少了朝廷的收入，削弱了皇权的物质基础，影响了整个封建统治秩序，影响了地主阶级的长远利益。这是嘉靖八年例的本质，也是决定该例不能彻底执行的原因。

例文所言"山场湖陂"，据户部和地方执行查革的巡抚等官的解释，就是庄田②。因此许多藩府的庄田就因此例应该查革或被查革了。诸王府当然不愿意，"乞复不已"③。德王祐榕说："臣庄田尽革，则贫不能生"④，泾王祐橶说："臣生于洪武永乐之后，受封于孝宗皇帝之朝，似与诸府不同。"⑤ 对德泾二王的抗辩，朝廷好象没法答对，遂即退步妥协。于是户部又酌议"宣德以后王府有封国之初原请庄田非山荡湖陂，而王府禄粮多阙用度不给者，皆听留用。其之国以后及传数世者，凡有奏请即系庄田，不得议留"⑥。这就是嘉靖十年的新例。据此新例，德府、泾府、衡府诸王府的初封时给赐的庄田就又归各该王府管业了。

---

① 万历《大明会典》卷36，户部23，课程5，鱼课。

② 德府衡府诸王府庄田（甚至初封时的庄田）的查革，就是根据户部这个建议的。见《世宗实录》卷130，九月己卯。嘉靖十年，德府庄田被革后，德王祐榕请复，理由是嘉靖八年例只言山荡（场）湖陂，不及庄田。山东巡抚邵锡反对这个解释。他说"王府庄田即山荡湖陂之目"，且举泾府例为证。见《世宗实录》卷130，九月己卯。

③ 《世宗实录》卷226，七月癸酉。

④ 《世宗实录》卷130，嘉靖十年九月己卯。

⑤ 《世宗实录》卷132，嘉靖十年十一月壬申。

⑥ 《世宗实录》卷130，嘉靖十年九月己卯。

嘉靖十年新例表示朝廷在整顿王府庄田事件上退了一大步，而王府也多少受了点损失。德府应革退成化十八年奏乞给赐的白云、景阳、广平三湖湖地，泾府丢了仓山庄田（恐系山场）和济宁州税课局。

不过，到此故事并没有完。在明代，很多例令的制定和执行（压迫和剥削农民的例令除外），有一个普遍现象：制定之初好象很严格，势在必行。但实施之后，便容许个别例外，终至全部例令流为具文。上述德府三湖湖地就是个现成的例证。依嘉靖查革例，白云、景阳、广平三湖地收归了官府。但德王祐榕并不死心。过了八年，到了嘉靖十八年，他看见泾府徽府都收复了它们原有的庄田，他援以为例，请求恢复他的三湖湖地。户部虽执奏不允，世宗不听，"诏特与之"①。德府之事原系一例外，却终于变成了通例。嘉靖二十五年户部尚书王杲条陈制财用，请将王府管业的或被王府侵欺隐占的山场湖陂都收回归官，世宗批答说："属各王府为业已定者，其勿扰夺。"② 这样就把嘉靖八年十年二例全部推翻了。王府获得了最后的胜利。

世宗早年象是企图限制藩王庄田一个皇帝，晚年他却变成了第一个赏赐最滥的皇帝。他的庶四子载圳嘉靖十八年封景王，四十年就藩湖广德安府。三十九年下诏赐给他德安府属随州、安陆、应山、云梦等县红庙等庄房七处，孝感县东山、汉川县刘家隔四处水租房地九百余顷，河南卫辉县属新乡、获嘉、辉县等县及宁山卫地二百余顷，开封府属河阴、汜水、阳武、原武等县并怀庆府属武陟、隰县、怀庆卫房地六百余顷，以及湖广沔阳州葫芦三湾鲁湖等湖、石首县马脑堤洋子洲白沙套小岳紫洲湖池、监

---

① 《世宗实录》卷226，七月癸酉。并参看《白云湖子粒考》。
② 《世宗实录》卷313，七月丁卯。

利县紫洲、衡州府煤锡鱼舫三坑①。这次颁赐规模之大是空前的，数量之巨也是空前的。其内容有田土、有湖池、有煤锡坑冶，另外还有盐店盐税等等。实际庄田数额山场湖陂在内，据说达四万顷②。嘉靖四十四年景王卒，他的妃王氏于一千五百石禄米之外，也获得了空前大的一千五百二十余顷养赡庄田的给赐③。

明代的第二个赏赐最滥的皇帝是神宗。万历十七年他的弟弟潞王翊镠就藩河南卫辉府，神宗将景王遗下的庄田四万顷全部赐给了他。神宗还以为不足，谕诸臣"再查相应地土，不妨数外加给，副朕友爱同气至意"④。

万历四十二年神宗溺爱的庶三子福王常洵就要就藩河南府了，行前奏请庄田四万顷，如潞王例。群臣力争，福王不得已才减削了两万顷。这场争辩从万历四十年九月开始，争吵了整整一年零四个月才告一段落。河南土田不足，遂坐派山东湖广协济。河南括得膏腴田土一万一千二十八顷零⑤，山东坐派了四千四百八十顷零⑥，湖广坐派了四千四百八十五顷零⑦。河南所括田土原有"零芜地"（零散荒芜地）二千四百四十五顷有奇，都换成了良田。更换的方法是"或变价另买，或找价贴换，或本府州县无可换派之通省"⑧。湖广极力搜括还不能足额，遂不得不再

---

① 《世宗实录》卷491，十二月丙申。"紫洲"，北京图书馆藏红格本俱作"柴洲"，疑是。

② 此据大学士叶向高奏及礼部疏。见《神宗实录》卷508，万历四十一年，五月辛未，五月丙戌，叶向高：《请减福藩庄田疏》，《皇明经世文编》卷462。

③ 《世宗实录》卷550，嘉靖四十四年九月乙未。

④ 《神宗实录》卷202，万历十六年八月丙午。景王卒，无子封除。潞王翊镠系穆宗嫡四子。

⑤ 《神宗实录》卷525，万历四十二年十月戊子。

⑥ 《神宗实录》卷528，万历四十三年正月乙丑。

⑦ 《神宗实录》卷522，万历四十二年十月戊子。

⑧ 《神宗实录》卷525，万历四十二年十月戊子。

减一千顷。为足额，又括取了元祐宫的香灯田、以前拨补给楚府的淤田、已废雍王府的遗基、已废辽府子孙在广进等州的养赡田、籍没张居正入官而士民已经纳价购买之田八百顷。这样括取，所得也不过一千二百二十六顷①，仍不足额。兵科给事中吴亮嗣疏言，湖广自景府建庄之后，已无闲土，请勘显陵（世宗生父显皇帝陵）余地充赡田（庄田），疏留中不报②。湖广巡抚董汉儒以无法再括，请岁输万金（银万两）代租，不听③。最后福王一定获得了他所要求的土地，但怎样搜括到手的，史书没有记载。

如景府和潞府，福府所请，神宗所赐，不止土地。此外还有江都至太平沿江荻洲杂税，四川盐井榷茶银及淮盐一千三百引等等。

福王还有三个弟弟：瑞王常浩，惠王常润，桂王常瀛。天启三年他们分别就藩陕西汉中府，湖广荆州府，湖广衡州府。行前各赐庄田三万顷，共九万顷。诏令陕西湖广筹拨。二省尽力搜括，天启七年二月陕西为瑞王庄田才括得汉中府四十一顷五十二亩，同时坐派了西安府一千五百顷。数目悬绝，时日稽悮，光宗皇帝认为有失他的亲亲之意，下诏严催，并令户部速作商榷。或再量定数额，或行该省再加搜查，或派近省统力协济。西安坐派之数因无闲地，只得拨与纳税地。纳税地拨作藩府庄田，原额赋役又无着落，也令户部商榷想法抵补。统令上紧覆议回奏。一月之后，陕西总督王之采奏言委实势难取盈。除汉中府已报四十余顷之外，其他各府也无废地可拨，陕西仅能力任全额的十分之一（即三千顷）。此数之外，

---

① 《神宗实录》卷550，万历四十四年十月丁巳。楚府淤田性质不明。雍王祐枟宪宗嫡八子，弘治十二年就藩衡州，正德二年卒，无子封除。辽府子孙养赡田或系指辽府光泽广元二郡王退出之赐田。此项田土他们恐已纳价管业。

② 《神宗实录》卷524，万历四十二年九月甲戌。显陵钦留邸业是九千二百八顷，此外尚有不知数目的余地在陵监手中。

③ 《明史》卷257，本传。

"土膏罄尽，搜括力穷"，请分派别省。即此三千顷之数，也得括拨民地。民地均输正赋供边饷，边饷抵补，也当有定议①。疏上，熹宗仍认为西安府及州县有废地绝产可为补凑，遂令户部就各省作何协济，边饷作何抵补，原请三万顷之数作何酌裁，本着"既度民艰，又不失笃亲至谊"，速议具覆②。户部也以为陕西不能没有藩府的废业和民间的绝产而为豪强所隐占的，建议将全部赡田（三万顷）分作三分，陕西任其二，四川河南山西共任其一。熹宗从户部议，着各省抚按官速行凑处。"至尽力凑处不能如数，另行该府长史启王自行裁减以昭王德。"③ 结果，到了十一月陕西河南四川三布政司为瑞王括得庄田八千顷。此后有无增益，不得而知。

其时，惠王桂王二府湖广庄田（共六万顷），也止括得一万顷。这一万顷来自三宗地上，已废辽府的"绝产"，枣阳王的"绝产"，民间的淤田④。熹宗旨责户部，谓时已稽缓，额尚悬绝，甚失他的厚遇亲藩之意，令该部作速商榷；或量定赡额，或严行再括，或别议协济，议覆具奏⑤。户部奏请再括湖广已废藩府遗产。诏令着巡抚李栖凤逐一清查，再行搜括。并令福建广西、江西等处也应协济若干，"务足二王经费，以昭朕笃念亲藩至意"⑥。文移往还，诏旨屡下，最后搜括到了多少，各省是否协济或协济了

---

① 《熹宗实录》卷77，天启七年三月甲戌。
② 同上。
③ 《熹宗实录》卷77，天启七年三月丙申。
④ 《熹宗实录》卷77，天启七年三月丁亥。辽府国荆州府，辽王宪㸅隆庆二年以罪封除。襄府枣阳王翊铝万历二十九年未婚卒，封除。
⑤ 《熹宗实录》卷76，天启七年二月壬戌。
⑥ 《熹宗实录》卷77，天启七年三月丁亥。户部覆议有云："查明湖广废府有九。除湘辽二府见在搜括、景府地量拨潞府外，尚有潭谷二府坐落长沙、郢梁二府坐落安陆、岐府坐落德安、雍府坐落衡州，其所遗田地虽变置拨援，多寡不同。然而里胥之隐没，豪猾之侵占暨郡藩之私收，恐不止一二处也。况游田草场之类，岂能一时尽报乎？"

多少，因实录失载，难以揣测。

熹宗诸子早亡，庄烈帝之定永二王虽封均未建藩，因此这两朝幸而没有再括田土赐与亲藩的事。

以上所记藩王庄田的颁赐事例，只是些事例，绝对不能看作是全面或近于全面的记述。明代亲王就国建藩的共有五十人，而上记事例中提到的止二十五人：赵王、梁王、淮王、襄王、庆王、郑王、荆王、德王、秀王、崇王、岐王、兴王、寿王、周王、汝王、衡王、泾王、荣王、徽王、景王、潞王、福王、惠王、瑞王、桂王。万历以前最大最富的蜀王、楚王、秦王，实录中找不到确切记载①。所以上记赐田事例中，就没有这三府。就是前面已经举出的受赐庄田的王府，在各该王府名下记载的受赐田土的数额，也不是各该王府受赐田土的全部数额。大致说来，除了景府、潞府、福府、瑞府、惠府、桂府而外，其他各府的受田数字，只是赐田总数的一部分。如以兴王祐杬而论，上记赐田前后只见两次。一次三千八百三十九顷，一次一千三百五十二顷，共五千九百一十一顷。据嘉靖十四年户部言，承天府（前安陆州）潜邸（前兴王府）庄田湖池共八千一百三十余顷②。万历四十二年九月兵科给事中吴亮嗣疏奏称世宗入继皇位时，所留邸业载在碑志者，有九千二百八顷，此外还有"余地"③。据同年十月户科给事中姚宗文言，承天府庄田"即除额数新增实在

① 据说蜀王曾获得两个护卫的屯地，见第一节；秦王曾获赐潼关以东凤翔以西沿河滩地牧马高原山坡牧羊，见第四节。即使如此，这也难说是他们的全部赐田。

② 《世宗实录》卷182，十二月己亥。

③ 《神宗实录》卷524，九月甲戌。案吴之数字与前户部所言不同。按吴亮嗣所言"碑志"想系嘉靖十年所建者，见《承天大志》。碑文庄田部分见本文《附录三》。庄田共九千三百九十七顷多。

一万四千二百四十顷五十四亩外"，如丈量余地十之二三以凑补福王赡田，"充然有余"①。已如前记，福王庄田湖广所派是四千四百八十五顷五十亩零。姚宗文上此疏时止括得五百三十六顷十一亩零，尚差三千九百四十九顷多，差不多四千顷。四千顷才不过承天府庄业"余地"的十之二三，"余地"全额当不下一万二三千顷。即使姚宗文措辞有夸张，去事实当不致太远。如此看来，兴府原有庄田总额，想不能低于两万顷。这两万顷之中，自然可能有夺买的有侵占的民田，但主要还是赐田。即以上记"余地"一宗而说，吴亮嗣辩的明白，"则当归之朝廷者也"。即应归之朝廷，其必原为朝廷所赐无疑。而兴府原赐庄田总数决不止《实录》中所载之五千余顷，也无疑了。

总之，《实录》等文献所载王府赐田事，只限于半数藩王，富有的王府如蜀、秦、楚的庄业不见记录，而《实录》所载赐田顷亩额又不是各该王府所受赐田的全部，所以上记事例，万不可看作是明代给赐王府庄田的全部事实，或接近全部事实。

三　奏讨占夺民业

王府庄田钦赐的事例前节已经列举了不少，紧接着一个问题便是钦赐的田土是些什么田土？

按明代的制度，钦赐的田土，赐给王府的也罢，赐给公主驸马勋臣贵戚的也罢，都应该是系官田土，官田；不是办纳粮

---

①　《神宗实录》卷525，十月戊子。二给事中所言承天府潜邸"余地"（即显陵庄田余地），此时被守备太监杜茂隐占。二给事中主张勘丈余地清出隐占，以补拨福王庄田。

差或特例许民垦种而不纳税粮的民田。明初给亲王的牧马草场是荒闲田，是官田。许诸王奏请的"废壤河滩"，也是官田。洪武初给诸王的苏州府吴江县禄米田，是籍没的那个地方的大地主的田地，是没官田，也是官田。前举事例中钦赐某王某废府遗下的田土，是还官的赐田，也是官田。明令以民田拨赐王府的，只见瑞王、惠王、桂王事例。所以有明一代，依制度而论，基本上是用官田和名义上的官田拨赏赐王府。但据实分析起来，事有大谬不然者。问题不发生在法制上，而发生在具体的拨赐事件中。而这所谓拨赐，实在就是王府奏讨，皇帝钦准，而广夺民业。现在也按年代前后，将这方面见于记录的较大事件简略列述如下。

成化十八年德王见潾曾奏讨过山东白云、景阳、广平三湖湖地，宪宗当即诏准给赐。白云湖湖地一千五百二十顷中就有历城、章丘二县民田七十顷有奇。从成化十八年到万历十四年共一百零四年，其间这七十多顷民田一直作为了德王的庄田。万历十四年会勘明白，仍未全部归还民人，只归还了一半①。这是依据《神宗实录》说的。但《实录》是官书，未必完全具载德王在奏讨三湖湖地土的行动中夺占民田的真实情况。据致仕乡官李开先的《白云湖子粒考》，白云湖湖地只五百一十四顷。德府捏作一千三百顷奏讨。朝廷委官踏勘，因湖中水占，止丈量得近湖旱地四百顷。所委官员迎合德府的意图，逐将近湖的征粮民地包套在内，又于正地之外暗加虚数（每亩七八分或径加一亩），曲凑了一千三百顷。地土虚增，子粒也要跟着增加。结果和实夺民田一样。这样一来，包套虚增两项，竟达到了湖地正地顷亩的两倍。换句话说，在德府奏讨的一千三百顷中，

---

① 《神宗实录》卷170，正月癸亥。

侵夺的民田占了三分之二。后来水退，正湖湖地又报出三百余顷①。这就是为什么在嘉靖十七年德府有退出原包套刘五等征粮地二百九十顷的奏陈②。退出的奏陈有了，但该府的管庄人役仍是用强征收子粒，悭吝不发。并巧立名目作为册外，私自收受子粒。到此，德府因奏讨白云湖湖地，共得地一千六百顷。其中正湖湖地七百顷，此外便是套占的民地和虚增的顷亩。白云湖湖地如此，德府的其他钦赐的各项田土中，也有不少是他"指民间垦田为之荒地"而奏乞为庄业的③。徽王祐柿也以抛荒地为名，一次就夺占了钧州（后改称禹州）民田千余顷④。衡王祐楎奏讨的平度州白埠泊荒地三百顷卑湿荒芜，每年税银皆仰民陪纳，朝廷遂将傍近"未税地"四百八十余顷，补拨衡府为业⑤。这项"未税地"是民人三百七十九户开垦的⑥。其所以为"未税地"，因为它是奉洪武永乐间许民开垦永不起科例而开垦的地土。将民人开种地土拨赐衡府，显然就是夺民人世业附益宗室。《武宗实录》纂修诸臣记述了这件事之后继续说："续拨地亩，亦多夺民之产。"⑦看来除这项"未税地"外，还有别项民间世业被朝廷夺取而给赐了衡府的。

王府奏讨"未税地"，不自正德三年衡府此事开始。宣德以来，久已如此。洪武二十八年三十一年永乐初年诏令许民开垦山东河南北直隶等处荒地，永不起科。河南杞县民于是竭力

---

① 此三百顷再加前丈正湖湖地四百顷，已七百余顷，而李开先谓白云湖湖地共五百一十四顷，二数不相符。

② 李开先文中未如此说，然揆诸事理，必如此。

③ 此据巡抚山东都御史邵锡奏。见《世宗实录》，嘉靖十年九月己卯。

④ 见乾隆《泰安府志》卷27，艺文志，《河南参政刘公墓志铭》。

⑤ 《武宗实录》卷37，正德三年四月甲戌。

⑥ 同上。

⑦ 同上。

垦辟,在该县县境内就开垦了四千三百零六顷六十三亩①。因永不起科,这项地土当地名曰"无粮白地"。宣德中,河南诸王府多请此地为庄田,大概也是以"未税地"为理由。杞民反对,甚至杀伤王府校尉②,结果还是被王府奏讨了去变作了他们的庄田。山东平度州的"未税地",就是杞县的"无粮白地"。"未税地"或"无粮白地"原初都是系官田地,这是事实。但因为是奉洪武永乐永不起科例开垦的,所以它无论在实质上或法律上,都和其他民田一般无二。虽然如此,王府奏讨不止,皇帝钦准不已。所以到了成化六年,六部三法司等衙门会同奏陈,谓山东河南北直隶许民开种永不起科的地土,多被王府及势家指为空地弃闲,请为己业③。赵王高燧和他两个孙子,临漳王祁鐅汤阴王祁钠,在河南都奏讨侵占过民人的田土④,徽王见沛请乞河南归德等州未起科地,孝宗竟也全部给了他⑤。

从奏乞永不起科的民间开种的荒田,贪婪成性的藩王们又进而奏乞已经补办粮差的民间垦种的荒田。前举成化十三年拨赐吉王见浚的一千二百九十七顷田和地,就是长沙府八县民人开种的荒田借以补办粮差的。其他王府必然也有这种占夺,规模也一定不小;不然孝宗就不会下"今后额办钱粮田地不许王府奏讨"的命令⑥。这道命令大概没起多大作用,所以四年以后户部曾奏言各处先年许民开种帮贴粮差的闲地,近为王府勋戚乞请为业者

---

① 还有在该县县境以外垦辟的。
② 顾炎武:《天下郡国利病书》册16,河南,引《杞乘》。商务印书馆影印原稿本,下同。
③ 《宪宗实录》卷76,二月乙亥。
④ 《宪宗实录》卷154,成化十二年六月戊戌。
⑤ 《孝宗实录》卷28,弘治二年七月癸亥。
⑥ 万历《大明会典》卷17,户部4,田土。事在孝宗弘治十一年。

达一万多顷①。福王常洵之国河南府,湖广坐派赠田四千四百八
十五顷。湖广搜括的地土中有籍没张居正的八百顷。这顷地土是
民人已经纳价于官的有主之物②。河南括得的一万一千三十八顷
中,原有三千四百四十五顷"零芜地",均以变价另卖或找价贴
换,或派诸通省的方法,换成了膏腴良田。这就是说,河南布政
司为福王搜括的一万多顷的庄田中,至少有二千多顷是以各种方
式夺自民间的。庄田括定之后,福府差遣承奉门正率百十余人前
去查丈。"田边之田,业处之业,可以恣行包占。而一切殷实之
家可诬以隐漏抗违,惟其所渔。"福王庄田所在之处,山东、河
南、湖广,均如此③。《明史》谓福王之国庄田,"尺寸皆夺之民
间,海内骚然"④。

　　到了熹宗天启年间,瑞王、惠王、桂王各出京就藩。那时
"土膏罄尽,搜括力穷",竟公行括及输纳正赋供给边饷的民地。
括拨民地给赐亲王必然发生两个结果:民人丧失营生的依靠,朝
廷损失田赋的供办。熹宗为拨民地赐瑞、惠、桂三王给户部的诏
谕中,屡次令该部商讨"田税作何抵补",从未提到对被夺田地
民人作何偿还,作何安抚。这事实完全说明了以往各王府奏讨
"永不起科地"、"未税地"之所以屡蒙钦准的缘故。原来王府奏
请之准与不准,田地之给与不给,朝廷考虑的是是否因此损及田
赋的收入,不是民人的血汗,民人的生活。到了封赐瑞、惠、桂
三王的时候,"爱之欲其富",甚至田赋也顾不得了。

　　说到王府的奏讨,就必须提一提王府的受献,即受纳投献的
土地。因为受献为奏讨准备了条件,也扩大了奏讨的规模。

---

① 《孝宗实录》卷 192,弘治十五年十月辛酉。
② 《神宗实录》卷 529,万历四十三年二月丁酉。湖广巡抚梁见孟言。
③ 《神宗实录》卷 527,万历四十二年十二月丙戌。礼部硫。
④ 《明史》卷 120《潞简王翊镠传》。

　　投献土地在明代是个极普遍的事实。不用说权势煊赫的如亲王，就是一个官僚也有人向他投献土地的①。有投献就有受献；受献后又推动了投献。结果，在明代，投献、受献变成了贵族地主官僚地主兼并人民田产的一个方便法门②。

　　明代诸王府由受献、投献而讨得的地土有种种。见于文献所载的，有民田、民人起科地、租地、军民祖业征粮地、民种淤地、湖地、空闲地、官地、民人开垦永不起科地、寺观田地、民间公共祖坟山地、亩多税少的民垦地、黄河退滩地、流民开垦地等等名目。名目虽多，要之非民田即官田，其中尤以民田为多。

　　投献者有所谓"奸诈之徒"、"奸诈无籍之徒"、"奸民"、"奸猾军民"以及生活困窘的"小民"。投献人成份复杂，他们的目的也不同。真正的奸诈之徒投献土地给王府的目的是藉此"勾结王府"，希图"徼赏"，投充校尉、家人、庄头，依势欺凌良善人民。已经充当校尉、家人、庄头的，则希图藉此以取宠。至于那些所谓"奸猾军民""小民"，他们的投献的目的主要是藉此脱避差役；而他们所投献的土地也全是自己的产业。

　　投献与受献在元代早已形成一个严重的社会问题。那时的民人，尤其是被征服的汉人，常将系官田土和自己的田土，投献给蒙古贵族。因此，洪武初年，太祖朱元璋曾下令禁止民人将田土山场窑冶妄献诸王驸马功勋大臣③。明律也曾明文规定"若将互争及他人田产妄作己业朦胧投献官豪势要之人，

---

　　①　向官僚投献田土的事，可参看陆师贲《过庭随笔》卷2《呕却投献人田》。

　　②　此事当于日后勋贵地主官僚地主的专题研究中分别叙述。

　　③　万历《大明会典》卷17，户部4，田土："洪武初令凡民间赋税，自有常额。诸人不得于诸王驸马功勋大臣及各衙门妄献田土山场窑冶，遗害于民。违者治罪。"

与者受者各杖一百徒三年"①。诏令虽有禁，律条虽有罚，投献者不止，受献者不怯。前记德王见潾讨得的那广平府清河县地七百余顷土地，其中多系民人开垦成熟并办纳粮差的地亩、被奸民妄作退滩投献德府奏准管业的②。该府奏讨的白云湖湖地一千三百顷，是奸民高玘投充该府校尉后报献给德王的③。黄河迁徙不常，彼塌此淤。军民垦种淤地供纳租税，而奸诈之徒阴结河南诸王府官校，一概指为园场屯地投献徼赏，而诸王府也辄标封界至，占收子粒④。各处军民开垦管业已久的山场湖荡，也屡被奸诈无籍之徒侵占，献给权豪势要之家⑤。甚至"平人地土"（民人的世业），也被这等歹人"报与王府⑥"。有的军民人等将竞争不明田地、卖过田地、起科田地、寺观田地，捏作典卖朦胧投献王府⑦。有的迳将别人的

---

① 万历《大明会典》卷163，刑部5，田宅，盗卖田宅。

② 《宪宗实录》卷86，成化六年十二月壬戌。

③ 见《白云湖子粒考》。

④ 《宪宗实录》卷79，成化六年五月辛卯："巡视河南户部左侍郎原杰奏：黄河自古为河南患……彼陷则此淤，军民随处开垦退滩之地，以给日食，以供租税。盖以此而补彼也。奈何奸诈之徒，阴结王府官校，概指为园场屯地投献徼赏。王信之，辄便标封界至，占收子粒。有不从者，兴词委官，动经岁月，民不聊生。……"

⑤ 《孝宗实录》卷2，成化二十三年九月壬寅，孝宗即位大赦天下诏其一款曰："各处山场湖荡军民开垦管业已久，近年以来多被权豪势要之家及奸诈无籍之徒侵占投献。虽有禁约事例，多不遵守，以致小民受害无伸。诏书到日限一个月以里退还。敢有不遵并今后侵前侵占投献者，许被害之人告理，照例治以重罪。……"

⑥ 《孝宗实录》卷34，弘治三年正月乙亥，河南按察使张文昭言五事："一、近年各处无籍之徒，妄将平人地上报与王府，累年奏讨行勘，民实不堪。乞敕该部悉与立案不行，以安军民。"

⑦ 万历《大明会典》卷17，户部4，田土，弘治十三年题准："凡军民人等将竞争不明、并卖过及民间起科、僧道将寺观各田地朦胧投献王府及内外官势之家、捏作典卖者，投献之人问发边卫永远充军，田地给还寺观及应得之人管业。其受投献家长并管庄人参究治罪。山东河南北直隶各处空闲地土，祖宗朝俱听民尽力开垦永不起科，若有占种投献者，照前例问发。"

祖业征粮地土捏作抛荒无主及水淊沙压不堪耕种等项名色，朦胧投献王府①。军人张允因嫉妒河南鹿邑直隶亳州民人垦种河濡地七百五十一顷亩多税少，便指为荒地，献给了徽府②。山东河南奉例开垦的永不起科地往往被奸猾之徒投献王府③。陕西潼关以西凤翔以东有退滩地二百九十余顷，被附近居民混为己业乘机投献秦府④。周府在河南也是位出名的滥受投献者⑤。这个王府的所有仪宾军校都诱引奸豪投献田宅⑥。景王封德安，土田倍诸藩，"皆奸民投献，妄张其数"⑦。天启间白莲教在山东起义，人民流移，有人就乘机将平民财产，投献王府势宦⑧。

在所有投献的事件中，格外惹人注意的是，民人忍痛将自己的田土投献给王府。在我们接触到的文献记录中，远在成化年间，河南民人就有将自己的"租田"（办纳粮差的田地）"诈为闲地，投献王府"的⑨。弘治间也有军民人等将起科地投献王府及内外官势力之家的⑩。万历初，有流民自行开垦的田土被豪右

① 《武宗实录》卷1，弘治十八年五月壬寅，武宗即位大赦天下诏其一款云："各处灾伤频仍，赋役繁重，百姓甚是艰难。近来有等无籍之徒将军民祖业征粮地土捏作抛荒无主及水淊沙压不堪耕种等项名色朦胧投献，王府并内外势要之家听信拨置，奏讨占寺，以致贫困失业。"
② 《武宗实录》卷47，正德四年二月甲戌。据《穆宗实录》卷7，隆庆元年四月丁亥，徽府于嘉靖三十五年封除后，此项庄田召鹿邑亳州民佃种。鹿邑民佃种一百一十六顷，亳州民佃种六百三十五顷，共七百五十一顷。
③ 林俊：《传奉敕谕查勘畿内田地疏》，《皇明经世文编》卷88。
④ 《世宗实录》卷267，嘉靖二十一年十月己丑。
⑤ 《世宗实录》卷531，嘉靖四十三年闰二月丁丑。
⑥ 万历《大明会典》卷17，户部4，田土。隆庆二年。
⑦ 《明史》卷227《郭惟贤传》。
⑧ 《熹宗实录》卷52，天启五年三月癸丑。
⑨ 《孝宗实录》卷47，弘治四年正月甲午。
⑩ 万历《大明会典》卷17，户部4，田土，弘治十三年题准。已见前引。

和卫所武官侵占，争执不得其平，不得已将所垦田土投献王府的①。万历中，据上圣母徽号赉天下诏，更有"小民因差役苦累，将自己田产投进王府以希影射"的②。

民人被迫将自己田产投献王府的，固不止以上四例。而上记四例既不能代表投献的全部事实，也不能说明民人被迫投献自己的土地的全部缘由。前二例投献的原因不明，第三例虽不是个别的，但总还有限。唯独第四例，民人因差役苦累将自己田产投进王府的，在明朝，尤其中期以后，应普遍存在。上引万历三十四年赉天下诏，是在神宗皇帝给给他的生母李太后上了"恭熹"徽号以后，向全国臣民颁发的一个大赦诏③。光是这个事实就足以证明万历年间民人将自己的田产投进王府的普遍程度了。

影射什么呢？影射为王府家人佃户。目的是什么呢？目的在脱避差役。为什么小民竟忍将自己田产投进王府希图影射脱避差役呢？因为当时黎民百姓有田产的得纳粮当差④，而差役繁重，成了黎民百姓（农民）最苦累的负担，他们为脱避差役，不得已放弃自己的田产。崇祯间金都御史方孔照总理北直隶山东屯务，上疏谓北直隶民人差徭繁重，钳罗又密，涣散化离，实不忍言。他说，民人地每亩纳钱粮约一百七八十文，而杂差所费多至三四百文。"思避无门，惟有投献。"⑤ 这是繁重差徭迫使民人将自己土地投献与人的具体事实，也是有代表性的事实。北直隶虽

---

① 《天下郡国利病书》册23，山西，引《繁峙县志》："其南五台一带，繁峙居民甚少，皆系四野流民自行开垦，遂成村落。亡命不逞之渊薮也。往往为他郡豪右及振武卫官侵为己业。间有不得其平者，即投献王府。"

② 《神宗实录》卷418，万历三十四年二月丁巳，上圣母徽号礼成赉天下诏。

③ 赦罪也是种皇恩，故曰"赉"。投献自己的田地逃避差役，在封建社会中是有罪的。

④ 是黎民百姓，小土地占有者农民，不是地主、大地主，更不是贵族地主。

⑤ 孙承泽：《春明梦余录》卷36，户部2，屯田，古香斋本。

然没有藩王府，但有未出京就藩的王府和勋臣贵戚。他们都是受献的权贵势要之家。向他们投献土地，和在外民人向藩府投献土地，其性质是一样的。

在内在外民人将自己土地投进王府和其他权贵之家，产生了严重的后果。《天下郡国利病书》所引明《汶上县志》曾叙及此事①。该志首叙投献之事律令不能禁止："且国家之法以土田朦胧投献王府者，发边卫永远充军。其愿以田地鬻之宗室者，亦先将田粮数目报官以凭附册编差。违者以投献论。令甲凛然，今或玩视之矣。"次言投献影射避差使国家丧失丁粮："至于国戚优免之例，亲王王亲止免杂役二丁②。近得影射，各府又自免丁粮，弊将安极耶？"结果怎样呢？志文又云："不按《会典》尽行厘正，数年而后，汶之田庄半入宗室，而民差烦重有不忍言者矣。"

发生于汶上者，也必将发生于民人将自己田土投献王府影射逃役的其他地方。为了防止因投献而办纳粮差的地土损失过多，为了维护地主阶级国家的收入和它的统治，明朝廷不得不禁止投献。

禁止投献的明律和洪武令，前边已经提到。《汶上县志》所说"国家之法"、"永远充军"之罚，指的是天顺例和成化例。天顺二年勅令不许皇亲公侯伯文武大臣强占官民田，事发之后，

---

① 该志所言情况均系万历三十四年以前。万历三十四年诏禁民人将田地卖与王府，而志文所言民得卖田地于王府，唯须先行报官编差，乃嘉靖四十三年例。于民人卖田地与王府事，引嘉靖四十三年例而不及万历三十四年令，是该志必作于万历三十四年前之内证。

② 此系弘治元年例，见万历《大明会典》卷20，户部7，赋役。原文云："亲王王亲杂役免二丁，郡王王亲一丁，镇国等将军夫人父一丁，昌平县坟户等户免三丁。不许全户优免。"例文原意显然是亲王的杂役户下免二丁，不许全户优免，并非"亲王王亲止免杂役二丁"。据此例文可推知，前此亲王杂役殆作全户优免差役。

坐以重罪。"其家人（指所言各贵族之家人及投托投献）者，悉发边卫永远充军。"① 成化例定于成化十五年。例云："今后敢有妄报投献田土……悉发边卫永充军役。"② 天顺成化"永远充军""永充军役"的惩罚比明初律令所定的惩罚严重多了。惩处虽已加重，但"多不遵守"，"以致小民受害无伸"③。所以孝宗即位大赦天下诏中又重申前令，且曰"照例治以重罪"。孝宗重申照例治以重罪后，投献之风并未稍歇。河南一地仍是"近年无籍之徒，妄将平人土地报与王府"④。明朝廷遂不得不又于弘治三年再申问发边卫永远充军的前例，并令追究拨置主谋之一⑤。弘治十三年更令，"凡军民人等将争竞不明并卖过及民间起科、僧道将寺观各田地朦胧投献王府及内外官势之家捏作典卖者，投献之人问发边卫永远充军，田地给还寺观及应得之人管业。其受献家长并管庄人参究治罪"⑥。其投献山东河南北直隶各处奉例垦种永不起科地的，也照前例问发⑦。接着又从户部等官议，下令清查投献的田土，改正为民田，承当粮差⑧。这是弘治十四年的事。

清查之事，恐未能执行。孝宗的禁令，也没有起什么作用。投献之风，反日趋严重。四年后孝宗卒，武宗即位，其即位大赦天下诏一款云："近来有等无籍之徒将军民祖业征粮地土捏作抛荒无主及水涤沙压不堪耕种等名色朦胧投献王府并内外势要之

---

①　万历《大明会典》卷17，户部4，田土。

②　《宪宗实录》卷195，4月甲辰，旨批。

③　《孝宗实录》卷2，成化二十三年九月壬寅。诏文已见前引。

④　《孝宗实录》卷34，弘治三年，正月乙亥。

⑤　万历《大明会典》卷17，户部4，田土。

⑥　同上。

⑦　万历《大明会典》卷17，户部4，田土。弘治十三年题准。

⑧　《孝宗实录》卷180，弘治十四年十月癸酉。

家，听信拨置，奏讨占夺，以致贫困失业。"① 这就是个证明。

武宗的诏令目的也在禁革投献，而投献却终不能禁革。军人张允投献河南鹿邑和直隶亳州民人所垦种的黄河濡地六千一百九十余顷给徽王府的事，就发生在正德四年②，去武宗诏的颁布并不久。象这样的投献而不见记载的，还不知道有多少。

这时朝廷的意图在严禁。在正德五年下的大赦天下诏中，明言"投献地土拨置王府"者不宥③。世宗即位，查勘各项庄田——皇庄、王庄、勋戚等庄田。兵科给事中夏言等于查勘事毕，条陈了四件事。其第四件说的就是山东河南等处民人奉例开垦的地土多被奸徒投献王府和诸势家的事。他们请求一体差官查勘禁革④。夏言他们的建议是清查革退已经投献的地土，世宗却批答了个"以后不许妄受投献侵占民业"，"王府庄田允令管业者不动"，反使已经投献受献侵占民业的地土固定化了，合法化了。

但不革不能禁。嘉靖六年大学士杨一清等又联合上了一次陈请。亟言近畿八府土田被各监局及戚畹势豪之家乞讨之弊，谓"民既失常产，非纳之死地，则驱而为盗"。疏上，世宗批答，"京畿如此，在外可知"，遂采取了个前所未有的措施：令御史按行各王府及功臣家清查他们的庄由，只有祖宗钦赐田土有籍可据的，可以听其管业；凡是近年请乞及多余侵占的，都得革还军民⑤。

世宗这个诏令好象发生了一定的效果（见下）。投献和受献

---

① 《武宗实录》卷1，弘治十八年五月壬寅。

② 《武宗实录》卷47，正德四年二月甲戌。

③ 《武宗实录》卷62，四月辛亥，赦天下诏一款云，"文武职官有犯充军，除……撑驾大船，兴贩（私）盐、包揽钱粮正犯并投献地土拨置王府……不宥外，其余悉皆放免。"

④ 《世宗实录》卷23，嘉靖二年二月乙亥。

⑤ 《世宗实录》卷82，十一月甲午。

之事，稍稍敛戢。虽稍敛戢，但未根绝。而且日久法玩，投献复起。上记黄河一带居民将退滩地"混为己业"投献王府事就发生在嘉靖二十一年。二十二年，崇王戴境奏本府庄田多为佃户侵没。所谓侵没，显然是民人地土被人朦胧投献，而地土主人不从所发生的争端。所以户部才根据这件事请求追究投献拨置的弊端。但世宗不允①。世宗对自己在嘉靖六年所下的诏令，自己也不遵守了。上行下效，于是"土豪投献，群小勾结"，"王府之田，在在有之"②。嘉靖年间白莲弥勒教盛行民间，教徒都"诈称"王府庄田佃仆③。王府庄田之多，佃仆之众，由此可以想见。这是嘉靖二十四年间事。

为此，是年题准："各王府除钦赐地土不动外，其空闲官田并军民征粮地土敢有私自投献捏契典卖者，许被害之人告发，所在官司即与丈量明白改正，还官给主。投献之人照例问发。"④但事后仍有"多买田宅滥收投献者"，如河南的周府宗室⑤。

世宗卒，穆宗即位，"奸猾军民"将田宅投献王府的趋势更为严重，影响到了"邦本"。大学士张居正疏请验契追夺，募民佃种收租以补禄粮（宗室禄米）⑥。隆庆二年遂颁布了这么个诏令：

　　令天下有王府去处，或有仪宾军校诱引奸豪投献田宅，

①　《世宗实录》卷275，六月庚辰，"崇王戴境奏本府庄田多为佃户侵没，欲差官核治。户部议行抚按官查追……仍究投献拨置之弊"。
②　此据礼科给事中查秉彝：《条陈宗藩事宜疏》，《世宗实录》卷304，嘉靖二十四年，十月甲午。
③　同上。
④　万历《大明会典》卷17，户部4，田土。嘉靖二十四年。
⑤　《世宗实录》卷531，嘉靖四十三年闰二月，丁丑，河南巡抚都御史胡尧臣奏。
⑥　《穆宗实录》卷24，九月辛未。

及宗室公然借名置买恃强不纳差粮者，有司验契查实。先将
投献之人依律追遣，田宅入官，另给军民管种输租，以备各
宗室禄米之缺。中有宗室执留占悋，就照民间编纳差粮则
例，尽数抵扣应得禄粮，方行补给。有司滥受馈遗阿纵不举
者，抚按纠劾重治①。

这道诏令不止禁治投献，还要追查已经投献的地土。查出投
献地土入官征税备补禄粮，或依民间差粮则例扣抵禄粮，地土的
租入虽然都还是用在皇家宗室身上，但任何宗室不得据原投献地
土而有之了。

命令下了以后，也发生了效果，至少是部分效果。隆庆六年
户部题准陕西巡抚将秦、韩、肃、庆四王府宗室见种民田应派夏
秋税粮自本年为始扣抵禄米，即其一证②。

神宗即位，张居正为首辅，大力执行查勘王府庄田和追夺庄
田中的投献地土的政策。万历元年户部奉圣旨依拟行的数事之中
有一事为：

　　各巡按屯田御史凡巡历至处，即查所属地方王府公侯钦
赐子粒地土原赐顷亩。调取金册磨对。果与不同，即系侵占
投献，速改民田入籍，一体纳粮当差③。

这道命令比隆庆二年令又进了一步：不再对"执留占悋"
妥协。"果与不同，即系侵占投献，速改民田入籍。"令文坚决，
明确，表现了张居正刚毅果断的气魄。

---

① 万历《大明会典》卷17，户部4，田土。
② 《嘉隆新例》卷2，户例，《玄览堂丛书续集》第104册。"隆庆六年二月户
部题：陕西抚按将秦、韩、肃、庆四王宗室见种民田应派夏秋税粮，自隆庆六年为
始。如遇各宗关支禄粮之时，计其应纳夏秋税粮银数与原定折放禄粮价值之数，按
册照数扣除，年终类造扣除过文册奏缴。"
③ 《嘉隆新例》卷2，户例，《玄览堂丛书续集》第104册。

查勘王府庄田革退侵占投献地土，是张居正清丈全国土地查革诡寄欺隐政策的一部分，也是推行这个政策的先导。万历九年明朝廷下令清丈全国土地时，各处王府（至少是郡王以下王府宗室）占种而拒纳差粮的地土，当然也在清丈中。和官豪势要一样，部分王府宗室也起而反对清丈。代府饶阳郡王府镇国中尉廷仆、潞城郡王府奉国将军俊㷖、镇国中尉充炎等阻挠查丈，曾奉旨加饬①。大规模的投献一时少见记载，除其他原因外，张居正的清丈查革政策显然也起了些作用。

为了清丈，张居正执政时就屡被权豪攻讦，死后横遭籍没，并且有诬蔑他曾侵夺楚府的庄田的。张居正当国时的政治设施，多半随其去世而告终。禁止并查革投献之事，恐也不能例外。前引万历十年以后的投献事件，如万历三十四年赍天下诏中所云"小民因差役苦累将田产投进王府以希影射"等等，便是证明。

四　夺买与侵占

除了钦赐受献奏讨外，明代亲王还有两种扩大他们的庄业的方法：假借买卖形式实行"夺买"②，或不假任何借口简直强行侵占。

明代王府置买田土的开始，不会很晚。就文献记载而言，最早的见于英宗正统年间。正统年间，秦府的兴平王（郡王）尚

---

① 《神宗实录》，万历九年五月庚午。

② "夺买"一词见于顺天府通州知州刘绎的奏疏。正德十六年刘绎疏陈近京地方皇庄皇亲驸马功臣庄田大为民害，请禁革。疏文有云："若系近来包占夺买等项，责令退还。""夺买"一词很显明准确地说明了明代亲王皇亲功臣等贵族置买民田的实质，故取以名此篇。刘绎疏节文见《世宗实录》卷3，正德十六年六月丁未。

坰买过护卫舍人军丁开垦的荒田十一顷七十亩①。该府的永兴王
（亦郡王）志墭也曾买过护卫地六顷七十四亩②。

　　郑王瞻埈于正统九年移封河南怀庆府，在那里他也买过
"民人田园"③。成化年间，赵王祁镃及其诸弟临漳王祁鎜、汤阴
王祁钠也都买置过庄田④。藩府沁源王幼埼长子诠钟也于成化间
强买民地，诱取民财，又纵家人为恶，殴平人致死⑤。成化十五
年，赵王见澔以不法革爵，在其庄田中查有八十顷六十亩是置买
的地土⑥。

　　以上所举只是几件成化和成化以前见于记录的零星事实。它
们当然难以说明实际情况的千百分之一。弘治二年曾下令禁止各
处王府"置买民地，霸占民业"⑦。若非成化间王府夺买民田已
经发展到相当大的规模，使大量农民丧失土地并影响了封建统治
秩序，孝宗这道命令是不会有的。王府怎样夺买民地的？怎样使
农民失业影响了封建统治秩序的？弘治五年巡抚河南右副都御史
徐恪上的奏疏，可供说明。疏文云：

　　　　照得河南地方，虽系平原沃野，亦多冈阜沙瘠，不堪耕
　　　种。所以民多告瘁，业无常主。或因水旱饥荒及粮差繁并，
　　　或被势要相侵及钱债驱迫，不得已将起科腴田减其价揜，典
　　　卖与王府人员并所在有力之家。又被机心巧计，揑立契书。

----

　　① 《英宗实录》卷55，正统四年五月，戊午。尚坰系秦王樉庶四子。
　　② 《英宗实录》卷61，正统四年十一月癸亥。志墭系秦王樉嫡二子。
　　③ 《英宗实录》卷114，正统九年三月戊午。郑王瞻埈系仁宗庶二子。
　　④ 《宪宗实录》卷154，成化十二年六月戊戌。赵王祁镃系赵王高燧孙。
　　⑤ 《宪宗实录》卷157，成化十二年九月壬子。《实录》原文"晋府"，误。应
为潘府。
　　⑥ 《宪宗实录》卷190，五月癸未。
　　⑦ 万历《大明会典》卷17，户部4，田土：弘治二年令："……其各处王府不
许置买田地，霸占民业。"

不曰退滩闲地，即曰水坡荒地，否则不肯承买。间有过割，亦不依数推收。遗下税粮，仍存本户。虽苟目前一时之安，实贻子孙无穷之害。因循积习，其来久矣。故富者田连阡陌坐享兼并之利，无公家丝粒之需；贫者虽无立锥之地而税额如故，未免缧绁追并之苦。尚冀买主悔念，行佣乞怜，直至力尽计穷迫无所聊，方始挈家逃避日负累里甲，年年包赔。每遇催征，控诉不已。地方民情，莫此为急……缘此等民害，各处皆有，不独河南①。

徐恪这段话可以看作是弘治二年禁止王府夺买霸占民业诏的注解。他首先说明了河南民人被迫出卖地土的原因。原因有四：一、水旱饥荒；二、粮差繁重；三、势要侵欺；四、钱债驱迫。四种原因中的任何一种，都能迫使农民丧失依以营生的土地。其中三、四两项，直接和王府的侵凌有关。出卖之际，王府人员及有力之家，乘农民势穷之危，勒逼减价；或将膏腴捏作闲田荒地，拒绝过割粮差。即使过割，也不依原额。结果卖地农民产去税存，仍然免不了监狱之苦。迫无聊赖，遂挈家窜逃，遗下差粮，贻累里甲陪纳。由此必然产生三种社会矛盾：农民失业逃徙，将导致封建统治秩序的不稳；里甲陪纳逃民遗下差粮，将加重里甲见存人户差粮的负担，迫使见存人户继续逃亡；在农民逃亡和陪纳差粮的情况之下，粮差的拖欠必不可免，这将使封建朝廷丧失差粮。即使封建朝廷不关心农民的生活，它不能不关心它的差粮的亏短，不能不关心它的统治。因此明封建朝廷才颁布了弘治二年的禁令，巡抚徐恪才呈上了他的弘治五年的奏陈。徐恪的奏疏确确凿凿地证明了封建社会中的土地买卖直等掠夺。逼卖其一，强买其二，抑价其三。明代王府及权势之家经常是假借价

___

① 《修政弭灾疏》，《皇明经世文编》卷81。

买之名，实行掠夺农民土地之实。

王府及官豪势要夺买民田是封建社会统治阶级对民人的政治压迫和经济剥削的具体表现。它的根源是封建制度。封建朝廷所维护的又是封建制度，所以封建的掠夺是无法禁止的。就是因为这个缘故，弘治二年虽有禁令禁止王府夺买民田，结果和前述禁止投献的诏令一样，这道诏令也无济于事。到了嘉靖年间，用强勒买霸占的趋势日益加剧。嘉靖三十一年给事中王鸣臣言："宗室广收民田为己私业，而阴以势力把制，使有司不得编差征税，贻累粮里。"[1] 四十三年河南巡抚胡尧臣奏，周府宗室违制多买田宅，滥收投献[2]。直接由于胡尧臣的奏陈，本年世宗下令，"令河南各王府郡王而下但有置买民田者，尽数查出，附与原买各里甲项下，即以佃户的名编立户籍，凡正杂差役，俱要与民一体派编。先将查过田粮造册二本。一本启亲王，一留有司，以便稽查。民间有愿将田地卖与宗室者，先将田粮数目报官，以凭附册编差。违者以投献论"[3]。

但世宗这道诏令比孝宗弘治二年的诏令倒退了一大步。这有三层可说。第一，弘治二年令是不许王府置买民田霸占民业，嘉靖四十三年的诏令反肯定了王府宗室可以置买民田。不过附有条件。条件是呈报有司，编差征税。嘉靖朝封建国家所考虑的不是禁止王府夺买民产，而是国家不致因此买卖而损失了粮差。换句话说，只要王府报官纳粮当差，它们夺买民田霸占民业是容许的。第二，嘉靖诏令所涉及的止是在河南的王府；而河南王府也不是河南诸王府本府，而是它们的宗室郡王以下各府。那也就是

① 《世宗实录》卷386，六月庚午。
② 《世宗实录》卷531，闰二月丁丑。
③ 万历《大明会典》卷17，户部4，田土。

说，只有郡王、将军、中尉等王府宗室置买民田时须报官编差；河南诸王府本身还是可以置买民产，不当民差。第三，因为这道诏令止涉及在河南的王府，那么河南以外诸王府及其宗室（郡王而下）还是可以置买民业，不当民差。

根据这个情况，谁都可以推知此令之后王府勋贵势要之家掠夺民田的趋势必将扩大、加剧。农民失业的当然要增加，而朝廷的差徭也难得保持原额。事实也正是如此。前引万历"汶上县志"言，令甲凛然，今或玩视，数年而后汶上田土将半入宗室，而民差繁重有不忍言者，就是证据。山东汶上如此，其他有王府去处，概可想见。

王府和他们的宗室在掠取民业中所用的手段，还有比勒买更直接露骨的，那就是直接侵占。

王府侵占民业，也是封建土地所有制的必然产物。明初曾给藩王牧马草场。藩王就借草场之名而进行侵占。为此，太祖朱元璋曾勅谕辽王、宁王等王府各据沿边草场牧放孳畜，不许侵占军民田地①。太祖此勅有无效果不得而知，但日后王府侵夺民产事件层出不穷，虽禁不止，却是事实。

永乐中，太宗嫡二子高煦封云南。因为云南离南京远，高煦不愿去，留居南京。在南京，他"侵占各公主府牧地及民田为草场"②。徽王见沛封藩河南钧（均）州，他在河南"包占鲁山县民人土地"③。河南赵府的郡王，侵夺浚县民产④，周府的安吉

---

① 《太祖实录》卷249，洪武三十年正月。王圻《续文献通考》卷196《同姓封建事例》，列于洪武三十一年，误。

② 《太宗实录》卷105，永乐十五年三月丙午。

③ 徐恪：《核屯田以禄宗室疏》，《皇明经世文编》卷82。钧州即均州，万历三年改名禹州。

④ 《明史》卷224，《陆光祖传》。

王在凿，"吞占人田土，奸污人妇女"①。这是河南诸王及其宗室所干的侵夺事例。

在山东，泾王祐橓的贪残程度比德王见潾差不了多少，也侵夺民田。他是弘治十五年就藩沂州府的。正德初御史冯颙等曾奉命前往查勘他的庄田，清还了民人二千七百多顷②。既曰清还，那必是前此侵夺的民人的土地。

在湖广，谷王穗在他的封国（长沙）里极为暴横，"夺民田，侵公税"③。荆王瞻堈（封国蕲州）的承奉萧韶，也为他的主子"强占民田"④。辽王府（封国荆州）占民田租⑤，岷王府（封国武冈州）宗室横夺民田子女⑥。岐王府（封国德安府）争夺民地，还得到了武宗的支持⑦。景王载圳之国德安府，"越界（其庄田界）夺民产，为庄田"⑧。据说"其他土田湖陂侵入者，数万顷"⑨。他死后（嘉靖四十四年薨），那被侵的"陂田数万顷"，才被大学士徐阶奏夺还民⑩。兴王厚熜（兴王祐杬子）正德十六年入继皇位，在封国湖广安陆州（后改承天府）遗下庄田八千三百顷。看守中官夺民田，又增加了八百顷⑪。

---

① 《神宗实录》卷475，万历三十八年九月己未。

② 《明史》卷188，本传。

③ 《明史》卷118，本传。

④ 傅维麟：《明书》卷88，《荆记》。

⑤ 《宪宗实录》卷185，成化十四年十二月庚戌。

⑥ 《明史》卷208，《周思兼传》。

⑦ 《武宗实录》卷57，正德四年十一月甲申。

⑧ 《明史》卷208，《颜鲸传》。

⑨ 《明史》卷120，本传。

⑩ 《明史》卷213，《徐阶传》。

⑪ 《明史》卷221，《魏时亮传》。关于兴府庄田数额前面已有记述，实多于此数。此处姑据《明史》仅以证兴都皇庄夺民田事。

在陕西，秦府和他的宗室也豪夺民田。定安王尚炌"占据官民田土，强夺人妻女"①。秦王本府也占种民地②。嘉靖初，秦王惟焯说他的始祖秦王㭛始封时，太祖曾赐给他潼关以西凤翔以东的沿河滩地和高原山坡，他便以此为借口，想夺占那个地区里的十一个州县的征粮民地，而且诬奏民人占种了他的赐田③。这次他的侵夺未完全得逞，但后来他仍然"豪夺民产"④。

陕西西北的平凉府，是韩王府的封国。韩府攘夺民业，不下其他王府。嘉靖初，韩王融燧"贪得嗜利"，兼并山、田、市肆，虐杀无辜⑤。虽然朝廷曾下过命令，命令他将他所侵占的官民山、田等地给主还官，结果不知如何。据《天下郡国利病书》所引《平凉府志》，韩府和他的宗室曾乘农民争讼、买求、取债之迫，准折他们的田园。又趁朝廷夺民地增设监苑之际，侵渔民产扩置庄田。他们的庄田都在泾水四渠灌溉去处。亩直十金（银十两）以上。少的也要三五金，多者至亩三十金。沿渠有一百来个水磨，每处都直五七百金。池塘台榭花卉竹木相望，都是韩府和他的宗室的产业。除了该府封国平凉府以外，韩府在凤翔府、庆阳府、巩昌府、临洮府等地，也都有它的庄田⑥。

江西的宁王府在侵夺民田上，也是个典型。该府始祖宁王权就已侵占民田，前已提到。他的孙子奠培和该府的七个郡王和庶

---

① 《太宗实录》卷113，永乐十七年正月癸丑。

② 《英宗实录》卷42，正统三年五月丁酉。秦王校尉占种咸宁县军民田五十亩。

③ 《世宗实录》卷35，嘉靖三年五月甲戌。

④ 《明史》卷203《王仪传》。史文言王仪曾将秦府掠夺的民产悉夺还民，未知确否。溢美之辞，或不可免。

⑤ 《世宗实录》卷396，嘉靖三十二年闰三月辛酉。

⑥ 据康熙《陕西通志》卷9，贡赋。

人磐煇，曾侵占江西军民大小养鱼池八十三处①。该府内官仪宾人等，多纵家人夺民产置庄田，并强迫民人代输粮银②。五世孙宸濠尤其是以豪夺民田著名。他设置赵家围庄田时，多侵民业，民不能堪。所以当该府收租之时，民人立寨聚众自保。在城军民居住近宁府的，他们的房屋常被该府乘机勒买，以广府基③。《明史》谓宸濠"尽夺诸附府王民庐，责民间子钱，强夺田宅子女，养群盗劫财江湖间"④。《武宗实录》则责其掊剋富室，夺其腴田⑤。正德十四年平宸濠反，武宗诏告天下，数说宸濠"打死无罪平人不下千数，强夺官民田动以万计"⑥。十五年御史唐龙上《请还宸濠所占民田疏》，历数宸濠"志穷荒度，谋肆吞并。其于民间田地山塘房屋，或用势强占，或减价贱买，或巧为准折，或妄行抄收。中人之家一遭其毒，即无栖身之所。上农之田一中其奸，即无用锄之地。犹且虚填契书以杜人言，私置簿籍，用增税额。利归一己，害及万家"⑦。

在外藩王及其宗室如此，在内尚未出京就藩的幼年亲王也如此。常因在京亲王王府侵夺民产，累兴大狱⑧。

各处王府夺占民田不放过任何机会。如遇王府有丧葬，他们也往往以选择吉地为由，夺据民间膏腴。按照制度，亲王卒，赐

---

① 《英宗实录》卷326，天顺五年三月癸卯。庶人磐煇原为临川王。天顺五年以罪降为庶人。文中所言养鱼池亦即民间用以灌溉的水塘。宁王于永乐元年自大宁移封江西南昌府。

② 《孝宗实录》卷22，弘治二年正月庚辰。

③ 《武宗实录》卷123，正德十年四月丙辰。

④ 《明史》卷117《宁王权传》。

⑤ 《武宗实录》卷108，正德九年正月丁卯。

⑥ 《武宗实录》卷176，正德十四年七月丁巳。

⑦ 《明臣奏议》卷16。

⑧ 《宪宗实录》卷202，成化十六年四月壬戌。

坟地五十亩，郡王三十亩，郡王子二十亩。以下各有差。他们照亩筑垣其上。垣外各又侵占数步以为马道。马道以外又各侵占数步以为拦马堤。"不循旧例，多占亩数，地利尽归王府，额税仍及小民。"①

以上所举明代诸王府逼买民田豪夺民业事例虽极有限，但从这少数事例中也可看出王府侵夺民产实与王府地主的出现与存在相终结，且愈演愈烈，正和纳献奏讨庄田的趋势一样。兴王祐杬弘治七年就藩安陆州，得赐田三千八百三十九顷。到了弘治十年，为时不过三年，他的庄田"比之原额，已过数倍"②。到了弘治末年，该府庄田已扩展到一万顷以上（见前）。王府庄田扩张之法，非奏讨纳献，即强买豪夺。诚如给事中徐沂等所言，"或因其近便而占夺，或托为官业而奏讨"③，其自行垦辟者绝少。兴府庄田之获得数倍之扩张，其中勒买与豪夺者必占相当数量。

封建朝廷对王府豪夺民产事，也曾为了整个地主阶级的统治及其长远利益，定过查勘还主的例令。弘治十五年议准："各王府皇亲侯伯庄田地土店肆等项，如有强夺侵占并管庄人役生事害民，抚按官拿问发遣，应参奏者参奏。"④禁止强夺侵占的例令，和禁止纳献奏讨的例令一样，最多发生过暂时的抑制作用。日久法玩，诏旨便流为具文。上记宁王府景王府大肆豪夺民田的例子，都在弘治十五年例后，就可说明这一点。

王府掠夺民田事，在万历年间发展到了极严重的程度，所以

---

①　《宪宗实录》卷228，成化十八年六月甲寅。亲王郡王坟之制见《英宗实录》卷167，正统十三年六月丁丑。

②　《孝宗实录》卷129，弘治十年九月壬戌。

③　《孝宗实录》卷190，弘治十五年八月己酉。

④　万历《大明会典》卷17，户部4，田土。

神宗在万历三十四年颁布的上圣母徽号礼成大赉天下诏中，把这件事提出来了："有等豪暴强宗，往往擅离封城，于各州县吞占田产，有司知而不问。"① 于是他又重申了宗室不许出郭之令，禁百姓不许私卖田产与王府②。

　　明代统治阶级之夺占民田的，不止王府。他如勋臣、贵戚、宦官、官僚、地主无不掠夺民产。但王府掠夺之如此肆无忌惮，实在是由于亲王（及其宗室）在封建等级制度中所处的特殊优越地位，和他们所操持的特别广泛的封建特权。"亲之欲其贵，爱之欲其富"，明代亲王兼有之。亲王冠九旒，章服车骑邸第仅下"天子"一等。就是公侯大臣也得伏而拜谒，不得与之抗礼③。明太祖作的《皇明祖训》且明文规定："凡朝臣奉使至王府，或因使经过见王，并行四拜礼。虽三公大将军亦必四拜。王坐受之。若使臣道路本经王国故意迂回躲避不行朝王者，斩。"④虽说是"列爵而不临民"，"毋辄干预有司之事"⑤，实际上王府已部分地获得了操持民人的封建特权。《皇明祖训》且明文规定："凡庶民敢有讦王之细务以逞奸顽者，斩。"⑥ 他们之所以对民人极其暴横，对官吏恣肆侵凌，原因就在这里。且看他们"擅役军民敛物"⑦，"纵军人为盗"⑧，隐匿流民，收藏亡命，铸造私钱，百姓自然不敢禀告，官吏也不敢劾奏⑨。只有他们和封

---

①　《神宗实录》卷418，万历三十四年二月丁巳。

②　同上。

③　《英宗实录》卷309，天顺三年十一月甲申，编敕诸王府语。

④　《皇明祖训》，礼仪。

⑤　《英宗实录》卷309，天顺三年十一月甲申，编敕诸王府语。

⑥　《皇明祖训》，法律。

⑦　《明史》卷117《代王桂传》。

⑧　《明史》卷116《晋王㭎传》。

⑨　《明史》卷81，食货志5，钱钞："时（万历）王府皆铸私钱，吏不敢讦。"

建朝廷大规模地争夺地土和劳动力，而影响了整个地主阶级的统治秩序时，制约的例令才勉强定了下来。为了了解明代王府对"平人"①的封建压迫，了解它们对"平人"的强取豪夺，有必要举几个暴横的实例如下。

宁王宸濠：打死军民不计其数。每年指收禄米，违例每石折银二两，过限倍征。招纳鄱阳湖打劫贼首杨子乔及其他盗首吴十三闵念四闵念八凌十一等劫夺官库民财，入府分受。搆结奸人，投献田产，强占官湖。依势贩卖私盐、胡椒、苏木等货。撒放官本稻谷，加倍取利。假代兑军，多收银两。重科夫价，军民百端遭害。强行加征投献地土地租，佃户魏志英不从，辜增守正不阿，将魏志英辜增家眷二百余人尽行杀害。贿赂钱宁银三万两臧贤一万两，谋求迎取长子到京。原任南昌左卫指挥戴宣升授两广守备见迟礼薄，登时将他打死，没收他的财产，监禁他的男儿，劫持他的女儿给人为妾②。

徽王载埨："既生长深宫，不学问。惟性狠而呆，淫纵不法。及即位，益骄恣。凡斗鸡走马蹴鞠嬉戏之具，无不毕备。尤好猎，使卫兵生致虎，筑高苑畜之。左右便佞倾巧者辄得幸。每出游见州守视事，即挟弹弹其幞头。州守某数衡命，埨笞之，几死。（巡按御史）直指劾奏，肃宗（即世宗肃皇帝）疑其庇有司，杖御史。又常为贾装微行留都（南京），与秦淮娼狎。民以私怨杀人都市投府中匿，（有司）即不敢索。以故，事皆废。婪佞之徒又多为凶恶，以重民怨。是禹人（徽府封国禹州）始侧目矣。而埨方恃宠不悛，日益甚。有美女子过府第，掠入与淫。

① 明代诏令律例及其他文献中的"平人"、"平民"、"小民"就是黎民百姓。
② 以上据谢蒉《后鉴录》（历史研究所藏明抄本）所收刑部等衙门奏，仅摘录宸濠暴行数事如上。

女幼不能接，即大怒，投以与虎。女父耿安忠愤不胜，遍诉诸司，诸司惩前事，莫敢发。……"① 又："日嗾护卫卒捘士民美田园及木石异者，辄没入。民间子女稍端丽，强异入宫为婢。不可，则以予卫卒。其宫女小有眚，辄挞死焚其尸。或生啖虎豹，或生锢棺中燎爇死。痛哀彻道。……""又架飞枧数百丈，自北城上属府后苑。为械激颍水入枧输苑沼。其枧所置处，无论士民，即发屋树。不可，即遭扑或没其地。士民皆重足立。"②

伊王典楧："至如逼残民众炮烙人尸，则如陈大壮之幽冤。立致灭门骨肉都尽，则如聂氏等之惨刻。其攘夺良人之妻女，则如周氏小补姐等至四百余口。强占官民之房屋，则如方城王满做等至三千余间。其诈骗民财，则如张学记吴江等至四百余两。其流毒不止及于士民，虽如双流郡主咸宁郡主骨肉之亲，亦掳其娣睦而破其家。其遗殃不特遍于郡县，虽如薄姬祠、龙王庙、天津古桥东汉诸陵，亦毁其遗址而翦其木。……而皇上笃念懿亲，曲赦至四……顾乃恣肆殊甚，恬不畏威。护卫仪卫余丁奉旨革夺，乃榜示远近，拘令赴府供役……招集亡命周冕董堂等百有余辈，皆给予职衔，被之冠带。阻截伊洛通津，擅立抽分税厂。乃取圣笾一二名，字其循环税簿。……其无辜良民，非刑幽絷。如任世连等，犹未释放。先所强夺良家妻女，占恡不出。间或出尸予之。近又传令旨，将河南府城四门尽闭，遍索人家子女十二岁以上者七百有余，尽纳府中，留其殊丽九十人，其余悉令具金取赎。至于一切违式宫室重城五门层台东厂，悉雄峙如故……诸所更正攘夺地土，占据不容原主管业。布置群小京城内外，达于洛阳，以为爪牙耳目。朝廷执政，不三日即〔知〕其始末。意所

---

① 乾隆《禹州志》卷4，藩封。
② 《明书》卷88《徽记》。

嫌恨，刃交其胸。道路以目，地方憬憬。"①

　　类似的例子还有，而且不少，止是横虐的程度或有不同而已。

　　宸濠被诛，载塙典横夺爵废为庶人，主要原因还不是因为他们凌虐平民，而是因为他们规谋篡夺皇位。对王府及其宗室的横暴行径，皇帝常是曲宥或不问。周府吉安王在嶜"以藩宗而灭祖宗之训，蓄养亡命……吞占人田土，奸污人妇女，杀害人性命"，抚按官交章参劾，神宗却付之罔②闻。秦府承奉张清侵没草场万顷，隐占军丁一百五十名。委官赵守呈报行查，张清酷拷赵守毙命。陕西巡抚吕兆熊请逮清治罪，熹宗却将此案交付秦府处理。刑部抗言张清以亲藩而干皇上之法，不应再以亲藩而为之地，乞下该部行勘。熹宗不听，仍命抚按官启禀秦王勘问③。

　　因此，操持着封建特权的明代亲王，不止欺压平民，也凌辱地方官吏。王府之事，不用说州县有司，就是封疆大吏（如总督巡抚）钦差监司（如巡按御史），也畏避不敢干预。

　　嘉靖初刑部尚书林俊上定禄米以苏民困疏，疏中引监察御史周进隆题称："江西各王府收受禄米，每石用银壹两陆柒钱。小民困苦要行禁治。该部查参节次题准事例，立法非不周详，垂诫非不明切，但王府地方司府等官既畏惧而不能阻违，巡抚巡按亦推避而不肯究治。"④ 神宗在万历三十四年赉天下诏中，说王府及其宗室在各州县吞占田产，责斥所在有司知而不问。事实上他们不是不问，而是不敢问。谷王穗居国长沙横甚。忠诚伯茹瑺过

---

　　① 《世宗实录》卷530，嘉靖四十三年正月己酉。巡抚都御史胡尧臣巡按御史颜鲸会奏。

　　② 《神宗实录》卷475，万历三十八年九月己未。

　　③ 《熹宗实录》卷7，天启元年七月丙辰。

　　④ 《见素集·奏议》卷1。万历间刻本。

长沙未进谒。谷王穗将此事告诉了太宗皇帝，茹瑺因此得了死罪①。谷王穗夺民田，侵公税，杀无罪人，长史虞廷纲谏诤，谷王穗反诬说他诽谤，虞廷纲被磔死②。嘉靖中，伊王世子典楧贪暴而愎，多持吏长短。不如指，必搆之去。既去，复折辱之③。御史按巡行部过洛阳北邙山外，典楧要笞之。官吏往来率纡道取他境。过郭外者府中人辄追挽其车，詈其不入朝。入朝者复辱以非礼④。将军在王府中不过是第三等爵，他的地位和威风当然不如郡王的，也不如王府的世子的，更远远比不上亲王的，但赵王府临漳郡王的辅国将军祐椋，就能胁制州县的有司。就是藩维大吏（如总督巡抚），也往往被他诬讦⑤。岷王府（封国武冈州）的将军们杀人掠人田宅子女，"监司避不入武冈者，二十年"⑥。胁制、凌辱、中伤、杀害，畏惧脱避之不及，谁还敢问！

五　自行管业与有司代管

　　由上记王府庄田的情况看，王府庄业有邸第、有田地、有湖陂、有山场、有芦洲。有菜园、果园、竹园。有坟地、牧马草场。有市肆、铺面、店房。有河泊所、税课局。近矿者有坑冶、煤窑，近水者有水磨⑦。庄业有分布在一府各州县的，有散在一省各州县的。有连跨二省的，有跨越三省的。一般庄业都有邸第、田地、草场、山场、菜园、果园。河泊所、税课局、市肆并

　　① 《明史》卷118，本传。
　　② 同上。
　　③ 《明史》卷118《伊王楧传》。
　　④ 同上。
　　⑤ 《世宗实录》卷2，正德十六年五月壬申。
　　⑥ 《明史》卷208《周思兼传》。"监司"指风宪官，如巡按御史等。
　　⑦ 陕西明藩庄业种种，见附表二。典型的王府是大地主商人兼手工业者。

非一般王府所通用。芦洲、坑冶、煤窑、水磨也只是少数王府所特有。上面记述重在庄田地土，所以王府的河泊所、税课局、市肆、店铺以及王府及宗室经营手工业、商业、放贷子钱、朘削民人等等，均略而未叙。

明代宪宗成化六年以前，王府的庄田，特别是藩王的庄田，都是自行经理。在文献中这叫做"自行管收"，或"自行管业"。到了成化六年，才有了州县有司代为管收的例令。

不论自行管业或有司代为管业，王府庄田的经营采取的都是佃种方式，不见有何例外。王府自行管业的，于庄田坐落去处，建立"官庄红墙衙门"，差遣"内官"分投驻扎经管催收庄租。湖广长沙吉王府的"官庄"就是这样经营的①。吉府长沙庄田一千九百七十多顷，好象设了六个"官庄"②。大概该府的庄田比较集中，所以"官庄"数目并不很多。湖广兴都皇庄（即前安陆州兴王府王庄）九千多顷，曾建庄所三十六③，而山西大同府的代府，在一千三百余顷的庄田上，曾设大小"庄窝"五十八处④。

吉府的经营办法是每处"官庄"设一个"承奉"，主管该处庄田。"承奉"就是所谓"内官"，王府的宦官；也可以说是藩王（亲王）宫内的侍从臣仆。明代文献中常见的王府"内监""中使"，就是这批"内官"的别称。一个内官（承奉）带领三五十名旗校，供其差使。吉府的官庄是这样，其他王府，大概也如此⑤。但旗校的数目应因官庄之大小，多寡有所不同。

---

① 见附录一《议处吉府田租》。
② 同上。
③ 《明史》卷221《魏时亮传》。
④ 据顺治元年镇守大同总兵官姜瓖奏报。见顺治朝启本，第55号，中央档案馆藏。这一千三百余顷田土未必是代府全部庄田的数额。
⑤ 德府的白云湖庄田就是"每年差一内官，带领直假校尉数十人，机巧者两三人"，临庄征收子粒的。见《白云湖子粒考》。

　　吉府的"旗校"就是"校尉"。"校尉"是正式名称。万历《大明会典》载："凡遇亲王出府锦衣卫拨随侍校尉六百名。弘治七年题准,亲王随侍校尉至就国之日所以一半从行。"① 换句话说,亲王之国就藩时,可将原拨赐的侍从校尉六百名的一半(三百名),携带到封国。如果三百名校尉不足应用,他们又可令地方有司于民户中佥拨若干名,以供役使。山东鲁府的校尉就有从民户中佥拨的②。"校尉"之称"旗校",大概是因为他们是种武装侍从,如卫所"旗军"然。在一些文献中"校尉"、"旗校"也有称作"军校"或"官校"的。谓之为"军校",实在是"旗校"的别名。明代卫所的兵叫"旗军"。直接带领"旗军"的小军官叫"小旗",再高一级的叫"总旗"。所以"旗"与"军"同一含义。"旗校"或"军校"都指言小军官。管理庄田用小军官容易镇压小佃仆,这是王府的威风。称之"官校",那是因为王府的一切设置都称"官"的缘故。王府的庄曰"官庄"(亦称"王庄"),王府牧养的羊群曰"官羊"(见下),王府设置的店铺曰"官店"等等。借"官"字以别于皇帝的"皇",如"皇庄"、"皇店"、"皇船"、"皇盐"等。

　　在关王庄(官庄)的文献中,除旗校之外还有"家人"。"家人"应该是王府的奴仆。他的职任不甚明白,大体和旗校的一样。也许有的王府除派遣旗校以外,也差使家人。

　　以上这些"内官"、"旗校"、"家人"泛称之则为"管庄人等"或"管庄人役"。

　　管庄人役之下设有"庄头",如山东的德府③。庄头的设置

---

　　① 万历《大明会典》卷228,上22卫,锦衣卫。

　　② 见《鲁府招》,北京图书馆藏显微胶卷。原件已被蒋美盗劫至华盛顿美国国会图书馆。明代户役中有校尉力士户,就是备佥拨校尉用的。

　　③ 见户部尚书车克等为清查藩产题本。顺治朝题本,明藩类,第12号。

是各种地主庄田——皇庄、王庄、勋戚庄田、缙绅庄田、一般地主庄田——通行的管理办法。庄头上承管庄内官的指示，直接管理庄户，催缴庄租。

鲁府的庄头称"小甲"①。这或许是因为他的地位和职掌有如里甲组织中的"甲首"，而这样命名的，也或是因为鲁府所受赐田原系"屯"、"厂"，而沿用了"屯"、"厂"上管理的组织名称。

王府庄田的自行管业，自成化六年开始，发生了问题。问题之所以发生，是由于王府对其庄户（佃户）剥削过重，压迫过苛。关于这一点，下节还要详细叙述。主要的事实是庄田租额过高，正租之外有加租，遇灾不减不免，管庄人役额外勒索欺压庄户。结果阶级矛盾加深，影响到了王府本身的利益。不止影响了王府本身的利益，而且影响到了封建统治秩序——整个地主阶级的利益。为此，地主阶级的朝廷不得不加以干预。干预的措施是限定庄田子粒额，并革去王府管庄人役，令州县有司代为管收。子粒的限定，下有专节叙述，这里单讲讲有司代管。

有司代管起于宋旻的建议。成化六年十二月，大理寺左少卿宋旻奏请二事：一、限制德府在北直隶广平府清河县的庄田子粒每亩不得过五升，折银不得过三分；二、不许德府直接差人下乡催征，令有司代征，依期送纳。疏入，下户部议，《宪宗实录》谓"多从之"②。证诸孝宗神宗两朝《实录》所记有关德府庄田事，宋旻所奏请的两件事都准了③。明令载在万历《大明会典》。

---

① 见户部尚书车克等为清查藩产题本。顺治朝题本，明藩类，第12号。
② 《宪宗实录》卷86，十二月壬戌。
③ 德府清河庄田每亩令征五升事，亦见《孝宗实录》卷27，弘治二年六月甲寅。德府庄田子粒改为有司代征依期送纳事，亦见《神宗实录》卷219，万历十八年正月戊午。

文曰:"成化六年题准,各王府及功臣之家钦赐田土,佃户照原定则例,将该纳子粒每亩征银三分,送赴本管州县上纳,令各该人员关领,不许自行收受。"① 不许自行收受子粒,事实上就是不许自行管业。

万历《大明会典》录的这道题准虽说是令各王府及功臣之家的,其实是专对德王府制定的。解释详见下节。因此它对其他王府缺乏必然制约的力量。实际上,在这道题准以后,其他王府原来是自行管业的,还是自行管业,自行征收子粒。所以到了孝宗弘治六年,户部尚书叶淇又奏请禁革王府自收子粒。他说王府及功臣之家"管庄者收租时往往正额〔外索〕取数倍,侵赶入己",请令"各庄田及牧马草场佃户,照徽府例,输于本管州县,而后令各该人员来领,不得仍前自索扰人"。孝宗批答"俱准行"②。叶淇的奏疏孝宗的批答证明了成化六年不许自行管业之令,各王府并未完全遵行。遵行了的好象只有徽府一个王府。不然,叶淇何必只言徽府而不及他王府?

徽府之所以遵行不许自行管业之令,也有个道理。因为徽王见沛是成化十七年才出京,就藩钧州(禹州)的,成化六年以后给赐的庄田很可能必须遵行封建朝廷该年定的新例。徽府庄田子粒之所以有司代征,其中有这么一层缘故。

不过,这话也不能就这么完全肯定。因为在成化六年以后出京就藩的,不止徽王一藩王,此外还有崇王见泽和吉王见浚。一在成化十年,一在十三年。他们之国也都有给赐的庄田。崇王的庄田子粒是否也是有司代征不得而知,但吉王的庄田原是自行管

---

① 万历《大明会典》卷17,户部4,给赐。正德本《大明会典》系此令于弘治六年。见该卷《会典》19,户部4,田土,事例。细寻此令之来由,正德本误。其来由详见下节。

② 《孝宗实录》卷75,五月壬辰。

业的。武宗皇帝的圣旨中曾明言："地方系先帝特旨与的，还照前著本府自行收受。"① 叶淇的奏疏显然没有涉及皇帝特旨给与吉府自行管收权力这件事。不过无论如何，就徽府之例而言，成化六年不许王府自行收受之令不能说完全未起作用，但事实证明它起的作用极有限。

孝宗弘治六年令比成化六年例起的作用大。它常被力争王府庄田有司代征子粒诸臣子所引据，称为"孝例"。就性质上讲，它和成化六年例是一样的：直接干涉并剥夺了王府对其庄田自行管理之权，也剥夺了王府对其佃仆（佃种人户）的直接施行压迫与剥削之权。因此各王府都反对。因为诏令也涉及"功臣之家"（勋贵地主），所以也招致了勋贵地主集团的反对。"孝例"颁行四个月以后（"孝例"是五月壬辰颁布的），九月戊午又下诏，令"勋贵庄田子粒业主自取者听"②。这是经勋贵地主反对，封建朝廷对他们妥协的结果。

九月戊午诏不及王府庄田，其中缘故不明白。此诏不及王府，那么五月壬辰之诏对王府应该还是有效的③。

但各王府也是反对五月壬辰的"孝例"的。所以到了弘治十二年，湖广安陆州兴王府就以"本府庄田与他府有粮民田不同"为理由，请求自行征收子粒。孝宗准了他的请求④。接着孝宗又允许了岐王府自收子粒⑤。

令下之后，物议纷纷。户科给事中卢亨等亟言不许王府自行

---

① 见附录一《议处吉府田租》。镇守大监潘真巡按监察御史刘濂谓吉府庄租"弘治正德间或令该府自行征收，或令有司征银解纳"。

② 《孝宗实录》卷80，弘治六年九月戊午。

③ 如湖广各王府。见《孝宗实录》卷147，弘治十二年二月壬辰。

④ 《孝宗实录》卷147，弘治十二年二月壬辰。

⑤ 《孝宗实录》卷153，弘治十二年八月癸卯。

受租的新例行之未几辄自变更，将使天下王府相率效尤，乞收回成命。但孝宗未准①。卢亨等的奏请，证明"孝例"确曾付诸实行。只因孝宗曲徇兴岐二府的请求，给了这件新政一个破坏的开端。

兴府岐府获得自行收租的特许之后，其他王府就有跟着自行收租的。于是遂有弘治十四年户部等衙门"其私自收租者许抚按官劾奏"之请②，和十五年南京工科给事中徐沂防禁王府"纵令旗校加倍征租"之奏③。

弘治十八年五月孝宗卒，武宗即位，下大赦天下诏，其一款云："各处钦赏庄田有业主自行管业收受子粒者，多被管庄人等倚势生事，分外需索，逼迫小民逃窜失业。今后悉照户部奏准事例，有司照数征收送用，不许违例奏扰。"④诏中所说的例，指的就是孝宗六年的"孝例"。所说的"奏扰"，指的就是兴府岐府那样奏求自行收租的事。

从弘治十八年到嘉靖十年左右，其间有二十几年之久，对王府庄田子粒有司代征之令，文献中不见再有朝廷自行破坏的记载。其间正德元年崇王见泽的世子曾奏请自行征收归德等州县（封国汝宁府）的庄田子粒，但未准⑤。这总算是执行了"孝例""武诏"的。嘉靖四年吉王见浚奏准自征湘水水利课银（曾给赐此水利课银四年）⑥，但这是税课，与庄田子粒有别。实际上是否还有王府强自征租的？这事也难免。山东的德王府就是个例子。嘉靖十年山东巡抚邵锡曾奏陈德府"纵官校等为虐，征

① 《孝宗实录》卷153，弘治十二年八月癸卯。

② 《孝宗实录》卷175，六月丙午。

③ 《孝宗实录》卷197，八月己酉。

④ 《武宗实录》卷1，弘治十八年五月壬寅。影印本中诏文阙十字，据北京图书馆藏明钞本补。

⑤ 《武宗实录》卷15，七月庚辰。

⑥ 《世宗实录》卷51，四月甲子。

敛过于税粮"①。足证德府庄田子粒虽依例应该官府代征，德王仍然纵使官校人等赴庄自征，且强征多征。不过世宗对这件事还是采纳了户部的意见："悉委有司征收入之王府……不得仍用管庄人役。"② 前引叶淇疏，徽府的庄田子粒本是由佃户输于本管州县尔后由该府关领的，可是后来发生了该府管庄人与该府鹿邑庄田佃户搆讼事③。既已搆讼，这明明是徽府又在遣派管庄人役自行收租。户部尚书梁材等议请革去徽府管庄人役，令有司征租以俟关领。但徽王以为不便，世宗竟从王请④。这事发生在梁材为户部尚书年间（嘉靖七年十二月至十年九月），很可能近于他去职之年，嘉靖十年。这是弘治十八年以后，朝廷自行破坏有司代征王府庄田子粒的"孝例""武诏"而见于记录的第一次⑤。

嘉靖十七年，徽府请将朝廷允许他自征子粒事镌碑以示永久。下户部议，户部仍执梁材前奏；令有司代王征租，革去管庄人役。世宗怒，竟责斥户部等官"故违明旨，抑勒宗室"，下属官诏狱，夺左侍郎唐胄俸。连已去职的前尚书梁材和已经迁官的前右侍郎王尧封，也遭到了闲住或夺俸的惩处⑥。

明年，嘉靖十八年，崇王见泽违例奏乞自收先朝所赐庄田子粒。户部自然执奏令有司代征，世宗也例外特许了⑦。

徽府崇府而外，终嘉靖朝，未见再有特许某王府自行征收庄田子粒的记载。失载之事，未必没有。隆庆四年，以宝坻县仇鸾

---

① 《世宗实录》卷130，九月己卯。
② 同上。
③ 《世宗实录》卷212，五月甲午。徽府封国在河南禹州，其鹿邑庄田在归德府鹿邑县。
④ 《世宗实录》卷212，嘉靖十七年五月甲午。
⑤ 这是仅就我们所收到的文献记载而言，可能有些记载我们还未见到。
⑥ 《世宗实录》卷212，五月甲午。
⑦ 《世宗实录》卷225，六月辛酉。

没官田补还景府原赐田额，听其自行征粮，但不为例①。不为例者，自然是说王府庄田子粒已经有司代征的，不得援据此为例改行自征；就是将来新拨王府庄田，也不得援此为例自行收受。甚至景王本人在湖广的庄田，也不得援此为例自行收管。由此或可推想，虽前时已有徽崇二府的破例，王府庄田子粒本管州县代为征收，这时基本上还是王府庄田管理的法定形式。

但事实是否如此，却很难说。又过了十三年，万历十一年，晋府乞请照德府楚府例自行管业。神宗当即批准了②。这时除徽府、崇府肯定是自行收租之外③，又添了德府、楚府、晋府。晋府是援德、楚二府之例而获得自行收管之权的，那么德府、楚府又是什么时候自行收管的？是不是嘉靖十年德府庄田子粒有司征收并革去管庄人役之令未曾实行？晋府陈乞为何不援徽、崇之例而引德、楚？是否因这两王府在万历十一年晋府乞请之前新近才获得了自行管业之权的？这些疑难我们都不能解答。但这件事是明确的：如果《神宗实录》之文无误，德、楚二府在万历十一年以前已经自行收租管业了。

又过了七年，万历十八年，潞王翊镠获赐景府遗下庄田四万顷。其初，神宗令该府自行管业④，后来采纳了户部的建议，令有司代管催征解送⑤。万历四十二年，福王常洵之国河南府，神

---

① 《穆宗实录》卷42，二月戊申。案景王载圳已于嘉靖四十年之国德安府，为何又有此近京庄田之补赐？

② 《神宗实录》卷141，九月壬寅。

③ 前隆庆四年听景府的行征粮是听其自征在京赡田之粮。其藩国庄田之在湖广者（四万顷）未必自行收租。

④ 《神宗实录》卷219，正月戊午。

⑤ 《神宗实录》卷241，万历十九年十月壬寅。所谓二十五州县是潞府庄田坐落的湖广二十五州县。潞府封国河南卫辉府，去湖广庄田遥远，故有司代征代管之事较易行。

宗赐他庄田二万顷。庄田虽然散在河南、山东、湖广三省，而福王还是奏请自行征收子粒，并引秦府为例①。群臣执奏不可应允，神宗终不从。

由以上事实，大致可以看出王府庄田的经营，在成化六年以前，是王府自行管业收租的。从成化六年起，才发生了王府自行管业与朝廷委官代为管业的争执。事之起，起于德府。因而涉及到所有有钦赐庄田的王府和功臣国戚之家。成化六年令因只施行于德府，所以就王府整体说来，没有发生多大作用。后来又有了孝宗例武宗诏。"孝例"、"武诏"施行于所有王府，它们的执行程度也稍较成化令严格，尤其在武宗初年。虽然如此，王府自行管收的还是不少。德府、徽府虽都曾明令而且实行过有司代管代收，但后来却又各自自行管业。楚府的自行管业是否始终如此，还是改为官代管收之后复又允其自行管收，不很明白。但万历十一年前该府是自行管业的。类似楚府之例的，还有秦府。秦府之自行管业，是因福王援引为例，才得见于记录。其自行管业如秦、楚、德诸府而未被援引为例因而不见于记载的，恐怕还有。因此我们可以说，即使在"武诏"以后，王府庄田其自行管收（管业）的，除见于记录的秦、楚、德三府以外，恐怕还有其他王府。其庄田原已官代管业而又特许自行管业且见于记录的，有晋、德、崇、徽四府。四府而外，其不见于记录的，也未必能肯定其必无。福府在诸藩府中几乎是最后封藩的一个亲王（其后还有瑞、惠、桂三府），一开始神宗就给了他自行管业的权力。以上王府庄田由王府自行管业（管收）的共七府。就数字上说，七府是少数。但实际上是否只有这七府，那却是个大疑问。从各方面的情况推测，自行管业的王府居多数，或绝大多数。

①　《神宗实录》卷529，万历四十三年二月辛巳。

　　明封建朝廷不许王府自行管业的原因，上边曾简单提到。从表面上看，朝廷的法令好象是为的王府庄田的佃种人户；为的是他们的利益而制约王府的。其实不然。实质上是为的王府，为的是整个地主阶级服务的封建统治秩序。因为若不如此稍加抑制而听王府恣意剥削侵剋庄民，那庄民必致因苦累不堪而逃亡。这就是上引武宗诏书中所说的"逼迫小民逃窜失业"的事实。庄民（庄户）逃亡，王府必然丧失了它的劳动人手。有土无人，田土抛荒，地租将无从榨取。为了亲王们的利益，明朝皇帝不只要赐给他们庄田，还得保证他们庄田上的劳动人手。而且，佃民逃窜，不是流移星散，便是聚结反抗，影响所及将是整个封建统治①。皮之不存，毛将焉附？封建统治动摇，亲王所失不只地租，他们自身的存在也将成了问题。

　　王府自行管业肆行朘削加深阶级矛盾影响封建统治，到了万历年间已极为明显了。所以当福王常洵就藩神宗给与庄田二万顷许其自行管业时，忠于整个地主阶级统治秩序的朝廷大小臣工、地方巡按，纷上抗章，执奏勿许。他们所举的理由就是我们上面所理出的事实。大学士方从哲说，若许福府自行管业，管庄人役攘夺需求，"异日人情骚动，相继逃亡。宁独佃种无人，租赋莫出，甚且穷而走险，借王国以发"②。如果令州县有司代为管业，"有司征租，上不敢失正赋，下不忍尽民膏。况有抚按监司弹压其间，催征甚易"③。这就是说"有司催比有法，解运有期"④。

────────────

　　① 议处吉府庄田田租时，巡抚湖广右副都御史凌相镇守大监潘真会同巡按监察御史刘濂言，"切恐民之无良，官校凌逼，力不能堪。万一激生他变，则是所争者小，所失者大"。他们所忧虑的就是佃户被迫从事武装反抗的事，见附录一，《议处吉府田租》。

　　② 《神宗实录》卷529，万历四十三年二月癸未。

　　③ 《神宗实录》卷527，万历四十二年十二月丙戌，礼部诸臣奏。

　　④ 《神宗实录》卷563，万历四十五年十一月乙丑，科臣官应震奏。

若由王府管庄人役催比，额外勒索，"正租一金，必费民十金"①，"归府第者十三，私囊者十七"②。遗累佃民甚大，究于福王何利之有③？总括他们所举理由，如有司代管，则官府可尽其催比子粒弹压佃民之责，藩府可保其庄租的收入，可免除管庄人役的中饱，而佃民也不致膏枯髓竭，可继续生产办纳子粒。不然，将如礼部诸臣所言，"时削月朘，吮糠及米，铤而走险，皆敌国也"④。民人变成了仇敌，那就危及"宗社"了。

亲王（藩王）虽是整个地主阶级的一部分，自管庄业或有司代管虽是全部封建统治中的一个局部问题，但由此也可以看出地主阶级封建国家的作用以及他如何为地主阶级服务。至于明代亲王如福王，贪婪无纪极，而明代皇帝如神宗，偏爱皇族宗室听其恣意侵刻，那就是自掘坟墓的行为，封建制度内在而本身难以解决的矛盾了。

六　王庄子粒

明代诸王府向他们的庄田佃种人户征收的地租，叫"庄田子粒"。有时也称作"租"，"税"，"租赋"，"租税"，或"钱粮"。但这都不是正式名称。明初，朝廷对王府庄田的子粒数额、子粒形态（谷或银）以及有关子粒征收的其他事项，如遇灾减免与否等等，都没有什么规定⑤。朝廷的规定是宪宗成化六

---

① 《神宗实录》卷 527，万历四十二年十二月丙戌，礼部诸臣奏。

② 《神宗实录》卷 563，万历四十五年十一月乙丑，科臣官应震奏中语。

③ 同上。

④ 《神宗实录》卷 527，万历四十二年十二月丙戌。

⑤ 明初朝廷给赐诸王苏州府吴江县田各百顷米若干石之事，系养赡禄米，非日后的庄田和庄田子粒，应略而不论，说已见前。

年才开始有的。万历《大明会典》载："成化六年题准，各王府及功臣之家钦赐田土，佃户照原定则例，将该纳子粒每亩征银三分，送赴本管州县上纳。"① 所谓"原定则例"不知指何而言。就我们所见到的文献记录中，找不到成化六年以前王府庄田子粒征收的则例，更没有每亩折银三分的规定。而具体史实，却适得其反。德王见潾成化三年就藩济南府获得齐汉二庶人东昌兖州二府的闲田和直隶广平府清河县田为庄田，其兖州庄田每亩岁征二十升（二斗）②，清河县庄田夏地亩折银七分四厘，秋地折银五分③。成化六年，六部三法司等衙门尚书姚夔等奏，各地王府将民种地指为空地请为己业，每亩令佃种者纳谷二斗或五斗④。由此可见，在成化六年以前，王府的庄田子粒额由各王府自行决定，没有一定的标准，朝廷对之也未曾过问。姚夔陈奏，重租"人多怨咨"，请"自今可定其数，瘠土纳五升，沃土不过一斗"⑤。对此，宪宗批答也未言"原定则例"，只说"庄田子粒不必定数，但不许多取"⑥。若果成化六年以前王府庄田子粒已有原定则例，姚夔何不执此则例奏请？何故说"自今可定其数"，并请定瘠土五升沃土一斗？而宪宗又何故批答"不必定数"？

姚夔等奏是在成化六年二月。到了十二月，大理寺左少卿宋旻奏德府广平府清河县庄田夏地亩折银七分四厘秋地亩折银五分。地多沙，民极贫难。老幼悲啼塞路，告乞减免。遂请降敕旨，令本府"照官粮则例，每亩不得过五升，折银不得过三

---

① 万历《大明会典》卷17，户部4，给赐。正德本《大明会典》将此例系于弘治六年，误。万历本系于成化六年是。细看此例的来历便知。

② 《明史》卷119，本传。

③ 《宪宗实录》卷86，成化六年十二月壬戌。

④ 《宪宗实录》卷76，二月乙亥。

⑤ 同上。

⑥ 同上。

分"，而且"著为令"①。《实录》谓疏入，下户部议，多从之②。宋旻此奏主要有两点。一是规定庄田子粒每亩岁征不过五升或银三分。一是有司代征依期送纳，不许王府差人下乡催扰。宋旻的建议完全采纳了③，因此才有了上引成化六年令佃户"照原定则例"将该纳子粒每亩银三分赴本管州县上纳的题准。说到这里，我们自然就明白了，成化六年令中的"原定则例"，并不是王府庄田子粒征收的原定则例，而是宋旻奏疏中的"官粮则例"。"照原定则例"就是照原定"官粮则例"。

什么是"官粮则例"？

万历《大明会典》田土科则项下云："洪武初，令官田起科，每亩五升三合五勺，民田每亩三升三合五勺。重租田每亩八升五合五勺，芦地每亩五合三勺四抄，草塌地每亩三合一勺，没官田每亩一斗二升。"④ 这是明代初年各色田土课程的基本科则。所谓基本科则，就是说不包括某一种田土科则的不同等则。如没官田有一般的没官田，有苏松一带的没官田。苏松没官田原以私租簿起科，因此租额特重，重至亩七斗以上甚至二石。细分起来，官田还有若干等则，民田也有若干等则。情况相当复杂，此地暂可不去推究。此地要推究的是上述科则中哪一种是"官粮"。一般说来，一切钱粮都输官府，都可称官粮。实际上，宋旻所言指的是一般的基本的官田官粮。据上引《会典》文，明代的田土有两种：官田，民田。田土性质有不同的两种，征收田税的也有不同的两种：官田科则，民田科则。宋旻所说的"官粮则例"，实在就是洪武初年所定的一

---

① 《宪宗实录》卷86，十二月壬戌。
② 同上。
③ 不许王府自行收受庄田子粒事，已见前节。
④ 万历《大明会典》卷17，户部4，田土。

般的基本的官田科则，或官田则例。洪武初原定的一般的基本的官田科则是每亩五升三合五勺。宋旻所请照官粮则例每亩不得过五升，正合原定官田官粮科则。因此可以断言，宋旻所说的"官粮则例"，和成化六年例中的"原定则例"，指的就是洪武初年定的亩征五升三合五勺的官田则例。由此可见，依照当时封建朝廷的意图，王府庄田子粒的科则，不得重于一般系官田土（官田）的官粮科则。

援引"官粮则例"以定王府庄田子粒科则，是有根据的。根据是王府的庄田，钦赐的也罢，奏讨纳献而蒙钦赐的也罢，名义上都应该是官田[1]，所以王府庄田又称"官庄"。名义上既是官田，不管占有者是谁，都应依照官田则例起科。这大概就是宋旻陈请朝廷允准的法制上的根据。

依"官粮则例"而论，每亩征收子粒五升或折银三分，重虽重矣，较每亩二斗三斗的科额还是轻多了。但成化六年题准的新例执行了没有？回答是有的王府被迫执行了，但未全面执行，有的王府甚至完全没有执行。

就拿引起官定王府庄田子粒的德府而论吧，他在他的庄田上就没有完全执行。朝廷命令德府庄田子粒每亩征银三分的是坐落广平府清河县的庄田，德府庄田坐落其他地方的并未行征银三分的规定。成化六年下令后之第十九年，弘治二年，德府坐落临清州的庄田仍是每亩岁征粮二斗。临清州民（德府佃户）奏陈本州的德府庄田和清河县的德府庄田接壤，事同一体，请减免庄田子粒[2]，就是说照清河县庄田子粒科则征收临清州的庄田子粒。户部议覆，大概同意了临清州德府佃户的请求。但孝宗批答说，

---

[1]　王府奏讨和受献的庄田中有很多民田和民人开垦住种已久的田土，已见前。
[2]　《孝宗实录》卷27，六月甲寅。

"先朝已有定命，临清不比清河例，其征如故"①。"如故"就是仍征亩二斗。这里极关重要的事，是孝宗所说的先朝的"定命"。据说成化六年令德府庄田坐落清河县者亩征银三分的时候，曾有"其余不得比例"的规定②。孝宗的话就是根据这个规定来的。德府庄田不只坐落临清州的仍然征收子粒亩二斗，该府坐落其他地方的庄田如兖州等处的庄田，也还是每亩岁征二斗③。推测起来，这一定是"其余不得比例"的缘故；也就是说德府的兖州等处的庄田，不得比例该府清河县的庄田。

这样看来，万历《大明会典》所载的成化六年的题准，不是原题准的全文；其中还有许多限制条款被纂修之人删去了。即使原题准中没有限制条款，那么在这个题准以后，必然还有包括限制条款的其他诏令颁行；不然"其余不得比例"的令文便没有着落。如果万历《大明会典》的纂修人未曾删省成化六年原题准的文字，那么他们必然是有意无意地遗漏了这道题准之后的补充诏令。二者必居其一。总之，从全面考察，成化六年题准的规定大概止限于德府庄田，而且止限于德府的清河县庄田；德府的其他庄田仍是各照旧额征收子粒。

为证明这一点，还可以举出两件事例。一件是关于吉王府的，另一件是关于周王府的。周府的庄田子粒直到成化十九年（六年令颁下的第十三年），还有亩征一斗五升的④。因为子粒额过重，"民不能堪"，河南布政司会议奏报，于是才定了周府庄田的征租则例："每田一亩，征子粒八升。"⑤ 亩征八升也和成化

①　《孝宗实录》卷27，弘治二年六月甲寅。
②　同上。
③　见《武宗实录》卷15，正德元年七月戊子。
④　《宪宗实录》卷240，五月癸丑。
⑤　同上。

六年原定子粒科则征银三分的实物基础——五升——不同，多了三升。从周府庄田子粒一直是亩征一斗五升，成化十九年才定为亩征八升这件事上判断，成化六年令并未施行于德府以外的其他王府，至少是周府。

吉府庄田子粒的定额与征收表现出了更显明的自主性。该府在长沙府八县的"鸡鹅食田"一千二百九十七顷是吉王见浚成化十三年就藩长沙府后拨赐的。起初，朝廷虽然给该府规定了子粒额，但规定的不是征银三分，而是每亩征银四分。据说这每亩银四分的租额还是因拨赐的该项庄田是民人垦种成熟补办粮差的地土，恐民不愿，所以才"从轻宽恤"规定的。子粒每亩征银四分已经不符合成化六年每亩征银三分的规定，而又有"特旨""着本府自行收受"，所以该王府并不一概征银；征银也不止亩四分。吉府佃户军余呈称该府在正德年间每亩征讨一钱。镇守湖广地方太监潘真和巡按湖广监察御史刘濂陈说该府"每亩逼取至一钱以上"。长沙府知府申文谓每亩征九分四厘①。长沙府知府直接在吉王的淫威之下，怕难免有回护之嫌。但无论如何，任何一个数额都比四分高，甚至高出两倍以上。而且吉王征收并不都是征银子，有的子粒是征收的实物——"租谷"。据前巡按湖广监察御史王恩和长沙府知府，吉府的租谷额是每亩三斗（加耗每亩一斗二升在外），而该府自称则是每亩四斗五升②。四斗五升之数大概是连加耗在内。据镇守太监潘真和巡按监察御史刘濂说，湖广长沙府地土前因陈友谅占据，明太祖平陈之后，"刑用重典，故税亩特为加重"③，有重

---

① 以上均见附录一《议处吉府田租》。
② 同上。
③ 见附录一《议处吉府田租》。

至亩科三斗九升的（长沙府申文）①。如此看来，吉府的庄租比江西的重额官田租还重。

根据这些事实，就可以说，虽在成化六年的题准以后，周府吉府的庄田子粒实际上还是由各该王府自行决定，自行征收。其他王府也有同样情况，这是被后来的事实证明了的。

弘治十三年五月五军都督府六部等衙门会陈十八事，其中之一是有关处理各项庄田和庄田子粒的。他们说，王府及内外勋戚之家，"近来奏乞太滥，又有不照前例起科者"②。"前例"所指应该是成化六年例，即成化六年的题准。于是他们议请"照例每亩征银三分，各该有司收贮，待业主差人关领"③。成例虽在，所请有据，但孝宗并不下令照例执行，却将这次军政衙门大臣的题请，令转各衙查奏定夺④。本年七月户部覆议如奏，并请执行成化例不要改变⑤。孝宗批答，独不及此事⑥。

弘治十六年户部再请执行成化六年例，庄田子粒亩征银三分，并请水旱湖荡每顷征银二钱五分（即亩二分五厘）。疏入留中，好几个月以后才予批答。批答说"禁例已有旨行"⑦，把问题回避了。

武宗即位，下诏限定庄田子粒亩征银三分。这道诏令也包括不许王府自行管收。德府坐落兖州等处的庄田，原征子粒每亩二斗，当然也在降减之中。德府奏请仍旧亩征二斗，武宗遽然就听

---

① 　见附录一《议处吉府田租》。
② 　《孝宗实录》卷162，五月丁卯。
③ 　同上。
④ 　同上。
⑤ 　《孝宗实录》卷164，七月丁巳。
⑥ 　同上。
⑦ 　《孝宗实录》卷198，四月丁未。

从了。事后户部请勿听从，武宗才答应了户部的请求①。

德府兖州等处庄田子粒的征收可能暂时如令遵行了，其他王府却有例外。仅就我们已经接触到的文献看，例外的就有吉府和兴府。正德元年十月初二日户部曾根据武宗即位后于弘治十八年五月十八日（壬寅）颁行的诏书（按即即位大赦天下诏），对于吉府的庄田子粒也请"悉照户部奏准事例，有司照数征收送用"。武宗不允，反批答说，"地方系先帝特旨与的，还照前着本府自行收受"②。吉府向它的佃户逼取子粒每亩一钱以上或谷四斗五升，在这个时候并未发生变化。兴府的兴王祐杬，是弘治七年就藩安陆州的。其间虽经"武诏"庄田子粒应改征三分，而安陆州的兴府庄田仍亩征八分③。正德十六年祐杬的儿子厚熜入继皇位为世宗，因户部请，这才将嘉靖元年各庄佃户应缴的子粒免十之三。"他年如故"④，仍不减。

万历四十二年，福王常洵就藩河南府，括河南山东湖广地土充庄田。山东括得四千四百八十顷零，额租一万三千四百五十两，合亩征银三分⑤。湖广庄田子粒，也是按三分征收⑥。这倒是符合了王府庄田子粒亩征银三分的则例。不过这是官代征收的租率。福王并不愿官代管收，力请自行管收，而且也获得了自行管收的允许。官代管收，自然要按例三分征收，自行管收那就不同了。大概就是因为这个缘故，当湖广巡抚董汉儒以所派湖广庄

①　《武宗实录》卷15，正德元年七月戊子："户部言税重则民不堪，故多逋负。今山东境内水旱相仍，百姓凋敝……王所奏宜勿从；第如诏旨起科，令有司征收送用便。上曰然。"
②　见附录一《议处吉府田租》。
③　《世宗实录》卷16，嘉靖元年七月丁巳。
④　同上。
⑤　《神宗实录》卷528，万历四十三年正月乙丑。
⑥　《神宗实录》卷563，万历四十五年十一月乙丑。

田四千四百八十五顷搜括不得而请岁输万金代租时，神宗不许①。

就以上有关王府庄田子粒的事实，可以得出下面的推断。

（一）成化六年以前，王府庄田子粒额由王府自行决定（其时王府庄田也是自行管业）。其租额多寡不同，地租形态，实物或折银，也不一致。周府的子粒有亩征一斗五升的，德府的子粒有亩征二斗的，其他王府有亩征二斗或三斗的。德府清河县庄田夏地亩征银七分四厘，秋地亩征银五分。可能还有其他不同租额，但文献不足，无从推测。无论实物或折银，都比官田官粮重，更比民田官粮重，而且重得很多。

（二）万历《大明会典》所录成化六年的题准，"各王府及功臣之家钦赐田土，佃户照原定则例将该纳子粒每亩征银三分送赴本管州县上纳"云云，未必是全文。如果是全文，另外必有附例。但这项附例或类似附例的诏令，已经被纂修人芟省。因为依照这道题准，不止王府一府所有庄田，就是天下各王府所有庄田，均应普行征银三分，不能有例外。但实际上，德府一府的庄田应该依照题准亩征银三分的，止清河县一处庄田，"其余不得比例"。德府而外，其他王府并未奉行此例，如吉府周府。吉府庄租一开始便规定每亩征银四分。周府的子粒过重虽从亩一斗五升改为亩八升，却从未责斥他违例多收。改减之时，朝廷也没根据成化题准，叫他亩征银三分。武宗即位重申庄田子粒亩征银三分，不再见有"其余不得比例"的保留，但吉府庄租仍是官额亩四分，且肯定了孝宗时准其亩征二厘的加耗②。实际上，该府征至亩一钱或一钱以上。不征银的则征谷（米）。租谷每亩重至

① 《明史》卷257，本传。
② 见附录一《议处吉府田租》。

四斗二升（据长沙府申文）或四斗五升（该府自称）。兴府的庄租仍然是亩征银八分。

（三）推想起来，王府庄田子粒亩征银三分之事，必非全国南北王府均如此。三分额银之议起于德府清河庄田，地居北直隶。北直隶为旱地，产量小，官租私租也较低。江南水田产量大，官租私租也较重。苏松官田租亩征米数斗的是普遍的，且有重至亩一石或一石以上的。就是土质较次的长沙官田，田租也有重达三斗九升的。所以吉府的庄田子粒即使是"从轻宽恤之意"规定的，也规定了亩征银四分。这好象是亩租三斗的折银[①]。四川蜀府的庄田子粒不知朝廷曾否给予特别定额。如果有特别定额，那定额当不止三分。因为该府庄田位于成都平原沃野，水稻亩产量高，蜀王是不会便宜他的佃户的。但明代文献中在内在外大小臣工一提到王府勋贵庄田子粒额的时候，都说每亩应照例征银三分，好象亩征银三分是各地贵族庄田子粒的通例。其实不然。事实是发生子粒额争执的王府及勋贵庄田多半在江北、多半是旱地。一切旱地庄田子粒可以以德府庄田子粒亩征银三分定额比例，是可以理解的。

（四）王府庄田子粒是否曾依官定租额征收，在很大程度上决定于各该王府庄田的子粒是各该王府自行管收，还是州县有司代为管收。官府代管，那就可依例征银三分。王府自行管收，那就不一定。如上节中所述，武宗即位诏后，王府庄田由本管州县代王府管收的，一时好象有一些，但也不少是自行管业的。

（五）官定租额每亩征银三分的实物基础是谷五升。谷五升或银三分是官田官粮的一般科例。王府庄田子粒之为一斗五升，或二斗或三斗，或银八分的，都较官田官粮重得多。以德府的亩

---

① 巡按湖广监察御史王恩奏。见附录一《议处吉府田租》。

二斗而论，王府佃户所纳子粒可能占去一亩全部产量的一小半。这个估计是这样得来的。明清两代的文献，通常都说北方的亩数不及南方的十分之一①。据《四友斋丛说》及《日知录》大家熟知的文献，江南水田亩可三石，少者一石多。即以三石说，三石的什一是三斗。据清初直隶正定人梁清远（顺治进士，官至吏部侍郎），他家乡嘉靖年间垦田一亩收谷一石，万历间不能五斗，到了他那时候，一亩仅收二三斗②。乾隆《河间县志》说该县地鲜膏腴，竭终岁之力，"但得五六斗六七斗，即庆有年矣"③。通计肥瘠丰歉，以北方地土平均亩产五七斗而论，地租二三斗就占去全部生产物的一小半。当然，这是个极粗略的估计，不一定可靠。因为有关土质及其他生产条件我们全不知道。山东王府庄田的亩，据说是五百四十步，而河间县、正定县的亩则不知有多少步。诸如此类的不知条件，使我们这个估计极难肯定。但这点是可以肯定的，就是王府的私租额较官定银三分的租额重，而且重得多。因此"人多怨咨"，"民情骚然"，"民不能堪"④。

王府庄田子粒额低的也有，有的甚至比官定的银三分还低。衡府平度州白埠泊庄地就是个例子。该项庄地三百余顷，每年税银四百八十两。一亩只合银一分多，可算是很低了。但此地"皆卑湿荒芜"，不堪耕种，庄田子粒银年年"仰民陪纳"⑤。陪纳子

----

① 如明谢肇淛《五杂俎》卷4："北人不喜治第而多畜田。然碛确寡人，视江南十不能及一也。"清任启运《诸安民兴水利疏》（《皇朝经世文编》卷43）："大抵江南二百四十步为亩，山西千步为亩，而田之岁人不及江南什一。"

② 《雕丘杂录》卷15《晏如斋檠史》。

③ 乾隆《河间县志》卷3，风俗，农。

④ 《宪宗实录》卷76，二月乙亥；203，五月庚寅；240，五月癸丑。

⑤ 《武宗实录》卷37，正德三年四月甲戌。因为这个原因，封建朝廷另拨了四百八十顷给了衡府。

粒比高额地租的负担更重。这样的事，恐不止衡府这一桩①。

　　王府庄田子粒其所以使佃民不堪，不止在租额高，且在遇灾不免、加租和额外苛索。

　　庄田子粒遇灾不免，弘治以前一向如此。弘治二年，户部奏请令本年"各皇亲公侯驸马伯及太监庄田照附近民田被灾分数，为收租之数"。奏上，孝宗准予施行②。《会典》所载令文为"皇庄及皇亲公侯驸马伯等官庄田如遇灾伤，俱令依民田灾伤分数征收"③。上有皇庄下有皇亲公侯伯等庄田，王府庄田必在其中。由此可见弘治二年以前，王府庄田子粒虽遇灾伤，也是不予减免的。弘治二年始虽令王庄子粒依民田被灾分数减征，事实上恐怕没有怎么施行。因为四年以后，户部覆议监察御史张泰所陈均平赋役事，曾说："皇庄王田及皇亲等庄田，虽遇灾伤，不得比军民田地量免征税。"④ 也正是因为皇庄王庄等庄田子粒遇灾不免，所以户部又奏："请自今令所在有司将军民田并皇庄等项通行踏勘，议定该免分数，一体免征。"⑤ 四年五个月以前下过如遇灾伤皇庄及皇亲等庄俱依民田灾伤分数减征的孝宗皇帝，对户部此奏反踌躇起来了。他批答说："皇庄王田遇有灾伤仍令管庄人员奏来处置。"⑥ 这是对户部奏请的一个软性的拒绝。将踏勘奏报付与王府管庄人员，几乎是等于不踏勘，不奏报。减免之事，哪有可能！

---

①　其他例子详见拙著《明代勋贵地主的佃户》。
②　《孝宗实录》卷30，九月辛酉。
③　万历《大明会典》卷17，户部4，田土。
④　《孝宗实录》卷85，弘治七年二月戊子。
⑤　同上。
⑥　同上。

又过了七年，到了弘治十四年，巡抚保定等处都御史张缙又请令钦赐庄田子粒遇灾与民田一体免征①。孝宗不好拒绝，又不好批准，于是采了个回避花招："命所司知之。"②

弘治十六年因水旱灾，免了山西太原平阳二府平阳等卫所弘治十五年的税粮，遂令各府州县的王府庄田子粒也照民田被灾分数免征③。这道命令比以往的总算明确了。但各处王府恐怕还未遵行。因为十七年以前的各处庄田子粒有曾经勘实系小民因灾拖欠的④。如已依民田灾伤分数免征，哪里会有这项拖欠？具体的例子有崇府。正德元年崇府世子奏称归德等州县民（佃户）积年拖欠庄田子粒多且甚，武宗命巡按御史逮治。据户部尚书韩文奏，崇府庄田子粒之所以拖欠，实是在"遇灾不免"所致⑤。

以上所有事实都证明了这一点：孝宗虽曾令如遇灾伤各项庄田（王田其一）俱依民被灾分数一体免征，在上者无意切实施行，在下各王府又不如令遵行，所以诏令虽在，实等具文。《明史》谓秦府佃民子粒"岁歉辄蠲"⑥。显系谀辞。如果是事实，那也是极个别的。

万历年间，襄水汉水溢，景陵汉川等县庐井漂溺。这时不止"里民"（国家编户），就是潞王府的佃民也流移过半⑦。但"里

---

① 《孝宗实录》卷173，三月癸未。

② 同上。

③ 《孝宗实录》卷197，三月癸巳。

④ 《武宗实录》卷4，弘治十八年八月丙辰。

⑤ 以上见《武宗实录》卷15，正德元年七月庚辰。

⑥ 《明史》卷116《秦王㭎传》云："秦川多赐地，军民佃以为业，供租税。岁歉辄蠲之。"时为秦王诚泳，弘治元年至十一年间事。所言或系事实，或为部分事实。如为事实，亦极个别。

⑦ 潞王翊镠国河南卫辉府，但其庄田系前景王载圳在湖广之庄田。景王卒，无子封除，庄田还官。潞王就藩，遂以赐之。

民"后来渐渐复业，而潞府的佃民仍然"蓬飞萍散，绝意旧栖"。湖广巡抚郭惟贤奏言其故说：

> 里民被灾者计犹得凯恩蠲停征督，而佃民则督责犹故也，取盈犹故也。又有从而腋削之渔猎之者，彼亦安能以悬磬之室充絫黍之额乎？此所以易去其乡计不返顾①也。

郭惟贤是万历二十年巡抚湖广的。这时潞府的庄田子粒仍然是遇灾不免。而且产生了该府佃户绝意故居流移漂泊的悲惨景象。万历而后，明代统治者上下交争利，王府佃民的担负更没有减轻的可能了。王府庄田子粒遇灾不免的事实，间接证明了王府庄田多是自行管业，符合上节王府庄田多自行管业非官代管收的推测。

除了遇灾不免，加租和旗校等管庄人役的额外勒索以及对佃民的人身凌虐，也是造成王府佃民苦累的一些重大原因。比起自然灾害来，这种苦累更经常，更广泛。王府之所以力争自行管收，反对有司代管，除了脱避亩征银三分的官定租额和遇灾减征的诏令外，便是争取这种对佃民的额外剥削。

有关王府管庄人役额外勒索的事实，明代文献中很多。弘治六年户部尚书叶淇奏请本管州县代王府管收庄租时所举的理由，就是王府管庄者收租时往往正额之外又索取数倍，侵尅入己②。户科给事中卢亨等说，王府管庄人役，"攫（攦）取民财，势如狼虎"③。武宗即位大赦诏谓管庄人役"倚势生事，分外需索，逼迫小民逃窜失业"④。山东德府的内官军校往白云湖庄田征收

---

① 《潞课疏》，见《皇明经世文编》卷406。
② 《孝宗实录》卷75，弘治六年五月壬辰。《实录》原文云："管庄者收租时往往正额取数倍，侵尅入己。"
③ 《孝宗实录》卷153，弘治十二年八月癸卯。
④ 《孝宗实录》卷224，弘治十八年五月辛卯；又见《武宗实录》卷1，弘治十八年五月壬寅，即位大赦诏。

子粒，佃户输纳子粒外，对管庄人役甚至该府的其他官员人役都有"打点使用"。李开先《白云湖子粒考》有云："传闻打点使用二承奉共银百两，二长史同银五十两。典货四十，典服二十。十则门副，十五则门正。门校亦有十之数，姥姥数同。典服起数官人各一两（文义不明），外仍有土物。下速各色匠役头领，五钱而已。女官散女官十两者有之，一两、五钱者有之。"诚如李开先所言，"脱非侵渔之多，何为有此费哉？"①

加租的剥削，有宁王宸濠和福王常洵等例。

正德十一年，宁王宸濠受纳了一宗投献的地土。受纳之后便行加租。佃户魏志英抗拒不从，良民辜增守正不阿。宸濠怒，竟将辜增、魏志英家眷二百余人，尽行杀害②。德王府白云湖的庄田子粒，依照朝廷明令，应该是每亩征银三分。但内官旗校赴庄征租，却"每亩擅自改造（征？）银五分"③。万历四十三年，福府伴读阎时往汝州征租，每钱加收五分。因勒索不遂，竟将佃户周化、鲁国臣毒打致死④。言事诸臣多不敢直言王府加租，常归咎于管庄人役。科臣官应震甚至说福府内臣加租，"归府第者十三，私囊者十七"⑤。管庄人役收租中饱，自然是事实。如收加租之事一概归诸管事人役，恐非事实。工科给事中徐沂曾奏称各王府"纵令旗校，加倍征租"⑥。德王在山东就"纵官校等为虐，征敛过于税粮"。以致"地方骚然，民不堪命"⑦。

增加正租租额之外，还有"加耗"。

---

① 《白云湖子粒考》。
② 谢蒉：《后鉴录》，录刑部等衙门奏。
③ 见《白云湖子粒考》。
④ 《神宗实录》卷528，正月戊辰。
⑤ 《神宗实录》卷563，万历四十五年十一月乙丑。
⑥ 《孝宗实录》卷190，弘治十五年八月己酉。
⑦ 《世宗实录》卷130，嘉靖十年九月己卯。

正租加耗我们只看到一例。那就是上边屡次提到的湖广长沙府的吉府[1]。吉府庄田子粒成化间官定每亩征银四分。弘治间又允许了该府亩加征耗银二厘。这件事前边已经说过了。这样一来，即使依官定租额而论（实际吉府所征远过官定租额，详下），那也是亩征银四分二厘而不是亩征银四分了[2]；增加了正租的百分之五。朝廷虽然定了正租每亩四分，外加耗二厘，但该王府贪婪无厌强逼多征（见下），或逼迫佃户缴纳租谷。租谷每亩三斗。租谷也得加耗，加耗一斗二升，曰"耗谷"[3]。这项"耗谷"的加征，比官定耗银重得多，它占正租额的五分之二，几乎达到正租的一半。

吉府庄田子粒银加耗，是朝廷准许的，看来不是个特殊事件。那也就是说征租加耗不会只有吉府一王府。而且这种额外剥削不只王府在实行，皇后公主勋臣贵戚也在实行。皇室宫庄，公主府庄，勋臣贵戚的给爵地多在江北地区，大都每亩征银三分。但三分之外，另有加耗。或立其他名色，而实同加耗。北直隶定兴县的宫庄子粒和勋贵庄田子粒便是个很好的例子。该县庄田子粒的加耗叫"加派"或"脚价"。乾清宫庄田十六顷九十三亩，每亩征银三分外，又照民屯地每亩"加派"三厘五毫。雍靖王妃地一百顷，租银三百两，脚价二两四钱。锦衣卫千户陈尚忠地一百顷，租银脚价同。驸马许从诚地九十顷，租银二百七十两，脚价二两一钱六分。寿阳公主府地二百七十四顷七十三亩零，租

---

① 　见附录一《议处吉府田租》。

② 　吉王见浚三世孙吉王厚煜曾奏言有"以致上司一概断令每亩征银四分五厘"之语，与此不尽合。"五厘"之"五"字或系抄手之误（我们所据文献系抄本，见附录按语）。如非抄录之错，当别有说。

③ 　此据长沙府申文。吉府自言向佃户索租谷四斗五升，其中或包括"耗谷"，但多于此数。

银八百二十四两二钱一分三厘零，脚价六两五钱九分三厘零。其他黄顺侯吴汝胤、瑞安公主府、延庆公主府庄地亦均有脚价①。各项庄田都是亩征银三分，外加"脚价"银每亩二厘四毫。定兴县宫庄的"加派"和其他各项庄田的"脚价"比吉王府的加耗还重。王府以下各色庄田之有"加派"、"加耗"、"脚价"，一定是仿效朝廷征收民粮时必加征"耗米"或"耗银"的额外剥削而来的，所以这一苛索是普遍的。现存明文献中，确有只记庄田子粒银数而未言"加耗"或"脚价"的，如沈榜的《宛署杂记》和某些明代清初的方志。但这并不足以证明其无加耗。因为这些史籍所记官民田地钱粮也不言加耗，但加耗确存在，而且很重。

　　山东的德府另有一种敲剥佃户的方法。除将正租每亩三分加征二分共五分外，"分外花户（佃户）出票一张，每亩钱六十文，作银五分"。此外，在收纳子粒时，又"每银一两，多兑一钱"②。德府庄田散在北直隶山东各府州县的很多，这种额外剥削当不止它的白云湖一庄。

　　至于收租之时，王府的管庄人役需索马夫、张打旗号、擅作威福、罗织害民、重科厚敛、靡所不至，如何起鸣所言者③，那更是普遍的了。山东巡抚毕懋康说该省对福王府的管庄人役"供亿侵耗，难以具述"④。礼部疏言，"正租一金，必费民十金"⑤。王府的腺削何止子粒一事！

―――――――

　　① 鹿善继：《认真草十五种》，第3种《籽粒本末》，《本县为籽粒加派申院按文》、《本县再申各院文》。历史研究所藏稿本，清刻本同。
　　② 《白云湖子粒考》。
　　③ 何起鸣：《条议宗藩至切事宜疏》，《皇明经世文编·补遗》卷1。
　　④ 《神宗实录》卷570，万历四十六年五月壬辰。
　　⑤ 《神宗实录》卷527，万历四十二年十二月丙戌。

以上所言王府加租与管庄人役分外需索，多零星琐屑。现存明代文献中幸而还保留了一件比较完整的实例，可供我们了解加租与额外苛索将王府佃户的负担增加到了什么程度。这实例见于附录一和李开先《白云湖子粒考》，是关于长沙府吉府和济南府德府的王庄的。

前面已经说过，拨赐吉府的庄田一千二百九十七顷原是荒田，后经长沙府八县民人开种成熟的。其中有水田，有旱地，民人耕种借以补垫办纳粮差。据长沙府申称，成化十三年朝廷将这项田地拨给吉府，恐民不从，所以规定每亩从轻止征银四分。孝宗弘治年间仍然如此，但这时朝廷许了吉王每亩加耗二厘，变成了四分二厘。武宗正德以来，该府于长沙府八县庄田坐落去处，设立官庄红墙衙门，差内官六员，各带旗校三五十人，分投驻扎催收。"每亩加追租银五分二厘，连前九分四厘。"[1] 这是正租。"其管收〔旗〕校人员外又勒要煎销火耗，供给纸札及柴菜之类。愚民有被骗（每亩）至一钱三五分者，莫敢谁何。"这是额外需索。"间有不从，每亩要纳本色租谷三斗，又加耗谷一斗二升。民皆畏怕。"[2] 这还不止。复又"临仓车飐，淋尖踢斛，加耗垫席等项，加倍不勾"。如此每亩租谷近一石。"又且百般刁难，在仓守候月余不收，只得依从完银"（以上均长沙府申文）。每亩完银多少？正租九分四厘，额外需索一钱以上，无论如何计算，实征总数怎么也超过原定租额（亩四分）的两倍[3]。

---

① 据吉府佃户军余谢经隆等呈文，是每亩一钱。据镇守太监潘真和巡按监察御史刘濂奏，是每亩一钱以上。

② 吉府自言征租谷四斗五升，与此数不合。

③ 细读长沙府申文，言吉府佃民有被骗至一钱三五分，系指煎销火耗等项而言，正租不在其内。这项额外需索数额或系佃民一家所付总数，未必是每亩额外勒索之数。

利用加租额外苛索，吉府剥削佃户的残酷程度，真是骇人。但吉王并不愿征银，他偏要佃户缴纳租谷，每亩四斗五升。虽然他声称亩纳四斗五升租谷可以放弃纸张等项的勒索，实则租谷的缴纳对他一定更有利于额外剥削。

对王府庄田做了初步的探索后，我们有理由说：吉府对佃户的残酷剥削，是各王府共同的罪状。

七　王庄庄民

"庄民"是王庄民人，即王府庄上民人的正式名称。他们也被称作"佃民"、"佃户"，是"佃田民人"和"佃田人户"的简称。"佃"，是种田的意思。"佃民"、"佃户"就是种田民人或种田人户。他们不是凭租佃契约租人田土与人地租的那种佃户。其中道理在读完了这一节以后就该明白了。不过，为方便起见，我们还是称他们为佃户。

前边已经说过了，王府庄田的经营，自行管业也罢，有司代管也罢，无例外地都是采取的佃种方式。庄田佃种人户的封建义务是耕种王府庄田，向王府缴纳庄田子粒，并承应王府的差役①。

王府的佃户原来都是隶属于朝廷的各色人户，其中以民户为主。朝廷的各色人户之变为王府佃户，来历上却有不同。依据他们的不同来历，可以把他们分为下列四种。

第一种是钦赐佃户。

王府有钦赐佃户是可以肯定的。但史无明例，也无记载。可

---

① 王府的佃户中有一类是一方面向王府办纳子粒，一方面又承应朝廷的差役。这类佃户，在法令上，可能不再承当王府差役，实际上未必如此。

以凭以肯定王府有钦赐佃户的根据，是明代给赐人户的制度，以及法令中有关王府佃户在这个问题上的间接证明。按明代的制度，公侯（功臣之有公侯封爵的）都给赐庄田，同时也给赐"佃田人户"。给赐公侯"佃田人户"事，见于洪武五年的申诫公侯的铁榜。榜文云："凡公侯之家除赐定仪仗户及佃田人户已有名额报籍在官，敢有私托门下影蔽差徭者斩。"① 榜文里所说的赐定公侯佃田人户已有名额报籍在官这件事，就是《太祖实录》所载洪武四年十月甲辰中书省奏上公侯佃户名籍那件事。那次中书省奏上的佃户名籍之数，是韩国公等六国公和延安侯等二十八侯的佃户，共三万八千一百九十四户②。这三万多户佃户就是申诫公侯铁榜文里的有关公侯们的"赐定"的佃田人户。公侯之家尚有钦赐佃田人户，王府也应该有钦赐佃田人户，那是理所当然的。

万历元年户部奉圣旨依拟行的有一个新例，是有关查勘王府公侯的钦赐庄田和佃户的新例。例文云："各巡按屯田御史凡巡历至处，即查所属地方王府公侯钦赐子粒地土原赐顷亩，调取金册磨对。果与不同，即系侵占投献，速改民田入籍，一体纳粮当差。间有庄田虽系钦赐，而远支承继不系嫡派，佃户虽系原隶而人丁数多，酌议具奏处分。"③ 这所谓"原隶"佃户，实际上就是钦赐佃户。"原隶"佃户和钦赐庄田同列在封赐亲王公侯的金

---

① 《太祖实录》卷 74，洪武五年六月乙巳。

② 《太祖实录》卷 68，洪武四年十月甲辰："中书省奏公侯佃户名籍之数。韩、魏、郑、曹、宋、卫六国公，延安、吉安、江夏、淮安、济宁、长兴、临江、六安、荥阳、平凉、江阴、靖海、南雄、德庆、南安、广德、营阳、蕲春、永嘉、豫章、东平、宜春、宣宁、汝南、中山、巩昌、河南、颍川二十八侯佃户，凡三万八千一百九十四户。"此六国公二十八侯的姓名封爵年月日均见《明史》卷 105《功臣世表一》。

③ 《嘉隆新例》卷 2，户例，见《玄览堂丛书续集》第 104 册。

册中，也是证明其为钦赐的一个实据。而给赐公侯的佃户在铁榜中明明写的是"赐定"佃田人户。《万历新例》中公侯们的"原隶"佃户，当然就是铁榜中的"赐定"的佃田人户了。"赐定"就是钦赐。公侯的"原隶"佃户既是钦赐佃户，那么王府的"原隶"佃户也自然是钦赐佃户。这是王府之有钦赐佃户的另一个证据。

　　一个亲王一个公一个侯给赐多少佃田人户，理应有个等级差别。但文献缺乏，无从得知。洪武四年正月，左丞相韩国公李善长以疾致仕，赐与庄田若干顷，佃户一千五百家①。曲阜衍圣公受赐赡庙田一千九百八十顷，"洪武初听募人佃种，共六百二十四户，已定为例"②。"已定为例"的意思，就是说以后各朝均例此以六百二十四户为钦赐或"赐定"衍圣公的佃田人户。韩国公、衍圣公虽都是公爵，给赐佃田人户都有多少不同。洪武四年十月中书省奏报的公侯佃户名籍之数，六个国公和二十八个侯的佃户，共计三万八千一百九十四户。这三万八千多户佃户，前边已经说了，是明太祖赏给那六国公二十八侯的佃田人户。依户数计算，每位勋臣平均得一千一百二十三户有余。给赐国公的户数当然多，侯的当然少。公与公的户数已经知道有差别，侯与侯的也不一定完全一样。给赐一个国公的佃户，多的在千户以上（韩国公一千五百户），给赐一个侯的至少也有几百户。在明代一个国公虽然位极人臣，但在封建等级制度上，还低于亲王一等。而且王是皇帝的宗室，公侯是为异姓贵族，在和皇帝的关系上，还有亲贵上的差别。一个异姓功臣如李善长，尚给赐佃户一千五百家，给赐一个亲王的佃户应该更多，决不能少于此数。不

---

　　①　《明史》卷127，本传。此事《太祖实录》失载。

　　②　《英宗实录》卷61，正统十四年十一月庚申，袭封衍圣公孔彦缙奏。

过有一点应该说明的是，上举事例都发生在明初，那时受封诸王还未就藩，除养赡田以外，没有日后的钦赐庄田或照例一律钦赐庄田的制度，所以从韩国公、衍圣公等事例及洪武五年给公侯的铁榜上来推测王府也必有钦赐佃户事，在时间上不甚妥帖。在时间上说，是有这个缺陷。但从制度上着眼，这个推测还是合理的。从明代亲王公侯的颁赐制度的各方面看，没有钦赐庄田而不同时钦赐佃田人户的；也就是说，没有止赏赐亲王公侯土地，而不同时赏赐他们劳动人手的①。

亲王以下的郡王是否给赐佃田人户，也无史文可据。据洪武九年例，郡王的诸子每人赐田六十顷。从道理上推想，六十顷的钦赐庄田也应该附赐一定数目的佃田人户。但我们难以作出肯定的判断。

第二种佃户是因奏讨占夺民人开种的田土和侵占民人的世业而来的。

王府奏讨的地土中的官田、荒闲田、退滩地，或不起科地，多半，或者可以说几乎全部，都是已经为军民开垦住种的地土。其中最为明显的是河南山东北直隶奉例开垦永不起科的荒闲地。奏讨一经允准，那地土上原来的开种人户便也随着拨做了王府的佃户。虽然有时有"原垦人户愿种者听"的命令②，其不愿者当可离去，事实上原种人户其土地被王府奏讨之后，便丧失了生活的依据，只有继续领种，沦为王府的佃户。成化六年六部三法司等衙门奏称，河南山东北直隶民间奉例开垦永不起科地被王府势家请为己业，"民无田者，仍佃种之"③，就是原来

① 伯爵以下的贵族是否也有钦赐佃田人户，不能肯定。
② 《武宗实录》卷43，正德三年十月戊子：正德三年赐荣王湖广常德府香炉州等处田地，令其管业，召人佃种纳租。"原垦人户愿种者听。"
③ 《宪宗实录》卷76，二月乙亥。

住种人户于土地被夺之后而不得不充当王府佃户的一个确凿证据。

成化三年，德王见潾奏乞广平府清河县地土七百余顷为庄田，即蒙给赐，原来开种这项地土的人户五百三十家也就随着变成了向王府办纳子粒的佃户①。后来奏讨白云湖地为庄田，包套民田数百顷。那被包套的民田的业主，如郑逵、刘可升、张汉英、刘五、王灿等，也都成了向德府领种田地交缴纳子粒的佃户②。弘治七年兴王祐杬就藩安陆州，十三年赐给他的庄业中的赤马野猪二湖淤地一千三百五十二顷，原来是一千七百五十余户开种的。他们住种年久，已经世代为业。这项地土虽未起科征粮，但业已有主。孝宗现在拨赐给兴府管业，那开种人户一千七百五十余家，也便拨作兴府的佃户了③。正德三年补拨给衡王祐挥的平度州未税地四百八十顷，这项地土的"开垦民人"三百七十九户也作了衡府的佃户④。前引正德三年赐给荣王祐枢的常德府香炉州等处田地，也是民人"以渐开垦"的。授与该府管业，召人佃种得纳租，原垦人户愿种者听⑤。这也明确了原垦人户如欲继续住种不失业，须充当该府佃种人户办纳子粒。事实上，前已言之，"民无田者，仍佃种之"，愿与不愿，原垦种人户几乎是没有选择的自由。

而且从事实上说，原来的业主或住种人户就是不愿充当王府的佃户，也很难如愿。这里有封建的超经济强制在起作用。农民，不管他是原业主或住种人户，都是"民"。"民"有

①　《宪宗实录》卷86，成化六年十二月壬戌。
②　见《白云湖子粒考》。
③　《孝宗实录》卷159，弘治十三年二月辛丑。
④　《武宗实录》卷37，四月甲戌。
⑤　《武宗实录》卷43，十月戊子。

"民分";"民分"就是种田纳粮当差。这是明太祖朱元璋爱说的一句话;它也确实说明了中国封建社会里"民分"的本质。朝廷夺取了他们的土地给赐了亲王,亲王需要人手给他种地纳租,朝廷就可以强迫那些原业主或住种人户转作亲王的佃户。事实上也是如此;至少大部分是如此。在超经济的强制之下,农民不可能有自己的意志,所以也不可能有选择去留的自由。康熙《束鹿县志》纂修人刘昆论述北直隶明朝的贵族地主的庄田时说:"按庄田籽粒地,前朝之滥恩也。功臣外戚利民间膏腴之地,巧言奏请乞为庄田。朝廷夺民地予之,而即以地主为佃户,畿辅苦之。"① 刘昆在康熙十年任该县知县,又纂修县志,留心史实,所言当是实情。功臣外戚奏讨民田,明朝廷即夺而予之并以原业主为其佃户,亲王奏讨民田时应该也是这样办理的。夺民田给赐亲王,前面已经举出了若干例证,"即以地主为佃户"也有不少事实。可见明代王府夺民田为庄田和抑勒原业主为佃户,是同时进行的,而且是经常如此进行的。在这种情况之下,朝廷王府并行超经济强制,原业主或原垦种人即使不愿充当王府佃户,也不可能。

第三种佃户是"自动"应募的或被迫充当的。

前边说过,王府的地土中有给赐的牧马草场,有奏准管业的废址河滩,有夺买的民业,有占夺的民产。这些地土的开种和继续耕种,都需要劳动力,数量相当大的劳动力。为耕种这些地土,王府自然可以利用他们隐占的人户和投充的人户(见下第四种佃户),但也召人承佃。第一节中所提到的"牧马草场佃户",就是草场的佃种人户。王府夺买民田时,出卖土地的农民有的可能转为他的佃户,但,如前所述,有的却"产去税存",

① 康熙《束鹿县志》卷5《食货志》,田赋。"地主"是业主的意思。

继续向朝廷办纳粮差，未转为王府的佃户。原来的业主如未转为王府佃户，王府须另行召人佃种。那些应召承佃的，便是王府的佃户。那些应募承种王府庄田的佃户在他们应募的时候，虽然不能说没有任何强制，大体上说，经济的原因应该是主要的。但佃户身分一经确定以后，那就是另一回事了。

第四种佃户是王府隐匿的逃亡军民和招纳的投充人户。

王府隐匿逃亡军民和招纳投充人户的具体事实的记载不多，但禁治王府隐匿逃亡军民和招纳投充人户的诏令却不少。禁令便是事实的反映，而且是事实发展到了严重程度的反映。宣德三年所定清军条例中有一条说逃亡军人，"有投豪势官民为家人佃户行财生理者"[1]。景泰三年诏，"若军民人等投充〔王府〕家人影射差役，将窝藏同正犯一体治罪"[2]。弘治十四年也下过改正问发军民人等投充王府伴当等役的命令[3]。正德四年，因晋府阳曲王锺鍡奏本府诸将军府多有各省逃差游食之人投充服役，武宗遂令通行榜示诸王府各自遣散投充之人，使还原籍原伍[4]。正德六年曾问发庆府安化王寘镭投托家人三十五户充军[5]。世宗即位颁诏大赦天下，诏内一项是令"无籍奸人"投托王府者，自新各还本务[6]。这些投托（投托）或投充人户几乎全是为逃避所谓本等差徭，投进王府希图影射避役的[7]。明

---

①　《宣宗实录》卷36，二月甲寅。"**豪势**"之中包括亲王、勋臣、皇亲等。

②　《英宗实录》卷213，二月丙戌。

③　《孝宗实录》卷180，十月癸酉。

④　《武宗实录》卷46，正月壬寅。

⑤　《武宗实录》卷77，七月丙辰。

⑥　《世宗实录》卷1，正德十六年四月。

⑦　《宣宗实录》卷71，宣德五年九月庚午："上谕行在户部臣曰，民逃为逃役耳。"《英宗实录》卷63，正统五年正月甲子，英宗谕都御史陈智曰："比者贫民困乏，迫于科差，遂至逃移。"

代自宣德以后，各色人户，军、民、匠、竈等等，为差役苦累，逃亡的人户非常多①。他们逃往有威之门，各地王府、勋臣贵戚、官豪势要，甚至寺观王府军余，充作家人佃户，为之种田。上引诏令中所指责的事实全是全国性的，投托王府的人户数目之多，可以想见。

综上所述，王府的佃户有的是钦赐的，有的是被赐地土的原业主和原垦种人户，有的是应召承佃王府庄田的贫民，有的是逃避差役投托王府的各色人户。

明代王府佃户的数量必然很大，应该和全部王府庄田所需要的劳动力相当。陕西平凉府并不是王府庄田特殊多的地方；该府主要藩王，韩王，在诸藩王中据说还是最不富裕的（比较言之）。因此该地王府佃户数量未必特殊的大。但据清顺治八年户科给事中陈协奏报，平凉府固原州楚、韩、肃、沐四王府有"地数万顷，民数万丁"②。他所说的"民"就是那四王府的庄民。也就是那四王府的佃仆、佃民。奏报人说，他这话是"见闻极真者"。所以庄民数字虽大，应非虚辞。其他王府的佃户，不见有数字记载。我们不妨转取奏报人陈协的话说，"一州如此，一省可知。一省如此，天下可知"。

王府佃户有佃户册籍。王府庄田如为钦赐，地方有司于报拨赐地时，须同时将佃种人户姓名造籍，一并交与王府。福王常洵

---

① 有关史料太多，无法征引。如《世宗实录》卷545，嘉靖四十四年四月丙戌，给事中周诗奏陈民人逃亡原因及逃亡情况之后说："臣又闻，淮之南北逃亡特甚，有经行数千里绝无人烟。灌莽弥望，虎狼穴焉。"卫所军士逃亡也多，一般在一半以上，甚或十之七八。

② 顺治朝题本，田赋类，第54号，中央档案馆藏。楚、韩、肃均为藩王，故应称王府，而沐氏则非。沐氏乃西平侯沐英及其后裔。自其子沐晟封黔国公，充总兵官，镇守云南，其子孙世袭该爵该职。故沐氏实为公爵。但沐英卒后，以功追赠黔宁王。今陈协亦称沐氏为王府，当因此故。

山东庄田拨赐时，就是这样办的①。由此我们可以推测其他王府的钦赐庄田和钦赐佃户也应该是同样办理的。这些佃户和钦赐各该王府的庄田顷亩一同列入皇帝赐给王府的"金册"②，不隶有司，是王府的人。

那些逃军逃民为王府所隐蔽的，那些投托王府充作家人佃户供其役使的，其为王府私人，不再隶籍官府，更为明显。甚至那些承佃王府庄田的贫民，如果他们过去和现在完全没有自己的土地，也必然变成隶属王府的人。

完全隶属王府的佃户，办纳王府庄田子粒，承应王府各种驱使，不对封建朝廷纳粮当差。前引衍圣公府原赐的六百二十四户就是这样的佃户。那六百二十四户之所以成为问题，也正是因为他们完全不对封建朝廷纳粮当差的缘故③。前引《嘉隆新例》载万历元年户部题奉圣旨依拟行中的一条，令巡按屯田御史于巡历至处调取王府的"金册"磨对，凡非钦赐庄田，速改民田入籍，一体纳粮当差。"佃户虽系原隶而人丁数多，酌议具奏处分。"这也明白说明了"原隶"佃户（即原来钦赐的佃户），对朝廷不纳粮当差。这时朝廷因其人丁数多，超出了原赐时的人丁数目，想加以改正，令多余的人丁纳粮当差，所以才有了这条新例。

问题稍微复杂的是那些原来垦种官府荒闲未起科地已世代为业，而今被王府奏讨转为王府佃户的人户，以及那些原系民田业主土地被王府侵占或夺买而沦为王府佃户的人户。这样的人户和王府朝廷又有什么样的关系呢？

---

① 《神宗实录》卷528，万历四十三年正月乙丑。

② 《嘉隆新例》卷2，户例。

③ 衍圣公府佃户经户部覆奏后有改正：留存五百全户，每户四丁共二千丁。实际上，等于全户丁壮隶属公府。

现在分作两起来分析。先分析一下那些开种荒闲未起科地而转为王府佃户的人户。且举一事例如下：

> （正德三年四月甲戌）衡王奏原赏平度州白埠泊荒地三百余顷为州民赵贤等占据，诏令户部左侍郎王琼往勘之。琼等奏原赏地皆卑湿荒芜，每年税银四百八十两，皆仰民陪纳。傍有未税地四百八十顷，宜权拨本府为业。其初开垦民人三百七十九户每佃一顷，须量免杂猺（徭）一丁……诏从之①。

平度州属山东布政司莱州府。平度州的这项未税地是民人开垦的，那么它必定是山东民人奉例开垦的永不起科地。武宗把这项地土拨给衡王作庄田，也把那三百七十九户开种人户拨做了该府的佃户。既是衡王府的佃户，当然要向衡王府办纳庄田子粒（庄租），这是没有问题的。但建言拨赐的户部左侍郎王琼，却另外请求武宗稍稍蠲免那三百多户佃户的杂徭；每佃一顷，量免一丁。

王琼建言的时候，显然在考虑这么个问题：这项地土原来是未税地，未税地是不纳粮的。一拨作衡府作庄田，原住种人户就得办纳子粒。办纳子粒的负担是凭空给那三百七十九户原住种人户加上的，他们自然不愿意。为了稍稍平抑那三百多户原住种人的怨愤，他才建议了这个每佃一顷量免杂徭一丁的办法。这也是稍示宽恤的意思吧！从前宪宗将长沙府八县民人开种的一千二百余顷田地拨给吉王府作庄田的时候，为稍示宽恤，他叫他们每亩缴纳子粒四分。孝宗将民人垦种的野猪赤马二湖淤地一千三百余顷拨给兴王府作庄田的时候，户部尚书周经建议不要拨作兴府庄，叫开种人户从轻

---

① 《武宗实录》卷37，正德三年四月甲戌。

纳税而以千石输兴府①，他们的用意都是和王琼的用意一样的。

即是稍示宽恤才量免杂徭，那么，不示宽恤就不应当蠲免杂徭了。那也就是说，原来那三百多户住种人户对朝廷负有应当杂徭的义务，现在他们住种的地土拨作衡府庄田，他们本人拨作衡府佃户后，他们原来应当的杂徭应该稍为减免一点，借以平抑他们的"怨尤"。

依照王琼的建议，减少虽是减少了，但衡府那三百多户佃户多少还是得应当杂徭。向谁应当呢？向朝廷。也可以说向在地方行政上代表朝廷的地方官府。

为什么这样说呢？因为明代贵族地主的一般佃户，即非钦赐佃户，按法令，还须向朝廷应当"杂泛差役"。"杂泛差役"就是王琼奏疏里所说的"杂徭"，"杂泛差役"是官府的正式的名称，"杂徭"是一般用的通常名称。

明代贵族地主的一般佃户须向朝廷应杂泛差役，现有一证。证据在明太祖朱元璋自己写的《大诰》里。《大诰·三编·公侯佃户第三》云：

> 公侯世禄佃田人户往往不肯与民一体当差。此诰一出，今后一切杂泛差役，一体应当。敢有不当者，全家迁发化外。

---

① 《孝宗实录》卷59，弘治十三年二月辛丑："兴王出府，上赐兴王祐杬近湖淤地一千三百五十二顷。户部尚书周经等执奏前项地土其住种之人一千七百五十余户，世代为业。虽未起科，然借此以贴办税役。若归王府必生怨尤。今宜从轻每亩征粮二升，计二千七百四石，以补岁支不足之数。上命与管业。经等复奏，市井小民虽一物之征夺，彼与此尚生忿争，况世守之业乎？且王府军校倚势侵凌，轻则逼迫逃移，重则激生他变。乞将前地每岁所征杂粮内以一千石输府，则皇上亲亲仁民两得之矣。上曰业已赐王矣，姑已之。经等复奏近湖淤地自朝廷视之甚轻，自民视之甚重。若尽属王府，则照亩收租。此九潦一收之地，何以给虎狼军校？……乞俯从臣等之议。上仍命依前旨行。"

　　诰文里的公侯佃田人户大概是一般佃田人户，不是本节开始所引用的申诫公侯铁榜榜文里的"赐定"（钦赐）佃田人户；否则明太祖也必然加以"赐定"二字，以别于一般的佃田人户。

　　从上引诰文里，我们知道，按法令，公侯的佃田人户必须向朝廷承当杂泛差役（杂徭）。

　　公侯的佃田人户既不是朝廷的民户，为什么还要向朝廷承应杂泛差役？这里有一番道理。

　　明代的民人须向朝廷应当的差役有三种："里甲"、"均徭"和"杂泛差役"（杂徭）。前两种是"正役"，后一种是"杂泛"。"正役"出自田产，"杂泛"出自人身（丁）。《明律》、《户律·户役·脱漏户口》目云："凡一户全不附籍，有赋役者家长杖一百；无赋役者杖八十，附籍当差。"为什么原来没有赋役的人（"无赋役者"）脱漏户籍还要附籍当差？《明律集解附例·汇注》云："赋者田产税粮，役者当差。有赋役，谓有田粮当差者也；无赋役，谓无田粮止当本身杂泛差役者也。"《昭代王章·句解》也说："有田产人口曰有赋役，无田产人口曰无赋役。"两者意思是一样的。由此可见，明代民人向朝廷应当的差役有两种：一种是出自田产的差役，一种是出自人身的差役。出自田产的差役，即"有赋役者"的差役，是"里甲""均徭"；出自人身的差役，即"无赋役者"的差役，是"杂泛差役"。依照明律，就是没有田产的人户，也必须向朝廷应当差役；不过不是应当里甲、均徭，止是应当杂泛杂徭。这样就完全可以说明了公侯的佃田人户，为什么还得向朝廷应当杂泛差役。

　　从身分上说，王府的一般的佃田人户和公侯的一般的佃田人户没有什么差别。所以，施用于公侯的一般的佃田人户的法令，也适用于王府的一般的佃田人户。衡王府的佃田人户之所以得向朝廷应当杂徭，在这里便可以找到说明了。

从这件事实的分析上所得的结论是，当"未税地""永不起科地"地土被王府奏讨钦准管业、原开种人户随着拨作王府的佃户时，封建朝廷对那些原开种人户今王府佃户，还保留了强迫他们承当朝廷差役的权利。换句话说，从"未税地""未起科地"原开种人户转来的王府佃户，对王府要办纳庄田子粒，同时还得向朝廷应当差役，杂泛差役。这样的佃户，事实上身负两方面的隶属关系：一方面是对王府的隶属关系，另一方面是对朝廷的隶属关系。

至于那些原系民田业主而今被迫沦为王府佃户的，他们的情况和荒闲田开种者还不一样。这类佃户因为原来都是民田的业主，对朝廷负有纳粮当差的义务。他们应当的差役是全部的；不止应当杂泛差役，还得应当正役——里甲、均徭。现在土地已被王府占夺，本人已变成王府的佃户，他们对朝廷的粮差义务应该是除豁了的，至少他们被占夺的那部分土地上的粮差应该是被除豁了的。明朝文献中也有这样的记载。但事实上，经常发生这样的情况：业主的土地先被王府占夺，后经地方政府查勘分豁还民，而王府仍旧强占那部分地土，而且强征子粒。山东德府占夺的白云湖近湖民田，就有这样的情况。前边已曾提到了，德府奏讨白云湖地一千三百顷为庄田，正湖地只有四百顷，其他不是包套的民田，就是虚增的顷亩。嘉靖十五年历城章丘二县民刘可升张汉英等将此情告到抚院蔡半洲处，该巡抚准了状纸，并行令分守道坐委济南府同知并历城、齐东、章丘三县掌印官勘实。结果分豁了侵占的征粮民地和暗加的虚数，实在湖地只百余顷。查勘官造册申送府道二司备照讫，章丘县就照依新册征收。过了两年，德府派遣内官军校下县追收，仍按旧册一千三百顷勒征子粒。这样一来，被包套的民田德府仍旧据为己有征收子粒，而县有司却把那部分地土作为民田征收税粮差役。结果是同一块土地的耕种者兼备了两种身分：既是王府的佃户，又是在籍的民田业主；他既得向王府办纳子粒，又得向朝廷输官粮当官差①。

这是一种情况。还有一种情况是，原业主的土地既已被王府奏讨夺为庄田，他们的人丁也已随着被抑勒为王府佃仆，而朝廷还向他们征粮派差。这种情况也发生在德王府的庄田上。成化六年大理寺左少卿宋旻奏言：

> 广平府清河县先年德府奏讨地土共七百余顷，中间多系民人开垦成熟并办纳粮差地亩，被奸民妄作退滩地投献本府，奏准管业。夏地每亩折收银七分四厘，秋地每亩折银五分。查算该纳人户止有五百三十家，每岁出银四千余两。况其县止有八里，地多沙碛，民极贫难。又纳粮养马，差役浩繁。臣始至其境，老幼悲啼塞路，告乞减免。乞降勅旨，令本府照官粮则例，每亩不得过五升，折银不得过三分，著为令②。

耕种那"办纳粮差地亩"的人户，就不是耕种"永不起科地""未税地"的人户。"办纳粮差地亩"是民人占有的地土，民田。耕种民田的是民田的业主。原系民田的业主，现在被勒为德府佃户。他们一方面向德府办纳子粒银，另一方面又向朝廷纳粮当差（养马）；原先的民粮民差未除豁，现在又必须向德府输纳子粒，这岂不又是一田二税一身二属了吗？

也正是因为这个缘故，宋旻才奏请令德府清河县庄田子粒依照"官粮则例"征收；谷每亩不过五升，折银不过亩三分。实在说来，宋旻的建议是将德府奏讨的民田改作官田处理，将那五百三十户中的原业主的全部民户的封建贡纳义务分作两部分：民

---

① 参看《白云湖子粒考》。
② 《宪宗实录》卷88，成化六年十二月壬戌。

粮部分改作官粮向德府缴纳充作庄田子粒,民差部分免去正役
(里甲、均徭),止向朝廷应当杂泛差役①。这样可以使德府的这
批佃户既有力量办纳德府子粒,也有可能应当朝廷的差役。宋旻
这个建议是允准而且实行了的。如果这个解释不错,那么清河县
的德府佃户也是身负两方面的义务:向德府缴纳庄租,向朝廷承
当杂差。从这件事上,可以很清楚地看出明封建朝廷规定王府庄
田子粒每亩征银三分在制度原则上的根据。这个原则是,王府的
钦拨庄田也看作如一般官田②,它的佃户也应象官田佃户一样,
照"官粮则例"办纳等于"官粮"的王庄子粒;而官田佃户所
应当的杂泛差役不过割给王府,仍由王府佃户向朝廷应当。由此
可以说,凡是王府佃户,如德府清河县的佃户,也是王府的不完
全的佃户,有别于钦赐的完全隶属王府的佃户。在法制上,王府
只能向他们索取庄田子粒,不能强迫他们当差③。

从这里我们联想到那些被王府用买卖的形式劫夺了自己的土
地的业主们。这些原业主们不能说都变成了王府的佃户,但变成
了王府的佃户的也不一定就是极少数。出卖了自己的土地而变成
买主的佃户的,现存的徽州府地主们的明代的地契和佃约中,就
有这种情况,个别的明代方志中也记载着这种情况。普通地主如
此,王府地主也可能如此。前边已经说过了,王府夺买土地常不
推收粮差,即使推收,也不及全数。如果卖地给王府的人沦为王
府佃户,而原额粮差或原额粮差的一部分还在他的名下,那么他
也变成了一田二税、一身二属的人:既是王府的佃户,又是朝廷
的民户;既向王府缴纳子粒,又得向朝廷纳粮当差。比起前面所

① 官田佃户耕种的是系官田土,不是自己的土地,所以不承当由田产而来的里
甲、均徭,止承当由人身而来的杂泛差役。

② 王府的自置田,如所谓置买的民田,法令上不准当作官田看待,见下文。

③ 事实上王府是否驱使他们当差,那是另一问题。

说的那几种佃户来，这种佃户的封建负担，苦重的更多了。到头来，多半是得流亡求生。

就王府佃户对王府和朝廷的关系上说，从以上的分析中可以得出这么几点推断：

（一）钦赐佃户完全隶属于王府，是王府的私属。他们著于王府"金册"，不著官府册籍；官府也不得编差。

（二）逃军逃民以及其他投托王府充当王府家人佃户的，他们的身分实际上等于钦赐佃户，是王府的私属。对朝廷说，他们是逋逃人户，亡命之徒，"无籍奸民"；逃避本等差役犯了法和干犯律条犯了法的人。也正是因为这个缘故，所以他们才完完全全陷入王府的掌握而不得动弹。

（三）原系官田的佃户，因为他们耕种的官田已被拨作王府庄田，他们随着也被拨作王府佃户。原来他们上缴朝廷的官田田税（地租），现在变成了王庄子粒向王府缴纳；原来他们作为官田佃户向朝廷承当的杂泛差役，现在仍向朝廷承当。他们的身分没有什么大变化。

（四）那些原系"永不起科"（未税地）的开种人户，因其土地被王府奏讨而转为王府的佃户的，原则上除向王府办纳庄田子粒履行佃户的主要封建义务外，还须向朝廷承当杂泛差役。

（五）那些原系民田业主，因土地被王府奏讨、夺买或侵占而转为王府的佃户的，如果他们那原先的民田差粮已被除豁，或已过割，他们的封建隶属关系和封建义务完全和三、四两项中所说的佃户一样。如果他们那民田差粮未除豁，或者没全数过割，那么，他们除向王府缴纳子粒外，还得向朝廷办纳民粮，应当民差。

（六）由此可以进一步推断：那些应王府召募而充当他的佃户的人户，如果他们本户手下完全没有土地，原则上他们除了向王府办纳子粒外，也得向朝廷应承杂泛差役。如果他们户下还有民田，那他是身兼业主佃户两种身分；他也必须向朝廷尽一般民户所应尽的封建义务：纳粮当差。

以上各项中所说的王府佃户，凡是须向朝廷当差的，他们的隶属关系是两方面的：一方面隶属于王府，向王府办纳庄田子粒；一方面又隶属于朝廷，向朝廷应当杂泛差役。三、四、五、六四项中所说的佃户，都是这样。至于那些原是民田业主转为王府佃户后而民田粮差未除豁或未过割的，他们更是身兼双重封建身分，履行双重封建义务，那就不言而喻了。

但是，就部分事实和制度上的基本原则，所得到的以上这六项推断，是否完全符合实际呢？

那，未必。一和二两项的推断完全符合实际，由三到六那四项，就未必。因为实际上有许多具体情况，使朝廷法令的推行制度原则的实施，受到局限和阻挠。如果王府的庄田是所在地方官府代管，那可以说朝廷的法令朝廷的制度是有可能执行的。不过，这也仅仅是有可能。如果王府庄田是自行管业的，那法令制度和事实就有很大距离，甚至完全不符合。就拿王府的一般佃户须向朝廷应当差役这件事来说吧，很难说所有王府的一般佃户都向朝廷承当了这种差役的。

前清内阁大库里保存了一件有趣的档案，是山西汾州府汾阳、平遥、孝义三县乡民成化新等于清顺治九年二月上的一个揭帖。成化新他们都是明代晋王府庆成郡王和永和郡王的佃户，说准确一点，是这两位郡王的"额赐王田召佃输租"的佃户。清封建政权建立后，加重了他们封建贡纳，因此他们才上了这个揭帖。揭帖说：

> 庆永两藩并散宗地土在明季时，佃户止知办纳租课，余外正粮增粮杂费等项，毫无与焉。迄今既纳原租，复纳正地粮。

凡遇运粮运草不得告免，已属累苦，五年间又额外加租，倍增三五。是旧苦未除而新愁又至①。

根据揭帖里的话，可以知道成化新他们是庆成永和两位郡王的招募的佃户。招募的佃户不是钦赐佃户，是前边我们所说的一般的佃户。按照上面的分析，一般的佃户除向王府办纳子粒外，还须向朝廷应当杂泛差役。为什么成化新他们说他们在明代的时候，"止知办纳租课（王庄子粒）"，其他和朝廷有关的征发"毫无与焉"呢？为什么连运粮运草的杂泛差役也没有呢？即使不承当力役，也应该缴纳折银，为什么"杂费等项"全没有呢？

如果揭帖里说的是实话，那么，在明代，王府的一般佃户有的或不向朝廷应当差役，至少明代末年是这样。为什么不应当差役呢？推想起来，不外两种原因。庆成永和二郡王不许官府派编他们的佃户差役，或地方官吏不敢派编他们差役。

明代王府不准官府派编它们的佃户去当差，有事实，虽然派编的不止是杂泛差役，即王府的一般佃户应该向朝廷承当的差役。

前边说过，王府的庄田地土有一部分是夺买的民田，它们自称曰自置田。占有民田是得出民粮民差的，这是法令。王府于夺买民田时，有的是未收割粮差的，有的是收割了一部分粮差的。即使收割了一部分粮差，王府就应该向朝廷办纳这部分粮差。但他们却依仗权势，不纳粮，也不当差。嘉靖年间，给事中王鸣臣奏称：

> 王府置田（谓置买民田）有禁，载在《会典》。属者宗室广收民田为己私业，而阴以势力把持，使有司不得编差征税，贻累粮里②。

---

① 顺治朝揭帖，明藩英，第2号，中央档案馆藏。

② 《世宗实录》，嘉靖三十一年六月庚午。

这就是个证明。

　　朝廷对付不了亲王郡王，官吏畏惧王府宗室，但他们的佃户朝廷是可以对付得了的，官吏也不畏惧的。因此皇帝和他的臣子们便向佃户身上打主意：强制亲王郡王和他们的宗室的佃户，去代替他们主人承应民差。

　　当嘉靖四十三年，河南巡抚胡尧臣奏报了河南周府宗室违制多买民田滥收投献①，显然不准有司编差以后，世宗便下了这么一道命令：

　　　令河南各王府郡王而下，但有置买民田者，尽数查出，附与原买各里甲项下，即以佃户的名，编立户籍；凡正杂差役，俱要与民一体派编②。

　　地主强迫他的佃户代他应当差役，不是什么新鲜事，但皇帝下诏令强迫地主的佃户代替地主当差，还不怎么多见。

　　这道诏令所要求的，实际上很难实现。王府佃户终年全家耕耨为王府宗室办纳子粒，哪有余力再应当那么繁重的民差？王府佃户多空乏困窘，哪有财物折换抵当差役的折银？如强迫实行，必然影响了王府宗室的庄租，因此他们也反对。大概就是因为这种原因，世宗这道诏令就没能执行。四年以后隆庆二年穆宗又下了一道诏令，责斥王府及其宗室借名置买，恃强不纳差粮，就是证明③。穆宗比他父亲稍为明白了点，没再强迫佃户为王府地主当差。到了万历年间，以山东汶上县的情况说，王府置买民田，差役概行优免，也没有再勒令佃户当差

---

　　①　《世宗实录》卷531，嘉靖四十三年闰二月丁丑。

　　②　万历《大明会典》卷17，户部4，田土。

　　③　万历《大明会典》卷17，户部4，田土："隆庆二年，今天下有王府去处或有仪宾军校诱引奸豪、投献田宅及宗室公然借名置买、恃强不纳差粮者，有司验契查实，先将投献人依律究遣，田宅入官，另给军民管种输租，以补各宗禄粮之缺。……"

的事①。

王府佃户本身应该向朝廷应当的杂泛差役，和王府买过民田应当的差役，在性质上不完全相同。但王府既可使其佃户不遵诏令与民一体应当差役，便可轻而易举的使他们不应当本身的杂泛差役。再加上奉承的官吏一意阿容曲徇，正直的官吏畏避不敢干预，王府的人户便可以不受地方官府的攀扰了。明代的农民之所以将自己的土地投献王府并投充王府家人佃户，或诈称王府的庄田佃仆，在这里便可以找到解释了。从这些情况上判断，山西农民成化新他们说他们在明末充当庆成永和二郡王的佃户的时候，除了办纳王府宗室的租课以外，其他官府的征派一无所与，或许是事实。

以上说的是王府的一般佃户，也就是不完全隶属于王府的佃户。那么完全隶属王府的佃户，如钦赐佃户，和实际上完全隶属王府的佃户，如被隐匿的逃亡军民、投托农民，他们和王府的关系又是一种什么样的关系呢？

回答是封建的主仆关系，甚至可以说是封建的主奴关系。

王府是封建贵族大地主，那些隶属于它的佃户，就是它的农奴。我们所以这样说，主要的理由是因为这等佃户既被拨充或自行投充为王府的私属佃户后，他们的人身已隶属于王府。在明代长江中下游相当大的地区里，民间有一种"庄仆"。沦为"庄仆"的人是因为"居主屋，种主田，葬主山"。也就是说有些象

---

① 《天下郡国利病书》册20，山东上，引《汶上县志》云："汶近于兖，郡王宗室榘置庄田。遵嘉靖四十三年之令，查附各里甲项下，以佃户的名编立户籍，正杂差役与平民一体派可也。安得优免耶？且国家之法……其愿以田地鬻之宗室者，亦先将田粮数目报官，以凭附籍编差，违者以投献论。令甲凛然，今或玩视之矣……不按会典，尽行厘正，数年而后，汶之田庄半入宗室，而民差烦重有不忍言者矣。"

是主人家的人。"庄仆"除缴纳地租外，得子子孙孙世世为地主（徽州称呼是"房东"、"家主"）服役。承当冠婚丧祭造屋或春秋报赛演戏供柴送迎等等杂差。因为"庄仆"须世世服役，所以又称为"世仆"。他们和一般佃户（佃约中常称作"佃人"）的不同处，是他们对地主的封建人身依附关系格外重。他们是奴仆而兼佃户的，故此称曰仆。"庄仆"对主人的差遣如有违忤，听从主人惩罚或送官理治。在明清时代的异姓贵族地主中，随着贵族的勋爵等级和由此勋爵等级而获得封建特权的增大，他们的钦赐佃户和投充佃户对他们的人身隶属关系就更加重。曲阜衍圣公府的佃户就是这样，他们有的是钦赐的，有的是投充的。他们除了缴纳地租（子粒）外，还承当该公府的各种差役，如拘充"伴当"（奴仆），自备盘缠为主买货，备办物料、人夫、工匠修建官宅，跟随出行和进京觐见皇帝等等。有的则配以固定的户役如酒户、乐户、屠户、猪户、牛户、羊户、笤帚户乃至殡礼助哀的嚎丧户①。履行差役必需的工具和物件都由承役人备办。这是封建差役的通例。如有违忤，公府设有公堂得逮拘审问，公府得自行处刑或送官纠治。自然，衍圣公府的佃户是钦赐或投充的，人身隶属该公府，所以也得世世代代为该公府服役。

因史文缺乏，王府私属佃户对王府的封建人身依附的具体关系，不甚明了。但王府的亲王都是皇子，郡王都是皇孙，他们操有更大更广泛的封建特权是肯定的。因此他们的私属佃户对他们的依附关系，应该比江南"庄仆"对家主的依附关系、衍圣公府的佃户对该公府的依附关系，还要重。因为他们不是钦赐就是投充的佃户，所以他们的子孙也得世世为王府种田当差，永远服

---

① 参看杨向奎《明清两代曲阜孔家——贵族地主研究小结》，《光明日报》1962 年 9 月 5 日。

役。他们也是一种"世仆"。

何止对钦赐投充的佃户,就是对一般佃户,王府所操持的封建特权和超经济强制,也很明显。王府对他的佃户可征取高额地租,可任意加租加征,可施行额外勒索,可强制他们赔纳庄租,虽遇灾伤不减不免。尤其显著的是王府管庄人役公开打死佃户可以免受法律上的惩处。福王府的伴读阎时往汝州丈田征租勒加租额打死佃户二人,所得的惩处(实在不能说是惩处)只是"撤回戒饬"而已①。打死佃户而不受法律制裁,具体地证明了王府对佃户的人身有操持的权力。王府对一般佃户尚且打死不受制裁,对他那钦赐佃户投充佃户所操持的封建权力,可不言而喻。明代诏令中提到王府的佃户时,不称之为佃户、佃民或佃人,而称之为"佃仆",也反映了王府佃户对王府的封建隶属关系格外浓重的事实。

佃户对王府的迫害必然有不得已被迫起而斗争的。斗争的方式不一。有逃亡流移绝意返回王庄的,如前述潞府的佃户。有"隐欺"庄田地亩的,如前述景府的佃户②。有反抗加租拒不缴纳的,如宁府的佃户魏志英、福府的佃户周化、鲁国臣。象这样的反抗王府的斗争而不见记载的,还不知道有多少!当惠王常润、桂王常瀛分封荆州衡州二府时,湖广巡抚李棲凤力陈不许二王府自行管收。"若自行收租,必激生乱"③,他的话是完全有事实根据的。

仇恨王府和他的宗室的,不仅有直接受王府及其宗室压迫与

① 《神宗实录》卷528,万历四十三年正月戊辰。
② 崇府也有类似情况。该府曾奏称"本府庄田多为佃户侵没"。见《世宗实录》卷275,嘉靖二十二年六月庚辰。
③ 《熹宗实录》卷77,天启七年三月丁亥。

奴役的佃户，还有遭受他们侵凌的民人。遭受他们的侵凌的民人之中，有田产被王府奏讨、夺买和侵占了去的民人，有田宅子女被他们用高利贷准折了去的民人，有子女被王府掠夺或被人强占而投献给王府的民人，有被王府家人奴仆绑缚拷打胁骗财物的民人，有被王府贩运私货沿途征索充当车船人夫的民人，可能还有因王府邀截商货勒捐财物、霸占关隘私行抽分、擅搭桥梁征敛钱货、霸占市肆勒索市租、占窝上缴粮草转卖取利等等，而遭受侵害的民人。此外也可能还有被王府役使负累苦重的王府窑户（煤户），柴户、厨户、菜户、屠户、鱼户、坟户、匠户、乐户等等人户。

王府对民人的压迫与剥削加深了地主阶级与农民阶级的矛盾，招致了广大民人各阶层的愤恨，迫使农民武装起义反抗。

《武冈州乡土志》（岷王府都武冈州）载，岷王企镋"有爽德，蓄怨遐迩"。而都里人户又遭受了筑城的扰害。崇祯十六年，有罢职州吏袁有志者，密结受害国戚邓之沛，府隶胡选，以及号称马老牛铁将军的，聚合了一万多人，起兵黄桥铺，直逼岷府所在的武冈州城。城陷，捕执岷王，杀之于殿阶，火焚岷府宫室[1]。武冈州民这次武装反抗一举而消灭了岷王府，是武冈州民积恨的总爆发，也是明代暴横王府应得的惩处。在反封建政治压迫经济剥削的明代阶级斗争史中，岷府的毁灭不是孤立的历史事件。李自成、张献忠所领导的农民义军，所至之地都是攻占王府，除杀藩王和他的宗室。有的王府甚至合族被消灭。前边已经提到，这样的王府有秦王府、晋王府、楚王府、蜀王府、代王府、肃王府、韩王府、岷王府、襄王府、唐王府、崇王府、瑞王府等。首先被杀的是恶贯满盈的福王常洵。崇祯十四年正月自成

---

① 张德彝等：《武冈州乡土志》，兵事。光绪三十三年。

义军陷洛阳，执福王杀之，合以鹿肉，集众开"福禄宴"。二月献忠义军破襄阳，斩襄王翊铭、贵阳王常法。十二月自成义军陷禹州（故钧州），尽杀徽府宗室。十五年十一月自成义军陷汝宁，逮崇王由樻河阳王由材襄王子慈烺慈焌，杀之于泌阳。十二月破荆州，杀湘阴王俨钘父子祖孙。十六年五月献忠义军破武昌，杀楚王华奎，沉之江。八月陷长沙，吉王窜衡州。陷衡州，桂王惠王吉王窜永州。十月自成义军破西安，秦王存枢降。十一月破兰州，逮肃王识铉杀其宗人。陷平凉，逮韩王亶堵。十二月破平阳，杀明宗室河阳王等三百余名。十七年二月陷太原，逮晋王求桂。陷大同，杀代王传炝及其宗室。六月献忠义军破重庆，杀瑞王常浩。八月破成都，蜀王至澍投井死，合族被消灭。这些王府的被消灭，解除了王府佃仆和农民大众对王府的积恨，同时也完成了农民起义打击地主阶级封建统治的部分历史任务。

校 后 补

校后，发现文中有三处须作补充说明，新收史料中有四事也须作补记，作校后补如下。

（一）王庄最初的形成

在《王府庄田》节里，我们曾说："明代亲王出京就藩后王庄的建立，实由奏讨废壤河滩始。"又说："王府垦辟废壤河滩牧马草场为田，可以看作是王府藩国庄田最初的形成。"但万历《大明会典》36，户部23，课程5，鱼课，嘉靖八年议准内有"凡河泊所税课局并山场湖陂除洪武永乐以前钦赐不动外"云云，据此可知洪武永乐中明朝廷曾拨赐过山场湖陂给诸王府。山场的具体情况不知如何，而湖陂周围有淤田，自然可以开种为庄田。诸王府受赐以后，也可以藉此包占沿湖民田、扩大他们的庄田，如山东德府所为。由此可见明初藩王受赐的地土和可以奏讨管业的地土至少有这么五种：（1）牧马草场；（2）废壤（荒闲地）；（3）河滩（各河水退滩地）；（4）山场；（5）湖陂淤田。明初藩王王庄的形成可以说是从这五种地土的获得开始的。这五种地土没有一种是已经垦种成熟的田地。

（二）王庄佃仆

在《王庄庄民》节里，我们列举了四类王府的佃户。在"招纳的投充人户"中没有将为脱避朝廷差役把自己的田地投献王府而充作王府的佃户的人户明显地提出来，是个疏忽。这种人户在王府的佃户里一定不少，看看文内所述为脱避差役将自己田地投献王府的事实的普遍和严重便可推知了。这种带着自己的田地投托王府的人户，有点象清初投托满洲贵族的带地投充人户。无论在明代或是清初，这种人户都充当了他们所投托的贵族的佃户。

（三）王庄佃仆差役

在《王庄庄民》节里我们说明代的人民须向封建朝廷应当的差役有三种，即"里甲"、"均徭"和"杂泛差役"，并说前两种是"正役"，后一种是"杂泛"。这是就明代差役法的大致情况说的。其实，明初没有"均徭"，止有"正役"和"杂泛差役"两种；英宗正统以后"均徭"才出现。（请参看梁方仲：《论明代里甲法和均徭法的关系》，《学术研究》1963年第5期，第35—36页。）它是从已经存在的差役中编造出来的。因为"均徭"的派编也是按丁粮（即丁地，主要是地），和里甲正役的派编一样，所以我们也把这类差役看作是"正役"的一种，以别于只问身丁而不问田产的"杂泛差役"。依照法令，王府的一般佃户还应该向封建朝廷来当"杂泛差役"。

（四）新收的史料中有有关王府劫夺民田肆行残害的横暴行为的，如晋府："晋宗室多不法。阳曲（山西县名）有三四鸷虐者为之魁。略民间子女，夺民财产。不服者至用火炙蝎螫等毒刑劫之。"（孙鑛：《南京都察院右都御史玉阳沈公墓志铭》，《孙月峰先生全集》11）有有关威逼劫取庄田子粒的横暴行为的，如德府："（郓城）县有德王府庄田，岁输子粒至府。府官校每虐苦之。至以铁绁絷厥下榜笞之。或卖所乘驴车不足偿。"（文征明：《先叔父中宪大夫都察院右金都御史文公行状》，《甫田集》26）有有关福王山东庄田的搜括及其佃户户数的，如监察御史马孟贞的奏报：搜括的庄田地达四千四百八十五顷八十五亩，散在山东六府百余县内。"在济南、青州府属，则为罄军产；在兖州府属，前报则为泾府遗产，后报则为汶阳、昭阳地；在东昌府属，则为河滩地；在登、莱府属，则为开荒地。"（马孟贞：《地方民困已极疏》，《桐城马太仆疏略》，下）"罄军产"，必是逃亡或户绝的军户的产业。汶阳地大概是今宁阳汶上间傍近汶河的地土，昭阳地显然是昭阳湖的沿湖淤地。这两项地土和"河滩地"、"开荒地"一样，一定都是民人已经垦种成熟的地，也是民产。耕种这四千四百多顷庄田的有多少佃户呢？马孟贞说："册内租户一千七百有余，犹是总数；若细查之，不知共有几万。"（《藩业久定疏》）另外，还有有关王府庄田子粒及其"脚耗"的，如崇祯《清江县志》所载：该县共派了惠王桂王二府的赡田（庄田）八千四百二十亩，每亩坐派银三分，共该二百五十二两六钱。"每正银一两加脚耗银二钱，共脚耗银五十两五钱二分。"这是崇祯四年的事。崇祯九年又命："每正银一两加增脚耗银一分四厘四毫，共该银三两六钱三分七厘四毫。"以上通共正租银脚耗银三百六两七钱五分七厘四毫：正租银二百五十二两六钱，脚耗银五十四两一钱五分七厘四毫。加征的脚耗银为正租银的百分之二十还多。

新收史料中最惹人注目的是湖广吉王府在长沙府长沙善化二县掠夺民田的惊人规模和长沙府人对该府的纵暴行径的反抗的记载。

本书内已经说明了，吉王府始祖见浚成化十三年就藩长沙府，宪宗赐给了他"鸡鹅食田"（即庄田，赡田）一十二万九千七百三十二亩三分。这大宗田地的每分每厘无一不是民人开垦成熟补办粮差的世业。这项拨赐本来就是劫夺的民产。吉王犹不餍足，日后他和他的子孙竟用兼并纳献等残暴手段劫夺了长沙善化两县民田达七八十万亩。崇祯十五年长沙知府堵胤锡上《地方利弊十疏》，内称："藩阉、宗校（指吉府的内宫承奉等和本王府以及其宗亲的校尉等），绅衿力能制诸县官者，争受献而享奸民之利。如长善两邑旧额百万亩，今入藩封者且七八十万亩……此投献之害也。"（《堵文忠公全集》2）吉府在长沙府长沙善化二县额外掠夺的民产民业占该二县田土总额的百分之七八十，达原赐田额的六倍还多。真骇人听闻！

吉府在明代诸王府中并不算怎么强大的王府。论历史悠久权势煊赫它不如秦、晋、周、楚、蜀。论恩宠优渥，它远逊于景、潞、福。它竟掠夺民产达原赐田额的六七倍，占地方总土地额的十分之七八，其他王府掠夺民田的规模便可想而知了。

吉府劫夺长沙善化二县民人田土，引起了这两县民人的反抗。这事发生在崇祯十五年七月。那时黄河长江两流域的农民大起义已经发展到了高潮。知府堵胤锡在他的《直陈颠末疏》中叙此事件的始末说："吉藩分封百十余年，宗支繁衍，阉校蔓延。除租禄之外，十分长、善之田为兼并者十之二，为投献诡寄又十之二。惟此两邑荒疲之民以六分瘠土轮十分重赋，当十分苦差，骨痛腹诽，匪朝伊夕。同知王秉乾近署县事，疾首民艰，求治过急，三上启于吉王，为善〔化〕民请命。未几而郡王宗室群譟于府（长沙府）。僚属俱闭户倖免矣。又未几而旗校扑捉里民于市，庄阉（管庄内官）榜掠里民于野。以致善〔化〕民一聚于南仓，长〔沙〕民再聚于北郭，而阖邑告变矣。斯时也，以千万人之同情，负百十年之沉痛，亦何惮而不为。决以燎原，势几不测。"（《堵文忠公全集》1）堵胤锡在他的《自编年史》中记的更详细些："长善之田投入吉藩者十之五（前疏言兼并者十之二，投献者十之二，共十之四；与此说不符。此两比例数亦与利弊十疏所言百万亩与七八十万亩之比例不合）。逋粮卸役，郡县苦之。郡丞王秉乾署善邑事，目击不平，递以启王。王不怿。又缚其逋饷者于狱。有善民与郡宗争田，讼于丞，丞以田给主者，宗乃哗。予谕之，颇唯唯。翌日，善民揭帜于衢，尽榜王平日之所为。王不胜愤，嗾宗使哗。阉校四出扑善民身业之温者，指曰，此帜首也。且入而夕无噍类。初三日西刻，善民聚于南仓，一呼而应者三四千人。将夜踰城焚藩，哭声振野。予闻之，叱御不及，单骑而往。众拥沓不可告语，乃为八硃字以徇，曰：受冤者告，妄动者斩。……民稍定。黎明复同兵马使冯往诘之，民哄曰：吾民之苦藩也，自祖而父而身而子孙，四五世矣。余曰：然则，尔之苦此已久，何至是而始哗也？曰：小民系命于官长，前之官于此者率藩命是从，将何隙得向泣焉？……予曰……今日之役可以释尔苦，白尔冤……其悉具词于予，予为尔理之。民唯唯。……未几，长邑之民复哗于北郭。民益众。予复驱马往……受三千余词（诉状），即日解散。"（《堵文忠公全集·年谱》）

这两次民变虽然都被这位知府平息下去了，但是他却被吉王奏劾，崇祯皇帝竟以"凌犯"宗藩罪，罚了他一年的俸禄。吉王府的威福也没因此再延续多久。过了一年零一个月，崇祯十六年八月二十五日，张献忠率义军攻陷长沙，吉王逃窜。

附　　录

一　议处吉府田租

录自《嘉靖事例》，北京图书馆藏明抄本。是编额曰"嘉靖事例"，实为嘉靖年间一宗抄档，内为各衙门题本，及世宗皇帝之批答。本疏中所言吉府，封地在湖广长沙府。始王为吉简王见浚系英宗庶七子，天顺元年封，成化十三年就藩。其三世孙为吉定王厚焆，嘉靖八年袭封。此疏上于嘉靖十年。

湖广清吏司案呈奉本部送于户科抄出钦差巡抚湖广右副都御史凌相题，据湖广布政司呈据长沙府申准吉府长史司牒，该本司启奉令旨着承奉司便将誊将先年奏请钦依庄田勘合文簿发去布政司看，敬此敬遵，该承奉司誊录逐年本司具启勘札并节年奏事簿籍印封牒府，本府又查得正德元年文卷一宗，及吊长沙湘乡二县各庄文卷，并宁乡等县民谭昇贺良才等各执出成化弘治年间纳租由票，同该司牒到簿籍差人赍缴到司，据此，案照先奉巡抚都御史凌相据吉府长史司前事，敬奉令旨先前驳回湘乡县庄田租银，着恁长史申文只向他佃户照旧要谷，如何久不见回将话来，今宫眷急缺用度，恁司里还将我府前后奏请自行管业来历并屡奉到列圣钦依旨意，逐一备查明白，申呈巡抚衙门定夺催谷来用，如再展转，只令退田我府军校自种罢，还将申过文书备抄来看，敬此敬遵，抄出到司，并具节年奏奉圣旨要照旧每亩纳谷四斗五升等因，奉批仰布政司查议酌处，具由呈夺，又奉本院批，据长沙卫屯住宁乡县军余谢经隆连名告为分豁租银事，内称吉府先年奏讨鸡鹅食田，起初规则每亩银四分，正德等年差来官校每亩讨银一钱，又要供给等项，告乞依照亩征银四分转解等因，奉批仰司查照原行回报，该本司查得该府申送文卷簿籍内，吉府管庄王内官徐内官福内官侯内官傅内官陈内官违内官自成化十七年起至正德元年止，收过宁乡县佃户贺良才等租银票帖，每亩征银四分，间有免二分四分者，俱照亩除免，及查该府文卷一宗，该吉王奏为乞恩钦定原赐庄田等事该户部查议，伏睹弘治十八年五月十八日诏书一款，各处钦赏庄田有业主自行管业收受子粒者多被管庄人等倚势生事分外需索逼迫小民逃窜失业，今后悉照户部奏准事例，有司照数征收送用，不许违例奏扰，钦此钦遵，要行有司依期征解送用等因，于正德元年十月初二日覆题，奉武宗皇帝圣旨，地方系先帝特旨与的，还照前著本府自行收受，但查成化弘治等年本府收租内官俱系每田一亩收银四分，合系长沙府转行所属宁乡等县及行长史司启王知会体念民难（艰），今后收租仍照成化弘治年间旧规，每亩收银四分解用，不得过多，庶民租易纳而王国亦足用矣，等因到臣，据此，查得接管卷内先准本院咨该长沙府湘乡县民钱朗子奏行前巡抚右副都御史黄衷行据管粮右参议蒋桐仁议得前项庄田起初规则每亩每年征银四分，有司征解长史司交进，若有司征收过期，照依拖欠禄米坐罪等因，已经行令该府县并长史司及回咨本院各查照外，续又据湖广布政司呈该前巡抚右副都御史朱廷声批该府长史司呈前事，敬奉吉世孙懿旨，湘乡县田地是我前辈三王遗留产业，先被奸谋，我祖吉简王屡奏，节奉先帝圣旨差官踏拨造册交与我府管业差官催办租谷，到今五十余年，已为成规，今被刁民钱朗子捏作有额田粮妄奏侵夺，该司不行备查申明，以致上司一概断令每亩纳银四分五厘，姑不计较，且问刑条例凡军民告争田产但系五年之上写立文约是实者，断令照旧管业，不许重分再赎告词立案不行，今我府庄田节奉明旨赐拨，该议处管业，若因刁民奏杀房地方一旦裁革，情似不堪，着长史作急还查节奉先帝圣旨勘合酌处申请巡抚衙门定夺，照旧输纳抚养宗室，庶不有辜圣典，敬此，仍要每亩纳谷四斗五升，其给纸张等项悉遵除革等因，又据长沙府申称查得湖广十八府州秋粮二百三万五千九百石零，而长沙府已该五十八万有奇，粮则极重，官田有一亩起科三斗九升者，民间赖有册外开垦余田尚不勾帮补，先年长沙八县拨与吉府鸡鹅食田一十二万九千七百三十二亩三分，初征之时恐百姓不从，每亩上（止）征银四分，弘治年间犹然，但加耗二厘，正德以来，该府承奉献拨置八县各立官庄红墙衙门，差有内官六员，各带旗校三五十人，分投驻扎催收，每亩加追租银五分二厘，连前九分四厘，其管收〔旗〕校人员外又勒要煎销火耗供给纸札及柴菜之类，愚民有被骗至一钱三五分者，莫敢谁何，间有不从，每亩要纳本色租谷三斗，又加耗谷一斗二升，民皆畏怕，临仓车飐，淋尖踢斛，又耗垫席等项，加倍不勾，又且百般刁难，在仓守候月余不收，只得依从完银，等因，及称先该管粮右参议蒋桐仁议呈批允行府，于嘉靖八年八月二十三日催据湘乡县征完本年分原额租银共二百八十八两一钱，差人解府转解该司启进不允，乞要奏请明旨勅令该府念百姓之艰难，思旧规之中正，每亩照旧定银四分，该县征解本府转送该司交司进用，遇有荒歉，照户部蠲免分数除豁，各县所置内官庄宅一体取回，再不许差人下县骚扰，该县催征违悮，照依拖欠禄米坐罪等因，奉批，仰布按两司再加查处施行，该本司掌印左布政使盛仪会同右布政使胡铎先任按察司副使今升广西参政胡岳查议相同，呈详在卷，续该臣接管，又据该府长史司并长沙卫军余（馀）谢经隆等各呈告前因，为照前项庄田屡奏屡勘，王既不从，民复纷扰，事未归一，又行该司从长议勘去后，

今据前因，会同镇守湖广地方御马监太监潘真巡按湖广监察御史
刘濂议，照湖广长沙府所属地土，国初时因陈友谅窃据，我太祖
高皇帝削平之后刑用重典，故税亩特为加重，比时军民逃窜遗有
荒田未报，自后复业，渐次开垦，因得补垫办纳粮差不至负累，
今吉府前项庄田即其地也，当时吉府奏讨奉有钦依，行令有司札
拨，名曰鸡鹅食田，则非供赡制额之数定拨，每亩四分是亦从轻
宽恤之意，但节经吉王具奏，钦奉列圣明旨，许令该府自行征
收，然犹止四方（分）之数，其所多者不过加耗而已，正德年
间，官校乃始于各县置立王庄名色，每亩逼取至一钱以上，分外
又有纸札供给等项，而王未必知也，今欲归之于府，听其自行征
收，奈何各该业户奏告不服，窃恐民之无良，官校凌逼力不能
堪，万一激生他变，则是所争者小，而所失者大，且以宗室懿亲
而与百姓竞取刀锥之利，似非所以正体统而养威重也，欲断之于
民仍以前例办纳，则该府奏请不已，文移往复，无时休息，良由
辅导不得其人，官校嗜利无厌不肯放手故耳，而岂王之本心哉，
如蒙乞勅户部再加查议，合无收前项田租每亩量为加增，仍叫有
司类征完足解送长史司交收启进，若年荒照例蠲免，一有违悮，
亦照禄米事例听臣等查提官吏治罪，伏望天语叮咛谕王，今后务
存大体以杜纷扰，如再烦渎，亦听臣等参提辅导等官及校尉人等
一体问拟，照例发落，如此则亲亲之谊既全，而人民之泽不失，
王之令名永保勿替，而与辞禄助赈之贤并得增先（光）玉牒矣。
惟复圣明，别赐裁度，缘系查复钦定原赐田租事理，未敢擅便等
因，该通政司官奏奉圣旨户部知道，钦此，续该钦差镇守湖广等
处地方御马监太监潘真题同前事，通抄送司，卷查先为处置宗藩
田赋以息争端事，该巡按湖广监察御史王恩奏，该本部议，照各
王府钦定庄田本系朝廷笃念亲亲加厚之意，但被无籍之徒往往倚
势厚敛，计设侵渔，未免利人私门，怨归王府，今后除王府之人

自行住种者听本府征收外，其余但系军民佃种者，俱照原定庄田则例，每亩水田征银四分陆地三分，着落各该有司照数征完，类解该府交收，如遇灾伤，听抚按等官悉照彼处军民田地则例，一体勘实，奏请减免，若跟随管庄人等假以催征为名，仍前诛求扰害，及唆诱他人雠争投献情弊，许被害之人赴巡抚巡按处告理，鞠（鞫）问是实，查照拨置王府势要生事害人等事例问发边卫充军，等因，题奉孝宗皇帝圣旨是，钦此，又为乞恩钦定原赐庄田照旧管业便益事，该吉王奏蒙先帝赐拨庄田地土，每水田一亩或收租谷三斗折银四分，旱地一亩收银三分，一向本府差官在于各庄照例征收不便，近该御史王恩奏将王府田租着落所在该管州县照数征完类解该府交收，倘有急用，不无失节，受制有司，乞要照旧差官管业等因，该本部议拟，题奉孝宗皇帝圣旨，这庄田既有旨着本府差官收受，有司勿得干预，只照旧行，不许纷更，钦此，又查得弘治十八年五月十八日诏书内一款，各处钦赏庄田有业自行管业收受子粒者，多被管庄人等倚势生事，分外需索，逼迫小民逃窜失业，今后悉照户部奏准事例，有司照数征收送用，不许违例奏扰，钦此，又该吉王奏称要将次拨前王遗下鸡鹅食田照依水田一亩四分旱地一亩三分则例，自行收受子粒应用便益，等因，该本部议拟，行移湖广巡抚都御史转行该司府州县，每遇收成时月，将本府应征子粒照数依期收受完足，类解送用，如有征收过期及拖欠不完，听抚按等官依律究治，若该府不遵事例再行奏扰，本部将辅导等官另行参奏，等因，题奉武宗皇帝圣旨：地土是先帝特旨与的，还照前着本府自行收受，钦此，俱经通行钦遵去后，今准前因，通查案呈到部，看得巡抚湖广右副都御史凌相镇守御马监太监潘真各题称会同巡按监察御史刘濂议，照吉王奏讨钦赐前项田租，今欲归之于府，听其自行征收，各该业户奏告不服，切恐民之无良，官校凌逼力不能堪，万一激生他

变，则是所争者小，而所失者大，且以宗室懿亲而与百姓争刀锥
之利，似非以正体统而养威重也，欲断之于民仍以前利（例）
办纳，则该府奏请不已，文移往复，无时休息，良由辅导不得其
人，官校嗜利无厌不肯放手，乞要每亩量为加增，仍听有司类征
完足，解送长史司交收启进，若要年荒，照例蠲免，一有违悮，
亦照禄米事例，查提官吏治罪，如再烦渎，参提辅导等官及校尉
人等，一体问拟，照例发落一节，为照前项庄田子粒，原拟鸡鹅
食田旧规征银，实为民便，弘治正德年间，或令该府自行征收，
或令有司征银解纳，各题有奉钦依，并弘治十八年明诏事例，允
宜遵守，但该府征收权归官校，而不利于小民，有司征解患及小
民，而不利于官校，得失利害，不较自明，所以镇巡等官文章上
请，欲归之于府，各该业户奏告不服，切怨民之无良，而官校凌
逼激生他变，欲断之于民，该府奏请不已，文移往复，辅导不得
其人，而官校嗜利无厌，事涉两难，相应议处，合候命下本部，
移咨湖广巡抚都御史凌相，及咨都察院转行巡按监察御史，备行
湖广布政司并府州县各该掌印管粮等官，将前项鸡鹅食田一十二
万九千七百三十二亩三分，水田每亩征银四分旱地每亩征银三
分，遵照弘治年间诏旨，俱听有司照依禄米事例，立限类征完足
解送长史司交收进用，如遇灾伤，一体踏勘减免，若有司征收违
悮，并该辅导等官不行遵依仍前烦渎，及旗校人等嗜利生事扰
民，悉听抚按官参提拿问治罪，仍行长史司启王，当念民惟邦
本，本固邦宁，宗室日以蕃增，禄粮尚至拖欠，损上益下，约己
裕人，庶可以庇藩封之民而永保一国之富矣，惟复别有定夺，伏
乞圣裁，缘系查覆钦定原赐田租及节奉钦依户部知道事理，未敢
擅便，谨题请旨等因，嘉靖十年七月二十三日本部尚书梁等具
题，本月二十五日奉圣旨：是，这王府田租你部里既议停当，都
依拟行。

二　御制《纪非录》(节录)

《纪非录》明太祖朱元璋自撰，北京图书馆藏清抄本。太祖之为是书，旨意详其自序中。录中所列乃太祖诸子秦王、周王、齐王、潭王、鲁王并其侄靖江王诘淫恶不法侵凌人民事。今选秦王一例，以见明代藩王对人民之政治压迫与经济剥削之一二。此秦王乃太祖嫡二子秦愍王樉。洪武三年封，十一年就藩陕西西安府。是录作于洪武二十年。

御制《纪非录·序》

朕观曩古之列土者其数该万，自黄帝至于尧舜禹汤周，其诸国在尧舜时尚全，自禹后渐削，至周存者甚寡。为何？上乖天意阻君命，为奉天勤民之道茫然无知，奢侈无度淫泆无厌，以致神人共怒，身亡国除，至秦尽灭之矣。惟汉隋唐宋南北诸国，以子孙列土，异同古制损益授之以福，然其诸受封之子放肆不才，杀身亡国，具载史册，善者能几人哉？今朕诸子列土九州之内，朕愿藩屏家邦磐固社稷，子子孙孙同始终于天命。何期〔秦〕周齐潭鲁擅敢如此非为！为此数子将后必至身亡国除，孝无施于我。使吾垂老之年皇皇于宵昼，惊惧不已。为何？噫军功者皆英俊也。抚有余则可，岂有辱之用为羽翼乎？急之必变。民天命也，有德者天与之，民从之；无德者天去之，民离之。今〔秦〕周齐潭鲁将所封军民一槩凌辱，天将取而不与乎？是子等恐异日有累于家邦，为此册书前去，朝暮熟读以革前非，早回天意，庶几可免。汝其敬乎！洪武二十年春二月十有六日序。

历代藩王为恶

（略）

今秦、周、齐、潭、鲁为恶并靖江累恶不悛

秦王

一、不修国政，于王城内开挑池沼，引浐水灌之。于中盖造亭子，又筑土山。令各窑烧造琉璃故事，排列山末，以为玩戏。如此劳人。

一、往先文长史在职时，诸般事务拨置停当，却行凌辱本官。及本官告老去职，不听人谏，亲信小人，以致政事销靡。

一、假厮儿王婆子系元朝宫里使唤的，取来在宫住歇，听其教诱为非，以致王婆子常引其子王二王六出入宫内。

一、容纵范师婆出入宫内，以致其子范保保如常假装内官，在宫宿歇。

一、差刘镇抚同火者等前去苏杭等府节次买取人家女子。其各女子父母兄弟亲戚一同带来。母则入宫住过，又加重赏，妄费民财。其兄弟亲戚俱各在外寄住藏趓，使人无处寻觅，时常引入宫内。

一、差陈婆同火者吴泰又去苏杭等府要似纸上画的一般模样女子买来。本人无处寻买，二次差人催取。将火者吴泰刬了膝盖，将陈婆就于杭州打死。

一、听信妇人李僧奴差人于在城咸宁长安二县民人处买金子。及其买到，著银匠销过。内销出银子，又与李僧奴看。本妇言说问他买金子，他却搀入银子，而今只问他买银子，看他再搀甚么。依听所说，又差人买银子。如此搅扰百姓。

一、草场内羊见有十五万有余，又听信库官人等将库内烂钞于民间强买羊只，却回街上卖。又军人（民）每五家散羊一只，要新钞七贯。

一、每年剪下羊毛差人骑坐驿马，起百姓车辆装载，于河南凤翔凤阳扬（州）等处货卖。

一、取到北平会煎银子回回一名，教护卫军人校尉于淘银洞采取石头煎银，以致冻坏军人。

一、于藩城渭南二县取到娼妓彭女伴姑等三名，节次在宫歌唱荒淫。

一、强买民间夏布，将行头人等枷令在街。

一、三护卫每百户下散与钞一十五贯，著要买红普鲁一个。

一、将课程钞散与在城百姓买金子，致令民人一家夫妇二人无处买办俱各缢死。又听信库官余大使董副使差校尉曹总旗等前往泾阳龙桥强买百姓金子。

一、明知绣匠耿孝银匠杨仁诈传令旨去行院处买金子也不罪他，止枷了八日都放了。

一、容留待诏赵虎儿出入宫内为非。

一、常留旗手陈允、吴忠、周全三名在根前说是非，又差他三人强买民间马匹羊只金银等物。

一、常令张画士在宫里拣画，以致本人如常在宫宿歇。

一、明知左右使唤丫头王官奴等有娠，不行穷究，止打了几下。

一、又听信席婆诱说，差校尉人等出外俵与百姓烂钞，收买金子，以致民间将儿女房舍货卖。

一、买到杭州女子王官奴在宫，凡有事务便与商量。他说可行便行，不可行便不行。

一、常留女子母亲陆妈妈在宫拨置为非。

一、常差假厮儿王婆子于各官家探问宝石并玉器，收取入宫，又不还钞。

一、嫌本处女子脚大，又差人于苏杭收买女子。

一、陕西老人因见累次买金，百姓生受，具本来启，反将本人枷了，排门号令不与饭吃，饿死了。

一、打扫宫殿搜出男子一人，在龙床上睡着，不行穷究，止著号令死了。

一、容留医人赵小儿刘锁儿杜虎儿在宫夜宿看病，以致为非。

一、容留二仪人观音堂尼姑在宫看病，住了十日，以致为非。

一、于军民家抬取寡妇入宫。

一、容留旧日为非火者九名，另盖房子在遵义门外与住，不著钦差内官得知。

一、容纵妳子丈夫并儿子常行出入宫内。

一、唤瞎男子在宫门上唱词。

一、唤算命人裴先生等入宫算卦。

一、不亲近正人，常与旗手水眼张说话。

一、唤林通山华先生入宫，于各门上画门神，又于正宫上画符。

一、唤唱琵琶词人汪德亨在宫唱词，过夜方出。

一、差校尉总旗李福引领三护卫亲丁十五名前往广东买珠子。

三　《承天大志·苑田纪·庄田》

《承天大志》，明刊本，日本内阁文库藏。此止节录其庄田部分

纯德山围陵田地二十七顷四十七亩三分二毫。

郢靖王宝鹤山围坟田地一十顷七亩四分五厘二毫。

梁庄王瑜灵山围坟田地二十八顷三十六亩四分六厘。

岳怀王围坟田地二十顷。

常宁长公主围坟田地一十五顷。

善化长公主围坟田地一十五顷。

涮马滩等庄收租田地一千五百七十九顷□十□五分一厘二毫。新增八十三顷一十六亩二分八厘。

罗小山等庄收租田地九百八十八顷六十一亩八分八厘六毫五丝。新增六顷五十一亩五分九厘。

池河等庄收租田地一千一百二十七顷四十五亩四分九厘。新增二百八十四顷六十六亩一分九厘七毫。

焦山等庄收租田地七百九十七顷五十一亩三分七厘三毫。

罗铁沟等庄收租田地七百六顷五亩三分七厘。新增三十顷九十二亩九分三厘。

利河等庄收租田地一千五十五顷三十二亩一分八厘。新增四十五顷六十八亩六分九厘二毫。

赤马野猪等湖收租田地九百五十六顷九十七亩四分三厘。新增三百二十六顷七十六亩九分九厘五毫。

芦狄长河等湖收租田地一千一百五十七顷三十二亩四分三厘。新增一百五十一顷九十二亩四分三厘五毫。

城内外收租店房一千七百五十四间半。

原遗衙门一十四所，空地二十八段。

旧口庄收租店房基地八百七十二丈。

洋子庄收租店房二百一十一间。

盛家店收租店房一十七间。

丰乐河庄收租店房三百一十七间。新增四百八十五间。

朱家埠收租店房六百八十一间半。

塘港庄收租店房一百八十六间。

涮马滩西门外收租店房基地二百六十一丈。

附　表

一　明代藩王表

藩国	始王	封地	就藩年	郡王数	末王
秦	樉	西安府	洪武十一年	10	十世孙存枢。崇祯十六年农民义军陷西安，降。
晋	棡	太原府	洪武十一年	24	十世孙求桂。崇祯十七年农民义军陷太原，逮之。
燕	棣	北平府	洪武十三年		建文四年代恭闵帝为皇帝，是为太宗。
周	橚	开封府	洪武十四年	69	十世孙恭枵。
楚	桢	武昌府	洪武十四年	15	七世孙华奎。崇祯十六年。农民义军陷武昌，杀之。
齐	榑	青州府	洪武十五年	—	永乐四年以罪夺爵，封除。
潭	梓	长沙府	洪武十八年	—	洪武二十三年自杀，封除。
鲁	檀	兖州府	洪武十八年	19	九世孙以海。顺治十一年卒于台湾。
蜀	椿	成都府	洪武二十三年	17	九世孙至澍。崇祯十七年农民义军破成都，自杀。
湘	柏	荆州府	洪武十八年	—	建文元年以告反惧自杀。
代	桂	大同府	洪武二十五年	24	十一世孙传炒。崇祯十七年农民义军陷大同，杀之。
肃	楧	甘州，迁兰州	洪武二十五年	8	八世孙识铉。崇祯十六年，农民义军陷兰州，杀之。
辽	植	广宁州，迁荆州府	洪武二十六年，永乐二年	20	六世孙宪炌。隆庆二年以罪废，封除。

续表

藩国	始王	封地	就藩年	郡王数	末王
庆	㮵	韦州，迁宁夏	洪武二十六年建文三年	15	九世孙倬淮。
宁	权	大宁，迁南昌府	洪武二十六年永乐元年	10	四世孙宸濠。正德十四年谋反诛，除。
岷	楩	云南，迁武冈州	洪武二十八年永乐二十一年	22	八世孙企鑘。崇祯十六年农民义军下武冈，杀之。
谷	橞	宣府，迁长沙府	洪武二十八年永乐元年	—	永乐十五年坐谋逆，自焚死。
韩	冲𪩘	平凉府	永乐二十二年	29	十一世孙亶塉。崇祯十六年农民义军陷平凉，逮之。
潘	模	潞州	永乐六年	25	八世孙效铺。
安	楹	平凉府	永乐六年	—	永乐十五年卒，无子封除。
唐	桱	南阳府	永乐六年	16	八世孙聿锷。顺治三年被清军执，死。
郢	栋	安陆州	永乐六年	—	永乐十二年卒，无子封除。
伊	㰘	河南府	永乐六年	5	五世孙典楧。嘉靖四十三年以罪封除。
汉	高煦	乐安州	永乐十五年	—	宣德元年谋反，削爵封除。
赵	高燧	彰德府	洪熙元年	14	十世孙慈㷴。
郑	瞻埈	凤翔府，迁怀庆府	宣德四年正统九年	14	六世孙翊钟。崇祯十三年赐死，除。
襄	瞻墡	长沙府，迁襄阳府	宣德四年正统元年	9	七世孙常澄。寄居九江府（其义翊铭，崇祯十四年农民义军陷襄阳，杀之）。
荆	瞻堈	建昌府，迁蕲州	宣德四年正统十年	6	九世孙慈烟。

续表

藩国	始王	封地	就藩年	郡王数	末王
淮	瞻墺	韶州，迁饶州	宣德四年正统元年	16	七世孙常清。
梁	瞻垍	安陆州	宣德四年	—	正统六年卒，无子封除。
德	见潾	济南府	成化三年	15	六世孙由枢。崇祯十二年被清军执。
秀	见澍	汝宁府	成化六年	—	成化八年卒，无子封除。
崇	见泽	汝宁府	成化十年	4	六世孙由樻。崇祯十五年农民义军陷汝宁，逮之。
吉	见浚	长沙府	成化十三年	4	七世孙慈□。
徽	见沛	钧州（均州，禹州）	成化十七年	21	三世孙载坅，以罪封除。
兴	祐杬	安陆州	弘治七年	—	子入为世宗皇帝。
岐	祐棆	德安府	弘治八年	—	弘治十四年卒，无子封除。
益	祐槟	建昌府	弘治八年	27	五世孙由本。
衡	祐楎	青州府	弘治十三年	11	四世孙帝溇。
雍	祐枟	衡州府	弘治十二年	—	正德二年卒，无子封除。
寿	祐楮	保宁府，迁德安府	弘治十一年弘治十七年	—	嘉靖四十二年卒，无子封除。
汝	祐梈	卫辉府	弘治十四年	—	嘉靖二十年卒，无子封除。
泾	祐橓	沂州	弘治十五年	—	嘉靖十六年卒，无子封除。
荣	祐枢	常德府	正德三年	6	五世孙由枵。

续表

藩国	始王	封地	就藩年	郡王数	末王
景	载圳	德安府	嘉靖四十年	—	嘉靖四十四年卒，无子封除。
潞	翊镠	卫辉府	万历十七年	1	子常淓。国亡，顺治二年降清。
福	常洵	河南府	万历四十二年	1	子由崧，崇祯十七年立政府于南京，顺治二年清军渡江，见执。
瑞	常浩	汉中府	天启七年	—	崇祯十七年农民义军陷重庆，杀之。
惠	常润	荆州府	天启七年	—	崇祯末奔广州，清军至广东，被执，死。
桂	常瀛	衡州府	天启七年	—	子由榔。顺治三年立于肇庆，号永历，清军入广东，走云南入缅甸，顺治十八年被执，十九年见杀。

注：①据《明史》卷100—104，诸王世系表作。

②亲王受封而未建藩及建藩而未就国者未列入。

③《明史》诸王世系表中无燕王。今依事实加列之。

二　陕西明藩庄业表

陕西布政司

　　废秦、韩、瑞、郑四藩：

　　原额废藩本折赡赐烟庄自置王田共地9868顷43亩，又山坡山场栗柿竹等园521处段，山场内地11分，无顷亩。

　　西安府属

废秦藩：原额本折赡田共地 8992 顷 59 亩，山坡山场 483 处段，无顷亩。庄基 201 间 27 丈 8 尺。山坡竹枝 5 坡，鲜笋 500 把，竹园 3 处，栗园 2 处。

凤翔府属

废韩藩王田：原额各等共地 12 顷 20 亩。

废郑藩王田原额各等共地 170 顷 8 亩。

汉中府属

废瑞藩原额自置地 3 顷 87 亩。

陕西布政司辖平、庆、临、巩四府属

废肃、韩、楚、沐四藩：原额废藩本折赡田自置并油斤王田共地 16025 顷 35 亩。又地 79 处 6 段，18 窖，104 畦，房店铺面共 3311 间，大门三座，水磨 34 轮，磨 3 只，煤洞 6 眼，琉璃磁窑 8 座，杂树 99 株，地基课程 11 处。

河西四道属

废肃藩：原额藩勋地共 1073 顷 78 亩。又水磨共 11 盘处，园圃 3 处，油房 1 处。

宁镇两河

废庆藩：原额旧管并清丈清查出王地 777 顷 17 亩。原额纳租官店房湖滩水面地基并园圃及采柴湖滩共 133 处座。原额顶田王丁 921 名。原额秦庆二府缴纳身差王丁 2893 名。

固原监收所

废肃藩群牧所：原额实征王田、川坡山地 4527 顷 44 亩。

废韩府牛营子：原额王田川地 205 顷 94 亩。

废韩府湾：原额王田川地 480 顷。

废韩府儿营可可水：原额王田川地 35 顷。

废楚府海剌都：原额王田川山地 2630 顷。

废沐府：原额王田川坡山地 2372 顷 80 亩。

临洮府属

废肃藩坐落兰州监收厅：原额本折赡田并自置地共 2000 顷 36 亩。又地 77 处 6 段，18 窖，104 畦，房店铺面共 3311 间，大门三座，水磨 34 轮，船磨 3 只，煤硐 6 眼，琉璃磁窑 8 座，杂树 99 株，地基课程 10 处。内民磨 30 轮，民房 5 间，油磨 1 轮。

岷州抚民厅：

废韩藩坐落泰州仙人厓：原额王田地 395 顷。

废肃藩勋臣所遗：原额藩勋地共 1073 顷 78 亩。又水磨 11 盘处，园圃 3 处，油房 1 处。

注：①据康熙《陕西通志》卷 9，贡赋。亩以下零数省。

②汉中瑞藩更名地只有 3 顷 87 亩，显然与原瑞府庄田额不合。瑞府庄田原赐 3 万顷，天启七年二月只汉中府即已括得 40 余顷。日后续有搜括，达 8000 顷。此志载废瑞藩庄田仅自置地 3 顷余，足见清初更名田地数额，万不可看作明藩庄田原额。

③平、庆、临、巩四府即平凉、庆阳、临洮、巩昌四府。在康熙五年甘肃布政司（省）未分置前，此四府属陕西布政司管辖。康熙《陕西通志》书成于康熙六年，故依旧制。

④"肃、韩、楚、沐四藩"中之"沐"系黔国公沐家，沐氏始祖沐英洪武十年十月封西平侯，二十五年卒，追封黔宁王。子沐春袭侯爵，三十一年卒。弟沐晟袭侯，永乐六年进封黔国公，世镇云南。正统四年卒，追封定辽王。又十二传而至沐天波，随明永明王入缅，死于难。沐氏生为公死封王，但非明代亲王。其庄田亦非我们所说的明王府庄田。沐氏有"草场租地"在平凉，召人佃种，见《穆宗实录》卷 37，九月己卯。

⑤表中有大数二，细数十五。但各该大数下细数相加，与大数不尽合。平、庆、临、巩四府大数与其下细数不合尤甚。

⑥乾隆《大清统志》卷 197，甘肃统部载更名田 15761 顷 30 亩 5 分零，与平、庆、临、巩四府大数不合。

三 山西更名地表

	旧管		新收	
	更名地	更名本折赡田	更名地	坟园基荒河退更名地
通省	11979 顷 36 亩	882 顷 55 亩	1225 顷 17 亩	69 顷 44 亩
太原府属	2342 顷 97 亩	—	271 顷 69 亩	68 顷 53 亩
阳曲县	444 顷 22 亩	—	146 顷 89 亩	52 顷 9 亩
太原县	387 顷 88 亩	—	25 顷 32 亩	5 顷 92 亩
榆次县	236 顷 67 亩	—	9 顷 36 亩	1 顷 28 亩
太谷县	—		—	—
祁 县	128 顷 99 亩	—	—	
徐沟县	755 顷 45 亩	—	49 顷 68 亩	—
交城县	284 顷 23 亩	—	6 顷 51 亩	—
文水县	70 亩		—	—
岢岚州	9 顷 76 亩	—	33 顷 90 亩	—
岚 县	95 顷 2 亩	—	—	—
兴 县	—		—	—
潞安府属	81 顷 22 亩	—	6 顷 11 亩	
长治县	35 顷 65 亩	—	—	—
长子县	26 顷 5 亩	—	—	—
屯留县	8 顷 50 亩	—	—	—
襄垣县	—	—	—	
潞城县	—	—	6 顷 11 亩	—

续表

	旧管		新收	
	更名地	更名本折赠　　田	更名地	坟园基荒河退更名地
壶关县	11 顷	—	—	—
黎城县	—	—	—	—
汾州府属	103 顷 41 亩	—	1 顷 54 亩	—
汾阳县	22 顷 29 亩	—	—	—
孝义县	47 顷 2 亩	—	1 顷 54 亩	—
平遥县	8 顷	—	—	—
介休县	—	—	—	—
石楼县	—	—	—	—
临　县	—	—	—	—
永宁州	26 顷 10 亩	—	—	—
宁乡县	—	—	—	—
泽州府属	—	—	—	91 亩（额外宗坟更名地）
辽州府属	182 顷 33 亩	—	174 顷 41 亩	—
辽　州	又更名山一座更名山一座	—	—	—
和顺县	28 顷 37 亩	—	—	—
榆社县	153 顷 96 亩	—	—	—
沁州直隶州并属	344 顷 10 亩	—	—	—
沁　州	—	—	—	—
沁源县	344 顷 10 亩	—	—	—

续表

	旧管		新收	
	更名地	更名本折赡田	更名地	坟园基荒河退更名地
武乡县	—	—	—	—
平定直隶州并属	116 顷 43 亩	—	114 顷 58 亩	—
平定州	37 顷 46 亩	—	97 顷 91 亩	—
盂　县	45 顷 33 亩	—	16 顷 66 亩	—
寿阳县	33 顷 62 亩	—	—	—
大同府属	—	882 顷 55 亩	596 顷 46 亩	—
通　判	—	270 顷 49 亩	—	8 顷 48 亩
经历司	—	—	—	—
大同县	—	612 顷 6 亩	—	587 顷 98 亩
怀仁县	—	—	—	—
浑源县	—	—	—	—
应　州	—	—	—	—
山阴县	—	—	—	—
阳高县	—	—	—	—
天镇县	—	—	—	—
广灵县	—	—	—	—
灵邱县	—	—	—	—
朔平府属	—	—	—	—
宁武府属	3107 顷 72 亩	—	115 顷 36 亩	—
宁武县	2629 顷 17 亩	—	115 顷 36 亩	—
神池县	—	—	—	—

续表

	旧管		新收	
	更名地	更名本折赠　田	更名地	坟园基荒河退更名地
偏关县	478 顷 55 亩	—	—	—
五寨县	—	—	—	—
忻州直隶州并属	1210 顷 78 亩	—	272 顷 48 亩	—
忻　州	776 顷 67 亩	—	146 顷 51 亩	—
定襄县	404 顷 99 亩	—	125 顷 18 亩	—
静乐县	39 顷 11 亩	—	79 亩	—
代州直隶州并属	1797 顷 79 亩	—	235 顷 33 亩	—
代　州	309 顷 64 亩	—	14 顷 95 亩	—
五台县	104 顷 64 亩	—	147 顷 76 亩	—
崞　县	1378 顷 96 亩	—	72 顷 31 亩	—
繁峙县	4 顷 53 亩	—	30 亩	—
保德直隶州并属	—	—	—	—
平阳府属	440 顷 59 亩	—	143 顷 95 亩	—
临汾县	67 顷 3 亩	—	23 顷 65 亩	—
洪洞县	11 顷 53 亩	—	29 亩	—
浮山县	33 顷 36 亩	—	—	—
岳阳县	231 顷 36 亩	—	120 顷 1 亩	—
曲沃县	3 顷 5 亩	—	—	—
翼城县	—	—	—	—
太平县	—	—	—	—
襄陵县	—	—	—	—

续表

	旧管		新收	
	更名地	更名本折赡田	更名地	坟园基荒河退更名地
汾西县	—	—	—	—
吉　州	—	—	—	—
乡宁县	94 顷 26 亩	—	—	—
蒲州府属	1068 顷 82 亩	—	3 顷 7 亩	—
永济县	18 顷 8 亩	—	—	—
临晋县	140 顷 5 亩	—	—	—
虞乡县	287 顷 97 亩	—	6 亩	—
荣河县	62 顷 22 亩	—	—	—
万泉县	—	—	—	—
猗氏县	60 顷 52 亩	—	—	—
绛州直隶州并属	563 顷 34 亩	—	3 顷 96 亩	—
绛　州	157 顷 45 亩	—	—	—
垣曲县	—	—	—	—
闻喜县	29 顷 75 亩	—	—	—
绛　县	376 顷 14 亩	—	3 顷 96 亩	—
稷山县	—	—	—	—
河津县	2 顷 36 亩	—	—	—
解州直隶州并属	182 顷 10 亩	—	3 顷 47 亩	—
解　州	—	—	—	—
安邑县	177 顷 25 亩	—	—	—
夏　县	—	—	—	—
平陆县	4 顷 85 亩	—	3 顷 47 亩	—

续表

	旧管		新收	
	更名地	更名本折赠　田	更名地	坟园基荒河退更名地
芮城县	—		—	
霍州直隶州并属	432 顷 25 亩	—	53 顷 57 亩	—
霍　州	145 顷 27 亩	—	44 顷 34 亩	—
赵城县	—		—	
灵石县	286 顷 96 亩		9 顷 23 亩	
隰州直隶州并属	5 顷 43 亩	—	—	
隰　州				
大宁县				
蒲　县	5 顷 43 亩		—	
永和县	—			—
归化等厅	—		—	

注：①本表系根据光绪十三年张承熊等纂修之《晋政辑要》卷 9，户制，田赋 1，而作。

②《辑要》原将更名地分四项列出："旧管"、"新收"，"开除"，"实在"。此即赋役文书中之四柱式。四柱式之用意在登录更名地顷亩变化及征收钱粮之实在顷亩。"旧管"即清初原先编入各州县之更名地。"新收"即日后查出新编入之更名地。"开除"即因自然变化或其他原因，除其顷亩免其税粮之更名地。"实在"即光绪初实际征收税粮更名地顷亩数。"开除""实在"与吾无关，故不取；仅取"旧管"，"新收"二项。1935 年汉奸卖国贼陶希圣之《明代王府庄田之一例》（《食货》Ⅱ，1935，322—326），即系根据"实在"一项作出之统计表。但"实在"一项乃光绪十三年张承熊等纂修《辑要》时之更名地顷亩数，已非原初改编明藩庄田时之顷亩数（因其间有更名地已"开除"者）。弃"旧管"，"新收"，而据"实在"以表列明代王府庄田，实属荒谬。无怪乎其所得总额（12443 顷 85 亩）较我们所得之总额（14087 顷 9 亩）为少也。14087 顷 9 亩之总额中未包括"坟园基

地河退更名地"。如加上这几项地土，更名地总额还要大。

四　湖北更名田地表

安德等府　　原额更名田地山塘 65336 顷 67 亩。

　　　　　　节年清出额外开垦更名田地 1603 顷 24 亩。

武昌府　　　原额更名田地山塘除改归芦课外 3058 顷 94 亩。

　　　　　　节年清出额外开垦更名田地 128 顷 28 亩。

汉阳府　　　原额更名地 9891 顷 27 亩。

　　　　　　节年清出额外开垦更名田地 226 顷 54 亩。

安陆府　　　原额更名田地 35848 顷 51 亩。

　　　　　　节年清出额外开垦更名田地 821 顷 23 亩。

德安府　　　原额更名田地 1847 顷。

　　　　　　节年清出额外开垦更名田地 323 顷 21 亩。

荆州府　　　原额更名田地 9309 顷 84 亩。

　　　　　　节年清出额外开垦更名田地 3 顷 96 亩。

襄阳府　　　原额更名田地 5144 顷 10 亩。

郧阳府　　　原额更名田地 34 顷 40 亩。

注：①据雍正《湖广通志》卷 18，田赋志。

　　②"安德等府"原文为"安陆二府"。"二"字显为"等"字之讹。因其下所系更名田地山塘数字，实即武昌以下七府之总和。但各府细数累加所得之数，与此总数不尽同。其数字中或有错误欤？

　　③亩以下零数省。

明代勋贵地主的佃户[*]

一 佃 户

勋贵地主这个词是区别于皇室贵族地主的一个权称。勋贵指的是勋臣贵戚，就是历史上称作异姓贵族的。勋臣主要是因有"汗马劳"（军功）而获封公侯的，贵戚是皇亲国戚，是因椒房之亲而获封公侯的。

在中国封建社会的历史上，每个皇朝的建立，新皇帝必然建立他自己的新贵族集团，代替前朝的贵族集团，与他们分享这份大产业，并依靠他们维护这份大产业。"贫者富之，贱者贵之"，赐予土地（封国），或赐予人户（封户），以及与他们身分相称的封建特权。明代拨赐贵族庄田，也拨赐为他们耕种庄田的佃田人户。

明代勋贵地主的庄田数量很大。除皇帝拨赐的以外，还有额外奏讨的庄田，占夺的民田，侵占的官田，霸佃的官田等等。为他们耕种庄田的佃田人户，数量也为数不少。他们的名称不一。一般称"佃户"，"庄佃"，但也有称"庄户"（庄上的人户）、

---

* 本文选自《莱芜集》，中华书局 1983 年版。

"庄民"（庄上的民人）的。衍圣公府的佃户又称"户人"、"地户"、"寄庄户"①。

　　勋贵地主的佃户，就其来源说，分好几类。有皇帝拨赐的佃户，有奏讨的人户，有隐占的逃亡人户，有投托的人户，有自行招募的人户，有私占役使的在营官军。今分别说明如下。

（一）钦赐的佃户

　　钦赐佃户是皇帝颁赐庄田地土时，赐给勋贵们的佃户。拨赐佃户的明令，今已不存。现存的明代文献中，还能找到一鳞半爪的记载。

　　明代封公侯，如象封亲王、后妃一样，给受封之人一份"金册"，上边镌刻着拨赐的庄田顷亩和佃户名数。这是从万历元年正月的一道诏令里可以推见的②。

　　洪武三年大封功臣。四年，中书省奏报公侯佃户名籍之数。《太祖实录》云：

　　　　（洪武四年十月）甲辰，中书省奏公侯佃户名籍之数：韩、魏、郑、曹、宋、卫六国公、延安、吉安、江夏、淮安、济宁、长兴、临江、六安、荥阳、平凉、江阴、靖海、南雄、德庆、南安、广德、营阳、蕲春、永嘉、豫章、东平、宜春、宣宁、汝南、中山、巩昌、河南、颍川二十八侯佃户，凡三万八千一百九十四户③。

---

　　①　"户人"是衍圣公府的钦赐人户，即所谓"庙佃二户"者。"户人"又称"实在户"，世世为公府服役。"寄庄户"是该公府召募的佃户，不在钦赐之列。此"寄庄户"和明代赋役黄册中的"寄庄户"不同。

　　②　此诏载在万历《大明会典》卷163，刑部5，律例4，户律1，隐蔽差役。诏文见下节《封建人身隶属关系》。

　　③　《太祖实录》卷68，洪武四年十月甲辰。文中公侯姓名俱见《明史》卷105《功臣世系表一》。

这项奏报的在籍佃户，应该就是钦赐的佃户。洪武五年所制申诫公侯铁榜第七目，谓"凡公侯之家除赐定仪仗户及佃田人户已有名额报籍在官"云云①，便是确凿的证明。《明史》韩国公李善长传载，善长洪武四年致仕，赐予临濠地若干顷，"给佃户千五百家（即户）"。李善长是本年正月致仕的，中书省上报公侯佃户名籍之数在十月，可见赐给李善长的一千五百家佃户，也应该在中书省所奏上的公侯佃户名籍之数中。这是中书省所奏报的佃户系钦赐佃户的又一证明。

中书省奏报中给赐佃户的公侯，是洪武三年十一月丙申日所封的公侯的全部，无一人遗漏。他们全都给赐了佃户，也无一人遗漏。那次受封的功臣共三十六人：六公，二十八侯，二伯。二伯是忠勤伯汪广洋诚意伯刘基。六公二十八侯都在中书省所上钦赐佃户名籍之数的奏报中，只忠勤诚意二伯不在其中。这也许是当时封伯的不给赐佃户的缘故。无论如何，根据洪武四年中书省的奏报和洪武五年申诫公侯的铁榜榜文，我们可以断言，明初凡是封了公或侯的功臣，都给赐过佃户。

洪武三年以后封的公侯也拨赐佃户。如武定侯郭英，西平侯沐英。武定侯郭英是洪武十七年封的。洪武二十六年免了他的庄田的合输税粮，"仍拨赐佃户"②。西平侯沐英（子沐晟进封黔国公）是洪武十年封的。他也有给赐的庄田"人口"，"正数庄民"，说见拙著《明黔国公沐氏庄田考》③。沐英郭英的例子可以帮助我们推想到其他公侯的情况。

曲阜世袭衍圣公不是明代的新勋贵，洪武初也赐给了他庄田

---

① 《太祖实录》卷74，洪武五年六月乙巳。

② 《太祖实录》卷228，洪武二十六年六月己丑。

③ 见本书46—49页。

（名"赡庙田"）一千九百八十大顷，通称二千大顷。现存明文献中虽然没有明确赐给该公府佃户的记载，但《英宗实录》载衍圣公孔彦缙奏称明朝廷曾允许该府自行招人佃种，共六百二十四户，且"已定为例"①。这"已定为例"的六百二十四户当是洪武初该公府已有的佃户名数，明太祖一并听其占有，所以实际上也就是拨赐它的佃户了。孔继汾《阙里文献考》谓洪武元年明太祖拨赐该公府祭田（赡庙田）的同时，"拨佃承种"②，大概就是根据这个事实说的。后来该公府佃户的人丁繁衍多了，正统四年朝廷议减（原因见下），才将他的佃户裁减为"五百全户，共丁二千"③。这五百户就是正统四年确定的给赐该公府的佃户的总数。

拨赐公侯佃户的名数，也应该有个例。此例今已不存，因此无法知道明朝公侯钦赐佃户名数的等差和总数。前引中书省奏报的六公二十八侯共佃户三万八千一百九十四户，平均每人占一千一百一十三户强。但公侯的佃户数量应该不一样，其中韩国公李善长就占去了一千五百。由李善长的佃户数目，我们或可推想给赐公爵的佃户可能在千户以上，侯爵的可能在千户以下，或数百户。衍圣公虽也是公，但和以"汗马劳"封公的还有不同，所以只给了他六百多户。

公侯的原赐佃户日后有繁衍，户内丁口较原赐的增多了。因此到了万历元年才有了酌议裁减原赐佃户的诏令。该诏令说："佃户虽系原隶而人丁数多，酌议具奏处分。"④ 所谓"原隶"

---

① 《英宗实录》卷61，正统四年十一月庚申，"袭封衍圣公孔彦缙奏，历代拨赐赡庙田一千九百八十大顷，洪武初听募人佃种，共六百二十四户，已定为例"。

② 《英宗实录》卷26，户田第七。

③ 《英宗实录》卷61，正统四年十一月庚申。

④ 《嘉隆新例》卷2，户例，《玄览堂丛书续集》第104册。

佃户，当然就是原赐佃户。

（二）奏讨的人户

钦赐佃户之外，勋戚贵族的佃户中还有他们奏讨而得的人户。这种人户原来是官田的住种人户和民田的原业主。他们原来都是有自己的土地的。不是自己垦种年久永不起科的土地，便是祖宗遗留下来的办纳粮差的土地，即所谓"世业"。他们的土地被勋戚奏讨钦准管业的时候，他们便被抑勒为勋戚的佃户，为之耕种庄田、办纳子粒。

成化六年，六部三法司等衙门疏言："河南山东北直隶土田，洪武永乐年间许民开种，永不起科……比来王府及势家多谓空地弃闲请为己业，民无田者仍佃种之。"[①] 这与王府并提、力能讨得土田的"势家"，非勋臣贵戚莫能当之。"仍佃种之"，便是因别无地土仍然在那被夺占土地上为夺占者继续佃种。古文献中的"佃种"，是耕种的意思，"佃"字原无近代的"租借"义。这奏疏里的话，是原业主的土地被王府和勋贵奏夺后而被迫充当佃种人户的实例。

弘治年间，寿宁侯张鹤龄讨得了河间府肃宁等县地土一千多顷，其中绝大部分是献县人民丘聪等"岁办赋役之数"[②]。换言之，就是丘聪等民人供奉粮差的己业。他们的土地被张氏贵族奏夺管业以后，人民丘聪等也被这位皇亲抑为他的佃种人户。其初奉命勘量这项田土的户部左侍郎许进奏，说丘聪他们的土地被夺，"聪等何所止栖，赋役何所取办"？孝宗遂命将丘聪等粮差除豁。户部尚书周经仍然反对，执奏

---

① 《宪宗实录》卷76，成化六年二月乙亥。
② 《孝宗实录》卷161，弘治十三年四月己酉。

"丘聪等赋役虽与除豁，但管庄家人势如虎狼，生事害民，情
所不堪"①。这是说丘聪等人的粮差负担免除了，但他们仍然摆
脱不了张氏管庄家人逼取子粒横暴朘削的苦难。这是勋贵地主夺
占民业之后将原业主抑勒为佃户的又一实例。

世宗即位后，遣刑部尚书林俊、给事中夏言查勘畿内皇庄及
勋戚等庄田。事毕，二人奏报查勘情况。奏报中有云：

> 夫何近年以来，权幸亲昵之臣……妄听奸民投献，辄自违
> 例奏讨，将畿甸州县人民奉例开垦永业指为无粮地土，一
> 概占为己有。由是公私庄田，逾乡跨邑，小民恒产，岁朘
> 月削……产业既失，粮税犹存。徭役苦于并充，粮草困于
> 重出。②

"徭役苦于并充，粮草困于重出"，指的就是原业主被抑勒
为佃户的负担说的。原系业主，故须办纳粮差；今又为佃户，故
须办纳子粒。一人具有两种身分，双重负担落在一人肩上。"并
充""重出"就是这个意思。这又是一个民田原业主被抑勒为佃
户的证据。

嘉靖六年，大学士杨一清等疏请禁戢勋戚之家纳献侵夺军民
地土，世宗批答说：

> 近者八府军民征粮地土多为奸人投献势豪，朦胧请乞，侵夺
> 捶挞，逼取地租。虽时有勘断，终不明白③。

这"势豪"，自然指的是权豪势要勋戚之家，一般豪民即有
权势也绝无向皇帝请乞庄田的资格。勋戚之家既占夺了军民人等
的私业（征粮地土），捶挞逼取地租，而他们的业主身分却未除

---

① 《孝宗实录》卷161，弘治十三年四月己酉。

② 林俊：《传奉敕谕查勘畿内田地疏》，《明经世文编》卷88；夏言：《查报皇
庄疏》，《明经世文编》卷202。二疏此段文字相同。

③ 《世宗实录》卷82，嘉靖六年十一月甲午。

豁。混乱就出在这里，屡经勘断而终不明白，也在这一点上。到底是向朝廷纳粮当差的编户呢，还是给勋贵地主办纳子粒的佃户呢？事实是一人而兼二任焉。这又是一个原业主被抑勒为佃户的证据。

康熙《束鹿县志》云：

刘昆曰：庄田籽粒地，前朝（指明朝）之滥恩也。功臣外戚利民间膏腴之地，巧言奏请，乞为庄田。朝廷夺民地予之，而即以地主为佃户，畿府苦之①。

刘昆是《束鹿县志》的纂修人，康熙十年任该县知县。他言有实据，也极为明白，用不着解释了。"地主"，意即地土之主，"业主"，不是我们今天所说的"地主"。刘昆所言，是在明代经常发生的事：凡是被勋贵奏夺了土地的原业主，如不是别有营生手段，不流移他乡，其不被抑勒为佃户的恐怕很少。

（三）隐占的人户

收纳并隐占人户为佃户，也是勋戚贵族佃田人户的主要来源之一。被勋戚收纳并隐占的人户，各色都有，而以流民逃军为最多。

勋戚贵族隐占人户事，发生很早，而且相当普遍严重。普遍严重到明太祖朱元璋不得不把这事写入他自撰的《大诰》，严示

---

① 康熙《束鹿县志》卷5《食货志·田赋》。刘昆说的是明朝的事，清初仍有类似情况。他说："顺治四年以任民（任丘县人民）圈地失业，割本厂地补之。任民受地于数百里之外，不能自耕也，又以厂民为佃户而岁收其租课。其地粮则任丘委官征之，而厂民丁差犹隶于束鹿。嗟乎，一厂民也，昔见夺于勋戚，今受役于邻封，当束鹿之差，纳任丘之粮，而又世为佃户，何不幸之甚也。"

厂谓束鹿县明朝二十四厂勋戚地。厂，原来是牧马草厂之类。明朝廷听民佃种之后，厂名仍存，佃种厂地者，即称厂民。明朝勋戚奏讨为庄田后，厂名也未改，厂民拨作他们的佃户。清朝没收了明朝勋戚地，厂名也未改。故志有"本厂地"之称。衍圣公府的钦赐赡庙田中，就有四个厂的厂地，仍称厂。厂，也作场。

惩处。《大诰·三编》《公侯佃户第三》云：

> 其管庄人倚恃公侯之家，上谩朝廷，下谩本官，假以各官佃
> 户为由擅隐当差人民入己者处斩，的不虚示。

所谓"当差人民"就是应当民差的民户，应当军差的军户，等等各色人户。《大诰》作者把隐占人户的责任归之勋戚贵族的管庄人役，是照例的回护之词，不必拘泥。

勋臣贵戚隐占人户的事实很多。会宁伯李英"招致逋逃军民周买儿郭三三等七百六十余户，分置庄所，令其屯田，立家人总管名号以帅之"。① 武清侯石亨的侄子都督金事石彪"酷害居民占其土地，且招纳流亡五十余户匿住于庄"②。驸马都尉薛桓"招诱流民占种玉田县民田数十顷"③。都督钱雄的祖母陈氏奏讨地一千三十余顷，"其家人招集流民佃种，日益众多，俱无籍贯稽考"④。

招纳隐匿流民以外，他们也隐占逃军。辽东原有官军十九万。到了弘治十六年只剩了七万。其中一部分是被"势家"隐占⑤。辽东在明朝是个边镇，边镇势家指的是镇守总兵官之类。镇守总兵官等是例由公侯都督出任的。他们隐占人户的主要目的是役使他们耕种庄田。边镇如此，腹里亦然。正统元年，英宗命监察御史李彝于奎巡按南京，赐之敕云："比者南京有等权豪之人……隐匿军囚种田看庄，小人依附为非……今命尔等前去，逐一躬亲，从实勘理。如有权豪之人自知罪恶革心改过者，许其自新；逃民逃军能自首伏，亦发原役，悉宥不问。"⑥ 除逃军之外，

① 《宣宗实录》卷81，宣德六年七月辛未，行在兵部尚书许廓等劾奏。
② 《英宗实录》卷215，景泰三年四月乙丑，巡按直隶监察御史张奎劾奏。
③ 《英宗实录》卷247，景泰五年十一月壬戌，巡抚左都御史邹来学劾奏。
④ 《宪宗实录》卷86，成化六年十二月壬戌，大理寺左少卿宋旻奏。
⑤ 《孝宗实录》卷195，弘治十六年正月甲午，吏科给事中邹文盛言。
⑥ 《英宗实录》卷23，正统元年十月戊寅。

这道敕里还提到了逃民。

（四）投充的人户

被勋戚贵族隐匿的人户中，还有一部分是投充的。投充的佃户数量也不少。官府文案中常常责斥那些投充人户为"奸诈之徒"。镇守云南的总兵官黔国公沐氏，他的"庄民"（佃户）除"正数"的（原赐的）以外，有"投充影射庄户"①。所谓"影射"就是影射为沐府人户逃避本等差徭的意思。编户齐民常因徭役繁重，投充或影射为某一权贵势要之家的家人，依其权势，脱避朝廷差役。嘉靖六年兵部奏称马政沮坏，因为"奸民多以养马地土投献权门，隐射庇护"②。"隐射"的目的，在这里就是指脱避养马差役。一般投托权豪的，也是为的脱避本等差役；犹如提督操江熊明遇所言者："独吴中数郡偏属豪民，负田宅子女投充贵势……曲避征徭。"③ 山东邹县生员刘来溥的曾祖父因明朝"差役繁重"，每年情愿贡银五两于孟府，投充该府庙户，脱免朝廷差役④。明末北直隶唐县有投充人丁四百四十五丁，都不供应朝廷差役⑤。

正因为投托权贵可以脱避朝廷差役，所以明朝廷非常关心人民投托权贵为家人佃户事。申诫公侯铁榜的第七目就是专对此事而制定的。我们不妨将第七目的文字在这里再重录一遍：

　　凡公侯之家除赐定仪仗户及佃田人户已有名额报籍在

---

① 万历《大明会典》卷17，户部4，田土，凡诡寄投献。参看拙著《明黔国公沐氏庄田考》三《沐氏庄民》。

② 《世宗实录》卷72，嘉靖六年正月丙戌。

③ 《熹宗实录》卷39，天启四年二月甲寅。

④ 曲阜衍圣公府档案，康熙五十二年五月初六日山东巡抚蒋为遵法奉公恳恩入丁等事移该公府文。历史研究所抄存。

⑤ 见康熙《唐县志》卷11，田户志，户丁。

官，敢有私托门下影避差徭者，斩。

天顺三年英宗敕谕文武百官禁遏投托：

> 近闻皇亲公侯伯文武大臣多有不遵礼法，纵意妄为。有将犯罪逃避并来历不明之人藏留伙用者……如尔各官见有藏留人侵占田地等项……其家人及投托者皆发边卫永远充军。①

弘治三年奏准，又重申此令，令都察院转行巡视五城及巡按御史出榜晓谕禁约军民人等，"敢有投托势要之家充为家人及通同旗校管庄人等妄将民间地土投献者，事发，悉照天顺并成化十五年钦奉敕旨事例，问发边卫永远充军"②。

投充为勋戚贵族家人佃户的，就其数量比重说，民户之外，就是军户。宣德三年榜示天下的清军条例有一款说逃军"有投豪势官民为家人佃户行财生理者"③。正德间，"宁夏官军投托各将领以避征调，多至千数百人"④。南京内外守备军政之弊，其主要一项也是"投托"⑤。

在边区置立庄田的权贵，则强制少数民族人民为佃户。南宁伯毛胜镇守云南腾冲时，"强占招捆地方寨子田亩，分作庄户，办纳银两米谷等物，逼民逃窜"⑥。毛胜以后的"官军"（其实是镇巡等官），也"多在夷方置立庄所，役使夷民，倚势剥削"⑦。

---

① 《英宗实录》卷290，天顺三年四月乙酉。

② 万历《大明会典》卷17，户部4，田土，凡诡寄投献。

③ 《宣宗实录》卷36，宣德三年二月甲寅。

④ 《武宗实录》卷77，正德六年七月丙辰，吏部尚书杨一清等奏。土著军丁也有收纳逃军佃种屯地的，见《世宗实录》卷165，嘉靖十三年七月戊寅。

⑤ 《世宗实录》卷118，嘉靖九年十月壬申，南京兵科给事中秦鳌言。

⑥ 《英宗实录》卷298，天顺二年十二月壬申，云南南甸土官宣抚刁落盖奏。

⑦ 《孝宗实录》卷51，弘治四年五月戊子，孝宗敕整饬腾冲地方兵备贺元忠云云。

（五）　自行招募的佃户

勋戚贵族将官田强佃到手，再招募人户为之耕种，索取重租谋利。那些承种贵族霸佃来的官田的人户，就是这里我们要说的佃户。

南京工科给事中徐沂等人说："各侯伯等官强佃官地，召民转种，倍数收租。"[①]　"皇亲会昌侯孙铭等曾佃种玉田县萝卜窝香河县横水三湾大量办纳粮银的官田万余顷。"[②]　他们佃种到手，必须转佃于人耕种。明代南北两太仆寺、在京京营各卫、在外直隶卫分乃至各边，都有牧马草场，面积很大。成化时草场地土已有"豪势"侵占之患，朝廷遂令太仆寺将肥饶可垦的草场地拨与有力马户耕种，照依佃种官田事例征租。"于是豪强倚借养马，兼并无制，转佃他人，厚取租利。"[③]　会昌侯孙继宗抚宁侯朱永为五军营三千营总兵官，"各占黑洋淀牧马草场与人佃而收其租"[④]。上边提到的会昌侯孙铭（孙继宗之孙），不只佃种过大量官田，也佃种过丰润县柳斜港内征银市马的牧马草场[⑤]。

（六）　役占的官军

勋戚贵族的佃种人户中，还有相当数量的在营旗军、旗军的余丁和屯军（为方便起见通称之曰官军）。

在京提督京营的和出任各镇镇巡等官的公侯都督，都私役官

①　《孝宗实录》卷190，弘治十五年八月己酉。

②　《孝宗实录》卷210，弘治十七年四月甲寅。

③　王宪：《覆均草场疏》，《明经世文编》卷99。王宪自正德十六年任兵部尚书，此疏当上于其任兵部尚书任内。

④　《宪宗实录》卷58，成化四年九月庚申，给事中王诏奏劾。

⑤　《孝宗实录》卷210，弘治十七年四月甲寅。

军经营谋利看庄种田。将官一人"役军士多至千人，侵屯地动以万计"①。"良田美地多归长官，壮大余丁半为服役。"②"守墩台者不及看庄出饎者之多，执犁锄者不比操弓演箭者之少。"③这种事例很多，不必多做征引，请参看《明代的军屯》。

这种被役占的耕种庄田的劳动者，是应当军差的旗军、屯军和他们的余丁，是隶属于朝廷的不自由的人。他们之被私役种田，是私役者攫取了属于官府的劳动力为私门办纳地租。他们和上述各类佃户有点不同。因此在以下分析勋贵地主佃户在封建生产关系中的地位时，这些被私役种田的官军将不考虑在内。

二　封建人身隶属关系

以上所述几类佃户，就他们对勋贵地主的关系上说，大体可分为两大类。一类是完全隶属于勋贵庄主的佃户，一类是不完全隶属于勋贵地主的佃户。就佃户对封建朝廷的关系上说，前一类是不著黄册的佃户，后一类是著籍的佃户。著籍的是朝廷的编户，不著籍的就不是朝廷的编户，是勋贵地主的私属。

在隶属于勋贵地主的佃户这一大类里，可以列入钦赐的佃户、隐占的军民、投充的人户。钦赐佃户虽有名数报籍在官，但不附著官府的编户黄册。隐占的军民和投充的人户原来虽然附籍在官，但于隐占和投充以后，便脱离了官府的名籍。

不著籍官府而隶属于勋贵地主的佃户，已经不再是封建朝廷的编户。钦赐佃户一经拨赐，他们的封建隶属关系便由对朝廷转

---

① 《孝宗实录》卷145，弘治十一年十二月辛丑，刑科给事中吴世忠奏。
② 李东阳：《西北备边事宜状》，《明经世文编》卷54。
③ 叶盛：《劾内官弓胜疏》，《明臣奏议》卷3。

为对受赐者的勋贵。隐占军民和投充人户则是事实上摆脱了对朝廷的封建隶属关系，转入了对勋贵地主的封建隶属关系。曲阜衍圣公府的残存档案中有两件很能说明这种隶属关系的转移。《租税》4073/2 该公府乾隆元年移山东按察司手本云：

> 案查本府钦拨各屯厂户口，向例不入州县烟户册内，是以专设管勾，专司征收屯户租银，以及查造保甲等案，另隶屯户名色。一应差徭户役，均归本府管辖。①

又《刑讼》3932/5，乾隆四年移山东臬司手本云：

> ……伏查至圣庙钦拨户佃土田，系奉圣旨供奉庙庭，所以不入州县排甲，免其各项差徭……如有户婚细事，均由管勾衙门审理，评本府立案。倘遇命盗重情，仍赴有司审结。泾渭各分，屯、民区别。此历来久有之旧例，而亦各户凛遵之成法也……

钦赐佃户"不入州县烟户册内"，"泾渭各分，屯、民区别"，是"历来久有之旧例"，当可视为明代即已如此。在这一点上，无论在贵族主人的心目中，或在他们的佃户的意识中，或者在法律上，都是极为明显的。衍圣公府山东邹县的佃户张彦义、高子贞等据说被"槌虎"曹尚义等诈害捏告截军杀命，张彦义等呈状衍圣公府，"上启圣府老爷""投天作主，剪除大患，急救众家生命"。启状文有云：

> 切思有司百姓受害，情犹可缓；老爷户人，受陷匪轻②。

他们不把自己看作是属于朝廷的"有司（官府）百姓"，而是衍

---

① 衍圣公府的庄田共有五屯四厂十八官庄。屯，大概是原系军屯或民屯的土地赐给该公府作庄田的。厂，同场，当系原牧马草场而拨赐该公府作庄田的。该公府仍然沿袭使用了屯厂的原来名称。

② 曲阜故衍圣公府档案，27/3 号，崇祯四年四月十七日张彦义等启状。历史研究所抄存。

圣公贵族本人的私属，"老爷户人"。也就是因为这个缘故，他们不向他们所在的邹县的县令那里去申诉，而向在曲阜的衍圣公府申诉。衍圣公是他们的主人，邹县县令不是。

贵族们的钦拨佃户，或完全隶属于他们的佃户，他们的身分和法律地位大都是这个样子。也就是说他们都不再是封建朝廷直接控制的人户。他们既不是封建朝廷的人户，所以他们对封建国家不再负担或事实上不再负担纳粮当差的义务。他们已经变为勋贵地主的私有人户，为勋贵地主耕种庄田，办纳子粒（地租），承应差使。前引申诫公侯铁榜第七目"敢有私托（公侯）门下影蔽差徭者斩"，明律定功臣之家容隐"隐蔽差役"者四犯依律论罪①，都证明了这一点。

隆庆末年有一新例，也明示着公侯佃户对朝廷没有纳粮当差义务的事实。该例云：

> 万历元年正月，户部题奉圣旨依拟行：一、各巡按屯田御史凡巡历至处，即查所属地方五府公侯钦赐子粒地土原赐顷亩，调取金册磨对……间有庄田虽系钦赐而远枝承继不系嫡派，佃户虽系原隶而人丁数多，酌议具奏处分②。

所谓"酌议具奏处分"是酌议将超过原隶佃户丁额的佃丁改入民籍，向朝廷纳粮当差。

本例中的"酌议具奏处分"，正统间早就有了一个先例。那是关于衍圣公府的钦赐佃户的。《英宗实录》云：

> 袭封衍圣公孔彦缙奏历代拨赐赡庙田土一千九百八十顷，洪武初听募人佃种，共六百二十四户，已为定例。今有司复奏

---

① 万历《大明会典》卷163，刑部5，律例4，户律1，隐蔽差役；《明律集解附例》卷4，户律，户役，隐蔽差役。

② 《嘉隆新例》卷2，户例。《玄览堂丛书续集》第104册。此例虽见行于万历元年，其题讳区处尚在隆庆六年，故编入《嘉隆新例》中。

每户存二丁充佃，余令隶籍应当粮差。其实耕种不敷，差役重并。乞赐全免以备供给修祀。奏下行在户部，请存五百全户，共丁二千耕种，余仍令应办粮役。从之①。

衍圣公府的"已定为例"的"听募"佃种人户，实际上就是钦赐佃户，前已说明。这六百多户佃户不"隶籍"朝廷，也不向朝廷"应当粮差"，文中所言非常明确。从明初到正统四年，七十年间，那些佃户的户下人丁显然已滋生增多，所以该管衙门才奏请每户户下保留二丁，其余人丁改隶民籍，向朝廷应当粮差，孔彦缙乞请全免，也就是完全保留那六百多佃户户内人丁为他的钦赐佃户人丁。朝廷不允，户部这才采取了个折衷办法，建议给孔府存留"全户"佃户五百户，也就是全免朝廷粮差的佃户五百户，并且额定人丁二千丁。其所以额定二千丁者，显然是恐怕日后佃户户丁再因滋生超逾原赐名额过多而预为限制的办法。此事完全证明了隶属于衍圣公府的钦赐佃户，对朝廷不纳粮，不当差。清嘉庆二十二年山东布政司有一示文，蠲免"先圣先贤"后裔及其庙佃两户的差役。孔府将其刻石永垂，十几年前尚在孔庙毓粹门内。文曰：

钦命署理山东等处承宣布政使司……为重申恩例严禁扰累差徭事：顺治十三年山东前布政使奉山东前抚部院耿准户部咨，查先圣先贤四氏后裔以及庙佃两户原与齐民有别，凡一切差徭概行蠲免等因，久经遵行在案，第恐日久弊生……合再申饬。为此示仰该州县并书役人等知悉，凡先圣先贤四氏后裔以及庙佃两户，嗣后遵照旧例，遇有差徭，一体蠲免……②

---

① 《英宗实录》卷61，正统四年十一月庚申。

② 1957年，历史研究所明清史组同志们赴曲阜参观故衍圣公府档案，曹贵林等同志抄录孔府孔庙碑刻数种，此系其一。

本示所根据的清初例，实在是明朝的旧例。今举两件如下。

衍圣公府佃户王鸿儒等前往北直隶武清县做买卖，恐地方攀派杂差，万历十八年该公府给了他们这个执照：

> 袭封衍圣公府为祭祀事：据本府巨野屯佃户王鸿儒吴宇等告称原拨地土窄狭不敷耕种，各带家小往北直隶武清县地方丁字沽居住买卖，递年营办祭祀钱粮，缘无文凭，告乞执照便益。据此合行批付本告收执，每年纳粮换批。如有彼处地方火甲人等攀当民差庄头地夫杂役，不许擅派。许执此赴官陈告验免。各佃户亦不许分外生事取究未便。

下边接着开列了王鸿儒吴宇等共二十八个人的名字，末赘"万历十八年九月十三日，定限次年九月中日缴"①。

在外地做买卖的衍圣公府的佃户不当官府杂差，在本地的公府佃户更不当这项杂差。下边是该府巡尼山的户人的例子：

> 巡尼山户人胡景河等启为叩天讨示严禁攀害事：河等俱系巡山户人，住居胡二尧等村……今被该村千百地方人等勾引衙棍，屡屡攀应杂差；今又妄开报应壮丁踵踵（种种）扰害，庙户不生。叩乞本府天恩老爷准给告示豁免里甲火夫等差，以儆众奸，以安户人，不负朝廷钦拨之典……

此启上于天启七年六月某日，该公府批："照行。"②

这种不承当朝廷差役的勋贵佃户，衍圣公府称之为"本府人户""实在户"，世世为该府服役③。

---

① 曲阜故衍圣公府档案，《本府处理公务稿簿》60/65，历史研究所抄存。
② 曲阜故衍圣公府档案，历史研究所抄存。
③ 乾隆十七年八月十五日衍圣公府为"昧户抗差"事移郓城县文云："本府查五屯（坐落郓城县五屯）乃系钦拨为圣庙祭田。各该屯户承种完粮以供祀事，谓之实在户，世为本府户人，名载档案，一切差役皆应各屯户轮流充膺。其或有民人承种此项祭田而不在膺役之内，谓之寄庄。"衍圣公府档案，历史研究所抄存。

　　勋贵地主的佃户不当朝廷差役除衍圣公府的例子外，其他贵族佃户的实例不多见。我们手头上仅有定国公徐府的佃户和黔国公沐府的佃户两例。万历《大明会典》载嘉靖九年令定国公惠安伯佃户"止免本身，余丁退出与民一体当差"①。这道命令止免定国公和惠安伯佃户佃丁的本身差役，有点象限制衍圣公府佃户佃丁数目的措施，说明直接为这两家贵族种田的佃丁也是优免本身差役的。

　　定国公徐府的庄田有坐落北直隶藁城县的。康熙《藁城县志》、《赋役志·户口》项下记录了成化、弘治至嘉靖十二年历朝的户口数字以后云："其外，有定国公庄田坐落北汪等社者，其佃户八十八户不在此数。""此数"指的是上记历朝著籍官府的人户数字。那也就是说，定国公府的佃户不是隶属朝廷的人户。不隶属朝廷，当然不应当朝廷的差役。清初定国公的庄田没入官府，他的佃丁编入了民籍。原额五千五十丁，节次至康熙三十五年，实在佃丁五千九十八丁②。

　　康熙二十五年编审云南丁口。云南、曲靖、临安、澂江，武定、大理、楚雄、姚安、顺宁、蒙化等府，于一般人丁外，均有"额外增出沐庄人丁"数字③。可见黔国公沐庄的人丁（庄民），原来也不在官府编户人丁之内，也不著籍朝廷编户的黄册，当然也不当朝廷编户的差役。监察御史邓渼谓"滇中郡县无处无总镇田土，佃其田者谓之庄民，即与有司不相统摄"，说的就是这种情况。"总镇"即是镇守总兵官沐氏。

　　我们之所以将勋贵地主招纳的逃军逃民也列在隶属于勋贵的

---

　　①　万历《大明会典》卷20，户部7，户口2，赋役，凡优免差役。
　　②　《藁城县志》原修于明嘉靖十七年，续修于康熙三十五年及五十九年。定国公徐增寿，永乐三年封，世袭。
　　③　乾隆《云南通志》卷9，户口。

佃户中，前已提到，是因为他们已经脱落了官府的名籍。军民之所以逃亡不是因差役困累不支，便是因其他政治压迫经济剥削或天灾人祸无法营生。不管原因如何，在封建统治者看来，逃亡人户是逃避本等差役不守"民分"的罪犯。依律，当"杖一百，发还原籍当差"（军发原卫）。如果逃民是所谓犯法亡命的，逃军是军囚，那惩罚就更严重了。因此，权贵之家招纳逃亡军民必须把他们"隐匿"或"隐占"起来，才能使用他们耕田看庄。在明代朝廷的文告中，隐匿逃亡军民的主家叫做"窝家"。逃亡军民一被主家窝藏，他们便变成"无籍之徒"，变成了窝主的私人奴仆，变成了完全隶属于窝主的人户了。在这里，我们所说的窝主就是勋戚贵族。

同样的身分变化也发生于投充佃户的人户。

明代和以往各朝代一样，贫乏军民人等或因差役繁重不能支应，或因私债不能偿还，或因穷极无聊不能生存，往往投靠乡官、地主为家人佃仆。如被投之家是一般地主，投靠者须写立投靠文契（徽州府地方称"还文书"），言明世世为家主种田，子孙永远承当杂役，如有违抗，任听家主处治。有的文契还以各种方式言明投靠身价，直接成了卖身投靠。在勋贵世家，投靠曰"投托"，或通称"投充"。投充"家人"、"奴仆"、"庄头"、"佃仆"等色。投托者未见写立文契，也未见索取身价；但一经投托，他的人身便隶属于所投托之人，供其驱使。从此他也就脱落了官府的名籍，变成了权贵世族的私属。

以上所述各种佃户——钦赐、隐占、投托——的主要特征，是他们的人身隶属于他们的庄主——勋贵地主。因为他们隶属于勋贵地主，所以朝廷对他们再没有完全的、直接的管理或占有之权。直接占有和管理之权便从官府转入私人之手。由此便发生了朝廷要求勋贵庄主对其佃户的行为负责。《太祖实录》载：

洪武四年十二月甲申，时诸勋臣所赐公田庄佃倚势冒法凌暴
乡里，而诸勋臣亦不禁辑。上乃召诸勋臣谕之曰……今卿功
成名立，保守晚节，正当留意。而庄佃之家倚汝势挟汝威以
凌暴乡里，卿等何不严戒之？彼小人耳，戒之不严，必渐自
纵。自纵不已，必累尔之德也①。

　　勋臣庄佃凌暴乡里，皇帝不责成有司依法裁制，而告谕有
关勋臣各自严戒，其根据就是勋臣的庄佃是勋臣的私属。皇帝
不便直接干预勋臣们的私属，勋臣们对他们的私属的行为应当
完全负责。当然，如果勋臣不禁戢他的庄佃，他的庄佃倚势凌
民侵夺田产财物，那就照倚势欺殴人民律处斩（申诚公侯铁
榜）。触犯了封建朝廷的大法，官府对犯法的勋臣佃户在法律上
还是有最后的惩治权。有意义的是不在官府对法律有无最后执
行权，而在朝廷于法外要求勋贵庄主对其私属庄佃负有禁戢的
责任。从这一点上看，勋贵庄主是他的庄佃的直接主人，庄佃
是勋贵庄主的奴仆。勋贵庄主和他的庄佃之间的关系，是主仆
的关系，也就是明律中所说的"主仆名分"。正因为这个缘故，
所以黔国公沐绍勋的庄民（庄佃）盗劫为非时，他们的主人以
镇守总兵官的职责虽也参与了剿平之事，但记功受赏的没有沐
绍勋，只有御史毛凤韶和布政使陈轼；沐绍勋"准以功赎罪"，
因"盗"多其庄民。②

　　就黔国公沐绍勋这件事而论，庄民为"盗"，庄主不只有
责，还有罪。这正是庄主与庄民主仆关系的具体表现。也正因为
这种主仆关系，勋戚以及其他贵族，总是庇护他们那犯了法的家

---

①　《太祖实录》卷70。中书省奏报所赐六国公二十八侯佃户名籍之数事在本年
九月甲辰，在此诚谕之前约三月。

②　《世宗实录》卷138，嘉靖十一年五月甲子。

人佃户。黔国公沐昌祚也有庇护他的庄民的事。沐昌祚"横征暴敛，以致庄民劫掠公行。该镇庇之，滇民如在水火"①。"该镇"就是该镇的镇守总兵官，即沐昌祚。

因为贵族和他的佃户间存在着主仆关系，是他的私属，不只贵族本人庇护他的佃户，就是官府也格外优待他的佃户。崇祯初年（或天启末年），曲阜衍圣公府的佃户（充应船户的佃户）胡元化等在运河上抢闸挤运，被提督泉源兼理南旺济宁闸座的工部主事薛某拿获。薛某行该公府的手本中说："船户胡元化、郭遇抢闸挤运，三尺难宥，随经枷责，但系……"②"但系"以下原文残缺，不过可以推知因胡郭二人系衍圣公府的户人，所以他宽宥他们了。又崇祯十一年，衍圣公府鱼台县佃户张从吾因冒认亲尸率领恶少打人被鱼台县知县拿获。该知县李士才申公府文谓张从吾"既称圣府佃户，已从宽政免究矣"③。这些都是佃户因是勋贵的户人而获得了官府的曲宥的事例。

这样看来，这个事实就极为清楚了：勋贵对他的佃户的行为负责，能以庇护他的佃户，官府也因而优待他的佃户，都是贵族佃户对贵族主人的封建人身隶属关系的表现。这种封建人身隶属关系给与了贵族主人操持佃户人身的权力，给与了贵族主人干预所属佃户本户户内以及对外事务的法律权力。

这种封建权力颇为广泛。在自行管业的情况下，贵族地主本人执行。在有司代管的情况下，则由地方政府执行。明代的勋贵地主基本上是自行管业的，尤其是公侯一级的。遗憾的是，有关

---

① 《神宗实录》卷480，万历三十九年二月戊寅。
② 曲阜故衍圣公府档案43号，历史研究所抄存。
③ 同上，36/1号。

勋贵地主施行这种权力的记载极少，因此我们不得不借助于衍圣公府残存的档案加以说明①，该公府也是自行管业的。不能说明代勋贵地主在这个问题上和衍圣公府的一模一样，但原则上不应相去很远，衍圣公府的事例至少可看作是有力的参考。

　　衍圣公之所以能如此役使他的隶属（依附）佃户，证明了他的隶属佃户对他有浓厚的封建的人身隶属关系；他对他的隶属佃户的人身有相当的占有权②。

　　第一，如遇佃户不履行其封建义务，衍圣公府即差人拘拿。该府档案中有好几件这种性质的文件。其一云：

> 公府为拖欠粮银事：查得佃户张朴拖欠万历十六年分粮银子粒，共该银九两，经久未纳，显是奸猾延捱，拟合提催。为此，票仰屯长李炯即将该屯佃户张朴等所欠银两，查照数目，火速比并完解。如再迟慢，就将张朴锁来追处……万历十八年五月十一日。（《处理本府公务稿簿》，60/20。以下简称《稿簿》）

又一件云：

> 为久脱差役事，票差各役即将久脱差役孔大禄火速严拿，并久逃泥水匠孔大春、孔大花、孔大荣、孔大海、孔守进、孔大等拿解赴府查究，去役不许纵放迟误并究……万历十九年六月十七日。（《稿簿》，60/122）

第二，如遇该府佃户和外人发生讼狱纠葛，该府即以主人资格出

---

　　① 衍圣公府的档案在孔德成逃走时和逃走以后，都有散失。所存明代档案寥寥无几，难以完全说明问题。因此，在论证中引用了一些清代的档案。档案年月虽晚，所言全是旧制。如此引用，或无不太妥处。

　　② 因为衍圣公府保存的该府明代文献极少，有不足完全说明问题处，所以在以上的论证中，不得已引用一些顺治年间甚至更晚的文件。文件虽不是明代的，但所言全系旧制。如此引用作为辅助材料，或无不妥。

而干预。如天启七年该府札付徐州一案：

> 袭封衍圣公府为恳恩行提男妇团圆事：准佃户朱才告前事。据此告称有男朱怀元趁食徐州，凭媒娶到徐州民人陈文产女小二姐陈氏为妻，并义女小五姐，今经年半被奸恶陈有智倚势生虎强霸伊女在家，不容放归……恩乞急救，提取陈氏回家夫妇团圆，二者安生，等因到府。据此，照得朱才系钦赐本府户人，为此合行札付本州当该官吏，查照札内事理，将陈文产陈氏小五姐行拘到官审明，当堂交付去与朱怀元收带回家，夫妻完聚……天启七年九月初七日。

第三，如遇佃户之间发生纠葛，被害一方也呈请该公府审理。如户人陈守福状告赵承颜一案：

> 告状人陈守福，年二十岁，系户人。告为杀夫图妻事：身兄陈守起娶妻孔氏……被奸恶赵承颜窥妻姿色，计诱通奸，将身兄屠害，占妻为妾……现今尸骸无踪，人命大冤，哀怜作主，准行严究正法追偿。上告本府老爷详行……顺治十年四月初六日告。

状呈该府之后，本府即批："准行票（?）拘，听审。"

第四，如遇钦赐户人发生家务纠纷，户人也状呈该公府乞请审理。崇祯三年八月初七日庙户[①]陈大任状告其弟陈大授灭伦抄害，奸侄妇未遂，奸侄女并转嫁与人。该公府受状，即票拘陈大授。该"圣府票"云：

> 为灭伦抄害事：据陈大任告前事，票差本役（下文）前去即拘后开犯证赴府听审毋违。计拘被告陈大授，干证曹一登、孔弘慎。崇祯三年八月初八日。

八月十一日，陈大授反告陈大任。乡民孔弘盛等十三人遂出

---

① 在身分上衍圣公府的钦赐庙户与钦赐佃户完全相同。由庙户亦可推知佃户。

面调解。事毕，孔弘盛等于八月十五日具呈和息状。该公府批："准和息。"

第五，如遇本府户人与官府发生纠葛，该府则出面代其佃户申明办理。

该公府钦拨庙佃两户人等例免朝廷差役。但地方政府或乡里书手常派该公府佃户庙户杂差，因此往往发生纠葛。庙佃户人呈请该公府出为作主，该公府即札付有关地方政府明示优免。顺治六年该府札付邹县一案，即其一例。札云：

> 太子太傅袭封衍圣公府为历朝典例有据昌宸雨露方新恩祈裁酌俯给钧示定佃心以绵圣祀事：查有至圣庙祭田佃庙户等项悉照旧例不许概编，今将本府邹县鲁源庄原系钦赐免粮地……庙户李文泰等十八户，见在十六户，逃遗二户，合行开送……仍希照例优免……为此，合行札付前去贵县烦为查照施行……顺治六年十一月。①

第六，如遇该公府户人与外人合伙进行反对统治阶级的活动，如参加白莲教起义，近的该公府自行缉捕，路远人众的，则移手本该管地方政府会同捕捉。

> （袭封衍圣）公府为会同捕盗贼事：切照连年以来自妖叛（白莲教起义）之后，贼盗不息……范县西接曹濮等处一带捶手结党扰害一方……访得有勾引佃户罗登等在内为非。本府欲行捕捉，奈（此处文字残阙）甚众途远难获。为此合用手本前去贵府（兖州府）烦为转行贵属郓城，速差番役，公同差去伴当严限捕捉……天启七年九月②。

---

① 此件录自曲阜故衍圣公府档案。关于该公府庙户佃户被地方派差扰害呈请该府给示优免事，可以天启七年户人胡景河等呈文为证。该呈文已见前引。

② 曲阜故衍圣公府档案33/2。又见33/4、33/6，历史研究所抄存。

如地方政府已经捕得该府为"非"户人，该府仍可移文该地方政府被捕户人移送该府处理。如户人（"世仆"）王守信张世臣等"阴谋不究"，被曲阜县逮捕移送该公府。该公府手本复曲阜县云："本当正法，但念系世仆，责惩其罪，欲其改恶迁善，以待自新。"此系顺治十四年二月二十三日事。二十六日张世臣之兄等即具状该公府保释。该公府批："准保，存案。"①

以上说的是完全隶属于勋贵地主的佃户。

除完全隶属的佃户之外，还有不完全隶属于勋贵地主的佃户。这类佃户中有上面介绍的佃户中的第二种——奏讨的佃户，和第五种——自行招募的佃户。

这些佃户所处的具体情况不同，他们的遭受的剥削也不完全一样。但他们有一个共同的特点：他们都没有脱落官府的名籍，而且必须承当官府的一项差役。他们是既属于勋贵地主的办纳子粒（地租）的佃户，又是属于朝廷的向官府承当一部分差役的人户。他们的封建隶属是双重的。至于那些既向官府应当差役、又向官府办纳钱粮的勋贵地主的佃户，他们的双重隶属关系就更明显了。今略作解说如下。

不完全隶属于勋贵地主的佃户中，情况较复杂的是军民田原业主被勒充佃户的人户。他们原来都是朝廷的编户，著在黄册，对朝廷履行封建义务，纳粮当差。现在土地被贵族占夺，人身被贵族抑为私人佃户后，其中有一部分人户被豁免了他们原先以土地业主对朝廷纳粮当差的义务，有一部分在一段时间里还没有豁免这种封建义务。那豁免了业主粮差的人户，现在变成了勋贵地主的一般佃户（不同于钦赐佃户），那未豁免的，除现役为贵族的佃户外，同时还是著籍官府的业主人户，

---

① 曲阜故衍圣公府档案 33/2。又见 33/4、33/6，历史研究所抄存。

也就是朝廷的编户。

先说豁免了业主粮差的佃户。

豁免了业主粮差的佃户，和原来就没有土地为勋贵贵族种田看庄的佃户一样，他们的主要封建义务是向贵族庄主办纳子粒。他们对官府虽然没有以土地业主的身分应当业主的粮差，但他们对官府并不是完全没有当差的义务的。他们不承当以土地占有者身分应该承当的差役，但他们必须承当以著籍官府册籍的人丁的身分承当人丁差役。这种佃户，也就是我们所说的勋贵地主的一般佃户，和勋贵地主的钦赐佃户的不同处，主要就在于钦赐佃户是完全免除了对朝廷的任何差役的。

勋贵地主的一般佃户必须向官府应当的人丁差役，就是那差徭名目中的"杂泛差役"。

明初的差役有两种："里甲"和"杂泛差役"。"里甲"也称作"正役"，以别于"上出不时"的杂泛。英宗正统以后，将里甲中若干项目提出，别立"均徭"名目，于是明代的差役从此以后就成了三种：里甲，均徭，杂泛差役。自然，这是就一般情况说的，有的地方还有将均徭中的"驿传"或"民壮"别出而特立一目的。也是从此以后，正役项下便包含了或实际上包含了里甲和均徭两种；杂泛差役未变，仍然是里甲均徭之外的一切临时的征发。正役和杂泛的区别主要在于正役征自丁田，基本上是田；杂役征自人身，所谓"有丁则有役"。《明律》《户律、户役》项下《脱漏户口》律文云：

> 凡一户全不附籍有赋役者，家长杖一百；无赋役者，杖八十，附籍当差。若将他人隐蔽在户不报及相冒合户附籍，有赋役者亦杖一百，无赋役者亦杖八十。

为什么原来就没有赋役的（"无赋役者"）脱漏户籍要受惩罚还要"附籍当差"呢？《明律纂注》解释道：

赋者田产税粮，役者当差。有赋役，谓有田粮当差者也。无赋役，谓无田粮止当本身杂泛差役者也。

《昭代王章》的《句解》也说：

有田产人口曰有赋役，无田产人口曰无赋役。

《纂注》的"田粮"就是《句解》的"田产"。两说的意思是一样；两说都是符合明代的粮差剥削制度的。

由此可见明代的人民向官府应当的差役有两种。一种是出自田产的，一种是出自人身（身丁）的。出自田产的差役是"有赋役者"的差役，出自人身的差役是"无赋役者"的差役。案诸明代的赋役制度，"有赋役者"的差役就是"里甲"和"均徭"，"无赋役者"的差役就是"杂泛差役"。自然，就实际讲，"里甲""均徭"的编派除田产外，也考虑到一户之内人丁的多寡，尤其是在北方。但主要的是田产。这和纯粹征自身丁的"杂泛差役"是不同的；"杂泛差役"的编派是完全征自人丁，不管这个人丁有无田产。

总而言之，在明代，所有人丁，不管他有无田产，也就是说，不管他是有土地的业主或无土地的佃户，都得向朝廷应当一项差役。不过这项差役不是"正役"，止是"杂泛"。

明白了这番道理，自然就可以完全了解太祖朱元璋在自制的《大诰·三编》中所说的有关的一段话了。《大诰·三编》《公侯佃户第三》云：

公侯世禄佃田人户往往不肯与民一体当差。此诰一出，今后一切杂泛差役一体应当。敢有不当者，全家迁发化外。

前边已经再三说明了，公侯贵族的钦赐佃户不著籍朝廷黄册，是免除所有官府的差役的。诰文里所说的应该向朝廷承当杂泛差役的，显然是公侯贵族的一般佃户。这条诰文确切证明了勋贵地主的一般佃户还须向朝廷承当杂役，证明了非钦赐的一般佃户的封建隶属关系是双重的：他们既是勋贵庄主的佃户，同时还是向朝廷承当杂泛差役的编户；他们是不完全隶属于勋贵地主的佃户。

至于事实上他们去应当不去应当这项杂泛差役，那是个具体实际问题，不是法制问题。在勋贵地主庄田（给爵地）朝廷代管的情况下，一般佃户很难逃脱这项差役。在勋贵地主自行管业的情况下，他的一般佃户是否履行这项差役，那要看他庄主的权势如何。权势大的，地方官府不敢攀派；权势小的，那就不一定了。一般的情况是勋贵地主不愿他的佃户，即使是不完全隶属于他的佃户，去应当官府的差役，而佃户本人为地租及生活所累也愿逃避官府差役。明初就已如此（如《大诰·三编》所言），后世就可想而知了。

至于那原业主土地被勋戚贵族奏讨夺占、本人被抑为佃户后，有一部分是朝廷没有豁免了他们的业主粮差的。这种人户的隶属关系也是双重的；无论在法制上或是在事实上，都是如此。他们的土地虽然已经被勋戚夺去了，但官府却未从册籍上将他们的土地开除。他们本人虽然已经被勒充佃户了，但在官府的册籍上他们仍然是原额地土的业主。这样，他们便被强制地获得了双重的身分：实际上是贵族地主的佃户，名义上还是朝廷的编户。以编户身分，他们必须履行"民分"，向封建国家纳粮当差；以私人佃户的身分，他们必须向贵族庄主办纳子籽并履行其他封建义务。这种双重的奴役和剥削，便造成了前引林俊、夏言所说的"税粮犹存""徭役苦于并充"的惨局。

这类佃户的负累，比以上所述的任何一类佃户的负累都重，而且重得多。不过这种情况，止存在于一个时期里，佃户没有以这种双重负累终身的。

三　封建超经济强制

这个问题可就两个方面说明：庄田子粒征收上的强制手段和各种差役的派遣。

（一）庄田子粒

勋贵地主佃户所遭受的超经济强制，在庄田子粒方面主要表现在用强逼取高额地租，不问肥瘠一概取盈，额外加派，遇灾不灭不免，逃户遗下子粒现户包赔。

勋贵地主的庄田，举其大宗，不外钦赐的官田、奏讨的民田、侵夺的民田、系官牧马草场等等。换言之，原来不是官田，便是民田。有少量（比较前几项说）所谓自己置买者，原来也是民田。官民田的夏税秋粮科则是每亩五升三合五勺，折银每亩三分。其民人开垦的永不起科的荒间地，原不征税。原牧马草场都是沙碱高亢低洼地，税则还低。今既变为私庄，其子粒额应该依原官民田税则征收①。所以他们的庄田子粒还称作"税"、"粮"、"银粮"、"夏秋二税"，和原官民田税粮名目，并无分别。但他们征收的子粒额不是粮五升或银三分，而是更高的数额，高过一倍甚至几倍。

成化七年，文武大臣并六科十三道英国公张懋吏部尚书姚夔等上疏，请定"内外权要之家"畿内庄田的子粒额，建议"若是自来无人耕种空闲之田，亦定每亩税五升，无得过取"②。"无得过取"便是"过取"事实的反映。弘治六年六部等衙门以星

---

① 关于这个问题请参看《明代的王府庄田》六《王庄子粒》。
② 《宪宗实录》卷99，成化七年十二月辛巳。

变奉诏上言减低畿内皇庄和公侯庄田子粒，"乞每亩止令纳细粮五升或粗粮一斗"①。一般的官民田税无粗细之分，夏麦秋粮，今使之都征细粮，已是变形的提高。定收粗粮一斗是直接将秋粮部分提高了一倍；一斗是两个五升。当时南京工科给事中徐沂也奏称"各侯伯等官强佃官地，召民转种，倍数收租"②。

事实上还有比一倍更高的。成化六年六部三法司等衙门吏部尚书姚夔等奏言："河南，山东、北直隶土田，洪武永乐间许民开种永不起科，高阜低洼处所听其采柴草〔鱼〕虾以自给。比来王府及势家多谓空地弃闲请为己业，民无田者仍佃种之，每亩纳谷二斗或三斗者，人多怨咨。"③ 孝宗弘治年间，皇亲寿宁侯张鹤龄在他的河间府肃宁县约一千顷的"妨占沙鱭"不堪耕种的所谓庄田上，征收高额子粒，每亩银五分④。

这样高额子粒，不是个别的，而是普遍的。也不止公侯们如此，亲王也如此。山东德王府在他的广平府清河县的庄田也征收高额子粒：夏地每亩七分四厘，秋地每亩五分。在他的兖州府的庄田上征收的子粒，是每亩二斗。河南周王府在他的庄田上征收的子粒，是每亩一斗五升。湖广长沙府吉王府的租谷是每亩三斗，折银则是每亩九分四厘或一钱⑤。王府的例子也足以证明贵族地主强征高额子粒是普遍的。

曲阜衍圣公府的庄田基本上有四种。除钦赐的五屯四厂十八官庄的屯地厂地庄地以外，还有自置地。不同地土的租额和地租

① 《孝宗实录》卷46，弘治三年十二月壬戌。
② 《孝宗实录》卷190，弘治十五年八月己酉。
③ 《宪宗实录》卷76，成化六年二月乙亥。
④ 《孝宗实录》卷157，弘治十二年十二月戊戌，卷161，弘治十三年四月己酉。
⑤ 见《明代的王府庄田》《王庄子粒》。

形式不一样。屯厂二地基本上是按照一个则例征收,官庄和自置地是分等级征收。《本府处理公务稿簿》60/101 及 60/120 两号稿文中,载租种张阳庄的佃户每亩交纳租粮一石和柴一百六十斤。不知这种租额是不是一般的租额。屯地都是每亩征银六分。这是根据崇祯十五年平阳屯七甲祀田地亩粮银册和同年同屯八、九二甲地亩粮银册核算出来的。上边已经提到了,衍圣公府的赐田(祀田,祭田)是大顷,即大亩。一大亩七百二十步,合二百四十步的官亩三亩。这样一算,那么以官亩而论,该公府的官庄租额是每亩三斗三升强,外加柴六十斤。屯地租额则是每亩银二分。乍一看,屯地的租额比民田的税则还低,其实并不然。因为佃种屯地的佃户额外有他们特定的力役和每年必须交纳的繁重贡纳。官庄也有力役和贡纳,但少得多,而且是该公府佃户大都得输纳的,是一般性的;就是屯地佃户也得输纳。屯地佃户的特殊力役和贡纳是什么呢?特殊的力役是金充伴当(庙户也有派充伴当的),特殊的贡纳是年例布花,年例银,年例猪,以及该公府每年进京朝贡派纳的绵绸、生眼布、平机布、粗布、花绒、香油、北行银,以及小米、大麦、小麦、薥秫、绿豆、黑豆等等。按衍圣公府的屯厂经营,是厂附于屯;厂地也是银租,租额也较低。因此,有许多屯地上特定的贡纳厂地上也有。关于这种特定贡纳下边述加派时再说。

勋贵地主对佃户施行的超经济强制,不仅仅是强行征收高额子粒(地租)。另外还有四种情况也表现了封建的超经济强制。它们是:第一,不问肥瘠一概取盈;第二,正额之外有加派;第三,管庄人役分外勒索;第四,虽遇灾伤不减不免。

不问肥瘠一概取盈,就是不管地土肥沃或瘠薄,高亢或低洼,不堪耕种或耕种薄收乃至不收,一概逼取子粒,而且往往是高额子粒。北直隶河间府皇亲寿宁侯张鹤龄的庄田子粒和定兴县

"给爵地"就是很好的证明。

弘治年间，张氏奏讨占夺了河间府肃宁县地一千多顷。其中可以耕种获收的土地很少，止百亩。其他都是"妨占沙碱"不堪耕种的土地。在不堪耕种的土地上，张氏也同样强征子粒，且因用强征收打死人命。事闻，孝宗令"其可常耕百亩征租银五分，妨占沙碱中有可耕者，亦征如例"[①]。"如例"，就是如"百亩"之例，亩征银五分。亩银五分已是高额，但贪婪成性的张氏亲贵戚无视"妨占并沙碱中有可耕者"的规定，不问可耕不可耕，一概征收亩银五分。结果是"妨占沙碱者，亦起科如例"[②]。

"妨占沙碱"地土就是万历《大明会典》所载的"杂占不堪耕种"的地土。这种地土在山东河南北直隶的贵族庄田中占有相当大的比重。嘉靖九年查勘过顺天等六府所属六十七州县四百一十九处勋戚内臣寺观庄田，其中有"杂占"一项，不堪耕种。又查勘过顺天保定河间广平四府所属三十六州县勋戚等官开垦置买不行报官纳粮等项庄田一百零九处，其中也有"杂占不堪耕种"部分[③]。从皇亲张鹤龄的例子上，可以想见这些勋戚内臣杂占不堪耕种的庄田地土，也是或曾是如例征收子粒的。

勋贵庄田中有不堪耕种的地土，是可以理解的。如前所述，勋贵庄田有一大部分是占夺的民人开垦永不起科的地土，有一部分是侵占的牧马草场。牧马草场之有沙碱高亢低洼部分是可以想得到的，民人开垦的荒地之有不堪耕种或收获极少的土地，也是事所常有。关于后者，刑部尚书林俊曾说明过其中一部分道理：

①　《孝宗实录》卷157，弘治十二年十二月戊戌。

②　同上书，卷161，弘治十三年四月己酉。

③　万历《大明会典》卷17，户部4，由土，凡勋戚寺观田土，嘉靖九年题准如是云云。题准文长，从略。

> 盖缘北方地土平夷广衍，中间大半潟卤瘠薄之地，葭苇沮洳之场。且地形率多洼下，一过数日之雨，即成浡没。不必霖潦之久，辄有害稼之苦。所以（二字疑衍）祖宗列圣盖有见于此，所以有永不起科之例、不许额外丈量之禁。是以北方人民虽有水涝灾伤，犹得随处耕种以帮助粮差，不致坐窘衣食。①

成化间因皇亲周彧奏求真定府武强县地土，御史彭韶亲诣该处踏勘，也奏报了同样的情况：

> 顷者亲诣本县，见其地有高阜者，有低洼者，有□坦硗薄者。天时不同，地理亦异，且如亢旱，则低处得过，而高处全无。水涝，则高处或可，而低处不熟。沿河者流徙不常，碱薄者数年一收②。

他也说由于这种情况，所以洪武二十八年才令民人新开荒地永不起科。因此，真定府所属各县地土中之新垦者，一向不曾起科。

真定府的地土地理情况，也就是林俊所说的北方地土的一般情况。这种地土虽是薄收或"间一岁一收"，但因不起科征粮，是以"未尝逐亩定赋而一亩兼数亩之数"③，所以艰窘民人仍可开种，帮办粮差。勋戚贵族之所以奏讨夺占这种地土，也不是因为这等地土肥沃多产，而是因为他们可以凭借他们所操持的封建特权，强迫原住种人户继续承佃，并施行超经济强制，逼取地租。

正租之外加派征取，是封建社会地主对佃户剥削的一种普遍事实。前边提到的西宁侯宋世恩，于正租之外勒索"耗粮食米

---

① 《传奉敕谕查勘畿内田地疏》，《明经世文编》卷88。《皇明奏疏类抄》（万历十年刻本）卷61所收林俊此疏无"所以"二字。
② 《乞分豁土田疏》，《明臣奏议》卷4。是疏上于成化五年。
③ 均御史彭韶疏中语。

马料丁银"①。北直隶定兴县贵族们的"籽粒地"即使改为官府代征后，仍然加征"脚价""火耗"，甚至和佃户毫不相干的"辽饷"②。"脚价"的最高率达正租的百分之一强。而且佐贰官重征火耗并征旧欠，毙民杖下③。云南的黔国公沐氏，"正征之外有杂派，杂派之外有亡名（无名之征）"④。

曲阜衍圣公府于正租之外，也有加派。

《本府处理公务稿簿》60/46 是万历十八年七月二十五日催征巨野屯的存稿。计开该屯应贡纳年例布花的共有四十四户，每户所应交纳的数额不等。纳四匹布八斤花的户有六户，纳三匹布六斤花的有十户，纳二匹布四斤花的有十一户，其余的或纳二匹布二斤花，或纳一匹布二斤花。《稿簿》60/64 是万历十八年二月初八日催征各屯拖欠布花的存稿，内中平阳屯佃户拖欠布花最多的是卞天儒；他欠布七匹，花十六斤。他原该贡纳多少不明。

年例银数额也不小。据万历十八年十月二十五日所发催征该项银稿（《稿簿》，60/66），郓城屯八十七两，巨野屯六十六两，平阳屯六十六两，东河屯二十六两八钱，独山屯二十七两五钱。

年例猪有的交纳实物，有的交纳折银。交纳实物猪不知每户

---

① 《神宗实录》卷177，万历十四年八月乙酉，户部奏。
② 鹿善继：《鹿伯顺十五种认真草》第三种《折征籽粒本末》卷2《本县为籽粒加派申院按文》及《本县再申各院文》载雍靖王妃地一百顷共银三百两，脚价二两四钱；锦衣卫千户陈尚忠地、银、脚价同；驸马许从诚地九十顷有奇，银二百七十两，脚价二两一钱六分；恭顺侯吴汝胤地二十三顷，银六十九两，脚价五钱五分二厘；瑞安公主地四十三顷九十亩零，银一百三十一两七钱一分零，脚价一两五钱三分零；延庆公主地一百三十一顷八十一亩零，银三百九十五两，脚价三两一钱六分零；寿阳公主地二百七十四顷七十三亩零，银八百二十四两二钱一分零，脚价六两五钱九分零。
③ 同上书，《与左屯台浮丘书》云："佐贰官重征火耗并征旧欠，毙民杖下之状不忍言又不胜言也。"
④ 《周嘉谟庄田册疏》。

如何摊派法，《稿簿》60/68号中载有"佃户伴当卞化等猪十口"。年例猪折银是按户摊派。万历十八年六月初八日发的催征拖欠猪银稿（《稿簿》，60/32）中载有一户尚欠一两或一两二钱的，有全欠的。每户该当交纳的原额当然比一两二钱多。

每年上贡征调的各屯的物料为量也很大。以郓城屯万历十八年五月二十九日的征调说，绵绸二十四匹，生眼布四十匹，平机布五十匹，粗布六十匹（改平机布三十匹），花绒二百斤，香油二百斤，北行银二十六两，支应银六两（《稿簿》，60/26）。此外，还征调杂粮。以平阳屯为例，万历十九年征调的是小米十石，蜀秫五石，大麦六石，绿豆二石，黑豆五石，小麦五十石（《稿簿》，60/110）。

另外，衍圣公府还借上京进贡马匹名义搜括银两。万历十八年向各屯搜索的是郓城屯七十二两，巨野屯六十两，平阳屯四十八两（《稿簿》，60/11）。

所有以上这些征调都是定额的，每年必纳的；它们构成了各屯佃户地租的主要部分。伴当力役也是地租的构成部分。如果将这项目加起来，就可以看出衍圣公屯厂佃户的租额是很重的。

以上是对屯户的特定的科派。庄户的租额较屯户的高，但也有加派。为修建则派各庄佃户石灰物料等等见下文。

总之，明代的勋贵地主以及所有贵族地主对其佃户于正租之外另有加派，那是毋庸置疑的①。而洪武十九年，明太祖朱元璋作《大诰·三编》，在《公侯佃户第三》中却说"公侯佃田人户秋夏二税办纳之际，比之众民甚是易办。凡收粮之时，各府遣人

---

① 明代王府对其庄民的加派，见《明代的王府庄田》。明代不止贵族地主，一般地主对其佃户也有种种正租之外的勒索。如交租时须将谷扇净，送谷上门，正租之外并征"田鸡"、"脚盐"、"酒饭"、"年例"、"常例"等等，见历史研究所所藏徽州府属各县档案。

诣庄所催督，众户送赴交纳，并无刁蹬留难淋尖跌斛及上仓芦席脚钱。诸等使用并无，比之众民，减轻多矣。"这套辞令完全不是事实。

管庄人役的虐害和敲剥，有三大端：捶打逼取地租，分外需索，横暴侵凌。

寿宁侯张鹤龄的管庄人役于不堪耕种的地土上逼征地租，打死人命，上边已经提到。嘉靖六年大学士杨一清等上言戚畹势家占夺民田事，世宗批答曰："近者八府军民征粮地土多被奸人投献势家朦胧请乞，侵夺捶挞逼取地租。"① 捶挞是地主对佃户人身的侵害，是封建特权、超经济强制的另一种表现。不独京畿八府有庄田的贵族操有这种特权，外府州县的贵族也无不操有这种特权。所以世宗又说："京畿如此，在外可知。"②

关于管庄人役的分外需索，户部尚书叶淇曾上疏说："天下王府及在〔京在外〕功臣之家皆有庄田。管庄者收租时往往正额〔之外索〕取数倍，侵削人己。"③ 武宗即位大赦天下诏中也说："各处钦赏庄田有业主自行管业收受子粒者，多被管庄人等倚势生事，分外需索，逼迫小民逃窜失业。"④

贵族管庄人役横暴，军民佃户俱受残害。孝宗初，户部尚书李敏等奏："比来管庄官校人等往往招集无赖群小称为庄头伴当佃户家人名目，占民田土，敛民财物，夺民孳畜，甚至污人妇人（女），诬人性命，民心伤痛入骨。少与分辨，辄被诬奏，至差

---

① 《世宗实录》卷82，嘉靖六年十一月甲午。

② 同上。

③ 《孝宗实录》卷75，弘治六年五月壬辰。

④ 《武宗实录》卷1，弘治十八年五月壬寅。按此语亦见孝宗以久旱谕颁宽恤十五事诏。此诏草拟后未及颁布孝宗即崩，遂载入武宗即位大赦天下诏。孝诏见《孝宗实录》卷224，弘治十八年五月辛卯。

官校拘拿。举家惊憾，怨声交作。"① 这些受害人户显然有一般民户，但他们所管辖的佃户也必在其中。后来户部尚书周经等也曾上疏陈奏："管庄家人势如虎狼，生事害民，情所不堪。"② 他们是专指贵族的（具体说是皇亲张鹤龄的）佃户说的。贵族的"豪奴悍仆肆行武断"，作威作福，而所在"官府莫敢谁何"③。云南黔国公府的大小管庄火头佃长欺凌庄户，"虐焰所加，不至骨见髓干不止"。庄民畏势，"敢怒而不敢言"④。

但究诸具体，情所不堪者为何？肆行武断者为何？虐焰所加者又为何？章疏措辞，均极空泛。揣度其中缘故，或臣工陈奏有难言者，有不敢言者，有回护者。因此明代奏疏中责斥王府勋戚贵族管庄人役"暴横为非"的屡见⑤，而言明具体情况的绝少。

除了以上各种朘削之外，勋贵佃户还有一种负担，那就是虽遇灾伤庄田子粒不减不免。这是所有贵族地主之间通行的恶例。孝宗于弘治二年曾下过诏令纠正："令皇庄及皇亲公侯驸马伯等官庄田，如遇灾伤俱令照依民灾伤分数征收。"⑥ 诏令初颁之时恐怕就没有人遵行，日后便流为具文了。

到了嘉靖年间，户部曾前后两次因灾伤请减免清宁宫未央宫及皇亲功臣等庄田的子粒⑦，嘉靖十七年因水灾曾诏免顺天府属

---

① 《孝宗实录》，卷28，弘治二年七月己卯。此疏所劾乃皇庄勋戚太监等管庄人役，故有"官校"名目。一般贵族无"官校"。

② 同上书，卷161，弘治十三年四月己酉。

③ 林俊：《查处皇庄田土疏》，《明经世文编》卷87。因皇庄言及勋戚庄田及其管庄人役。

④ 《周嘉谟庄田册疏》。

⑤ 如《孝宗实录》卷80，弘治六年九月戊午，"乃命通行司府州县遇业主愿自收（子粒）者听。仍申禁管庄人等毋得暴横为非"。还侵占民田。

⑥ 万历《大明会典》卷17，户部4，田土，凡诡寄投献。

⑦ 见《世宗实录》卷43，嘉靖三年九月甲申，及同书卷49，嘉靖四年三月辛酉。

庄田子粒有差①。隆庆元年雨灾，也曾因御史王延赡的奏请，诏免过三宫庄田和勋戚庄田子粒的十分之五②。这些因局部地区灾伤特旨减免庄田子粒的诏令，应该起了律例的作用，但事实并不然。嘉靖二十八年定国公庄田的坐落去处曾罹灾伤，该公府子粒应该依例蠲免，但国公徐延德上言本家庄田虽遇灾伤不宜蠲租，抗拒诏令。户科给事中王德参论，户部复议，世宗竟不作决定令屯田御史勘复，结果未见记录③。这些事实，证明代勋戚贵族庄田子粒遇灾依分数减免的诏令，未必都曾遵行，尤其是自行管业的勋贵。

以上所说，不论肥瘠一概取盈，遇灾不免、额外加征，乃至管庄人役的勒索和对佃户人身的虐害，都是超经济强制的具体表现。

而超经济强制的最残酷的一面莫过于强制包赔。北直隶保定府定兴县"给爵地"佃户的遭受，就是这种情况的具体写照。该县乡官鹿善继与县令揭帖云：

窃照本县庄田籽粒地十场：一乾清宫，一慈宁宫，一雍靖王妃，一寿阳公主，一瑞安公主，一延庆公主，一恭顺侯吴汝胤，一驸马许从诚，一锦衣千户陈尚忠，一五军营。以上各项共银二千八百三十七两三钱有零。而地极洼碱，久称灌莽之区。国初以来，原不起科。正德之季，勋戚奏讨……当时因家人催督，大为骚扰，遂以类解归诸有司。然此地水旱俱不相宜。俗传有干则如炕湿则如酱之语。不堪耕种，自难办纳。而征银分数，更居其重。夫较此地打条鞭地（正常民田）固四不当一者也。乃条鞭地分上中下，或二亩折一亩，

---

① 《世宗实录》卷209，嘉靖十七年二月癸丑。

② 《穆宗实录》卷9，隆庆元年元月庚戌。

③ 《世宗实录》卷353，嘉靖二十八年十月辛丑。

或亩半折一亩，每亩征银三分有零。籽粒地则不分上中下，一亩实作一亩，每亩亦征银三分有零。地土之肥瘠甚悬，而计亩之征银相等，此其情之不均、理之不通、而势之不能久也，岂待中智而知之哉。彼佃作者，地所收不能偿地所费，既视此地为漏卮，收入极薄而额征难缓，复视此地为陷阱，是本人之地为本人累也。且悬罄无以应比，则走险岂复择音。穷而迫者逃四方，包而纳者着地著，是本人之地又为他人累也。逃者愈众，住者愈难，池鱼之患，展转相寻。于是一夫不完为一门累，一门不完为一户累，一户不完为亲戚累。比屋分散，并丁差亦逋：是籽粒乏累并丁差累也。不但已也。十场事属一体。当法之既穷，不议变通，而议包纳，于是又不止以本人之地为他人累，复以本场之地为别场累也。先是瑞安两场佃户逃尽，遂以所失之额责令八场共包。今雍靖王妃、锦衣卫二场逃者过半，屈指为瑞安、延庆两场之继，势将复派别场包纳。始以八场包两场，今又将以六场包四场矣。民之逃转多，粮之包转重。虽十场地性不无略有轩轾，受害不无微分缓急，而包纳之法侵淫渐及，不至于举各场尽驱之沟壑散之四方不止……而今至于穷迫危急，典庄产子女。逃者生，不逃者死。年复一年，日甚一日，长此安穷①！

---

① 《鹿伯顺十五种认真草》第三种《折征籽粒本末》卷1《籽粒折征公揭》。历史研究所藏明抄本。亦见清刻本《鹿忠节公认真草》，第三种，《籽粒本末》。清刻本文字有删省，有改刻，故从明抄本。鹿善继定兴县人，万历四十一年进士，授户部主事。天启元年改兵部职方主事，进兵部郎中。天启五年，告归。崇祯元年起为尚宝卿迁太常寺少卿，旋归里。清兵入关，崇祯九年守城死。

衍圣公府也这样。《稿簿》60/43，催征冬布一稿云："公府为年例冬布事，票仰屯长王仲才乘此收花之际，速将年例冬布二百匹，即并各排甲首严限比完，查照旧额收解。其逃绝户人名下欠数，就于相应人户编补，务要如数完足……万历十八年七月二十一日。"

鹿氏这一揭帖非常重要，所以我们不惜篇幅录了其中这么一大段。该揭帖之后，并有各场佃户呈本县知县的禀状。内容相同，而文字简略。鹿氏揭帖和佃户禀状具体地诉说出了贵族地主强迫佃户包纳子粒这种赤裸裸的封建超经济强制的凶残榨取。佃丁被迫承佃贵族庄田（见前节），转为佃丁之累。佃丁一人之累，转为全家（一门）之累。一家之累，转为一族之累。一族之累，转为亲戚之累[①]。操有封建特权的贵族地主直将佃户全家全族亲戚之属，统统括入强制共同负责包赔子粒的范围之内。万历九年本县"籽粒地"（"给爵地"）由各该爵府自行管业改为本县有司代管代征子粒，原为避免各该爵府家人催督骚扰（鹿善继语），讵料这一措施反将一个原管业贵族对其自己佃户所施行的超经济强制，扩大到了现管业者（县有司）所管理的所有十场全体佃户的身上。从此以后，一场佃户逃亡，遗下子粒分派他场见在佃户共同负责包纳。封建朝廷的里甲制度——里甲共同负责包赔粮差的制度，被县有司运用到它所代管的"籽粒地"上去了。

定兴县"籽粒地"子粒征收上所表现的超经济强制，不是定兴县一地所独有。

（二）差役

承应差役，是勋贵地主对其佃户施行超经强制的另一个方面。关于这方面的资料，衍圣公府的档案比较具体。差役有这些名色：伴当、匠役、修建人夫、买办人夫、水手、长随，以及各种户役。

伴当是种奴仆性质的差役，是从佃户中金派的。佃户于应当伴当期间，须有一人常川住在公府承应不时差遣。如差催租粮、租银、租花（棉花），差催年例布花、年例礼、年例猪，差催马

[①]　鹿善继语。见前引《折征籽粒本末》。

价银。或差充买办货物人役，或差派水手役，派庙户磨制麴面，派佃户出夫役，派捉逮"盗贼"、久逃伴当人役，等等。例见《本府处理公务稿簿》60/4、60/6、60/10、60/13、60/15、60/16、60/31、60/34、60/45、60/67、60/78、60/92、60/123、33/6 等件。这些文件除 33/6 是崇祯七年的以外，其余的是万历十八年的或十九年的。

伴当一般是从各屯屯户（各屯佃户）内遴选的，也就是说屯户负担着承应伴当的差役。这符合衍圣公府配户当差的办法，如派配某些佃户承当酒户、屠户、猪户、菜户等等。也符合明朝朝廷在全国范围内配户当差的制度，如民户、军户、匠户、灶户、行户、铺户等等。衍圣公府档案中还保留着一份遴选伴当的票文。票文云：

> 袭封衍圣公府为遴选伴役事：照得本府伴役例于各屯屯户内遴选。目今伴役缺人，合行遴选。为此牌仰巨野、郓城、平阳屯屯官即将屯内遴选年力精壮者十五名，限次十五日带领到府……毋得违悮……乾隆二年八月二十九日。

"例于各屯屯户内遴选"，说的当是旧例，故引作参考。

据说伴当原额是二百一十名，也就是二百一十户。该公府档案中有一伴当启文云：

> 现役伴当李文京王文茂等启为乞恩选添伴当事：切照小的在府答应，不敢擅离。屡奉差遣乏人，前蒙老爷天恩分班答应。原有二百一十名，除死亡逃遗，只剩一百八十名，不足差遣。伏乞老爷发票各屯拘选，以便答应。各家感恩叩启。
> 顺治十七年十二月二十八日。

公府批："准拘选"。

伴当是封建差役，不是雇工，被派应役的不止得"年力精壮"，还得自备衣食。为此，例从"衣食不缺"、"富户"、"家中富庶"的屯户中选派。这等屯户应役多年，最终也必陷于

"衣食俱无""家贫如洗"。公府档案中有现役伴因贫无法继续当差请求更役的启文。其一云：

> 具启人见役伴当宣应升，系巨野屯户人。启为恳恩告退事：切炤小的孤身无倚，家贫难堪。本不敢辞，奈自今冬衣食俱无，难以应役。今有本屯三甲户人孟有德衣食不缺，年力精壮，堪应此役。恳乞老爷天恩怜贫准退应升，票拘有德……顺治十七年十月七日。

公府批："准拘。"其二云：

> 巨野屯伴当王邦玉启为恳恩更役事：切身在府答应七载，家贫如洗，实难应役。今有四甲刘芳庆，家中富庶，实堪应役。恳乞老爷恩准更替，而贫役苏生，合家顶戴无既。具实上启。顺治十七年十月二十六日。

公府批："准发票。"其三云：

> 伴当朱学正，系独山屯佃户。启为怜贫更替事：正贫如洗，盘费毫无，支应不前。今报富户人丁朱洪竹身力精壮，堪可更换，乞爷准拘替役，不致失悮……顺治十七年六月初三日。

公府批："仰屯长拘换。"

贫难伴当也有不找或找不到替身而逃亡了的。公府《处理本府公务稿簿》60/123 号系票拘久逃伴当文稿。稿云：

> 差本役并该户户头，即将久逃伴当李逵等火速严拿解府查究应役，不许违延。计拘：李逵，并李楷□；李业，并户头李东高；王教，并户头王孟洋。万历十九年六月十八日差李永、蒋信。定限本月二十日缴。

匠役也是从佃户中选派的。他们有技术，因而待遇稍好，有工食银。公府档案有令郓城屯将佃户均徭银暂作铜匠李应春工食银事一票。票文云：

> 袭封衍圣公府为审编工食事：照得五屯丁粮，已经拨给管勾

征收，以供祭祀及属官俸给掌书等役籽粒科贡车价等项应用外，其条鞭徭银，本府征收，以备进贡表马各项公费。但各役工食俱系万历六年审编均徭佥派，至今年久。况佃户有见在、逃亡、贫富不等，又经妖变之乱，恐失户人。今仰各屯屯长编派人丁已妥，不负钦拨之盛典。且祭田又经条鞭，以致各役工食不敷。今将佃户丁银暂分本役打〔造〕。如丁银不足，许屯长甲首人等设法帮补。每年一共工食银〔六〕两。为此给付收照。……待审户后，另听编派施行。须至票者，计开：郓城屯……粮银六两。右给付铜匠李应春收执。准此。天启四年五月十二日给。

据此票，可知该公府的佃户除交纳丁粮外，还得交纳"条鞭徭银"，即条鞭中之"均徭银"，"佃户丁银"。如丁银不足，许屯长甲首设法帮补，这是明令额外加派。佃户交纳均徭银供应铜匠李应春，实质上等于李应春所承当的是力役，其他佃户所承当的是银差（他们的差役以银折纳）。

衍圣公府有供其役使的各种匠役（"各役"）。票中所言铜匠李应春即系"各役"之一。"各役"也是由该府户人内佥派，打造制作该府器物。这项佥派也是一种差役。铜匠李应春每年只给工食银六两，比在官府应役造工匠的工食银低①。

---

① 铜匠是有技艺的工匠，"高手人匠"，不同一般人夫工匠，又须常年住府造作，所以得给以工食银。但所给之工食银很低。工匠在朝廷官作坊造作的，有月粮，有直米。高手工匠的给养较之尤厚。万历《大明会典》载："成化九年令高手人匠行锦衣卫镇抚司带管，月支粮一石，岁给冬衣布花，送监上工，仍于光禄寺日支粳米五合。"（卷189，工部9，工匠2，凡二匠月粮直米）。直米日五合，月计一斗五升。连共月粮共计年给十三石八斗。即以每石最低的折银率五钱计，十三石八斗为银六两九钱。冬衣布花尚在其外。由此可见，衍圣公府所给铜匠的工食银，较朝廷官作坊二匠的工食银低。时值白莲教起义（即票文所言"妖变之乱"）后，粮米价银很可能高于每石五钱。

该公府如有修建工程，则票派佃户出泥水匠，出夫，还出物料。该府档案《本府处理公务稿簿》中有一稿云：

> 为公务事，票仰独山屯屯长王守岩，本屯即处石灰一千斤，人四名，泥水匠二名，前赴鲁桥官宅修理应用。事完掣回，不许失悮，如违究治。

同票又派官庄佃户出去，张阳庄一名，齐王庄一名，鲁原庄二名，城西庄一名，也是供同一工程使用①。

又《处理本府公务稿簿》，60/77 号云：

> 计开　东府东大墙应筑尺丈并派定各庄（官庄）堵数，就委各管庄家人率领小甲人等各带筑墙捣杵枕钁等物，定限二月初九日兴工……务要坚固经久，不许草率减工。工完之日，各将筑过丈尺堵数用石刻写，嵌在墙上，以便稽查。如有总悮工程及墙不坚者，定行究治不贷。

派了张阳庄 175 尺，鲁原庄 154 尺，齐王庄 140 尺，西岩庄 84 尺，城西庄 70 尺，春亭庄 70 尺。末附"后作"154 尺。所派尺数有多少，因为各庄佃户户数不一样多。这件文稿大概是万历十九年的。"嵌（嵌）在墙上，以便稽查"是战国秦汉以来国君皇帝监督工匠"物勒工名"的传统办法。

孔林林墙也是派佃户修筑。事见万历十九年闰三月廿三日《稿簿》，60/97 号。

另外编派"厅夫"，见《稿簿》，60/23（万历十九年五月十一日）；派人夫和脚力（骑用牲口）供往河南等处买马用，见《稿簿》，60/13 号（万历十八年三月十六日）；派打造"官号卷箱"，椅子，见《稿簿》，60/14 号（万历十九年正月二十日）；派常行水手或佃户堪应水手役者，见《稿簿》，60/37 号；派往

---

① 此稿系 60/7 号，只载"二月十五日"。可能是万历十八年二月十五日。

泰安买办香椿芽人夫，见《稿簿》，60/15（万历十八年三月二十日）。

另外，衍圣公府以主人的身分，可以勾拘户人当差，该公府档案中有张应鳞一启禀可证。张应鳞系该府的管籽粒厂厂官。厂内缺一书办造报文册。有郓城屯五甲户人王文克者善书写。他当时在一生员家效劳。张应鳞遂禀启该公府"发票拘回，令彼在厂写册"。该公府即批"准拘"。这件事可以证明衍圣公府对其"户人"（钦拨的庙佃二户）有任意票拘当差之权。

以上所说的衍圣公府的"户人"应当该府的各种差役以及在差役基础上的对该公府的各种贡纳，止是我们见于该府文案中的几件，不是该公府庙佃二户差役的全部。该公府于其隶属户人中佥派各色户役不下三四十种，诸如屠户、猪户、羊户、酒户、菜户、笤帚户，乃至丧礼助哀的嚎丧户等等①，供应该公府的各种需求。这些户役都是世役，承当者子孙世世应当②。

---

① 参看杨向奎《明清两代曲阜孔家——贵族地主研究小结》，《光明日报》1962 年 9 月 5 日。

② 档案《处理本府公务稿簿》60/55 号，有关菜户一稿云："为年例供用事，票差本役即便守催菜户韩振等查照旧规，每日轮流办送时鲜菜疏送府应用，不许迟误……万历十八年八月十四日。"

明代的军户*

——明代配户当差之一例

朱元璋继承并发展了以往封建家长专制者统治和役使人民的办法，把他所能控制的人户，即已著籍官府的人户，编制成若干不同的户，承当各种不同的差役。明代的《黄册》（全称应是《赋役黄册》）今已不存，所以那时，如洪武二十六年的《诸司职掌》所载的一千六十五万二千八百七十户中，共编成了多少种户，各自承当什么种色的差役，现在是难以知道了。一提明代的户役，我们立即想到军、民、匠、灶。其实这止是户役中最主要的四种，《大明律》的"军、民、驿、灶、医、卜、工、乐诸色人户"的话也止是说了当时几种比较主要的，不是全部。偶遇记事所及而散见于《明实录》的差役人户就有承当民差的民户，承当军差的军户，承当造作的匠户，承当煮盐的灶户，承当提炼矿产的冶户（或坑冶户），承担供应各种器用的行户，承当临应供应的铺户，还有供应各种需求的酒户，醋户，磨户，柴炭户，司牲户，司羊户，栽户，菜户，养户，果户，海户，缸户，马户，鱼户，茶户，园户、女户、坛户、

---

* 本文原载《历史研究》1959 年第 8 期。

庙户、陵户等等。明代的亲王（王府）和功臣之家（公、侯、伯）也都仿照天下宗主（皇帝），将其所属人户编配为各种当差户，承应不同差役，衍圣公府并算不上是个很有权势的公府，他也把他的钦赐分作若干差役户，共三十多种（见胡一雅：《衍圣公府的人户》，未刊稿）。

总而言之，就明代制度而言，除了皇室子孙勋臣贵戚品官生员人等钦命优免差役的以外，凡在户籍上登记了的人户都得应当一种差役。不同的差役，有不同的户籍。籍不准乱，役皆永充。现在要讨论的军户，就是民人之中供应军差的特定人户——军户。军户隶军籍，属兵部。

过去记述明代军制的，都说明代的军户有"从征"，有"归附"，有"谪发"。这个说法不全面，而且忽略了专制主义封建社会"役皆永充"的基本大法。万历《大明会典》载洪武二年令："凡军民医匠阴阳诸色人户，许各以原根抄籍为定，不许妄行变乱；违者治罪，仍从原籍。"[1] 根据这个诏令，可以断言元代的军户，到了明代还是军户。这也可以说是世袭军户。其"从征""归附""谪发"不过是明代军户的新来源罢了。世袭军户有多少，虽不可知，数量恐怕不在少处。因此，记述明代的军户应该先交代明白在"役皆永充"律条下的"原报抄籍"的军户，然后再叙述明代的新军户。

明代的新军户也不只是"从征""归附""谪发"，另外还有"垛集""抽籍"等名色。现在先说前三者。

记述前三者——"从征"、"归附"、"谪发"——的文字不少，以孙承泽《春明梦余录》说的较详：

---

[1]　万历《大明会典》卷19，户部六，户口一。

明初之兵有从征，有归附，有谪发，著籍。从征者诸将所素
将之兵平定其地因留戍者也。归附者胜国及诸僭伪者所部兵
举部归义者也。后乃谪发诸罪隶为兵①。

"从征"军的主干是元末起义的农民，以及参加农民起义的
盐徒灶匠等人户，随从朱元璋推翻了元政权建立了明政权的全部
义军。这一类性质显明，不多解说。

"归附"军是蒙元降军和败军以及元末各割据势力的降军和
败军，归附了朱明政权的。收旧元败军为军的事例很多，今且举
一二例：

丙申年（元至正十六年）李善长从克建康，籍军民凡五十
万②。乙巳年（元至正二十五年）七月丁巳招徕顽拒各山寨元
兵，令"其尝为兵者，仍俾为兵"③。洪武元年，朱元璋即帝位
大赦天下，诏"新附地面起遣到军人，少壮者永为军士"④。洪
武四年，命侍御史商暠往山东北平收集故元五省八翼汉军，投籍
凡一十四万一百一十五户。每三户令出一军，分隶北平诸卫⑤。
洪武六年，于山后宜兴锦州等处搜获故元溃散军民九百余户，以
少壮者隶各卫为军⑥。洪武六年，命集故元五省八翼军士一千六
百六十二人，分补北平各卫军伍⑦。洪武十八年，命招集光州固
始诸县故元将校万七千人为军⑧。

收集故元军士为军是洪武年间增补军伍的一个办法。在征服

① 孙承泽：《春明梦余录》卷42，兵部，兵制。
② 郑晓：《吾学编》，名臣记三，《太师丞相韩国李公》。
③ 《太祖实录》卷15。
④ 《明朝小史》卷1322，《玄览堂丛书》一集。
⑤ 《太祖实录》卷63，闰三月庚申。
⑥ 同上书，卷80，二月丁巳。
⑦ 同上书，卷83，六月戊寅。
⑧ 同上书，卷174，七月丁未。

了的地方，大率都如上举各例施行。此外也籍故元民人为军。上引宜兴锦州例即是。他如洪武四年徙北平山后民三万五千八百户一十九万七千二十七口，曾将其中一部分籍以为军，散处各卫①。五年，燕山卫都指挥使司也曾收集故元山后宜兴等州遗民为军②。这些被籍为军的是降民，和平常的籍民为军还不同，所以也附记于此。

总而言之，平元之后，除故元军户大都仍勒为军外，一部分故元遗民也曾抑配为军。

收集盘踞各地抗元败军为军的例子，散在各种记载中。甲辰年秋败张士诚，得降卒六万。翼年秋九月克平江，执张士诚，籍其兵二十五万③。洪武四年，四川明昇尚未降，傅友德汤和分驻保宁重庆，明氏溃亡士卒投降者众，就曾籍其丁壮者分隶各卫（时已置成都及右中前后四卫）④。十一年，又命四川都指挥使司收集明氏故将校为兵，凡六千五百余人⑤。洪武四年诏籍方国珍所部温、台、庆元三府军士及兰秀山无田粮之民尝充红户者，凡一十一万一千七百三十人，隶各卫为军⑥，癸卯年败陈友谅后，必然也曾收其败军为军。到了后来，朝廷还遣使到陈氏盘据地方，征陈氏散卒⑦，目的也在收籍为军。

以上统是所谓"归附"军。

"谪发"是因罪充军的。这一类包括很多不同情况。《诸司职掌》"刑部"下载有"合编充军"二十二款，是洪武年间充军

---

①　《太祖实录》卷66，六月戊申。

②　同上书，卷73，四月庚子。

③　《天潢玉牒》，《纪录汇编》卷12。

④　《太祖实录》卷68，九月丙子。

⑤　同上书，卷117，二月甲子。

⑥　同上书，卷70，十二月丙戌。

⑦　《明史》卷140《王宗显传》附《赵庭兰传》。

例，明律不载。《大明律》载有弘治十年奏定的充军条例四十六款。发边远充军的二十七款，普通充军的十九款①。万历《大明会典》一七五，"刑部"十七，载有嘉靖二十九年奏定的充军例二百十三款，万历十三年奏定的充军例四十款。万历十三年后续有奏定。连同十三年的共二百九十三款：永远充军三十二款，极边、烟瘴、边远、沿海、口外充军四十七款，边卫充军一百四十六款，附近充军六十八款，俱见《明律集解附例》。律例条目繁多，无法转述。在处论罪因中，流罪有改为充军的，还有真犯死罪和杂犯死罪减死充军的。减死充军的叫"恩军"。凡永远充军或奉有特旨处罚叛逆家属子孙充军的，本犯事故则于其所遗亲枝内勾补。这样就成了军户。换句话说，这种犯罪入户便降为军户。真犯死罪免死充军的也要降为军户，但勾补之时只能勾补本犯着伍以后所生的子孙。他如杂犯死罪并徒流等罪照例充军的，充军止终本身；本犯死后不再勾补。这样的罪犯本人充军，他的家属并未降为军户。从充军的律例款目繁多的情况看，有明一代军伍中因罪充军的不在少处。尤其是在洪、永时代。《明史》谓"明初法严，县以千计"②，恐非虚辞。所以有的地区如辽东，"军士多以罪谪戍"③，而陕西一地的军伍也是"多由罪谪"④。《明史》谓"初太祖沿边设卫，惟土著兵及有罪谪戍者"⑤，虽未全得其实，然亦不无根据。

　　"从征""归附""谪发"之外，其他一个较大的旗军来源是"垛集"。

----

① 参看《明律集解附例》。
② 《明史》卷93《刑法志一》。
③ 《宣宗实录》卷107，十二月庚午，巡按山东监察御史张聪言。
④ 《太祖实录》卷244，洪武二十九年二月甲午。
⑤ 《明史》卷91《兵志三》，边防。

垛集是抑配民户为军的一种办法。

垛集军法开始于洪武初年。具体年月尚未考出。其法要点是集民户三户为一垛集单位，其中一户为正户，应当军役。其他二户为贴户，帮贴正户①。这时应役勾补均出自正户户下丁壮。洪武三十五年（建文四年）更定垛集军法，正贴户编金仍旧，但在新法中，应军役的不只正户，改令正贴户"轮次更代，周而复始"。如果贴户户下只有一丁，则免之②。

这个方法曾通行全国。见于记载的有湖广③、北平、保定、永平三府④、陕西⑤、山西⑥、辽东⑦、广东⑧、福建⑨、浙江⑩等地。成化十二年巡按湖广监察御史杨峻奏中有"今天下卫所有三户垛充军役"之语，可见垛集军法就不是一时一地的军役法了。

虽然如此，垛集军法终非配户当军的正法；它好象是配户当军的补充方法。因此可以推断垛集军法之实行并非天下民户均垛成三户应当军役；而是军有缺伍去处的补充籍军法。如军不缺伍，就不应再行此法，征集民户入伍。正统八年，直隶寿州卫千

---

① 万历《大明会典》卷154，兵部三七，军政一，勾补；《太宗实录》卷15，洪武三十五年十二月壬戌、壬申；《天下郡国利病书》册二七，陕西下，《巩昌府志》；雍正《广东通志》卷23《兵防志》、《历代兵防》、《军额》。

② 《太宗实录》卷15，十二月壬戌；万历《大明会典》卷154，兵部三七，军政一，勾补。

③ 《太祖实录》卷331，二月丁亥；《太宗实录》，卷15，十二月壬戌；《英宗实录》卷316，六月庚申。

④ 《太宗实录》卷15，十二月壬申。

⑤ 《天下郡国利病书》册二七，陕西下，《巩昌府志》。

⑥ 《太祖实录》卷231，二月丁亥；《英宗实录》卷113，二月壬辰。

⑦ 《孝宗实录》卷195，正月甲午。

⑧ 雍正《广东通志》卷23《兵防志》、《历代兵防》、《军额》。

⑨ 《太宗实录》卷33，二月丁丑。

⑩ 康熙《杭州府志》卷15《兵防》、《军额》。

户陈镛上言，以各卫军逃亡缺伍，"乞依洪武年间垛集事例，于民籍内设法补完"。此事曾下礼部议行①。这更可证明垛集法是以民户补充缺额军户的办法。

由垛集法编配的军户和正式军户还有两点不同。

第一，垛集军永乐以前只是正户应役，贴户只供帮贴义务。遇正户军亡故户下止有一丁，这才勾有丁的贴户解补。永乐以后，正贴户轮番更代，但遇贴户止有一丁时，还是免贴户的军役②。正军户有丁，必须应役。

第二，垛集原为籍民户补充军伍而设，在立法初意上，补充只有在不大影响民户的封建义务——纳粮当差——时方可。这个原则在垛集之时一定要考虑到的。前述正户贴户户下须留一丁，即是明证。太宗即位不久，户部尚书郭资奏北平、保定、永平三府之民初以垛集充军，从军有功者已在爵赏中，其力弱守城者病亡相继，辄取户丁补役，故人民衰耗，甚至户绝，田土荒芜。他请令在伍者籍记其名，放还耕种，俟有警急，仍复征用③。他这话是符合垛集补军又不太妨民务的原则的，所以太宗就接受了他的建议。

垛集虽是一个补充军役法，但有的地方它由此法编配的军户还不少；"有大县至数千名，分发天下卫所多至百余卫数千里之远者"④。洪武初所设的杭州前右二卫，其中垛集军足有三分之一⑤：

杭州前卫统军五，六〇〇，内

---

① 《英宗实录》卷108，九月丁丑。
② 万历《大明会典》卷154，兵部三七，军政一，勾补。
③ 《太宗实录》卷15，十二月壬申。
④ 章潢：《图书编》卷117《议随里甲以编民兵》。
⑤ 康熙《杭州府志》卷15，兵防，军额。

　　　　　　　归附从军一，九九二

　　　　　　　收集充军一，七九八

　　　　　　　垛集充军一，八一〇

　　　　　杭州右卫统军五，六六〇，内

　　　　　　　归附从军一，八六三

　　　　　　　收集充军一，九二一

　　　　　　　垛集充军一，八一六

南方如此，北方也这样。山西行都司卫所军，多系平阳等府人。而平阳等府军是洪武间垛集充军的①。王世贞说高皇帝时的军兵"多朵充及从征二端"②，这话有一定根据。

　　垛集之外，还有"简拔"民户为军的办法。就是我们所说的抽籍。洪武六年，诏简拔嘉定重庆等府民为军，得五千六百人③。十五年，籍蜑户万人为水军④。十九年，籍归附辽阳、高丽、女直每五丁以一丁为军⑤。二十年，籍绍兴等府民四丁以上者以一丁为军⑥。二十五年，籍太原府民户四丁以上者以一丁为军⑦。洪武初也尝将近海居民四丁籍一以为军戍⑧。

　　弘治六年兵部主事何孟春上言新旧军相仍。有抽充者，有垛充者，有配充者，有投充者⑨。其抽充当即上述抽民户丁多者为

---

　　①　《英宗实录》卷113，二月壬辰。

　　②　《议处清军事宜以实营伍以苏民困疏》，《皇明经世文编》卷332。"朵充"即垛集充军的意思。

　　③　《太祖实录》卷79，正月癸丑。

　　④　《明史》卷129附《赵庸传》。

　　⑤　《太祖实录》卷178，七月癸亥。

　　⑥　同上书，卷187，十一月己丑；《明史》卷126《汤和传》云："令浙东民四丁以上者户取一丁戍之，凡得五万八千七百余人。"

　　⑦　《太祖实录》卷220八月丁卯；《明史》卷133《濮英传》。

　　⑧　嘉庆《太平县志》卷9，留绩六，明谦。

　　⑨　《陈万言以俾修省疏》，《皇明经世文编》卷127。

军的办法。投充应是自愿投军的。但投充之军为数不多。

此外，还有籍屯田夫为军的，因佃种军户田土为军的①，因娶故军之女承故军之产而为军的②。为数恐也不太多。

其滥行抑配民户为军的，有明一代各朝皆有。睢州一地滥入军伍的就有一千③。洪武十三年五月乙未曾下过禁止以民为军乱籍的诏令④。二十六年所辑《诸司职掌》中甚至规定凡是民户被误勾为军的要"揭照黄册是实改正，发回为民"⑤。可见抑民为军的事，在洪武年间已相当普遍。

法规虽有，但抑配之事仍然不绝。永乐年间有⑥，宣德年间好象更多。清军官吏重在得军，凡遇军户户绝，即抑逼里老人等索取同名同姓、远亲近戚、女婿甥男、承种田产之人解补。倘有辩论，即以酷刑榜掠。宣德六年，松江一府因申诉而得分豁的就有一千一百一十名之多⑦。宣德七年，常州平民被抑配为军的有七百二十余人⑧。在清军监察御史李立的"残忍鸷悍""辄加酷刑"的暴力下，苏州一卫军伍中平民被抑配的共有一千三百九十八人。其中一千二百三十九人因已食军粮不得豁免，止好终身当军⑨。是后清军御史"多怕降官，于凡递年挨无军役，欲却将

---

① 例见《太祖实录》卷118，四月辛未。
② 《神宗实录》卷6，十月辛巳。
③ 《明史》卷140《卢熙传》。
④ 《太祖实录》卷131，五月乙未。
⑤ 《诸司职掌》，兵部，职方部，军役，冒名，《玄览堂丛书》一集，第48册。
⑥ 《仁宗实录》卷4，十一月辛卯。
⑦ 《宣宗实录》卷79，五月戊子；《明史》卷281《循史传》，赵豫。
⑧ 《宣宗实录》卷89，三月庚子。
⑨ 《宣宗实录》卷89，四月壬辰；《明史》卷161《况钟传》谓："钟疏免百六十人，役止终身者千二百四十人"，是显然将各项改增一人以求整数。终身当军即是事故之后不勾补户下丁壮继役。严格说，他们不是军户。

好百姓逼认"为军①。类此事件，有增无减，终于造成迫害民户减少的极弊。明中叶以后，军籍混乱，这也是其中原因之一。

在少数民族地区，也有籍丁壮为军的办法。这就是所谓土军。制度与汉军稍有不同②。

由以上各种方法编配造入军籍的人户，在永乐二年不下二百万家，约占当时全国人户的六分之一③。后来原籍的军户有的逃亡、灭绝，原额可能因之而减少。但抄籍人户，永远充军罪人日后也增加了不少，远可能补足原额而有余。

这二百万军户对皇帝的具体封建义务是什么？他们的社会地位怎么样？

关于这个问题等讨论"屯田旗军"和"顶种军余"的时候还要具体描述，现在且举出几个基本情况加以说明。

第一，军户的佥配是强制的。

"以原报抄籍为定"的世袭军户法，是"人以籍为定""役皆永充"的封建家长制专制主义社会皇帝对民人人身强制的根本大法。封建法律是特权法律，"前主所是著为律，后主所是疏为令"，是皇帝说了算的，它是强制的。无论是"从征"、"归附"，"谪发"，或是"垛集"、"抽籍"，名色虽不同，其实也都是强制为军。"从征"者虽然原是自愿参加起义的民人，但是使他们继续当军，且永隶军籍，世世承应军差，那就非用强制不可。"归附者"是被征服的人。在封建社会里，被征服者的人身

---

① 《孝宗实录》卷163，六月甲午，礼部右侍郎焦芳言。

② 参看《太祖实录》卷203，七月乙卯；《明史》卷33《四川土司》二，播州宣慰司；《英宗实录》卷81，七月乙未、八九，二月甲辰。

③ 《太宗实录》卷30，永乐二年八月庚寅，都察院左都御史陈瑛言："以天下通计人民不下一千万户，官军不下二百万家。"洪武二十六年全国户数应从"诸司职掌"所载为一千六十五万二千八百七十户。他如《明史》一千六百五十万之说，误。

常为征服者所支配。或拨充军户，或配当其他差役，虽事关他们的人身和生活，他们没有选择的可能。"谪发"是刑徒，根本就是丧失了人身自主的人。"垛集"、"抽籍"是抑配民户为军户，其强制性更表现得直截了当。

最容易说明明代抑配为军的强制性质的莫如洪武年间所定的合应充军的二十二款中某些款例，其名色如下：

无籍户　更名易姓家属　　不务生理

游食　　小书生　　主文　　野牢子　　帮虎

伴当　　直司

从统治人民的皇权观点上说，"无籍户"是身不隶名籍，对皇帝未尽纳粮当差的义务的。"更名易姓"则是脱籍或改籍希图逃避粮差或避重就轻的。这两种都是因不履行"民分"未尽封建人身依附义务而被罚充军的。其"不务生理"和"游食"的本身并未犯罪，似不应加罚。但"不务生理"，即不能尽其"民分"——种田纳粮当差，而"游食"之人根本就是不守"民分"的。在皇帝的心目中，不守"民分"就是犯罪，故而逮捕充军。其"小书生""主文""野牢子""帮虎""直司"是不务生理的，各种各样的刻害善良民的衙役，而"伴当"则大概是投充搢绅为奴仆，或为庶族地主的地主作义男女婿充当私人奴仆的。在皇帝看来，他们也应该算作是不守"民分"的。朱元璋说得很清楚："尔户部即榜谕天下，其令四民，务在各守本业……其有不事生产而游惰及舍匿他境游民者，皆迁之远方。"① "若有不务耕种专事末作者，是为游民，则逮捕之。"② 逮捕以后处理的办法之一，就是充军。浙西部分民户曾因"无田粮"（即没有土

---

①　《太祖实录》卷177，四月壬寅。

②　同上书，卷208，三月癸亥。

地耕种不能纳粮当差），发迁凤阳屯田，后于洪武十一年又籍他们充军，大概也是由于同样的理由。如果拒不当军，那只有象云南民人不肯为军从征"白夷"的一样："拿了，迁了！"① 这里的问题不止在无田粮民人应否逮捕充军，而且在捕拿"游民"充军这个事实上所表现的皇帝对民人人身的支配权，和籍充配充军户上的强制性。

第二，这种强制性也充分表现在"人以籍为定"、不准冒乱、"役皆永充"、不准改变上。

依明律，军民诸色人户，皆以籍为定，永当差役；不得诈冒脱免，避重就轻。官司妄准脱免的，罪同。这个律条当然也施行当军差的军户上。所以，非特旨宽恩，没有军户人丁可得免役。有明一代获得这种特恩的为数极少②。

达官如夏言，身为礼部尚书，其家隶府军左卫军籍，应当军役。因为夏言家中现应役丁笃疾，而京卫及江西原籍又俱无次丁继役，经他个人疏请，才得免除军籍③，至于平民，不只不能落籍，即使户下只有一丁，也得当差。永乐八年湖广郴州桂阳县知县梁善以本县人民充军数多，户有一丁的发遣补役则田抛荒税粮无征，累及里甲赔纳，乞将军户只一丁者存留纳粮当差。为国为民，理应准从。但旨下礼部会议，军户一丁应承继者仍令补役④。平常军户如得脱籍，除非户绝⑤。

第三，各种差役，也就是说，诸色户役之中，如民户纳粮当

---

① 张纮：《云南机务抄黄》（《纪录汇编本》），洪武二十一年六月二十七日朱元璋圣旨中语。

② 以特恩释军籍的例子见《太祖实录》卷199，正月戊子，潮州府学士陈质，卷252，四月辛亥，唐庸。

③ 《世宗实录》卷43，十月甲午。

④ 《太宗实录》卷69，三月戊戌。

⑤ 《英宗实录》卷52，三月己酉大赦诏。

差，匠户造作营建，灶户煮盐，军户承应军差，以军户的差役为最重最苦。因而军户的地位在明代的"四民"——军民匠灶——之中最为低下；其应役户丁接近奴隶。

从性质上说，军户的军差是军户对皇帝人身依附关系上的封建义务，和民户纳粮当民差，匠户轮班住坐为皇帝造作营建一样。军户封建义务具体体现在下列特定差役上。（1）军户户出一丁，赴预先指定的卫所去当兵。这就是所谓旗军。旗军在营或防御操备，或拨种屯田，没有一定。防御操备的叫操守旗军，拨种屯田的叫屯种旗军。不论是哪种旗军，在军差上说，都是正军。（2）除正军以外，每一军户还得出余丁一名，随同正军到卫，在营生理，佐助正军，供给军装。有个别地区，如辽东、平凉，曾令两个或三个余丁随营供给正军①。不过这是一时或一地的办法，不是通制。（3）军户户下还得保留一丁，也是为的供给在营正军。（4）军户户下必须预备一丁为"继丁"②。遇正军事故逃亡，就勾解继丁应差。户下如无丁壮，就将幼儿登记，叫作幼丁。等成丁后再勾补当差③。

以上，还是初年的制度。重则重矣，但还不致重的无法承应。后来"重役"出现，军户负担几不可问。"重役"者是一个军户强令它出一丁以上或三五丁充当正军。这事大概永乐时期就已发生。

宣宗即位（洪熙元年）宣布大赦。诏革除军户"重役"。不问三处五处，并为一处④。换言之，就是不论三军五军，并为一

---

①　辽东例见《明史》卷203《潘埙传》附《吕经传》。平凉例见《英宗实录》卷130，六月庚申。
②　此"继丁"是否与户下"余丁"为一人，还不明白。
③　事实上，后来也有勾补幼丁当差的。
④　《宣宗实录》卷1，六月庚戌。

军。诏令下后的第三年（宣德二年），军户仍有一户，充二三处军役的①。到了正德十五年，在京在边轮操军士，仍有一家二名以上同赴操役的②。隆庆年间，甘肃镇军户有一户四丁而应当三军的，有一户二丁应当二军的③。象这样的军户简直是阖家丁壮全行当军了。《图书编》《军籍抽余丁议》云："夫军户族满十丁者，其一兵也，二三人或屯田也，其余则以供是兵也。"④ 初读时，以为军户军差虽极重，但不会有如是之重；以为论者姑且比喻，证明他的论点。等研究了明代军户较全面的情况后，才知道这段话确有事实的根据。

明代军户的军差不止重，而且户下金发为军一般都不准在附近卫所服役。同一县的军丁也不准在同一卫分或同一地区服役⑤。一般是江南的调拨江北，江北的调拨江南，使他们远离乡土⑥。成化十二年有陕西的军丁该解福建、广东、广西、云南的一万一千多，同时各地军丁该解陕西的也有六千四百多⑦。但碍于法令，不以陕西军戍陕西，也不以广东福建军戍附近卫所。事实军籍金编之初，已经把各该地方的军户所应赴役的卫分已经分配明白，注于册籍。是后勾补新军赴卫，就依照那册籍办事。嘉靖《高陵县志》和嘉靖《海宁县志》等等，还给我们保留了那军籍的痕迹。上述两县志都载有各该县军户的总数，和那些军户所应分戍的卫分名称和户数。陕西高陵县军户共六百二十一。其军丁分属于一百三十五个不同的卫分。浙江海宁县军户共六千八

---

① 　《宣宗实录》正月丁未。
② 　万历《大明会典》卷155，兵部三八，军政二，起解。
③ 　《穆宗实录》卷62，十月乙未。
④ 　章潢：《图书编》卷117。
⑤ 　用意大概在防止容易同谋逃亡和共策反抗。
⑥ 　远离故土即不易逃亡。
⑦ 　杨鼎：《议复巡抚漕运疏》，《皇明经世文编》卷40。

百九十八。其军丁分属四百四十八个不同的卫分。陕西军丁固然有分配到甘肃和辽东的，但也有不少分配到贵州和云南。海宁军丁有分配到南直隶卫分的，但分配到北边各镇的却为数很多。法之极弊，则有如兵部尚书杨士奇所言者："有以陕西、山西、山东、河南、北直隶之人起解南方极边者，有以两广、四川、贵州、云南、江西、福建、湖广、浙江、南直隶之人起解北方极边者。彼此水土不服。南方之人死于寒冻，北方之人死于瘴疠。其卫所去本乡或万里或七八千里，路远艰难，盘费不得接济，在途逃死者多，到卫者少。"①

一军起解，户下供给军装和盘费。如再娶妻金解，费用更大，"无虑百金"。因此汪道昆说"一军出则一家敝，一伍出则一里敝"②。起解军丁赴千里以外的卫分的，"下产半废矣"。"二千里之外，下产尽废矣"。"三千里之外，而中产亦半废矣"③。艰窘的军丁，在起解途中甚或"多至冻馁病死"。

军丁到营之后，免不了卫官的一番勒索。平索军装费用仍由户下一丁和随营余丁供给。如为骑军，随营余丁还得备养马匹。为事编发各驿站充军的，还得"自备鞍铺陈什物摆站"④。自备当差的条件，是封建剥削的典型方式。

正军在营虽有月粮，但军士多有家小，随营余丁多半也有家少。正军月粮或因军官尅扣，或因折银给发，或因拖欠不给，常常不能自养，"全仰余丁屯种养膳"⑤。

为了使军户能继续世世供给军丁，为了使军户能供给在役正

---

① 《论勾补南北边军疏》，《皇明经世文编》卷15。
② 《辽东善后事宜疏》，《皇明经世文编》卷337。
③ 王世贞：《议处清军事宜以实营伍以苏民困疏》，《皇明经世文编》卷332。
④ 《宪宗实录》卷40，三月丙寅。
⑤ 《英宗实录》卷53，三月壬申。

军的服装盘费，军户一般都有地土。军户的地土称"军田"（军屯地土亦偶有称"军田"者，与此不同）。军田的封建义务就是当军差，如民田的封建义务当民差一样。军田如有转卖，不论买者为民或军，其性质不变；买者即使原非军户，也得充当军差。因为军田已有军差当军，所以法令上规定脱免军田的"杂役"，即"杂泛差役"①。以三顷为率。三顷以上的军户田土，其应当差役和民田一样②。垛集军的贴军也如此③。因为山东潍州军地（军户地土）多而民地（民户地土）少，"民之应役者日殚"，洪武七年改令垛集军的正军全免差役（民差），贴军止免百亩以下；百亩以上，其应当差役与民田同④。

除军田定额免"杂役"外，随营余丁和户下供军余丁也免差徭，也为的是使他们得供给正军。洪武三十一年，令各都司卫所在营军士除正军并当房家小，其余尽数当差⑤。此令未及余丁。但此后无论正军原籍免差的户下一丁或在营余丁，他们都曾被迫应当差役。所以在宣德四年八月癸未颁行的清军二十二条例中，其中一条就是令依宣德四年二月勅存恤军士，"每军一人免本乡户下一丁差役。如在营有余丁，亦免一丁，令得专一供给资费"⑥。这个规定是早已有了的，现在重行申谕，就是前此未实

---

①　明代的徭役也从田出或称从赋出。赋出于田，有田则有赋，有田也有役。役有三：里甲、均徭、杂泛差役。军户田土听免者只杂役，非正役。

②　《太祖实录》卷63，闰三月甲寅；万历《大明会典》卷20，户部七，户口二，赋役。

③　《太祖实录》卷89，五月壬子，山东潍州判官陈鼎奏。

④　同上书，卷89，五月壬子；万历《大明会典》卷20，户部七，户口二，赋役。依《会典》，则此令施行山东全省，或不甚确切。

⑤　万历《大明会典》卷20，户部七，户口二，赋役。

⑥　《宣宗实录》卷57，二月癸未，"如"字原抄本作"加"，误。"余"字与"丁"字间有"才"字，衍。

行的证据。不只前此未曾实行，是后也未见实行。宣德六年（新诏颁布之后的第二年），颁布那诏令的宣宗皇帝自己也说："所司不遵朕言，以其余丁赴工。"①

岂但余丁事实上未曾免役，就是正军也还是承应各种差役；特别是拨种屯田的正军（屯军）。所以卫所屯田正军或军余（余丁）永乐时候就为差徭所累，宣德开始，逐渐加重。差徭有养马、采薪、烧炭、采草、修渠、筑堤、修工事，转输运粮等等，这些关系到屯田旗军和顶种军余的具体问题了，等以后再细说。

军户的军差既繁重如此，军户户下还有未免除的粮和"里甲"、"均徭"等差。这也是在这里不能细说的繁重负担。因此家道贫窘的军户，支应无从措办，只得典卖田地房屋或货鬻男女牲畜，如陕西②。有的甚至"全家逃窜"③。致使各处军户应继壮丁惧怕当军，故意伤残肢体，脱避差役④。而一般民户也怕和军户通婚，重累自己男女，拒绝婚媾⑤。结果军户丁男，如湖广武陵，大都到了三四十岁还不能婚配⑥。军户本非贱民，而实际上却和贱民的地位等同了。"从征""归附""垛集"等军本非罪隶，但身与充军罪犯为伍。抄没人户妇女例给功臣家为奴婢；如与旗军，则婚配为妻⑦；如此，身非罪隶也降为罪隶了。明《怀庆府志》曰："承平日久，人耻为军。"⑧　"人耻为军"是事实，

---

①　《宣宗实录》卷79，五月丙寅，谕行在兵部尚书许廓。

②　马文升：《巡抚事宜疏》（弘治十五年），《明臣奏议》卷10。

③　《宣宗实录》卷36，二月甲寅。

④　同上书，卷57，八月癸未。

⑤　《英宗实录》卷118；《明史》卷158《黄宗载传》。

⑥　同上。

⑦　西平侯沐晟在云南曾以籍没罪人妇女给配军士。见《太宗实录》卷42，四月甲戌。

⑧　《天下郡国利病书》册13，河南，怀庆府志，京边戍役论。

但并非因"承平日久"也。

第四，因为以上所述种种原因，就产生了军户低于民户的社会现象。

这现象不但存在于实际生活中，也存在于法令中。洪武二十八年奏准，正军户五丁以上方许充吏，而民户即使止有两丁，如识字，亦许勾充①。军户丁男止许一人充生员②，而民户则没有这样的限制。民户逃亡如不回籍，俱发所在卫所充军③，是民户有罪方充军伍，而军户无罪也得充军。逃民不报籍复业团聚抗拒官府的，户长发往缺军卫所充军，而逃军仅仅不自首者即发边卫充军④。近卫与边卫不同，待遇相差很多。民户内如无军匠等役自愿分户者听，但有军匠等役的（即军户匠户），就不许分居⑤。文职官员中有军匠灶役在任所及邻境州县置田宅报作民籍脱免原役的，俱发回原籍当差⑥；民籍文职官员虽有同样情况，并不遭受这样押回原籍当差的惩罚。军户不许将弟男子侄过房与人脱免军伍⑦，对民户却没有这种禁令。流民已垦田成业的，听其附籍；属军籍的，就得查报区处⑧。因避役投充王府家人，如为民，则发往口外为民，如为军舍余丁，则发极边卫分充军⑨。同样偷决太湖防盗堤，民则充军近卫，军则调发极边⑩。这些事例

---

① 万历《大明会典》卷8，吏部七，吏役参拨。
② 见叶盛：《申明祖宗成宪疏》，《皇明经世文编》卷59。
③ 万历《大明会典》卷19，户部六，户口，逃户一，宣德五年奏准。
④ 同上。
⑤ 万历《大明会典》卷20，户部七，户口二，黄册，景泰三年奏准。
⑥ 《英宗实录》卷215，四月庚辰。
⑦ 万历《大明会典》卷19，户部六，户口一，成化六年令。
⑧ 《孝宗实录》卷12，三月庚午。
⑨ 《武宗实录》卷46，正月壬寅。
⑩ 《神宗实录》卷332，三月丙午。

说明在法律上的军民待遇不同；军户总是低于民户。如触犯律例，军户所受的惩罚都是严于民户。间有少数军户依恃豪强，充当粮长里老，挟制小民①，那只是个别例外。而"官贫兵富，至相结为婚姻"，那也只有永定卫"土田沃衍"军户才有②。有明一代，但见军逃为民，虽犯重罪而不顾；不见民户求充军户。嘉靖间，直隶八府奉令抽选民丁为军，百姓惊扰。翁万达奏道："今之充军者罪下死囚一等。抽丁听调，一如军制，安得不惊!"③实在说来，军户在营应役军丁，不管是操守旗军或屯种旗军，或后来的顶种军余，他们的身分和所处的地位，简直有如"罪下死囚一等"。

第五，从以上简略的叙述看来，明代的皇帝显然对军户操有人身的强制支配权力；军户是缺乏人身自由的人户。也可以说，军户对皇帝有浓厚的封建人身隶属关系，主奴关系。

这种关系是怎样来的？

封建社会中对人身的强制和奴役的基础大致不外两种。一种是建立在土地所有者与占有者、使用者的关系上。在这种情况下，强制是来自封建社会某个人或某少数人对主要生产资料——土地——的垄断所由以产生的对占有者或使用者人身的占有④。"土地底需要引起了以此为基础的五花八门的奴役关系"⑤。另一种是建立在"某些人对直接生产者人身所有权，如在奴隶制和农奴制下"⑥。在这种情况下，土地的所有权倒变成了对人身所

① 《宣宗实录》卷36，二月甲寅。
② 《天下郡国利病书》册三六，湖广下，岳州府志，土田。
③ 《易州议罢抽民兵疏》，《皇明经世文编》卷223。
④ 参看《资本论》，一九五三年中译本，二卷，1030——1036页，"劳动地租"。
⑤ 《十九世纪末俄国的土地问题》，《列宁文集》三，31——32页。
⑥ 《资本论》，一九五三年中译本，三卷，卷828页。

有权的附属物①。也就是说，对人身的所有权在先，土地所有是跟着人身的所有产生的，或与之俱来的。在具体历史中，哪一个所有权在先或在后，不好严格区别。马克思在讲力役地租的一个注里说："征服了一个国家之后，征服者接着就也把那人占为己有。"② 在这里，两种所有权——对被征服者的土地和人身所有权——几乎是同时发生的。自然，这是武力征服的结果，或不能一概而论。

在上述两种任何一种的情况下，都必然发生直接生产者对封建主（不管是封建领主，封建地主，封建国家或代表国家的皇帝）的封建人身隶属或依附关系。这人身隶属或依附关系，其程度不同。重的可重到农奴制的强制力役，轻的可轻到只是"贡赋关系"③。前者就是马克思所说的"严格意义上的隶属制度"④，或"强制劳动的野蛮形态"⑤；那也就是列宁所说的"同奴隶制度并没有什么区别"的"最粗暴的农奴制"⑥。后者可以权且称它为封建依附农民，或封建贡赋农民。

就明代的军户说，皇帝对他们的强制支配权，或者说他们对皇帝的人身隶属关系，到底是怎样发生的？属于哪种性质的？虽然肯定的答案还待深入研究，但上述几种情形中它必居其一，那

---

① 《资本论》，一九五三年中译本，三卷，828 页。

② 《资本论》三卷，四十七章，"力役地租"节。郭王中译本将德文本原文 Land 译作"土地"，似不妥。译为"国家"（指地域而言的国家）较好。英译本译为 Country，恰得其义。德文本原文 Anzueignen，中译本译为"占有"。此字的含义是"占为己有"。

③ 《资本论》三卷，1031 页。列宁也说过同样意思的话："这种强制底形式和程度是极不相同的。从农奴地位起到农民不完全享有权利的身分为止。"见《俄国资本主义底发展》，162 页。

④ 《资本论》三卷，1031 页。

⑤ 同上书卷，1033 页。

⑥ 《列宁全集》，一九五六年中译本，29、433 页。

该没有问题。

军户有军田。有田必有役。军田出军役。因为明代的地土，除系官和钦赐者外，均配有户役；或民，或灶，或匠，或军。民田当民差，灶田当灶差（煮盐），匠田当匠差（轮班住坐），军田当军差。除特旨或依律例蠲免者外，所配户役不得逃躲，也不得避重就轻。种什么地，就得当什么差。买什么地，也得过割什么差。依法，官户买民田，就得当民差，不能因为自己是官户就可以影射避免。如果严格遵照律例，就是身为宗室勋贵，也得这样①。如民户买军田，依法，他也得当军差，不能混作民田，诡避应输的军役。他如军户买民田，民户买灶田，灶户买军田，等等，也是这样：买什么地，当什么差。从这个意义——田土配有户役，种什么地当什么差——上考虑，明代军户的军差是出自军田。

为什么种什么地就得当什么差？为什么种军田就得当军差？其中当然有个道理。对于这个道理可能有不同的看法，但作者个人倾向以为军户对军田只有占有权或使用权，没有所有权。对军田所有权的操持者——国家或代表国家的皇帝，军户必须交纳封建地租。具体到军户上，这封建地租就是他所耕种的土地上所应交纳的粮（赋）和军差，是一种力役地租和实物地租（有时是货币地租）混合的封建地租。

---

① 今且举一二例以明之。《明律》，户律，田宅，欺隐田粮条例："凡宗室置买田产，恃强不纳差粮者，有司查实将庄人等问罪，仍计算应纳差粮多寡抵扣禄米。"功臣田土律："凡功臣之家，除拨赐公田外，但有田土从管庄人尽数报官入籍，纳粮当差。违者：罪坐管庄之人，其田入官。所隐税粮依数征纳。"

《中国历史上农民的身分》写作提纲[*]

一　问题的提出

正确地了解农民的身分是了解中国古代历史的一个基本问题。身分就是生产关系中的地位，农民的身分就是农民在生产关系中的地位。新中国成立以来，讨论中国历史上的农民问题的书籍和文章已经出版了不少，对农民身分的具体分析似乎还不多。

具体的分析虽然不多，但结论却早就有了。那结论说中国古代历史上的农民是"自耕农"，而且是"自由的""独立的"自耕农。去年见过一本讲中国土地制度史的书，那著者说中国封建时期的农民是"自由的独立的个体农民"。"自耕农"大概指的是不雇工不出租，自己经营的农民；"个体农民"大概指的是分散的零星的农户。这两个词主要说的是经营方式，而"自由的""独立的"则是说的这"自耕农""个体农民"的身分。如果我们也人云亦云，不究底细，那就容易把古代中国历史上农民和欧洲 18 世纪的农民混同起来，因为 18 世纪的欧洲农民却是自己经

　　* 本文选自《莱芜集》，中华书局 1983 年版。

营的个体农民，而且他们的身分也却是自由的独立的。古代中国历史上的农民是否有他们那种自由独立的身分呢？

顾名思义，这所谓"自由的独立的""自耕农"或"个体农民"自然不包括私人的佃户。若果如此，那么"自耕农""个体农民"二词所指是私人佃户以外的农业生产劳动者的整体。古代中国有多少私人佃户，有多少"自耕农"，没人做过估计（统计是不可能的），两者各占总农业劳动者的比例也没人做过估计。而且各时期各地区的情况也不尽相同，估计是很困难的。虽然如此，我们至少有个印象；印象是全国统一在一个朝廷之下的时候，尤其是统一在一个强有力的朝廷之下的时候，"自耕农"的数量多于私人佃户，至少不少于私人佃户。就地区讲，大江以南汉族地区多佃户，尤其是江南苏淞。大江以北黄河流域多自耕农，而且基本上是自耕农。如果这么大数量的农业劳动生产者是"自由的""独立的"，那么古代的中国就很难说是个封建社会了。因为这时期的大半数农业生产劳动者，至少半数农业劳动生产者是"自由的独立的"农民。封建社会的主要特征是人身依附关系，以及由此人身依附关系产生的和独立自由相矛盾的超经济强制，人身的强制。即使勉强说那些自由的独立的农民还受皇帝、贵族、地主的压迫和剥削，他们总还是以"自由的独立的"身分而受压迫和剥削，他们不是依附或隶属于别人的，他们的人格是完整的，他们不是"别人的人"，而"别人的人"，即人身隶属于别人的生产关系，却是封建社会结构的主要特征。

认为中国古代历史上的农业劳动者是"自由的独立的"的历史学工作者，不止中国历史学界有，在外国也有；在欧美日本历史学工作者中和中国的历史学工作者中一样，这种见解还是最普遍的。

这虽然是缺乏历史根据的说法，但它是合乎逻辑的，因为为这个结论已经摆好了的前提是土地所有者的身分是"自由的"。

无论怎么说,一个"自由的独立的"的农民阶级存在于一个封建社会里是不可理解的,理论上也是说不通的。

但这又是一个非解决不可的问题,因为不解决它,将无法了解中国古代的历史:它的生产关系、阶级结构,以及经济生产、政治制度、法律、意识形态。对这个问题的正确了解将是了解古代中国的一把钥匙。

二　编户齐民

中国古代历史上有种人户叫"编户齐民"。或曰"编户民",或更简称曰"平民","编民"。我们所说的古代中国的农民,农业生产劳动者,便是这"编户齐民"的一部分,它的大部分,也可以说它的主体。在明朝这绝大多数量的人户叫"民户"。

自周秦以来,中国社会是一个在同一个帝王同一个官僚机构统治之下的具有严格等级制度的封建社会。它和中世纪欧洲的封建制度很不同。因此我们称古代中国为封建社会常常引起欧美历史学者的误会和反对。中国学者之所以称这一时期的中国社会为封建社会,是因为这个社会里的人与人之间的关系是人身依附关系,人与人之间存在着超经济强制。

古代中国封建社会是由两大等级构成的。帝王是天之子,民之极,天下人民之"宗主"。其下有贵族有官僚。贵族本是一个等级,官僚又是一个等级。这两个等级有所同,有所不同。相同处是有封爵或仕籍(官籍),都享有平民等级所不能享有的特权。在平民的心目中,也是在事实上,这两大特权集团属于一个大等级。姑名之曰官等级。此外社会中的所有劳动生产者构成另一个等级,姑名之为民等级。贵族犯法,便"夺爵为士伍"

（"士伍"是秦汉时期庶民的另一名称），"免为庶民"。为官的犯法，便除其仕籍（官籍）为民，叫"黜为民当差"。官与民很明显地是两个不同或者说是两大对立的等级。为官的是统治阶级，是土地所有者或大土地所有者，他们的土地或全无赋役或减免赋役，他们享有皇帝赐与或允许保有的私有权。为民的是被统治阶级。他们也有土地，但那是"纳粮当差"（明朝的话）地土，通称为"当差地"，是为执行纳粮当差的义务而持有的地土，这种地土上没有私有权（说见下）。统治阶级的官就是皇室、贵族、官僚乃至官僚的后备军举监生员吏典。被统治阶级中的民就是"编户齐民"。这样，在中国古代封建社会里出现了官等级与地主阶级的一致性；民等级与朝廷当差人户、地主私人佃户的一致性；封建等级与封建阶级的一致性。等级身分是封建社会的特征，它使不同等级身分人们的土地、房屋、人户及其所属一切事物都染上了主人们的不同的等级身分。

贵族官僚构成的统治阶级官等级中的人员时时有变动，但其为官等级却常存而不变。被统治阶级民等级中也曾有少数上升为官的也有由官等级中下降为民的，但其为民等级也常存而不变。

自然，一个阶级社会的社会结构往往是复杂的。在中国古代封建社会中还有低于民的官私奴婢以及各时代有不同名号的贱民等等，也还有身非品官、户非官籍的土地占有者而出租土地或雇工经营的剥削者。不过这些都不是主要结构，不是本质的结构，不应因之影响我们的分析。历代官豪势要之家的家人伴当往往也是有土地的地主，但其身分仍是奴仆。衍圣公府的有佃户也有地主，但他仍然是公府的"户人"。一个历史的观察，在时代上要看总体，在现象上要重本质。

官与民之不同处很多，其主要之点是看他是否向皇帝当差。为民的职业就是向皇帝纳粮当差。粮差是明朝的名称，更古的时候叫赋役。税粮的征收在古时或依分地，或依收获量的多寡，在明代则依照耕种面单位亩。差指的是各种形式的徭役和贡纳。税粮出自土地，徭役贡纳出自人身。税粮徭役贡纳的最简单的原始形式是古代的"助"。均田制下的"租庸调"多少还有它的遗痕。有身则有役。纳粮当差应当看作是这差役的全部。在明代，譬如说，里甲杂泛是民户的差，种田纳粮也是民户的差。力田服役是民的职，是民分，为民的就是当差。所以南北朝时期的下品寒门又称"役门"。"役门"，用明代的话说，就是"当差人民"，"徭户"。当差不当差是区别上品与下品的标准。不当差是上品的标志，当差是为民的特征。

皇帝的宗室是不当差的，功臣贵族也不当差。汉朝的大臣多半享有封爵，也是不当差的。明代的文官原则上不给封爵，但"百司现任官员之家有田土者输租税外，悉免其徭役"。到了嘉靖二十四年又定按品级优免户下若干石的税粮和若干丁的差，也免了土地上应输纳的税粮。如果因缘诡寄，一个品官可以弄到全户免粮差，甚至荫及亲朋仆从。编户齐民没有优免特权，所以纳粮当差就成了民分的特征。明太祖说："为吾民者当知其分；田赋力役以供上者，乃其分也。"

三　编制起来

"编户齐民"是历史上的名称。"编户"，意思是编制起来的人户。"齐民"，就是"平民"；"平民"也是历史上早已有之的名称。编制起来为的是管理约束，管理的目的为的是使平民各安其分、各尽其分、应当差役。编户没有优免差役的特权，所以称作"齐民""平民""役门""徭户"。这一讨论提纲中所说的农民，就是明代"编户齐民"中的"民户"；"民户"是"编户齐民"的主体。

"编户齐民"这名称在古代历史上是普遍使用的。既用于官府文书，也用于民间文契。它既具体，又通俗，又易懂，而且很能说明"民"这个等级或阶级的身分。可是我们研究农民的问题的历史学者不大用它，或不惯用它。

编户齐民必须著籍，在官府登记，附籍当差。不著籍为"脱漏户口"，律有惩罚。现在还保存下来的历朝律如唐律，卫禁、职制以下便是户律（或称户婚律）。户律的第一条就是禁止"脱漏户口"。

人户著籍之后，就编入什伍。什是以十家为单位的人户管理组织，伍是以五家为单位的人户管理组织。若干什伍组成一个里，若干里组成一个乡，若干乡统辖于一个县。县以上在秦汉时代是郡，在明代是府、州、承宣布政使司（通称为省，即元代的行中书省）。现存廿四史中的《地理志》中记载的就是管辖人户的地方机构①。

人户一经编入什伍里乡，同伍人户同什人户同里人户便负有互相纠察之责、共同连坐之罚。逃户遗下的粮差也由同伍同什同里人户共同负责赔补，不能损失朝廷规定的征调原额。

人户一经著籍，便不得任意移动。如必须迁移，也须事前向官府申明理由，官府检查粮差（赋役）完全办纳之后，方许迁移。一到新地，即须奔赴那里的官府著籍立户当差，尽他应尽的民分。不著籍，便构成"脱漏户口"和"逃户"的罪名。

这是一种严酷的约束管理人户的制度。行之二三千年没曾放弃。有的历史文献说它始于商鞅，实则它比商君还古。很古的一

―――――――――

　　①　白寿彝教授给我讲过：史书里的《地理志》是地方行政组织，是朝廷行政机构的地方上的各级分司。说极精，可令人举一反三。

个制度，经历二三千年而未丧失其生命力，原因是它是古代帝王管理人户的最有效的组织形式，而人户又是古代帝王的经济基础的重要基石。

象这样一个自上而下的严格控制人户、保证朝廷征调粮差（赋役）的组织，有的西方学者称之为"自治"。这种组织有时被地方权力利用以对抗朝廷那是有的，但称之为"自治"未必妥当。当然，问题不在名称，而在对这种人户管理制度的理解。

四　办纳粮差

当今历史学工作者说到农民的负担时都提到赋役（粮差），但无意之中往往重赋（粮）轻役（差），详于赋而略于役，给人一个印象仿佛古代历史上农民的负担是赋比役重。这不符合历史实际；历史的实际是役重于赋，赋与役在形式可分而实质上不可分，赋更不是近代的土地税。

这个现象之所以发生，大概是由于不太明白徭役制度和徭役苦重的情况，也许不太明白办纳徭役的社会意义；再不然就是由于把古代农民近代化了的缘故。

去年我曾提出一个意见说以人身为本的徭役和贡纳重于以土地为本的田租（赋，粮）。不止重，而且重得多。文章虽然局限于汉代，实则是以全部中国封建历史为背景的。因徭役重而迫使农民服役者起而反抗的历史上有好几次，纯粹因田租（税粮）重起而反抗的并不多见。这不是说田赋不重，而是说徭役和贡纳比起田赋来更重。

大体说来，差役和贡纳的征发是以丁和户为本的（汉代"口赋"和"算赋"的起征年龄都还不是丁）。丁与户说到底都是人身。人身作为征课之本，说明被征课者的人身属于或不完全地属于征课者；征课者对被征课者的人身至少有部分的占有权。因此被占有者对占有者有人身隶属关系（或说人身依附关系），而人身隶属关系是超经济强制的基础。在超经济强制之下，出现了从农奴制到徭役制到单纯贡纳的各种关系，以及与此关系相适应的各种强制形式。这种关系在古代历朝法律的观点上叫"主仆名分"。在历史文献中，常常看到编户齐民是皇帝的臣妾（奴仆）的字眼。从皇帝可以任意驱使编户齐民的事实上看，这不单是字眼，是历史的实际。唯一可以解释这历史实际的道理，就是皇帝对编户齐民的人身有占有权，对编户齐民有奴役之权；编户齐民对皇帝有人身隶属关系。

把编户民对皇帝的封建义务分为以土地为本和以人为本两大项的说法也不完全对，没有把道理说透。其实，田赋税粮的缴纳也罢，各种差役和贡纳的承应也罢，说到底，都是役，都是差，都是皇帝的编户齐民对他应尽的封建义务。韩愈说："民者出粟米麻丝，作器皿，通货财以事其上者也。""出粟米麻丝"就是种田输赋。

洪武二十四年（1391）明太祖下过这么一道诏令："令山东概管农民务见丁著役，限定田亩著令耕种，敢有荒芜田地流移者全家迁发化外充军。"诏书里说农民应当的役就是耕种田亩，所以说农民种田也是一种役。无视耕种之役致田地荒芜的农民所受到的惩罚是非常重的，仅下死刑（绞、斩）一等。

五　配户当差

表现编户齐民隶属于皇帝的史实，表现他们生活着就是为皇帝当差的史实，莫过于配户当差制。

配户当差，历史上没有这个名词，有这件事实。称呼这件事实为配户当差，止是为的表述上的方便。意思指的是皇帝佥拨特定人户承担特定的差役。佥拨就是抑配。因此，姑名之为配户当差。

配户当差好象是个古老传统。据说春秋初年，管仲曾向齐桓公建议使士（兵士的士）之子恒为士，农之子恒为农，工之子恒为工，商之子恒为商，使士农工商各居其乡，各习其业。详细情况不知道。战国时的魏国和秦国都施行过授田制，受田之户承当耕种差使，近乎配户当差。秦国的官手工业由服务于官府的工匠承当制作，也近似配户当差。依汉律，编户齐民到了应当差役年龄，付之畴官，各从其父畴学之，也有点象户役制度，但情况更不明白。到了曹操配备"士家"当兵，农民屯种，在这两大差役上，确实施行了配户当差的办法。这办法南北朝时稍有发展，唐代粗具规模，至元明而大备。承当军差的有军户，种田的有民户，制作器物的有匠户，煮盐的有灶户，还有行户、铺户、酒户、醋户、磨户、柴炭户、司牲户、船户、车户、马户、牛户、羊户、栽户、菜户、养户、果户、坛户、海户、鱼户、乐户、女户、女轿户、茶户、坟户、庙户、陵户等等，近四十种。

这些当差人户都是偶尔因事而见载于明代历朝实录、历朝进士登科录、其他文献和遗存的碑刻的。其不见于记载的还不知有多少。曲阜衍圣公府还有各色当差人户三十多种，何况一代帝王朝廷。所以上述役户决不可看作是甚至近乎完全的名单。

在这些役户（当差户）中，民户占总著籍人户的最大多数。军户次之，有二百多万家。匠户又次之，不过三十万，灶户又次之。军民匠灶是四种最大的当差人户。1393 年附籍人户总数是10652870。王府、勋贵及脱籍人户不在其中。明朝廷给这一千多万人户配备了各色差役，都充当这种或那种差役为朝廷而厉行其封建义务。

配户当差这种制度今天我们已经不大容易想象了，使我们更难想象的是这种户役是世袭的，父传子，子传孙，世世代代永远充当，不得改籍。当民差的"民户"入"民籍"，当军差的"军户"入"军籍"，当匠差的"匠户"入"匠籍"，当灶差的"灶户"入"灶籍"，其他役户想也都如此。"人以籍为定"，"役皆永充"。变乱版籍，脱避差役，律有重罚。军籍隶兵部，民籍隶户部，匠籍隶工部，各有所属，不相紊乱。

人户必须应当差役本来就不是自由的或独立的表现，又加定籍佥拨均不由自主，户役既定则世代永当，那就更找不出丝毫自由独立的痕迹来了。

六　编户可以拨赐

还有一点可以证实编户齐民的不自由不独立的身分的，是各色人户皇帝可以随意拨赐。

分拨人户乃至土地给赐同姓和异姓贵族是从周秦以来历代帝王通行的惯例，人人皆知。那时所拨赐的人户都是隶属朝廷的人户，著籍官府的人户，也就是"编户齐民"，这也人人皆知。到了明朝，洪武三年，大封功臣，六公二十八侯给赐佃田人户38194户。河南山东北直隶原有大量荒地历年被民人开种为业，势家奏讨为庄田，那些没有其他土地可依以为生的，都一并拨赐给了他们作佃户。成化三年德王奏讨的广平府清河县地七百多顷为庄田，原业主530户也都成了他的佃户。弘治年间，外戚张鹤龄奏讨了河间府肃宁县一千多顷土地为庄田，那原业主丘聪等也一并抑勒为张氏佃户。北直隶束鹿县也曾有明朝拨赐它的功臣的庄田和佃户。当康熙年间知县刘昆纂修《束鹿县志》时，他说明朝功臣外戚奏讨民间膏腴土地为庄田，"朝廷夺民田予之，即以地主（即业主）为佃户"。明朝拨赐土地业主为私人佃户并不是偶尔为之，而是经常行之。当亲王公侯嗣绝或犯法夺爵，拨赐的田土和佃户朝廷立即收回，贵族的佃户这时又恢复了他们原来的身分，成为皇帝的编户民。朱明覆亡，清朝代之，将全部明朝贵族庄田改为民田（"更名田"），将全部残存佃户收回为新朝的编户。

皇帝的编户可拨赐私人为佃户，拨赐的佃户又可改归朝廷为编户。编户也罢，佃户也罢，所不同的只是名义，只是所隶属的主人，而这样改来改去的人户的身分却前后一样，而且也只能一样。什么身分呢？不自由不独立的身分，自身隶属于别人的身分，奴仆身分。编户在拨赐以前是皇帝的当差人户。拨赐王府公侯以后，是王府公侯的当差人户。今日是朝廷编户，明日是私人的佃户，一样当差，一样身分。

编户中的民户如此，其他差户也无不如此，都可以赠赐，也都可以收回。编户中任何差户都是一样的身分。

七　编户齐民土地的性质

在我国，在外国，有不少历史学家认为中国古代历史上的编户齐民（其主体是"民户"，也就是通常说的农民，"自耕农"）持有的土地是他们私有的财产，可以"自由"（请注意"自由"二字）买卖，可以"自由"支配。也就是说对其土地有完全的所有权，或完全的私有权。在这里，不想争辩"完全所有权"问题，只想说明古代中国历史上编户齐民（"民户"，农民，是其主体）的土地的性质。说明编户为什么保有他的土地和如何才能保有他的土地。换句话说，就是打算试试说明一下编户齐民的土地上是否负有土地所有者必须履行的封建贡纳和徭役义务。

土地性质既明，问题也就不争自明。

在中国史学界里还有一种说法，"土地自由买卖"的存在就是土地私有权存在的证明。这种看法在西方学者的文字里也有。东方西方都有这样看法，可见它是一种普遍意见。正因为这种意见普遍，所以也应该看一看在封建时期的中国，土地是否可以"自由"买卖。

从前边几节说的，大概可以得出这么个结论：中国封建时期的编户齐民都是王和皇帝的当差户。这个时期有个名称叫"各色人等"或"各色人户"，指的就是应当各种差役的人或户。

为使那些人户应当差役，而且有效地应当差役，役使者，周王和历代皇帝，必须给予他们承当差役的条件。那就是维持当差的劳动条件和维持当差劳动的生产和繁息的条件。换句话说，就是役使者必须使被役使者能以生产其劳动并继续其劳动的再生产。为此，周王和历代皇帝必须给予编户齐民以生活条件。当时，最简单的最基本的生活条件是土地。因此配备给生产劳动者——各色当差人户——以土地，是封建时代的聪明的统治者和有见识的政治家的所首先关心的一件事。《周礼》大司徒之职以土均之法制天下之地征以作民职，以令地贡，以荒政聚万民，以保息养万民，以本俗安万民，就是这种政策的理想化。孔子的富民，孟子的恒产，也都是这种思想的体现。《王制》"量地以制邑，度地以居民"，表现了古代政治思想制土分民，使劳动与土地相结合的政策。劳动没有土地不能维持，土地没有劳动不能生产。"有人此有土，有土此有财"，这番道理是古代统治者的基本政治思想。古代的"民本"思想，"地著"政策，都是这种思想的反映。这种思想的具体化，就是使编户齐民都配备有土地，都有恒产，好使他们有可能有效地承应他们的差役，尽他们的职。按这种为承当户役而给予的土地的性质说，它是当差地，或称之为役田。明代的"民田"也正式称呼为"当差地",曲阜衍圣公府分配给它的匠作人户的土地叫"粮饭地",很鲜明地把这种土地的性质表现出来了。如果我们把古代帝王的编户民的土地都叫做"当差地"、"粮饭地",那就比较容易说明封建国家农民的土地的性质和在这种土地所有制上的生产关系。

"粮饭地"的来源不一。有的是世代传下来的"世业",有的是编户自行开垦的,有的是朝廷授予的。不管来源如何不一,其性质则一样:用明朝的话,"管业"者都得向皇帝"办纳粮差"。

差有不同,土也各异。编户中承当"民差"的叫"民户",他的土地叫"民田"。承当"军差"的叫"军户",他的土地叫"军田"(军户的田,不是卫所屯田)。承当盐役的叫"灶户",他的土地叫"灶地"。依例,承当匠役的叫"匠户",他的土地叫"匠地",承养官马的叫"马户",他的土地叫"养马地",也叫"养丁地"。"丁"者养马人丁也。总之,各色人户都应当不同的差役,不同的户役配备有不同的土地。土地的保有("管业")和差役的应当是密切联系着的。有土地而不承当差役的,只有皇帝宗室、勋臣贵戚、有封爵的、例当优免的官户和官户的候补人户,只有他们才有此特权,编户齐民除忠节等事外,没有这种特权。如不当差,就是脱避差役,就是逃户,罪名惩罚载在《大明律》和《大明会典》。

土地有原额,土地上的差役也有原额。为保持各色差役原额,"军田"不许改作"民田""灶地","灶地"也不许改作"民田""军田"。依此类推。要以不失原额为准则。

土地可以转让,可以买卖,但有个条件:粮差必须"推收过割"。买"军田"必须承当军差,买"民田"必须承当民差。买什么土地,当什么差。官府不反对土地买卖,只要各色差役和供应差役劳动的土地都不失原额。"不失原额"是当时朝廷经济经营上的一条根本大法。"推收过割"粮差是土地买卖中的法定程序。

买卖土地而不过割粮差是律所严禁的，但也不是不曾发生过。官豪势要之家无论矣。就是编户中之富有者也往往避重差就轻差，将"军田"作"民田"。但这是违犯律条的。一旦举发，人当罪条，田复原差。

土地上有粮差负担，有封建义务，不容易把它看作是"私有的土地"。土地买卖必须推收过割办纳粮差的义务，也不容说这种买卖是"自由买卖"。打个比方，这种买卖和私人佃户转佃他租种的土地很近似。

八　历史变化

古代中国是一个封建家长制专制国家。自战国秦汉而后，大体上它是一个建立在传统基础之上的保守的凝固不变的政治体制。以皇帝为权力核心，以一个庞大的官僚机构为统治机器，在严格的等级制度之上它极力保持着一种人为的平衡。它倾向于排除异己因素，排除可能使这个保守的政权结构失其平衡的内在和外来的因素。所有历史上的政治改革，师丹孔光限田、王莽新政、王安石变法、张居正改革，都不是从根本上改变传统的封建家长制专制，而是企图使行将倾颓的封建家长制专制政体结构恢复其传统，恢复其平衡；强干弱枝，恢复其原来的有效的统治方式和统治力。

这个封建家长制专制的经济结构是以供应宫廷和官僚机构、武备设施为中心的体制。体国经野，制土分民，务求使其主要经济资源，土地和劳动力（人户），按照传统方式，安排得停停当当，地尽其利，人尽其力，野无旷土，邑无敖民，使生产资料

（土地）与劳动力（当差人户）相结合，以供应粮食、布帛、器用以及军伍、转输、土木工程所需要的劳动力。在一个单纯的再生产的规模上，使这个专制政体的经济基础平衡和稳固。在经济领域里和在政治领域里一样，它排斥可能使这个保守的传统经济基础动摇和解体的一切内外侵蚀因素。商业容易使一个凝滞的社会秩序活动起来，摧抑之；土地兼并将导致土地和劳动力分离，摧抑之；地方权力的滋长会破坏统一的家长制专制，摧抑之。

就其性质讲，封建家长制专制经济不是追求利润的经济，不是追求发展的经济，不是动的开放的经济；它是一个以供应封建家长制专制为基本功能的保守的经济，封闭的经济，一句话，自然经济。历代史书里的《食货志》讲求的就是如何健全这个自然经济的政策和措施。其中心就是通过政策和措施控制土地和人户，使生产资料与劳动力相结合，稳固家长制专制的自然经济基础并增强其供应效力。

"重本抑末"的"贱商"政策就是这样产生的，就是在这样的政治上的和经济上的考虑面长时期地执行着的。

但是由于经济生活上的需要，使本来在统一的封建家长制专制政体出现以前而起过历史作用的活动的经济因素——商业，唐宋以后复又显著地活跃起来。它终于侵蚀了封建专制经济基础，使它的实物加力役的自然的征调形式在较以往更大的程度上变为货币形式。钱粮代替了税粮，银差代替了力差，物的关系代替了人的关系，一条编（鞭）法代替了传统的人身的役使。不是政治，倒是商业和商品生产逐渐地摧开了封闭的凝固的自然经济结构，破除了贱商的政策和习俗，打破了传统的等级，提高了商人的社会地位。从此各地商帮会馆也成了举子的旅舍，商人成了许多地方文化事业的经济支持者。

商业和商品生产的影响侵入了经济生活的许多方面，也侵入了封建家长制专制政体的经济基础，改变了这一经济基础的基石——人户（劳动力）和土地（生产资料）——的相对的地位。在唐末两税法以前，大体上说，人户是重于土地的。汉代的征调出自人户的大大超过出自土地的，三国南北朝时期的争夺首重人户，晋朝课田、北魏隋唐均田也都首重人户。因此唐律对脱漏户口的惩罚很重。"诸脱户者，家长徒三年。"到了明朝，情况变了，商品经济更发展了，人户在封建朝廷经济中的重要地位逐渐被土地所取代，因此脱户的惩罚也减轻了很多。在同样的情况下，脱漏户籍者家长只杖一百，附籍当差。律条的改变反映了它的社会经济基础的改变。洪武元年的役法"均工夫"的征调，根据的是田土顷亩。嘉靖万历间的一条编（鞭）法是使一切征调归于地亩。商品经济的发展使土地财产变得比往时重要多了。有意义的现象是江南地区商品经济比北方发达，而所有上边提到的法令也是首先行诸于南方的。

商品经济的影响，由宋到清，是显而易见的。我们讨论的是农民的身分，所以论说止限于这个方面。

虽然如此，封建家长制经济的基本结构仍然存在，仍然居于统治地位。商品生产和商业的发展改变了这一结构的一些形式，并没有改变它的本质。一条编法虽然将户役编入地亩征收，但户役人丁的征调项目并未取消，仍在旧管、新收、开除、实在的核算之中，这有明朝的《赋役全书》为证。到了清圣祖康熙五十年（1711）规定滋生人丁永不加赋，法令上才将丁银固定下来，奠定了世宗雍正皇帝开始实行的摊丁入地的征收方法。事实上，明清两朝都是条外有条编外有编，征调民丁当差还是时时发生的。编户齐民的人身隶属关系和由此而产生的纳粮当差的义务始终和封建家长制专制政体并存着；所不同的止是形式上的变化和程度上的不同。

历史有它的传统，也有传统中容许的变化。变化虽然不是本质的，但它终归是变化着的。

九　农民的身分

从以上的分析中，无法不得出这么个结论：构成古代中国封建历史上的编户齐民的主体的农民（明代的"民户"）的身分不可以说是"自由的""独立的"。他们的人身和其他编户的人身一样是属于皇帝的。在周朝，是属于周王的。所以皇帝可以役其人身，税其人身，迁移其人身，固着其人身。止要他身隶名籍，他就得为皇帝而生活而生产而供应劳役；而不著籍又是违背帝王的大法的。在封建社会里，在"人的人"的社会里，在古代中国的编户齐民中，自由和独立的事实是不存在的，可能连这两个概念也没有。如果不置身于封建社会的历史中，不细心研究那个时代的生活，生长在今天的自由的社会里的人容易把古代的历史近代化，容易不自觉地将自己的意识加诸于古人。想当然的猜度，不一定都合乎历史的事实。

古代中国的编户齐民为什么落到隶属于周王和后代皇帝的地位上的？这问题从儒家的政治学说里不难找到回答，但要找出历史事实的根据来却不太容易。

周康王时候有个大臣叫盂的，感激康王的赏赐铸了个鼎，在鼎的铭文里他记载了康王对他说的话。康王说文王受天有大命，武王继文王建立周邦，敷佑四方，他的先王是从上天那里"受民受疆土"的。人民土地既受之于天，这便是上天给与周王的财产。对这份财产周王就有所有权。这当然是当时统治者制造的辞令，但从这种辞令中可以看出当时统治者的简朴而直率的政权理论。周王的统治权就是以此理论为根据。这个理论当时一定传播很广，所以《诗经》中有"溥天之下，莫非王土；率土之滨，莫非王臣"的诗句。后来秦王政并兼六国，立号为皇帝，复又宣布"六合之内，皇帝之土……人迹所至，无不臣者"，说法完全一样①。事实也是如此。不过生在今天，我们好象已经不太具体体会"家天下"的滋味了。当我们读《史记·高祖本纪》读到高祖刘邦问他的父亲他所治的"产业"比他哥哥的谁多的时候，我们也好象不太体会得一个帝王把天下的人民土地看作自己的产业的思想和实际了。

但"家天下"确是事实。从周王说他受命于天为民之极起，一直到明清，没有一个皇帝不是自许"奉天承运"的。明朝的皇帝每于郊祀上报皇天牧养有成时，都是把全国的户口簿籍（《赋役黄册》）陈于祭台之下，表示上天赐与他的对人民土地的所有权。有意义的是事经两三千年，在17世纪以前，没见有人对皇帝的这种权力提出过质问，更没有人讨论过编户民为什么或是否应该接受这种权力的支配。在中国古代政治思想中，人的权利的概念是不存在的，因为事实上它不存在。

这说的多半是个人的观察，还不是具体的历史事实。在具体的历史过程中人民和土地是怎么样变成帝王的私产的，现在还不明白，还得研究。

（1980 年 10 月）

---

①　在这个意义上，白寿彝教授是第一个引用这两句文字的，见所编《中国史纲》。那两句文字引自秦始皇帝琅琊刻石，见《史记》卷6《秦始皇本纪》，廿八年。

研究历史必须实事求是[*]

一

近年，我们的历史研究工作曾受到指责。同时有的意见中包含着期望。指责和期望或出自本人就是从事研究工作的人，或来自读者，或来自那些研究作品的编辑者，面是相当大的。他们或以为过去的中国史的研究"内容狭窄，风格单调"、"课题陈旧"，或以为"干瘪枯燥，索然无味"，或以为"互相雷同"、"炒冷饭"，"使人读过之后常常留下几条大同小异的结论"（指通史著作）。还有个别人说我们的历史著作里有的不是实话。当然这是一般情况，不一定说所有的历史著作和文章都这么个样。但这些看法是较普遍的，也是无可非议的。这种现象使他们感到苦闷，感到"危机"。

为纠正这种不能令人满意的研究状况，他们期望历史研究工作者"开拓新领域"、借鉴新方法，"促进史学的改革和创新"。为此，有人提倡复兴和加强社会生活史的研究，有人建议引进国

　　* 本文原载《史学史研究》1988 年第 3 期。

外的历史计量研究法、结构研究法、比较研究法和自然科学上的控制论、系统论、信息论等等，改变传统的"平面型的、单线型的"、"惯用的议论和复述的方法"，藉以"变革我们的研究方法"，并使之"完整"（有关文章见《历史研究》1987 年第 1 期；《人民日报》，海外版，1987 年 4 月 16 日）。

从总体上说，那些指责是有根据的，建议是热诚的，期望是殷切的。

不过在开拓新课题和引进新方法之前，似乎还有一个前提应该考虑，那就是研究工作者的态度；态度应当是实事求是的。没有实事求是的态度，用什么新方法选什么新课题，也得不到建议人所期望的结果。

论计量，使用电子计算机总该说是精确迅速的了（确有人使用它做过统计和推论），但供其计算的基本数字还是人造的。如果那编制报表的人供给的原始数字不实在、无根据，甚至弄虚作假，什么样的计量法也计算不出实际情况来。不幸的是，我们古代史籍中的数字，如户口，如田土，如赌盗，如钱粮，多半不可信，甚至全不可信，徒有"黄册，其实伪册也"（顾炎武引《宁波府志》），"皆仅儿戏耳"（王世贞语）之讥。

再说，我们不是没有研究方法，而且我们有最科学的研究方法：历史辩证唯物论。我们不仅有科学方法，还有用这科学方法研究出来的卓越成果：《资本论》。半个世纪以来，命令主义者和教条主义者用机械无生命的模式，代替了富于生命的历史唯物论，把这一科学方法给玷污了，玷污到使人一听到历史唯物论就联想那僵死的模式，因弃而他求，这是学术界的悲剧，也是政治上的悲剧。我们必须培养实事求是的科学态度，从而改革我们的历史研究工作。

二

三十多年来，出版的文章和论文集，量最多的莫过于中国农民战争史和资本主义萌芽。这两个课题的研究有几方面欠实事求是。

每提起农民战争，总要说说它的起因；一提起起因，便归结于地主阶级的剥削和压迫。说农民战争是由于地主阶级的剥削和压迫，这一点也不错。问题是什么样的剥削和压迫逼着农民造反了的。一般都说是地主们向佃户劫夺高额地租。虽然也说到由于朝廷赋役的繁重，但语焉不详，而且语焉也不知其所以。一考察事实，苦于难得把起义行动与原因对上号。

历朝大规模的农民战争多起于北方，北方土地占有比南方分散。在北方，除皇室官庄外，岁收二三十万担租子，占着三二千户佃户的地主、或占有上万顷多至七万顷土地的地主好象是没有或没有几个（这有政治原因和历史原因），小土地占有者个体农户居农耕人户乃至全体编户的绝大多数。这些小农户的负担是丁田赋役，而且那赋役的征调金拨是绝对强制的。农民军的成员主体也是个体农民，不是个人地主的私家佃户。农民军中杂有逃军、逃匠。军、匠户下也有田土，也并未脱离分散的小型农耕。历史上最大的农民军，应该说是明末李自成率领的农民军。李军活动地区有明朝的几个王府——秦王（西安府）、晋王（太原府）、代王（大同府）、肃王（甘州、兰州）、庆王（韦州）、韩王（平凉府）、安王（平凉府）。耕种王府庄田的都是佃户（庄民）。却不见他们首先发难组成农民军，或焚劫府库起而响应农民军（湖广岷王府庄民有点像）。李自成农民军的口号是"不当差不纳粮"，是个体农民的要求，还不是私人佃户的要求。

　　居于主体地位的个体农户所遭受的剥削和压迫是赋役（粮差），而赋役的超经济强制性出乎人们意料之外，所以往往视朝廷赋役轻于私租。岂不料事实正相反。朝廷赋役重，其重者如明之军户、灶户、民户中之库子、斗级、解户、驿夫户，一役即破人之家荡人之产，当役的人户常是被迫逃亡。逃户遗下的虚粮虚差，官府以"不失原额"为由，摊派于见户（尚未逃亡的），自汉迄明，无朝不然。一人逃，累及一户，一户逃，累及一甲，一甲逃，累及一里（明朝），"去者便，居者扰"（汉朝），相率逃散，闾阎萧条，田地荒芜，终于动摇了皇权的物质基础，民军一起，大厦即倾。

　　历史上多见军、民、匠、灶（编户齐民）逃往官府控制达不到的偏远山区，多见他们逃往权贵豪宦之家，充当他们的奴仆佃户，却很少见逃民和地主家的佃户逃归朝廷，重新附籍当差。

　　"民逃，为逃役耳"（明宣宗）。过去我们的史学家不大注意这一点，也可以说有意无意地躲避这一点。不幸的是这一点在农民战争史上正是关键性的一点。前年出版了《中国农民战争史》（魏晋南北朝卷），朱大渭在《绪论》中说"几乎所有大规模的农民起义都与徭役有关"，这话不仅合乎魏晋南北朝的实际，也能印证其他时期农民战争的原因。这不是为古代地主开脱剥削和压迫农民的罪孽，而是说（就全体编户齐民来说）以皇帝为主的地主阶级的朝廷更残酷。汪应轸（户科给事中）说民之为"盗"，哪里都像陈胜一样，想当王侯，"良由赋役繁兴，衣食不给，冒死为盗则死，畏法不盗则饥死；饥则死速，盗或少缓，此其所以夺攘矫虔以活旦夕之命"。就是他提到的陈胜之发难，也是因为徭役——戍役。官逼民反，古来如此。今人不察其所以，竟说农民起义为的是推翻并废除封建制

度，把古代中国农民误认为如同 18 世纪的欧洲资产阶级，把他
们的政治经济学社会发展史的理论提高到马克思的水平，这怎
么能说得通。

我们一直在说中国古代的封建政权是地主阶级的政权，皇帝
是最高最大的地主。可唯独对这个最大的地主我们寡言少语。中
国古代史研究工作中不少问题就出在这里。

人人都知道中国古代的皇帝是最高的政权长官，是最高的军
伍统帅，是法的唯一制定者，是最高神灵（天、上帝）的最高
的教主，是如范老说的，全国人民的"大宗主"。他那偌大的权
力是从哪里来的？全是来源于他控制着据说是他受之于天的全国
的土地（疆土、生产资料）和人户（人民、劳动力）；对人民，
他操有生之杀之、夺之予之、富之、贱之、贵之的至高无上的权
力。他不是近代欧美式的总统，他本身就是不许人怀疑也无人敢
怀疑的最高最大的人与物的统治者，而且是万能的——"代天
理物"（明太祖）。

为了实施他那"代天理物"的天职，中国古代的皇帝设置
百僚庶尹，运用着一个庞大的官僚机构，控制着管理着数千万
齐民百姓；一个超越千古的专制官僚政体，地主阶级的皇权。
皇帝取其一，官僚攘其九，暴君污吏与官僚政体异名而同体。
对人民来说，研究这个专制官僚政体是研究古代中国的阶级结
构的重点，是研究古代中国权力结构的重点，是研究古代中国
政治、经济、宗教、文化的重点，是研究古代中国为何长期停
滞在封建社会阶段上的重点。躲避着这个重点，历史的写作便
失落了骨骼。骨骼不存，肌肉焉附？因此好多问题讲不清说不
透，止落得干巴巴的几条查无实据的结论。把我们的文章和黄
宗羲的、唐甄的、梁启超、谭嗣同的比一比，看哪个有骨头有
血有肉有情感。

三

由于我们不实事求是，对古代的事物有隔阂，往往自然地用自己习见的近代事物和存在于自己思想中的概念，去解释古代的典制，用自己的时代事物去比拟古代的事物，以近度古，把古代近代化了。

这方面的例子也不少。譬如中国古代的刑律。在家长制专制皇帝统治之下，古代中国没有民法，止有刑法和行政法。民法是保障人民的民事权益的法，首重人权与物权。刑法是一个政权维持其统治秩序和行政规范的法，首《名例》，列五刑之罪名及五刑之体例，次开官、民违反律例款目，量罪定刑。古代中国各朝的律，辅以儒家的纲常名教，不外是惩治违反统治秩序和整饬行政规范的法，是刑法，行政法。它是"立之以明威"，"使人畏而不敢犯"警戒之条，不是保障人民权益的民法。它是"一家之法，而非天下之法"，是"唯恐其祚命之不长也，子孙之不能保有也，畏患于未然之法"。而且"其创之者，未始非害天下者也"（黄宗羲）。这样的"一家之法"，是皇家之法，无与于人民的人权物权，无与于人民之福利。

说者谓古律有户婚之篇，有婚姻、田土、斗殴、赌盗之条，是亦保护私人所有权者也。从表面上看，这话似乎有理，实乃对律条未究本根之误会。户婚律创制之主要目的是规定户役的实施，防止户口脱漏，户口逃亡，防止田土隐蔽，疆界不正，以保证田土适时耕种，粮差及时有人应当，户口，田土，赋役都不失额。田土户婚争讼之条之设，如古之正境界之法，正是为的维持生产秩序和社会秩序，以稳定朝廷赋役原额之征调。它保护的是藉以产生赋役的私人对生产资料的占有权、使用权，而不是对它的所有权。对中国古代刑律的超越乎此的解释，都不符合刑律的原意。那是受了近代民法概念影响，歪曲了对古刑法的理解，把"一家之法"人民化了，把古代中国近代化了。

四

前几年，讲资本主义萌芽的文章一时多如雪飞。不管萌了没有，还是个应该探索的课题。但为主张明朝万历年间资本主义已经萌了芽，举当时所谓"市民运动"为证，这就不符合实际了。如果说"市民运动"的"市民"是古代中国式的市民，那也无大妨碍。但资本主义萌芽学者笔下的"市民"显然比拟的是欧洲中世纪末的"市民"。"市民"在汉文里，一指欧洲的，一指中国的；词是一个写法，但含义不一样。欧洲的"市民"是汉文译词，指欧洲新兴城市中的居民：civis，citizen——手工业者、商人，如法国的第三阶级（资产阶级）。这个"市民"译词有新社会阶级的含义。而中国古籍里的"市民"一词未必或未必主要有这样的含义。

洪武十四年，有官员名沈瑶者，自杭州赴京，奏称"市民子弟，不务生理，美丽衣服，出入公门，交结官吏，说事过钱"。这些人物是明太祖痛恨的人中之一类，他于是下令兵部，命籍"浙江等处及直隶府县市民，着他见丁出钱买马，往北方当驿（摆站充驿夫）"（见刘辰《国初事迹》，茅元仪《掌记》）。明祖说的"市民"，就是洪武二十六年钦命纂修的《诸司职掌》里的"市居人民"。那段法制说："凡市民马户俱系浙江并直隶苏松等府市居人民编发凤阳、河南、陕西、北平等处紧要驿分当站。"那些被金发的"市民"（"郡民"、府民）有占田四十顷以上的，有三十顷以上的，有二十顷以上的（谈迁《枣林杂俎》）。

占田二十顷以下的还不在其内。可见他们都是城居大土地占有者。大概其中有的是搢绅之家生员之户，不然，他们哪有那大本领"出入公门，交结官吏"。再一说，那些"市民"是"不务生理"的。就这一点说，他们也不像是明祖他老人家爱护的"各安生理"的手工造作者和行商坐贾。我们面前有两种不同情况：（1）我们研究的是中国历史，不是欧洲史；（2）我们古籍里的"市居人民"不一定是非封建地主的新兴资产阶级。我们研究中国古代史理应选从中国史籍里的"市居人民"含义，不从欧洲 civis 的译词。

中国资本主义萌芽说者是不妥当地把中国的"市民"比作欧洲中世纪末期的新兴资产者阶级，他们把万历年间市民反矿监税使的斗争称之为"市民运动"，意指中国新兴的工商业家的反封建斗争，也就难以符合事实。刘志琴对万历二十四年至二十八年间二十起反矿监税使的事件做过考察，她发现那二十起中有十五起是由州县官和举人生员等士大夫领导的；有五起领导者不太明确，但其中三起和士大夫有密切关系；二十起中止有两起是由织工、负贩商人领导的。由士大夫领导的斗争，其人数之多、打击之重、影响之大，都远远超过织工、商贩领导的。因此她说万历民变主要是由官员士大夫领导的，不是由新兴工商业主要人物领导的。事变之末，织工葛诚就义前他出榜告谕："税官肆虐，民不堪命，我等倡议，为民除害，今事已定，四方居民各安生理，无得借口生乱。"维护起皇权统治的法纪来了（《试论万历民变》）。统治者改其名，尊之为"贤"，是有缘故的。

今人称反矿税监斗争为新兴资产者阶级的"市民运动"，难免有将古代中国近代化，把中国欧洲化之嫌。

五

再举个把古代中国近代化的例子。例子是古代中国编户齐民的身分。

有人说古代中国的农民（编户齐民之一类）是"自由的独立的"，这也不符合事实。

古代中国是个封建生产关系支配着的社会。在那样的社会里，封建的人身依附关系在各阶级间、各阶层间居有支配的地位。在那里，人是属于别人的人。在古代中国没有自由的事实，也没自由的思想，也没有独立的权利，人身依附关系统治着所有的人。而我们的历史工作者竟以为那时的农民是"自由的独立的"。实在叫人想不通。就那时的专制政治制度和人身依附关系占绝对优势讲，一人之下万人之上的丞相宰辅也没有自由，何况毫无权势的编户齐民。自由是商品市场大发展之后产生的一种政治权利概念，在市场上人人都有争高低的权利。这样的事在古代中国没有。古代中国的编户民（主要是农民）不仅没有自由的生活，他们思想里也没有自由这一概念。身处"什伍"连坐或"里甲"系累之中，如"鸟之在笼，兽之在柙，虽欲放逸，有不可得"（河南巡抚徐恪语），哪里还说得上自由。把古代没有的法度，没有的概念，强加于古代，就不免强将古人作今人，错乱了时代。丧失了时代感的历史作品，是脱离了实际的作品。缺乏时代的实际的作品，必定是死作品、枯燥的作品，没有生命的作品。这样的作品，的确，最后止落得干巴巴的空洞结论，怎么能不使读者烦恼。

今天要想写出真历史来，首先必须端正态度，实事求是。不回避、不躲闪、不曲解、不臆断、不渲染，像《历史研究》说的（1987.1），把历史还给历史，真正做到实事求是。态度端正了，写出来的文章或书，就会有骨头有肉，不再索然乏味。而且说不定还能更好地体现历史学家所担负的历史任务。

（1987年9月14日在黑龙江大学明史国际学术讨论会开幕式上的发言，文字有修改）

明朝徭役审编与土地*

　　十年前，我曾写过一篇题为《民数和汉代封建政权》的文章①，其中有这么一句话："作为汉代封建国家经济基础的七项征敛中，以人身为本的征敛比以土地为本的征敛重。"这话表面上没有什么大错，就遗留下来的汉朝文献而论，似乎也没有什么反证。后来在写《明朝的民差与民田》的过程中，自己发现那句话说的并不确切，容易导致对封建时期赋役制度的误解。因为在封建朝廷的征敛中，土地和丁身虽然分为两目，这两目中间却存在着极密切的联系。有田固有租，但有田也有役。有身固有役，但无田之身不承当正役。役与身诚然有关，但朝廷正供之役（正役），非是有田之身不能担当。古时的"制民之产"、"正经界"，明朝的均田、均赋役，都是土地与丁身、田与役密切不可分的关系在政策上的表现。

　　这种极密切的联系，在两周的授田制中，晋朝的课田制中，南北朝隋唐的均田制中，唐宋元明的两税制中，皆信而有征。唯

---

　　* 本文原载《历史研究》1988 年第 1 期。
　　① 见本书 12 页。

独汉朝文献不足，难以征信。明朝的历史文献比往时丰富多了，因此，探讨中国封建社会的这个极为重要的问题，请先从明朝说起。

一　明朝徭役审编的原则

要是用最简易的方法以证明明朝的役法原则中存在着田土和丁身的密切关系，以证明有田也有役，提一提明初的"均工夫"法大概就可以了。"均工夫"法的审编原则是"验田出夫"、照田编役：每田一顷，出夫一人；某人户下之田不足一顷的，就和别户之有田者凑足一顷，出夫一人。用此"验田出夫"的"均工夫"法说明有田也有役，是无可争辩的，事简而易明。但止是据它证实上述役法也以田为基准，还没有把问题说透、说清楚，还不是最有力的例证。这是因为：（一）"均工夫"役法是洪武元年定的，各地实行尚在这年之后。它规定每岁每夫服役三十日，于农事空闲之季，到京师（那时是南京）从事营造工作。建筑皇帝的宫殿、亲王宫殿、京官的"大宅院"、京师城垣、河道等等，不是下边将要交代的里甲正役和主要的杂泛差役（即正统以后的"均徭"杂役）。据《吴兴续志》，洪武三年湖州府行均工夫法，也是"每田一顷出夫一人"，同时还有里长役、甲首役和其他祗候、禁子、弓兵、铺司兵、驿夫、水夫等役。这说明当时的徭役固不止"均工夫"一种而已。"均工夫"不是明朝役法的全部，这是借它来说明明朝徭役制时必不可免的有限性——徭役性质上的有限性。（二）其初（洪武三年）起发"均工夫"的地方是直隶应天等十八府州和江西的九江、饶州、南康三府。稍后（洪武八年），起发的地方改为直隶应天等十七府和江西布政司所属的十三府。秦晋诸王府宫殿的修建也曾用过

"均工夫"，但情况不太清楚。这是"均工夫"法的地区上的有限性。（三）"均工夫"创行于洪武朝，继行于永乐朝，以后的记载少了。宣德朝偶一见之，再后仿佛就不实行了。这是"均工夫"法在时间上的有限性。最后，应当"均工夫"的人户蠲免夏秋二税。当力差而蠲免夏税秋粮"唯正之供"是正式的里甲正役役法所没有的。这也是"均工夫"役法的一个特点。有此一种特点和三种限制，就不能把"均工夫"看作是一种正式役法，看作是通行全国贯彻明朝始终的役法，也不是役法的全部。因此，要说明明朝徭役审编的原则，就不可单凭"均工夫"法。有人以为"均工夫"就是明初正式的、全部的役法，这是不对的。

唯一的，也是最基本的徭役审编法，见于洪武十四年编造赋役黄册诏和洪武二十四年户部奏准颁行的攒造赋役黄册的格式。诏和格式都见于《太祖实录》和万历《大明会典》。这里仅将其徭役审编的普遍原则扼要提出如下：

1. 所有附籍人户都编入坊、厢、里甲纳粮当差，其鳏寡孤独不任役的列入畸零户内，坊、里带管。

2. 一里一百一十户中选丁粮近上者十户为里长户，管理一里百家差粮等事。

3. 一里百家各自按照格式开写本户人丁事产，有司据之将人户分豁为上中下三等（并九则），以凭点差。

4. 卖买田地等项，差粮必须推收过割，务不失原额。

5. 若官吏里甲通同人户将原报在官田地不明白推收过割、一概影射、减除粮额者，一体处死，隐瞒人户，家长处死，人口迁发化外。

以上五条都是相互关联的。其中最主要的那一条是"人丁事产"。

　　"人丁事产"指的是什么？"人丁"容易明白。"丁"是历朝版籍中的"丁男"，即成丁的男子。"人"，或泛指户内口数。"事产"须加以说明。在洪武四年徽州府祁门县汪寄佛的户帖上，"事产"项下列的是田地房屋。在洪武二十四年的赋役黄册的格式里，"事产"指的是田地、山塘、房屋、车船。嘉靖间吏部尚书万镗说是"家赀生理"①，也有说是"资本产业"②。明朝徽州府属县的档案里有崇祯年间的《清册供单》③，开列着各该人户的人丁事产。其中之一是崇祯十四年祁门县户主洪公寿的。原文首开为填写这清册供单的事由，要亲供首状，将十年之内（黄册十年一造）人丁事产之旧管、新收、开除、实在如实备列填入本县印制的格式（本地称"清册供单"）。供单首开户主姓名、乡贯、役籍及轮充年分。次开"旧管"户下男妇若干口；田、地、山、塘（事产）各若干亩，该纳夏税秋粮各若干；房屋种类若干间；牛若干头。次开"新收"之人丁事产若干。次开"开除"之人丁事产若干。最后填写"实在"（即见在）的人丁事产各若干：户下男子丁（丁男）若干、男若干、名字、年龄、与户主的关系；妇女口数、年龄、名字、与户主的关系；房屋等。

　　这种以"人丁事产"为征发基准的清册供单，不是崇祯年间徽州府属县所特有的，也不是崇祯年间明朝的新制度。它由来已久，从洪武三年起就有，原名"户帖"。不同处是"清册供单"上没有洪武三年的清查户口编制户籍的圣旨，洪武三年的户帖上有洪武三年的圣旨而没有"旧管"、"新收"、"开除"、

---

　　①　《明经世文编》卷151《恤民隐均偏累以安根本重地疏》。

　　②　顾炎武：《天下郡国利病书》，《山东·户役论》。

　　③　"清册供单"大概是徽州府地区的俗称。在官府正式文件中称"由帖"、"由单"，从洪武三年的"户帖"演变而来，以适应《赋役黄册》的攒造。

"实在"便于磨勘的那四柱式。中国社会科学院历史研究所所藏的洪武四年徽州府祁门县十西〔四〕都汪寄佛的户帖便是明朝初年赋役黄册以前的原始的"人丁事产"的格式。今录于下：

> 户部洪武三年十一月二十六日钦奉圣旨（按：此圣旨与洪武三年户帖同，今从略）除钦遵外今给半印勘合户帖付本户收执者
>
> 　一户汪寄佛徽州府祁门县十西都住民应当民差计家伍口
> 　男子叁口
>
> 　　　成丁贰口
>
> 　　　　本身年叁拾陆岁
>
> 　　　　兄满年肆拾岁
>
> 　　　不成丁壹口
>
> 　　　　男祖寿年肆岁
>
> 　　妇女二口
>
> 　　　　妻阿李年叁拾叁岁
>
> 　　　　嫂阿王年叁拾叁岁
>
> 　　事产
>
> 　　　　田地无
>
> 　　　　房屋瓦屋叁间
>
> 　　　　孳畜无
>
> 　右户帖付汪寄佛收执准此
>
> 　洪武四年　　月　　日

此件骑缝处为号码和半个户部印，即所谓"半印勘合"者。

凡是洪武四年的户帖，大概都和汪寄佛的一样，因为那格式大概也是户部颁下的。中国人民大学藏有徽州府谢允宪的一件。除清查户口的洪武三年的圣旨外，户帖的下半填写的是谢允宪家的乡贯、丁口、姓名、年龄等以及本户的"事产"："田贰拾叁

亩壹分伍厘捌毫，地壹亩伍分肆厘贰毫，草屋二间，孳畜黄牛壹头"①。此外，洪武四年的户帖尚有嘉兴府嘉兴县零宿乡二十三都宿字圩民户林荣一的。除乡贯丁口外，其"事产"为"屋，一间一披"，"田，自己民田地六亩三分五厘"②。谈迁《枣林杂俎》所录傅本户帖大概也是洪武四年的，本户的"事产"有"瓦屋三间，南北山地二顷"。

　　据户部所奉圣旨，明朝的户帖始于洪武三年。李诩《戒菴漫谈》记有一江阴县洪武三年某户户帖的格式，和洪武四年的完全一样。此"某户"的"事产"项下仅注有"基田、瓦草屋"两目。明朝的户帖另外还有几件，不具录。

　　洪武三年的户帖式要求户主填写的，和洪武二十四年户部颁行的攒造赋役黄册格式要求户主填写的，内容完全一样，都是那四项人丁事产。赋役黄册是为科派赋役而编造的，据此可以断言明朝赋役审编的依据是人丁事产③。照人丁的多少和事产的厚薄以定户等，据户等以编役：上户重役，下户轻役；以及服役的先后次序，先富后贫，先多丁次少丁④。

　　"人丁事产"往往简作"丁产"，这不是没有根据的。因为"人丁事产"四项之中，"丁"——人（劳动力），"产"——田土（生产资料）最为重要，所以在一般情况下，也可以用"丁

---

　　① 本户帖图版见《明代黄册制度》，文字见山根幸夫：《明代徭役制度の展开》，19页。

　　② 日本宫内图书寮藏，美国普林斯顿葛氏图书馆缩微胶卷。亦见前引山根书，20页。

　　③ 这说的是乡野的里甲人户（编入里甲的人户）。在城人户编制单位叫"坊"，近城叫厢，和乡的里一样。那里的人户多半是铺户和手工业行户和铺户兼行户的铺行户。他们的徭役是供办物料等等。

　　④ 这当是仅就赋役法而言，事实并不一定这样，往往是富户多列下等，下户反编重差。

产"代替"人丁事产"。

二　里甲正役的审编基准

明朝的役法，其初止有两大项：里甲正役和杂泛差役①。现在先说里甲正役的审编基准。

属于里甲正役的，有里长管摄之役，有编户输纳税粮之役，有出办上供物料和官府公费之役。今分述如下。

里长。

里役之中，首推催办钱粮、勾摄公事的里长户役。前已述及，里长的审编基准是"丁粮近上者"，或"丁粮多者"。所谓"近上"、"多"，是比较而言的。洪武二十四年攒造赋役黄册的格式中称："凡编排里长，务不出本都。"当时又有"钱粮不过都"之说。"都"是"里"的别称，旧称，俗称。"不出本部"、"不过都"是明朝里甲制编制的基本原则之一。这种编制方法本身就有人为的强制性。各里人户的丁数多寡不一，田地顷亩数也不一。因而里（都）的人丁田土数额不一。此里之上上户未必比彼里之中中户更丁多更富裕，但上上户编重差，却是不可改变的。因此，此里的里长和彼里的里长虽说都是里长，而贫富强弱各自不同。"设有消乏，许于一百户内选丁粮近上者补充"。补充里长也不出都，不均不平的弊端还是一样。坊长厢长当然也同样处理，其不平不均也无二致。

如果一里之中，两户或两户以上人户田额相当，那就先金选丁多的充当。洪武十四年的诏书规定里长凡十年一周，先后则各以丁数多寡为次。

_____

① "均工夫"不是全国性的正式的徭役，不在这两大项目之内。

里的编制是十甲，一甲十户。编制之初，未必不是法如其实。三五十年之后，或因逃亡，或因故绝，一里未必足有十甲，一甲未必足十户，这又隐育着不均不平。历任云南、江西巡按、山西按察使的唐龙在《均田役疏》中说，各处户口田土，"在册不过纸上之捏，在户尤为空中之影。以致图之虚以数十计，都之虚以数百计，县之虚以数千万计"。疏上于正德十六年，所言应是当时的情况。稍后，海瑞知浙江淳安县事时，三十都一图，逃了六甲商绍先，二图逃了二甲余进清、五甲胡思广、六甲张士与七甲张永祥，四部逃了六甲汪庆教，八都上四图逃了六甲项子福。甚至"一人尚存则佥为里长矣"①。松江府华亭县隆庆初一甲所存无四五户，仍三四人（户）朋充一里长②，原来的"丁粮近上者"的审编原则已经无法执行。胥吏生员营充里长以谋私利，也破坏了依法审编里长的规定。这时明朝法制隳败，不仅里长编审一事。虽然如此，原则还是原则，以一里人户之中丁粮近上者为里长，终明朝而未变。

"丁粮近上者""丁粮多者"的丁粮就是人丁和税粮。万历《大明会典·户部》说"因赋定役"，王祎说"税之所在，役即随之"③，这所谓"税"所谓"赋"，就是"粮"、"税粮"、"夏税秋粮"。夏税秋粮出于田亩，"丁粮近上者"就是"丁田近上者"，"丁粮多者"就是"丁田多者"；盖因本户所纳之税额就可以推知其田额。里长审编之基准也照田产，是明朝有田也有役的编役原则在里长审编上的施行。

里甲三办。

---

① 《海瑞集》，《兴革条例》。
② 何良俊：《四友斋丛说》。
③ 王祎：《王文忠公集》。

里甲三办是夏税秋粮以外里甲正役中的繁重差役。三办之名，各地不一，三办之实，各地也不尽同，俱见今存之明朝方志及清朝方志中追述明制部分。康熙《金华府志·贡赋》述明朝的贡办制度说："供御用曰岁进，供国用曰岁办。"岁办分类征派，又有"额办"、"坐办"之差。而地方官府的征需，则曰"杂办"。这说法最简明。"岁进"，嘉靖《徽州府志》称之为"岁贡"，即傅维鳞《明书》称之为"天子玉食"者。本节所说的"里甲三办"仅限于"岁办"之中的"额办"和"坐办"，以及供地方官用的"杂办"（"官府公费"）。"岁进"（"岁贡"）、"额办"、"坐办"、"杂办"的项目多，数量大，将见拙文《明朝的民差与民田》。

古有"任土作贡"的科差，周秦而后，历朝承袭。明朝初年，一地所贡不过三五种、十几种地方特产，民间出办尚易。寖淫至英宗而后，官府诛求日增，其项目之繁，数量之夥，视初时倍蓰或数十倍。就其性质说，各地贡办的物料大体上还是各地的土产和特产。其中有农产品，有手工制作品，有矿物，有植物，有牲畜，有野物，或野物体的一部分（如鹿茸、麝香等）。朝廷上管理派办的有户部、工部、礼部。明朝方志书中都记有派办的物料名目，或总目，或细目，详略不一。嘉靖《徽州府志》的记载，算是相当详细的，今列其总目如下，以例其他：

Ⅰ、岁贡

Ⅱ、岁供：

1. 岁办之供

（1）岁办户部军需之供

（2）岁办礼部军需之供

（3）岁办工部军需之供

2. 额外坐派之供

工部额外坐派之供

3. 不时坐派之供

(1) 户部不时坐派之供

(2) 工部不时坐派之供

(3) 抚院不时坐派协济邻郡之供

(4) 抚院不时坐派备边之供

府志中的"岁供",就是通常说的"额办","额外坐派之供"和"不时坐派之供",就是通常说的"坐办"。

那额办到底有多少种?

关于这个问题,目前找不到完整的记载。傅维鳞《明书》有"土贡"、"工料"、"厨料"等项。其中工部物料28种,北京工部四司(营缮司、虞衡司、都水司、屯田司)物料56种(总目),南京工部"造进如北京工部",光禄司12种(其中5种是总目),太医院"药料"二十四万九千五百八十斤与个。上列项目中,若干是总目,如工部的"颜料"。在这个总目之中有金、银、铜、铁、锡、矾以至槐花、乌梅、枝子,名色繁多,几至无法缕述。内府"织染局造袍料"又是一个笼统名目。有明一朝,民间进贡的物料到底有多少种,很难稽核。估计它比历史上任何朝代都多,大概符合事实。

额办、坐办之外的第三办是杂办,就是官府公费。其项目之多,银额之大,不细检查,也难以想象。《天下郡国利病书》所录《宁国府志》称:"岁费之目十有二:曰诸司供用,曰春秋祭祀,曰乡饮酒礼,曰科贡盘缠,曰运船料价,曰解扛脚价,曰江海兵防,曰孤老衣薪,曰里甲供应,曰春牛桃符,曰决囚公费,曰器物案衣。"这十二目都是总目。如缕举细目,可以万历《杭州府志》为例。府志列有杂办六十三目。万历时各地贡办多已折银,杭州府的里甲三办共折银14852余两。其中额办折银

1095 两余，坐办银 3519 两余，而杂办银竟达 10237 两余，居里甲三办总额的三分之二。有的方志止记额办、坐办而不记杂办，是个缺陷。

这"里甲三办"差役是怎么审编科派的？

三办差役既曰里甲，当然是按里甲编派。里甲编差的基准是户。故有"里甲起于户"、"以户计曰里甲"之说①。而户又分三等九则，审别户等的基准是"人丁事产"。"人丁事产"四项之中，丁产是主要的，"丁产"的"产"之中，"田"是主要的，所以"丁产"又可以称为"丁田"。里甲三办之役既是按里甲科派的，也可以说是按户等科派的，还可以说是按丁田科派的，因此南方的许多地方志书中称里甲征役为"丁田之役"、"丁田之法"。就其所征的基准名称而言，丁田又可称丁粮，这是因为粮由田出办之故。粮在南方又可称"米"，所以那个地区的方志书中有的又称"丁粮"为"丁米"，因而里甲三办有叫做"丁米"或"丁米料"的。"丁米"也罢，"丁粮"也罢，里甲三办都计丁量田而出办，归根到底，里甲三办的科派基准也离不开田。田在北方一般叫地，所以那个大地区里又有"丁地"之称。

里甲三办既是以丁和田为科派基准，而具体科派办法还不太清楚。文献中有丁三粮七和丁四粮六的记载，这也是见于南方的比例。北方是否如此，还没见文字说明。大致南方的科派重在田，北方的科派重在丁（见下）。既然科派中丁田有个比例，那么丁田就可以互准。田多丁少之户可以田准丁，丁多田少之家可以丁准田。福建人一丁准田一石，这仿佛是那一省的通例，所以漳州府民田米一石准丁一丁。江西南昌的里甲役一丁折米一石，

---

① 《天下郡国利病书》所录《漳州府志》、《嘉定县志》。

均徭杂役则二丁折米一石。浙江的宁波，原一丁准田十五亩。后来改为四十亩准折一丁。严州府的淳安县也是田十亩准一丁。绍兴府新昌县民田、寺田十亩准丁一丁，民地、寺地五十亩准丁一丁，民山、寺山一百亩准丁一丁。直隶常州府的武进县，一丁准田二十亩。苏州府的常熟县也是这样准折（姚宗仪《常熟私志》谓"人一丁准田二亩"，疑"二"字下夺一"十"字）。就在这个丁米兼论和丁米互准的基础上，日后才有八分法（米一石人一丁各纳银八分），十段锦法，和隆庆四年照依丁粮编派差役的定例。那定例是：有丁无粮者，编为下户，仍纳丁银；有丁有粮者编为中户，粮多丁少和丁粮俱多者，编为上户，"俱照丁粮併纳"。肇兴于嘉靖中、万历初通行于全国之一条编法，就是在十段锦法的基础之上又加以改进而议准的赋役科派方法。

　　以上是关于丁田审编基准和丁田互准的大致情况。事实上的执行方法各地并不完全一样。即如福建之丁田法，行于一时一地且为一人所创制，在福州府则"通计各县应办物料，融派丁米，概征银八分，送府转输"[1]，在泉州府则"将通县费用分正杂二纲，以丁四粮六法科派"[2]。福建的丁田法，是御史沈灼制定的，同时行于福州府（正德间）、泉州府（正德十五年），方法同出于一源，二地同属于一省，其丁田（丁米、丁粮）的搭配方法就有这么样的差异。其实在明朝那么大的一个帝国，各地地理条件不尽一样，风俗习惯也不完全相同，执政官员的见识与心术不齐，本地乡官的干预强弱有别，差异是不足为怪的，恐怕还是正常的。虽然如此，差异多半是枝节性质的，赋役科派基准的根本原则，丁田，不能弃而不遵。

---

① 《天下郡国利病书》录《福州府志》。
② 《天下郡国利病书》录《泉州府新志》。

以上所述的审编原则从按里甲、户等到按丁田，主要出现在江淮以南，黄河流域的情况又有它的地区特点。1966 年山根幸夫已有论说，颇详，见所著《明代徭役制度の展开》附《明代华北たおける役法の特质》。就上供物料而言，嘉靖年间山东布政司的"岁办"（即"额办"）药物、皮张、禽畜、翎毛、杂料等（细目省），都在《田赋》节中，"官民田"、"夏税"、"秋粮"、"丝绵"、"农桑"、"花绒"、"马草"并举，反而不列在下一节《户口》各项徭役中①。万历间，山西布政司的"岁办"物料也同样列在《田赋》项下，也和"夏税""秋粮"等项并征。其物料总目和山东的也基本相同②。山东、山西二布政司所属各府之下都列有上供物料的细目及其数额，格式也都和布政司的司总（布政司总款）的一样。照山东、山西两布政司的通志的格式看，"岁办"物料显然都是出于田亩，不然就没有道理说明物料作田赋论而不作户役论。

三　杂泛差役的审编基准

（一）　均徭杂泛差役

里甲正役的审编已略如上述，现在再说杂泛差役。

差役而谓之为杂泛，是对里甲正役而言。什么是杂泛差役？朝廷令文中没找到定义。就明朝的祖制说，杂泛差役不是"正役"，不是"唯正之供"之役，如岁贡之天子玉食、里甲贡办的物料和官府公费等等，它是民间出办（也就是里甲出办）供地方官府使用的银两和供地方官府差遣的役夫。地方衙门使用的银

①　嘉靖《山东通志》，《田赋》。
②　万历《山西通志》，《田赋》。

两项多量大，以嘉靖年间宁国府为例，有"诸司俸廪"（俸米外，每岁钞 25414 贯），"春秋祭祀"（银 208 两），"岁贡盘缠"（每人银 65 两），"运船料价"（397 两），"解纸脚价"（27 两），"折钞翎毛"（18 两），"孤老衣薪"（50 两），"里甲公务"（610 两），"驿传工食"（12856 两）①。役夫可分为两类，一类是有定额有定期的，一类是无定额无定期的。前一类，由里甲人户依其户等轮充；后一类，则有事才征发，无事则守其业。前一类，就是英宗正统以后称之为"均徭"的；后一类，就是统称之为"上命非时"的"杂泛"的。今略述其类别，着重说说它们的审编基准问题，要点是看看杂泛差役的审编是否也和田土有关，是否也是有田则有役。

　　所谓定额的杂泛差役，就象海宁县知县蔡完所说的那样：正役之外的"一应大小衙门额设库子、斗级、灞夫、馆夫、皂隶、斋夫、弓兵、巡拦、铺兵、防夫等项"②。这是仅举其梗概而言，事实上还有一些名色。名色的多寡，不同的地方或许有点差异，但基本上一致。除蔡完所列之外，他如甲首、轿夫、伞夫、解户、狱卒、隶兵、应捕、坟夫、义塚土工等等。有本府本县各衙门的，有京朝官驻在本府本县各衙门的（户、工部、都察院等）。名色并不太多，但役夫名额却不很小。以湖州府一府和海盐县一县为例，其役额分别为：（1）湖州府旧额银差是 10666 两余，各役名总数是 978.5 名，力差各役名总数 1365 名。此外各官家火银、岁贡银、织造银 2693.3 两，共银 35478 两余；（2）海宁县银差是 664 役，力差是 483.5 役，两项共 1147.5 役③。这

---

①　嘉靖《宁国府志》。
②　蔡完列举的正役是岁办物料，催办并解运夏税秋粮。见嘉靖《海宁县志》。
③　湖州府数字为嘉靖四十四年的，海宁是嘉靖三十六年的。所列的总数，与细数的总和不一定相符。

些役夫名数都是"额定"的,或者说是定额的。"额定"是不是真定额,那可未必。知府知县布按二司乃至京官内阁首辅(如李贤),都卖放额拨的皂隶。额拨的卖放之后,再额外索求。

那额定的杂泛差役是怎么审编的?

就海宁县说,知县蔡完说是"府县每年一次行令该年里甲(见年里长甲首——作者注),量其役之大小,各照赋役黄册原定上、中、下户三等点差"。他并且说这是"定制"。"定制"就是朱明的祖制。他这说法合乎明朝初年的役法,合乎一般明朝方志中役法的记载,也合乎大小臣工奏疏中有关祖制的追述。总之,完全合乎洪武二十四年奏准攒造黄册格式的规定。那规定就是根据人丁事产分豁上、中、下三等人户,佥点差徭。

以户等编差,正役、杂役都一样,那么正役的佥点和杂泛差役的佥点究竟有无不同?

有的。太祖高皇帝于洪武十七年曾下过一道命令,"令各处赋役,必验丁粮多寡、产业厚薄,以均其力"。户三等,厘为九则:自上上户至下下户共九级。明朝的科差原则如唐宋制:先富后贫,富者编重差,贫者编轻差。如果两户或数户财富相等,那就先丁多之户后丁少之户,如里长点充之法。一般而言,所有正役和杂泛差役,上等中等富裕户当然应当,贫难下户也得应当。不过贫难下户"止听轻役",甚或免役,这就是"均其力"原则的具体安排。

《大明律·户律》把人户分为两种:一种是"有赋役者",另一种是"无赋役者"。"有赋役者"如脱漏户口家长杖一百,"无赋役者"家长杖八十。不论是"有赋役者"还是"无赋役者",杖罚之后,还都必须"附籍当差"。为什么原"无赋役者"脱漏户口还要受杖,还要附籍当差呢?这另有说法。

什么叫"无赋役者"?《昭代王章》的《句解》说:"有田

产人口曰有赋役，无田产人口曰无赋役。"再明确一点，照《大明律笺释》的解释说："赋者田地税粮，役者丁产差徭。有赋役，谓有田粮当差者也；无赋役，谓无田粮止当本身差役者也。"律文《赋役不均》目说："凡有司科征税粮及杂泛差役，各验籍内户口田粮，定立等第科差。若放富差贫那移作弊者，许被害贫民赴拘该上司自下而上陈告，当该官吏各杖一百。"《琐言》谓"验户口者，役之出于力者也，验田粮者，役之出于赋者也"。"明时以赋定役，视贫贱为之差等，役非尽出于力也。"不承当正役者，也就是户下没有田地不点充正役的人户。这类人户止当杂泛差役。但这并不是说有田地的人户就不当杂泛差役而止当正役。如果这么理解就错了。如上所述，杂泛差役是种丁差，"有身则有役"，上、中等人户除了照其田地充当差役（差粮、粮差）外，他们的户下如有丁，也得应当丁差。而富裕人户户下没有丁的不多见。即使没有丁，官府还有以田准丁的办法，也摆脱不了杂泛差役。

根据以上说明，下列事实就不难明白了。

1. 《大诰三编·公侯佃户第三》称："公侯世禄佃户往往不肯与民一体当差。此诰一出，今后一切杂泛差役一体应当。"公侯的佃户即使户下没有田地，也得应当朝廷的杂泛差役①。

2. 万历《大明会典·黄册》："其有全种官田人户，亦编入图内轮当（甲首）。"全种官田的人户（佃户）即使户下没有田产己业，还是得编入里甲，轮当甲首，跟随里长催办税粮，供应差遣。

3. 万历《大明会典·赋役》："（洪武）二十四年令寄庄人

---

① 这里说的公侯的佃户，大概不是钦赐的佃户。钦赐佃户户籍不隶有司，不该当有司差役。

户除里甲原籍排定应役，其杂泛差役，皆随田粮应当。"寄庄人户的乡贯役籍不在他的田产所在地，就照他的田粮数额准折丁役，承当杂泛差役。

据此，我们可以概括如下：明朝杂泛差役的审编基准是丁。有有田地的丁，有没有田地的丁。有田地的丁自然是根据其人丁多寡产业厚薄分豁上、中、下三等人户当差，而且是当全部的差——正役和杂泛差役；那止有丁而没有田地的所谓"寡丁"者，编入户等为下下则，承当杂泛差役。其下下则中之极贫难者，或充轻役、或免役。寄庄户不附籍当差，则按照他的田地额数当差。全种官田的人户，户下没有自己的产业的，按原拟赋役黄册格式也得编入里甲，当甲首役。

以上说的是法。中国历史上有个规律："法久弊生。"如汉唐，如宋明，大抵祖宗创业以后不出六七十年，诏令所颁，律例所定，往往就流为具文。就律而言，大体上说，其在现实中尚能有效者，"八议"而已，"十恶"而已，"禁卫"而已，其他多半沦为文牍游戏。杂泛差役的审编法也不例外。

朱明皇业传到英宗正统初年，已是百孔千疮。在审编差役上，最大的弊政是"放富差贫"，或曰"卖富差贫"。奸民豪户或飞洒诡寄田粮，或贿嘱里书那移作弊，或隐漏丁口脱免差徭，或州县官役占富户充当皂隶厮役，卖放入己，所有差役大部科派中户、下户充当。下户是贫户，贫者当差，有身无力，不能满足统治者的要求，且驱之逃亡，于是均徭之议兴。结果出现了夏时的"均徭册"法。

夏时均徭册如何审编杂泛差役呢？

《英宗实录》记均徭法之创制、奏报、议准、议罢、议复文字共四条。据户部说，江西按察司佥事夏时以"徭役里长卖富差贫"上疏建言另造均徭文册，"以税粮多寡为差，官为定其徭役"，这就是所说的均徭册①。户部的"以税粮多寡为差"的话是覆奏四川重庆府永川县民邓锜的奏疏说的。邓锜疏的原话是"今惟以税粮定其科差"。邓锜是反对夏时的均徭册法的。"今惟以"云云显然有点褊急，户部覆奏未取，建议"移文四川布按二司斟酌差科，以从民便"，也并未否定夏时均徭册法。

与户部"以税粮多寡为差"相近的还有吴世忠的说法。吴世忠，江西金溪人，仕至右佥都御史。他说成化（1465—1487年）以前，"各府州县佥点均徭随粮数之多寡为差役之轻重。粮之多者与以重差一名，粮之少者与之轻差一名"②。

均徭的审编"以税粮多寡为差"，这是一说。

还有一种情况与此说不尽相合。正统九年，广西布政使奏请允许在他的辖区内不采用"均徭图籍"。仍按旧制审编徭役，理由是广西"人少役繁，难拘定式"。照他的说法，如实行"均徭法"人少了不行。换言之，均徭法的实行还需要有足够的人。这所谓"人"当然是指成丁之人，也就是丁男。广西布政使的说法和邓锜的"今惟以税粮定其科差"的说法不合。照前说，均徭法的审编还包括人丁，没有排除人丁。

"均徭法"没有排除人丁，《英宗实录》中还有一条记载可以参证。正统十年，夏时这时已升迁布政司参议，行部到了临江府，"编本府粮户为布按二司隶兵"，参政朱得疏参夏时"多以上等粮户为隶兵，意在逐年取用，未免害民"，请罢之。"上等粮户"不知是否是赋役审编的三等户的上等户。如果是，那户等的分豁是以人丁事产为准的，其中有人丁。既有人丁，那就不

---

①　"均徭册"又名"均徭图册"、"均徭文册"。均徭非役名，是审编均徭的方法。

②　吴世忠：《蠹遇录》。

仅仅是以税粮（田地）多寡为准了。

"均徭册"法未排除人丁，这又是一种说法。

实在情况究竟如何？嘉靖三十六年知县蔡完所修《海宁县志》（光绪重刊本）称："正统四年，以江西按察使佥事夏时言天下徭役不均，户部行令里甲除正役照赋役黄册应当外，又别编造均徭文册，查勘实在丁粮多寡，编排上中下户，量计杂泛重轻等第佥定，挨次轮当。一时上下称便。"

蔡完所说的关于均徭文册的话有三点值得注意：（1）照丁粮审编；（2）查勘"实在"丁粮；（3）照丁粮多寡编排上、中、下户。照"丁粮"佥定，当然不是"惟以税粮定其科差"。"查勘实在丁粮多寡编排上中下户"，是由于赋役黄册十年一造，其间人丁事产消长不一之故。可见以丁粮、以实在丁粮之额审编户等编派杂泛差役，是均徭册法之所由以讲求的原因和目的。万历《南昌府志》称本省各项差徭："惟里甲均徭丁粮兼派"，便是均徭法发源地的一个实例。

均徭杂役丁粮兼派，浙江、福建，南直隶各府州县都如此。浙江《永康县志》谓该县均徭法弘治元年始定。其法，"总验一县之丁粮，配诸当役之数，通融而审编之"。该省绍兴府均徭的审编是按户等，"计丁验粮"①。福建漳州府均徭照丁米出办（丁米即丁粮），而且丁米也可以互准——"米一石准丁一丁"。泉州府均徭（"泛役"）的审编，一如漳州府，也是"以丁粮审差"。而且丁米也可以互准，并且也是"米一石准夫一丁"。本府所属安溪县的审编法如府制②。

---

① 《天下郡国利病书》所录《永康县志》，乾隆《绍兴府志》引翁大立《均徭或问》。

② 《天下郡国利病书》所录《泉州府志》，嘉靖《安溪县志》。

　　直隶应天府上元县的力差（均徭有银、力二差）"往往破人家，人皆以田为累"①。力差使人以田为累，这必然是力差照田审编的缘故。应天府上元、江宁二县均徭杂役的审编据说都是照"丁银"。其法编丁征银，"以九之四入里甲，以九之五入均徭"②。合二说察之，应天府上元、江宁二县均徭的审编基准是丁和田；"人皆以田为累"这话可能是强调了均徭审编中偏重田的成分的反映。

　　直隶苏州府的里甲、均徭的"验则"是"通计丁田"③。本府常熟县，"徭里（谓里甲均徭）以亩计。每田一亩，均徭银六厘四毫零，人丁一丁准由二亩"④。直隶常州府江阴县称均徭为"丁田之役"。其审编法，"以黄白册籍按丁田多者为上户，编重差。次者为中户，编中差。少者为下户，编下差"⑤。

　　直隶宁国府均徭的审编是"以丁田为准"，凤阳府则以"丁力相应之家"编派⑥。"丁力"当是"丁产"之谓。

　　审编均徭既论丁田、丁米、丁粮，论户等，这和洪武赋役黄册攒造格式没有什么不同。皇帝的财产反正就是那么两项：人丁和田土。在一条编法以前，审编赋役的方法，已有多种，原则却止有一条：丁田不得隐匿，人户不得冒免，使经界稍正，赋役稍平，豪右不可占田千顷不名一差，贫弱可免年年应役不得喘息，以保持朝廷的赋入和徭役不失原额。为保持赋役不失原额，所以翻来覆去，所有赋役改革方法总是止有在人丁和田土上打算盘。

---

①　万历《上元县志》。

②　顾起元：《客座赘语》。

③　乾隆《苏州府志》。

④　姚宗仪：《常熟私志》。

⑤　嘉靖《江阴县志》。

⑥　嘉靖《宁国府志》；《宪宗实录》，成化二十二年二月庚子。

即使一条编法量地计丁，合并一条统归于田亩上征收，人丁也没废除。夏时的均徭册法有新规定，它的一个方面是明显的，另一个方面虽不明显，但事出必然。新规定的明显处是"查勘实在丁粮多寡编排上中下户"，不再抄袭"纸上之捏"、"空中之影"的旧档。新规之不明显处但又比明显处更重要的是丁与粮、丁与田、丁与地、丁与米二者之间的比例。在新法中，丁粮二者的比例，显然粮（米、田地）重于丁。山根幸夫教授早已看出了这一点。他以为在徭役审编中田土的比率逐渐增大，有丁四粮六之编，有丁三粮七之编，并举万历《宁国府志》所记弘治以前田一亩银二分后增至五分为例。还有一个现象也证实田土在派差中的比例逐渐增大，那就是在田土和丁的准折比例中，田额和粮的比重渐趋增大。前引邓锜反对均徭法说："近者均徭册成，粮多之家独运一二十石赴边，粮少之家亦运数石。且每粮一石自家至边，计其路途所费有用银一二两者，有用银三四两者。"这是《英宗实录》记载的他上奏中的话，不能全无根据。他的话也证明田亩在均徭审编中的比率逐渐增大的事实。

田土在杂徭审编中的比重增大，不仅仅是由于地方官卖富差贫，中饱私囊，也是由于豪右兼并、贫丁日益增多，朝廷差徭失额的缘故。早在洪武四年，朱明太祖远虑及此，曾谕中书省臣说："耕者宜验其丁力，计亩给之，使贫者有所资，富者不得兼并。若兼并之徒多占田以为己业而转令民佃种者，罪之。"① 兼并之徒多占田而出佃于人，私租增、私属增，在官的丁田必减，朝廷征役所入必损。后辈皇子臣工不能抑兼并而"罪之"，但求弥补朝廷的损失，此"均徭册法"之所以讲求及其所以重田土的缘故。海宁县知县蔡完徭役议："十甲一里，十年一徭，徭有

---

① 《太祖实录》，洪武四年三月壬寅。

定额，役有定银，似亦无可议矣，然惟贤能之令，得公平正大之体，断而裁之，庶成小康。否则往往有不均之叹。何也？盖无以清其源也……欲清其源，先正其田。田正，则里正。里正，则无不正矣。故曰经界既正，分田制禄可坐而定。"①

正因为均徭册法偏重田，偏重田土所出之税粮，所以才有邓镇"今惟以税粮定其差科"之指责，才有吴世忠"随粮数之多寡为差役之轻重"，光山县沈知县"官以粮审差"②，《武进县志》"以田而派者谓之均徭"等等说法。这些说法都没有提到丁，我们也无力审核这些说法是否全面以及有关地方的具体情况。在不排除个别地方的个别审编方法的考虑下，我们以为大学士王鏊（1450—1524 年，吴县人）的《吴中赋税书与巡抚李司空》所说，是较平允，而且符合一般施行均徭法地方的情况的。他说："今之所谓均徭者，大率以田为定"，"田多者为上户，上户则重。田少者则轻，无田又轻"③。"大率"者，大致也；此虽未言丁，但不排除丁。"无田又轻"者，明是又计丁；止是无田之丁科派轻差罢了。

综观明朝的役法，始终没舍人丁而仅论田土。即使是一条编法，徭役折银且并征于田粮了，也还是把人丁所应出之银两计算在内；人丁所负的封建义务并没有解除。其所异于常论者，却是田土也是徭役审编的基准，而且田土在徭役审编中的重要性越到明朝后期越大。唐文基核算过嘉靖十四年常州府武进县知县马汝璋推行的十段锦法中丁田的负担，其中丁仅占 8.57%，而田却占了 91.5%，田土几乎将成为徭役审编的唯一基准④。

---

① 嘉靖《海宁县志》。

② 嘉靖《光山县志》。

③ 《明经世文编》卷 120。

④ 唐文基：《明中叶东南地区徭役制度的变革》，载《历史研究》1981 年第 2 期。

重田的趋势日益发展，到后来里甲的编制也不再按户数，而按田亩，科差里分限制也被打破，而通计一县田地顷亩统一科配，"田随区定，役随田转"，有田则有役的原则更加确定了。

（二）"上命非时"杂泛差役

前边已经说了，正统以后杂泛差役分成了两部分。一部分是用夏时的"均徭册"法编制的，它们是供各衙门差遣役使的，是定额轮当，且法有定额，姑称之为"均徭杂泛差役"。还有一部分是不定时、无定额，非经常性的临时差遣，姑称之为"上命非时杂泛差役"。

上命非时的杂泛差役因事征发，量也颇巨。如军需转输，堵塞黄河决口，新开并治理漕河运道，修堤筑坝、水利工程、筑塞北边墙、京师宫殿、各地王府、开掘并转运大石、砍伐并运输大木，营建陵墓，亲王之国就藩以及地方上的临时工役等等，所需夫役都是征自民间。较大规模的征发，一征便上万、十几万。永乐年间建北京，据说日役夫役百万。这是官方的，还有私役的。地方官常常起发夫役奉赠乡官筑府第、修园林。赠送一位乡绅的夫额虽不太多，但州县多，乡官多，总数也相当可观。

夫役的数额，明朝文献里偶或及之，但夫役的征发准则，却未见有明确记载。是照丁，还是照田地，还是照丁和田，丁和地，无从猜测。从全部明朝的役法以及明朝役法的实施上估计，"为王之民，执王之役，义也"。大概是按照"有身则有庸"的原则，照丁编差。止有这一项上命非时的杂泛可能不照田地，但有田地的人户不能说就不被佥当这项杂泛差役。前边已经提到过，没田产的人户虽无田产，也还是得当差；不过不当正差（里甲正役），止当杂泛。而他们所承当的杂泛，大概就是这种上命非时的杂泛。这类无田产人丁而起发充夫役和有田产人丁起发为夫役之不同处，是无田产者须给工食银吃饭，免致困窘而完全不能当差。

以上略就里甲正役、均徭杂泛差役和上命非时杂泛差役的审编基准说了个大概。这几种差役名称——里甲、均徭、杂泛常见于明朝文献，也是明朝徭役的主要项目。但明朝的重役却不仅仅上述那三项，那三项之外还有"民壮"、"驿传"。在明朝的地方志中，一般都是将"民壮"、"驿传"与"里甲"、"均徭"并述，称为"四差"。"民壮"的审编基准是丁粮（丁与粮）。孝宗时定因一县里分数目之多寡而金派的名数有不同，但这不影响审编的基准。"驿传"审编的基准是田亩，似乎没有例外，所以山西巡抚吕坤曾说"驿传，粮也，非役也"。这所谓"役"，是丁役的意思。丁役的审编的基准是照丁，因为驿传役审编的基准是照田亩，此吕坤强调其为"粮也"的缘故。

四　南北役法不尽同，审编基准则一

以上几节述说的几乎全是南方的徭役审编基准，没有涉及到北方的制度，而明朝徭役的审编方法南北有点不同。关于这个问题，明朝就有不少人指出并加以评论，尤其在推行一条编法而后来又把一条编法也推行到北方的时候。近年国人也有鉴于此，稍有论述。日本学者注意这个问题比我们早，研究的人多，文章也多，集其大成者为山根幸夫教授。教授著有《明代華北における役法の特質》，述北方徭役的审编基准颇详[1]。

明朝南北在征徭审编基准上的差异并不是本来就有的，是中

---

[1]　论述北方徭役审编法之异于南方者，有加藤繁、小山正明、滕井宏、岩见宏、谷口规矩雄等，俱见山根文所附之注。国人唐文基、樊树志等也有论说。

期以后才发生的，或者说在中期以后才更加显著。所谓差异也并不是实质性的，毋宁说是因地制宜的方法上的。并不是原则上的，而是在同一原则之下出现的权宜之策。

同一的原则是什么？那原则就是洪武二十四年奏准施行于全国的格式：按人丁多寡事产厚薄分豁上中下三等九则纳粮当差。这原则没有地区性；地不分南北，统一遵行。那原则性的格式既没规定"以田而派"，也没规定"大率以田为定"。既没有定地有"地银"，也没定门有"门银"、丁有"丁银"。因为历史条件不同，政治条件不同，社会的、地理的条件不同，南北两大地区发生了一些差异。

在南方，明朝的里役（里甲役，常简称里甲），起初是以里征派，后改按丁田派征。杂泛差役其初按丁派征，有常额者后改从"均徭册法"，也按丁田征发。里甲、均徭虽说都是按丁照田，而实际却都重田。所以才有翁大立（余姚人）"编徭则专重田产"，唐鹤征（武进人）"赋役一出于田"等稍褊急而实中的之论。因为重田产，日后才有以一县之田配以原额当差之丁，分作十段轮当一县之役的"十段锦法"。有"十段锦法"导之于前，遂有总括一省之赋役量地计丁，併为一条，计亩征银的"一条编法"。自此赋役之征，一条审编，一条科征，名与实皆归于一，一归于田。到了这时，里甲编制也不再以户数（一百一十户），而以定额田土顷亩（如三百亩或三百二十亩），日后遂演为"顺庄编里"，止按田亩了。

在北方，里甲役原先也是按里派征，杂泛差役照丁征发，当正统年间江西施行"均徭册"法的时候，北方的役法还没有发现有什么大变化。但北方也是在同一个专制官僚政制统治之下。除皇室、国戚、内臣之外，官绅之家也一样利用自己的权势，广置田地，欺凌小民。编户齐民也一样"富相什则卑下之，伯则畏惮之，千则役，万则仆"，也一样为赋日增役日繁而赔累而困乏，也一样多"隻丁"而无所资以应役。不过规模不如南方之大，程度不如南方之深罢了。在南方朝廷之所以必急图改革者，在北方或可稍缓而已。

虽可稍缓，但终须改革。所以在成化、弘治年间，北方也有了"均徭"编差的记载。《皇明世法录》称："弘治元年，令各处审编均徭，查照岁额差使于该年均徭人户丁粮有力之家，止编本等差役不许分外增加。"因北方已行均徭法，反对者丘濬在《大学衍义补》中，才有"均徭之法可行于江南，不可行于江北"之论。

但江北的均徭是如何审编的呢？其详不得知。但有迹象说明北方的均徭法也是偏田亩，故有"地亩"之征和"门银"之编。

地亩之征。顺天府、永平府原来没有地亩之征。弘治十二年，顺天、永平二府的属州县，"往岁军需徭役皆取于丁，乃有富连阡陌而绝无差役者"，于是户部会议"自今请计亩征银，腴地每亩银一分，瘠地半之，以备供用"，孝宗准了。六年以后，到了武宗正德元年，顺天巡抚右副都御史柳应辰上疏反对地亩兼征的均徭审编法。他请括府和卫所"当用之役，而均派见有之丁"，恢复照丁审编法。16年以后，嘉靖元年，顺天府尹万镗，又奏请计亩派征，议准"酌量人丁地亩兼征银两。"丁地兼征，不止限于顺天府和永平府，河间府也是如此办法，见嘉靖《河间府志》。河间府既行丁地兼征，北直隶其他各府大概也行丁地兼征，而且此后几十年间没有改变。万历五年，顺天府尹王之恒条上均徭事宜，以为地科太轻丁科太重，建议每地一亩科银二分以补丁差之不足，可以为证。从嘉靖元年到万历五年（1522—1577年）已经是55年。地亩银二分，顺天府尹臧惟一以为过重，疏请改"以丁、田为主"为"以丁、门为主"。户部题复，得旨，如议行。这是万历十一年的事。以上史料，俱见《实录》。

门银之编。指的是照门审编徭役。这方法出现在什么年月，还不清楚。山根幸夫据谷口规矩雄的研究，以为当在正德前半期，不会早于弘治末。但万历《大明会典》载成化十五年令："令各处差徭户分九等，门分三甲，凡遇上司坐派、买办、采办，各因所派多少，定民输纳，不许隔年通征银两在官。"北方照门编差或已行于成化年间。

为什么征丁课地之外又立"门"征呢？顺天府尹臧惟一解释说，因为"富者援例，丁得优免，故富者照门审差"。这是万历十一年的事。三年以后，顺天府条陈九事，其中一条是关于门银的。疏中说："三等九则之法外，又有门银，原为富家援例得以优免者而设。"[1] 一则曰"富者"，再则曰"富家"，可见照"门"审差，缴纳"门银"的是丁粮俱多的富厚之家。一则曰"富者援例，丁得优免"，再则曰"富者援例得以优免"，又可见"门银"之科派对象是品官及举监生员吏典之家。这时（万历十一年、十四年）的优免则例还是嘉靖二十四年定的则例。京官一品免粮三十石，丁三十丁，一品以下各有差，至九品免粮六石，丁六丁。外官半之，一品免粮十五石，丁十五丁。至九品免粮三石，丁三丁。官户实有丁数超过它的优免之额的恐怕不多。而其实有土地顷亩超过它的优免之额的恐怕不少。以例准之，三升准田地一亩，粮三十石等于一千亩，十五石等于五百亩。免粮六石者不过免田地六十亩，免三石者不过免田地三十亩。品官之家的田地数额超过六十亩或三十亩的，数目一定不少。朝廷在其地亩优免数额之上再课以门银，是可能的。当然，论门不等于论

① 《神宗实录》，万历十一年十一月庚辰、万历十四年十一月辛丑。

地亩，但规定其门之贫富者除丁以外，最主要者是地产。因为北方于丁科派之外又按门科派，门、丁的科派便构成了北方徭役法的特点。《利病书》所录《城武县志》称本县均徭的编派照门、丁，《汶上县志》称本县的均徭里甲二役出于门、丁，都是这一特点的实例。

门、丁本身在徭役差派上的分量或数额是根据户等。山根文中举了好几个例子，万历《蒲台志》有如下记录：

上上户	门银 4 两	丁银 7 钱
上中户	门银 3 两	丁银 6 钱
上下户	门银 2 两	丁银 5 钱
中上户	门银 1 两	丁银 4 钱
中中户	门银 9 钱	丁银 3 钱
中下户	门银 7 钱	丁银 2 钱
下上户	门银 4 钱	丁银 2 钱
下中户	门银 1 钱	丁银 1 钱
下下户	（免）	丁银 0.7 钱[①]

门银、丁银俱照户等审编，可见分豁门、丁等级的高低和科派门、丁的数额多少，决定于它们各自的户等。赋役黄册攒造格式规定分豁户等的标准是人丁事产。"人丁"指的是年及十六岁成丁的男子，"事产"指的是田地山荡、房屋、车、船、马牛等，或曰"资本产业"。户则分豁根据虽有许多款目，其中最重要的是人丁（劳动力）和地产（主要生产资料）。所以曾做过曹县知县的王圻说："产则之低昂，不外乎地。"质实言之："门丁户则之高下，亦不过计地而等差之者耳。"[②]

① 中下户及下上户丁银均为二钱，山根疑有误。
② 《天下郡国利病书》所录《曹县赋役》。

从徭役审编的最重要的基准是丁田、丁地，或据以规定的户等这一点上说，南方北方的役法没有本质的差别，不同处在或偏重丁、或偏重田，在具体措施上有些差异而已。嘉靖十七年吏部尚书许瓒说"南方的均徭以丁田为主"，而北方的均徭则"丁田事产参间"，隆庆元年江西巡抚刘光济说"北方则门丁事产肆者兼论，南方则偏论田粮"。南北之不同处也就在那"为主"、"参间"，"偏论"、"兼论"之间①。

曾任户部尚书的葛守礼（隆庆元年）和户科都给事中光懋（万历五年）说明朝赋役法的祖制是"稽籍定役，无与于田"②。"籍"，谓"论门户高下，定丁力壮弱"之籍。"论门户高下"，其中固有田地因素，怎么能说是"无与于田"呢？

夏时倡议的均徭文册的编制，也当是按丁田。事之起，起于里长、地方官府之"卖富差贫"，故在丁田之比例中偏重田，这事上边已经说过了。刘光济《差役疏》称均徭法"十年一设，计丁验粮，户分等则"。与北方比较，"南方则偏论田粮"。"偏论"，自非独论，更不是不论（"无与"），这也是明显的。

中国历史上，不论哪一个朝代，皇室的姓氏或有不同，其经济基础却没有半点参差：都依赖于其所能控制的人户和土地而存在而延续，也都有意识地保持其人户和土地不失原额，也都愿望使他们的人户和土地二者相结合，以保证赋役的征发，以供应皇室、它的军伍以及它的全部官僚机构的需求。赋役财富是它的生存源泉，征发数额之多少是它的生命盛衰的标志。皇明太祖朱元璋是位治术极其精明、诏谕喜欢"直说"的统治者。他道："军

---

① 《世宗实录》；《古今图书集成·食货典》引刘光济《差役疏》。

② 《葛端肃公全集》；《神宗实录》。

国之责所资不少，皆出于民。若使之不得尽力田亩，则国家资用何所赖！"① 本着这条道理，他力求劳动力（丁）和生产资料相结合，务使见丁著业，业业有丁，丁丁有业。明初地无南北，道无二揆，审编科差皆以人丁事产户等为准。原无银差，役皆以丁。但仁、宣而后，江南的豪族死而未僵，又通过科第仕宦途径，渐次生长，终至强大。户田踰数千、万顷，复为钜族；细民失业，复沦为"寡丁"、"只丁"，为钜族所役使，一家动辄千百。而此时乡贯在江北的士族，虽位至卿相，奴仆不过数人，家产不过千两，土地较分散，而小民失业沦为赤脚光丁的，较江淮以南少。结果在赋役的征发上，江淮以南大体上趋于照丁田，终至偏重田。此时江淮以北还存在着大量个体农户小生产者，他们多少还有点土地，丁非光丁，所以暂时还可以"验丁派差"、"计丁以定差"。这是丁在北方差徭的审编中始终未消失的原因，也是明朝征役南北稍有不同的标志。它表明北方的土地兼并，其规模其程度，都比南方稍去一间。有此土地分配上的一间之差，故有役法上的些许不同。明朝南北役法上的不同，也说明了土地在徭役审编上的重要性：土地也是徭役审编的基准。初时还是基准之一，终至演变为徭役审编中的主要基准，乃至唯一的基准。

因此，我们说：有身固有役，有田也有役。此吏部尚书万镗说的"赋役之等必稽于丁粮"也。

有身就有役，就得当差，这一层容易理解，因为那是由于编户齐民隶属于朝廷，向朝廷当差是封建依附人户必须履行的封建义务。那有田也有役，有田也得当差，又怎么说呢？愿识者明断。

---

① 《皇明太祖宝训》。

籍·贯·籍贯[*]

　　近代的人事表格上差不多都有"籍贯"一栏。"籍贯"是一个近代名词，指一个人的出生地或者是他（或她）的祖先居住地，没有其他政治的、社会的意义。以近代人、用近代名词、填写近代表格，不会发生误会；然而如果介绍一位古人，如秦汉唐宋元明的人物，也用这个具有近代含义的近代名词，那就不免要发生误会了，至少不会使人觉得很确切。近代之所谓"籍贯"，在古代实为二事：籍和贯；籍是籍，贯是贯，不可混淆。古代文献里有"籍贯"二字并列的，但那不是一个词，应读作"籍·贯"。也间或有作"贯籍"的，也应同样读作"贯·籍"。近人不知其古无"籍贯"，止有"籍·贯"或"贯·籍"，误以近代之事物漫不经心地加诸古代，谓宋朝某某人的籍贯是某某县，明朝某某人的籍贯是某某县，且以之著文曰"某某人的籍贯考"，那就不免以己之所不明而教人明，难矣。下面谈谈古代的籍、贯问题。

---

* 本文原载《文史知识》1988 年第 2 期。

文献中的籍、贯

历史学界大概都知道明朝有位李东阳（1447—1516 年）。他是以文章领袖缙绅的人物，天顺八年进士，仕至礼部尚书文渊阁大学士，荣加少师太子太师。《明史》卷 181 有传。他没有"籍贯"，但他有"籍"也有"贯"。他的籍是什么，贯又是什么？

《明史》本传称："李东阳，字宾之，茶陵人，以戌籍居京师。"李东阳的籍是"戌籍"，即军籍，军户的户籍。原来他家是军户，名载军户册籍。明制，立户收籍以后，人户以籍为定，他的家族便注为军籍，又因为他家供当军差，去处是亲军卫的某一卫，在京师城内或京城附近，所以本传说他"以戌籍居京师"。（明朝有军籍，无"戌籍"；"戌"字是爱典雅的文人制作的，官方文献里不见有这个词）

李东阳的贯是哪里？他的贯是"茶陵"。茶陵是一州名，属湖广布政使司。贯，是"乡贯"，包括布政司、府、州、县、乡、里（都、图）。要是把一个人的贯（乡贯）完全写出来，那就得写出他所属的里（都、图），以及那里所隶属的县、州、府、司，一长串。李东阳所隶属的里我们没去查。《明史》纂修人写出他的乡贯是茶陵州也就够了。廿四史中的人物传都是以这样的体例写的。

再举一位知名学者，清朝人阎若璩（1636—1704 年），《古文尚书疏证》的著作者。《清史稿》卷 481 本传云："阎若璩字百诗，太原人，世业盐笑，侨寓淮安……年十五以商籍补山阳县学生员。"他的籍是商籍，贯是太原府的太原县。他的籍和贯也是判然二事。

从《登科录》中，我们也很容易看到籍和贯的区别。明朝中了进士的新贵，步唐宋同类立碑题名以示显荣外，并于榜发之后，将其硃卷上呈礼部。礼部据以汇印成册曰《同年序齿录》，又称《登科录》。每位进士名下，首列其贯，次籍，次字号、年龄、出生年月，次祖宗三代、兄弟、妻子名字。日前顺手复制了永乐十年三月《登科录》两页，文曰：

> 杨　荣　贯云南大理府太和县保和乡塔桥里、民籍、国子生、治孝经、字子仁、行一，年四十二岁，十一月初七日生。曾祖赐　祖成元　本府长官寺长官　父俊　母杨氏　永感下　娶董氏

> 王嗣先　贯江西吉安府泰和县信实乡四十九都、民籍、县学增广生、治易经、字嗣先、行二，年三十六岁，三月十一生。曾祖惠轩　祖明德　父古平　母萧氏　具庆下　兄敬先宜章县儒学训导　娶李氏

这两位进士名字下的贯、籍，填写的很明白，不必加任何解说就可以看出什么叫贯什么叫籍。

在朝廷颁布的诏令中也涉及了不少籍、贯问题。以明朝为例：洪武二年（1369），令凡各处漏口脱户之人，许赴所在官司出首，与免本罪，收籍当差。洪武三年令户部榜谕天下军民，凡未占籍而不应役者，许自首。军发卫所，民归有司，匠隶工部。所有人户都得占籍应役。占籍应役就是附籍当差。当差的军丁（正丁余丁）发往实在当差的卫分去处，其户籍则藏于兵部。匠籍当差户丁当京匠的，发往京师各监局造作；存留的，留下供役于本府县之织染局，籍隶工部。民则于各该地方应当民差，籍隶户部。其他如天文、地理、医药、卜筮、音乐、僧道也无不收籍，籍隶礼部。有明一朝，户役户籍不下五十种。籍原是册籍，

人户册籍就是户籍，籍上注有应役人丁的姓名，所以又可称之为名籍。

但籍不是贯。贯，指的是一个人的出生地、居住地，他的户役役籍所在地。洪武二十三年（1390）令各地审查逃户，如发现有别省别县人户流移于本省本县本里甲下者，即送县官"押赴原籍州县复业"。这原籍州县，就是其役籍的原在州县，就是其他诏令里的"乡贯"、"贯址"、"都图里分"。嘉靖二年（1523）的勾军令将逃军的贯址"图、里、社、坊、隅、关厢、保、镇、乡、团、村、庄、店、圈、屯、营"，逐一填写明白，这更周到具体了。明朝早年的户帖上以及后来编造黄册时人户填具的由帖（由单、青由、清册供单）上，都开列着户主所在的司、府、县、乡、里（都），以及他的籍（军、民、匠、灶等）。那贯址列的也很具体完备。户帖式、由帖式都是各县衔照户部所颁格式刻印发给所属各户的去填具的。

"原籍"、"祖籍"

为了古之籍与贯为二事，无现代概念之"籍贯"，曾就教于友人。友人不以为然，说古有"原籍"，他以为那"原籍"就是现代所说的"原籍贯"。古有"原籍"一词，但那"原籍"所指不是现代的"原籍贯"；是原役籍所在之原贯（州县）。洪武二年令，"凡军民医匠阴阳诸色户，许以原报抄籍为定，不许妄行变乱。违者治罪，仍从原籍"（此令已载入《大明律》）。仍从"原籍"就是仍照原来的役籍当差。上引洪武二十三年令将逃户"押赴原籍州县复业"之"原籍"，文字更明确。弘治十八年（1505）孝宗敕谕刑部侍郎兼左金都御史何鉴处置荆州襄阳二府流民，"未经附籍（于所在地附籍——作者注）情愿还乡及系军匠等役在逃者，发回复业，著籍著役；若住成家业不愿还乡及虽系军匠等籍自愿仍当祖遗户役不失者，俱给与户田，编入里甲，量宽户役，以示优恤。仍行移原籍官司考查贯址的实。若不肯附籍又不还乡仍前躲避潜住者，照例编发充军"。"籍"是"役籍"，"原籍"就是"祖遗户役"，"籍"与"贯址"为二事，不加解说，想可自明。吏部仕籍贴黄（品官简历——作者注）令"开写年籍乡贯住址脚色"，也是不用解说而自明之例。正德年间，胡世宁巡抚四川，上疏请查实丁口，内开"绝户则称一户某人某籍，原住地名某处"，"客户则于册内开称一户某人某籍，原系某府州县人"，籍与府州县地名，也是二事。王守仁行"十家牌"的治安法，其式开写"某县某坊""某人某籍"。隆庆间知县叶春及，仿行之于惠安县，牌式上分别开写某一坊十家或某一都（即里）十家的役籍如军、民、匠、盐、儒、医、乐等。海瑞的《量田则例》开写供状人系"某都某图某籍"。

顺便，还可再进一步说，所谓"原籍"就是"祖籍"——祖宗遗下的役籍，即所谓"祖遗户役"者。我收集的文献资料中无"祖籍"一词，但有"祖贯"。"祖贯"也见弘治十三年（1500）题准军卫造报的文册须填写的一款，指祖宗所居之贯址。由"祖贯"，可推知很可能有"祖籍"。可是那"祖籍"指的是祖先的役籍，和今人之言宋朝明朝某人之"祖籍"意指祖先的住址者不同。

籍不可随意更改

贯址可改，籍不得改。《明律·户律·户役》载"人户以籍为定"。据说在明朝非仕至兵部尚书不得改军籍，侍郎就不行。不知其他户、工二部尚书如何。如欲改籍，须得皇上批准。当然在封建官僚制社会里，事事都可以贿办，或以关系办，改籍也是如此，但那总是不名正言顺，不是合法的。世传明末才子扬州府如皋人冒襄（辟疆）极爱南京妓女董小宛，欲得之。但董籍隶乐户，不得与民籍为婚，襄遂致书与其门生礼部张某（职礼部祠祭司，司掌乐户籍），为之"落籍"。董之所落为乐户役籍，非其居住之贯；贯，固不可落也。景帝初工部侍郎余纲，以户下无丁男洒扫祖墓恳乞皇上改其匠籍为民籍。费了三年的时间，要不是明朝的天子也以孝治天下，余纲以孝请乞，那恩典恐怕不一定能如望降颁。当然，另外也有个职权上的方便。匠籍隶工部，余纲位列工部侍郎，明朝的部侍郎相当于近世之副部长。董小宛之乐籍隶礼部，掌于祠祭司，故冒襄得因缘函嘱其门生以落董籍。如果是编户民，非逢大故，如奖劝国子监生员、孝子等，那是无法希求那旷世恩典的。

"贯"的历史

用"贯"以名一个人和这个人一家一户注籍或附籍的地址，是我们祖先的老传统。

商周怎样登录老百姓的贯，不清楚，周有乡党、乡里之制，或以乡党、乡里。汉朝的方法，是填注人名、地名、县名、爵名、里名。汉简中的戍卒名籍备列戍卒所隶属的郡名、县名、乡名，里名，和他的爵名、姓名、年龄。郡、县、乡、里当是他役籍所在或出生地，故汉家有"名县爵里"的惯行事例。但汉家没有"贯"。"贯"常见于唐宋文献，但不明其义也不明其所自始。曾就教于老同学张政烺先生，不数日即选自《魏书》至《金史》各史书用"贯"之例数事示我，今移录于下：

《魏书·卢仝传》，"其实官正职者，亦列名贯"。

《隋书·食货志》，"其无贯之人，不乐州县编户者，谓之浮
浪人"。

《宋史·高宗纪》，"绍兴十七年，以举人多冒贯，命州县每
三年岁行乡饮酒礼以贡士"①。

《金史·曹望之传》，"上书言百姓亡命及避役军中者，阅实
其人，使还本贯"（作者按，"本贯"
即本人之原贯、祖贯）。

书末并附按语一则曰："贯即贯串之贯。古者仕宦有品级，百姓
有户等，编名入册，各有次第，不得逾越，如以绳贯之，故称为
贯也。"

说来也很有意思，历史上好象只有东方国家有役籍，也只有
东方国家重其役户之乡贯（西亚细亚古国有 origo），建立在自由
劳动市场上的资本主义国家没有役籍（兵役是公民义务，普遍
的）。

误会的缘故

籍、贯二事虽为二事，但有关联。一人必隶一役籍，籍之所
在必有其乡贯。故那时乡贯与役籍往往因关联而有合并省写之
法。明文献中有"发回原籍当差"之语，即是。既曰"发回"，
必是发遣回去，含有发回他的原司、府、州、县、乡、里之意；
又曰原籍，这必是他原来的役籍，发回原役籍当差。如果将
"发回原籍当差"加一两个字作"发回原贯原籍当差"，那就更

---

① 《庆元条法事类》载有《选试式》，投试者书其家状，首书"本贯州县乡里
某人为户"。《宋史·选举志》："家状并试卷之首，署年及举数、场第、乡贯，不得
增损移易。"

明白了。古时惯用语也多有省写，此其一例。但因此省写，易使后世之人之不明古制者发生误会。

清入关后，顺治二年（1645年）下令废除明朝役籍人户的世役（止存灶户世役），后来又将各色役丁（民丁、军丁、屯丁、灶丁、站丁、土军丁、渔户寄庄丁、寄粮丁）丁役折收丁银，后来又将丁银摊入地亩，"籍"仅为稽核户口丁赋之册，不复是朝廷科派差役的役籍；原来的功能消失了，"籍"遂游离而与"贯"结合，成为"籍贯"。这个变化过程经历了近百年。又过了七八十年，赵翼（1727—1814年）著《冒籍》一文时，他已既不太清楚"籍"与"贯"在古时为判然不同之二事了。

约定俗成，近世人用近世辞，写近世事，没有妨碍，可以行。如果用近世特有之辞以解释古代异于近世之制，那就不免产生误会，不太妥当了。

这误会不仅使人忽视了历史上时代性的差别，更为严重的是它使人不明白古代的"籍"是役籍，是配户当差制的产物，因而不了解配户当差徭役制度在我古代历史上所产生的消极作用。研究历史的人切不可以今日之制度古制，也不可将近世之事物强加于古人。

封建社会的土地具有主人的身分[*]

马克思在他的《1844 年经济学哲学手稿》里有这么两段名言：

（前略）在封建领地上，领主和土地之间还存在着比单纯物质财富的关系更为密切的关系的假象。地块随它的主人一起个性化，有它的爵位，即男爵或伯爵的封号；有它的特权，它的审判权、它的政治地位等等。土地仿佛是它的主人的无机的身体。因此俗语说："没有无〔领〕主的土地。"这句话表明领主的权势是同领地结合在一起的。

正像一个王国给它的国王以称号一样，封建地产也给它的领主以称号。他的家族史，他的家世史等等，——对他来说这一切都使他的地产个性化，使地产名正言顺地变成他的家世，使地产人格化。同样，那些耕种他的土地的人并不处于短工（？）的地位，而是一部分像农奴一样本身就是他的财产，另一部分对他保持着尊敬、忠顺和纳贡的关系。因此，领主对他们的态度是直接政治的，同时又有某种感情的一面。风尚、性格等等依地块而各不相同；

---

* 本文原载《文史知识》1988 年第 11 期。

　　它们仿佛同地块连接在一起①。
古今中外还没有一位政治家、经济学家、历史学家对封建社会时期土地的品格和土地上耕作的农奴的性质，象马克思剖析得这么精辟。无怪乎中国的历史学者每逢相应的机会，无不引用马克思上面那两段话，来分析他们在探讨的问题。

　　马克思的立论是对西部欧洲的封建社会生产关系说的，自然反映了西欧的封建社会，但它之所以被中国历史学者这么容易领会，又这么广泛地引用，其中也有个原因，即是中国封建社会的等级制度更复杂、更森严、更典型。西欧具有同等爵位的贵族，如伯爵（count），可以接受另一个伯爵的封邑（fief）而成为他的臣属（vassal），向之效忠服务；高一级爵位的贵族也可以接受低一级爵位的贵族的封邑而成为他的臣属，向之效忠服务。这在中国历史上是绝对不可能的。在周朝，周王是最高的爵位的赐与者和认可者，诸侯、诸公也有赐卿、大夫的权力，但授封之后须上报周王。秦汉尔后，皇帝是"王中之王"，成了唯一的爵位和官秩的赐与者；王公侯伯既无互封之制，也绝无公然互相发誓效忠之法。皇帝是能贵之能贱之的最高权力的操持者，因而是臣民富贵荣禄的唯一源泉。爵得赐户者，即食所赐人户之租与有限役使他们之权。爵得赐土者，同时也赐佃种人户，受者既食其庄田籽粒，也得役使其受赐之人民。有爵者，自皇子而下，府第冠服车马各有定制，坟茔祭葬各有定规。见其物，即知其爵，无毫发爽。西欧的等级，没有法令规定，中国的等级则具于制诰，因此中国等级就更为森严。有爵者如此，其不得封爵的文官则有品级

---

　　① 此从《马克思恩格斯全集》，42卷译本，北京，1979年版，83—84页，文字与前此出版的单行本稍有不同。当较原译为善，故从之。"短工"是否是"佣工"？无原文校勘，存疑。〔〕内文字是作者加的。

的差别，并享有与其品级高低相应的政治的和物质的（如职田、夫役、杂供、车马、衣物、府第等杂俸）待遇。这些政治的物质的待遇也随着他们的主人的品级而品级化。文官不是我们在这篇短文里要说的问题，所以暂置不论。

马克思的立论在说明西欧、不列颠贵族的田土是贵族的无机的身体，但它的启发谕教力量巨大，远远超出他的字句；它启导我们理解中国封建社会历史上编户民占有的土地的性质以及它是如何也表现为编户民的无机的身体以及编户民的身分。

中国有句古老的经训："有人此有土，有土此有财。"（《大学》）这是历朝帝王所最通晓的道理。孟子说"诸侯之宝三：土地、人民、政事"。因此，古帝及其谋臣都讲求知民之数，制民之产，"安养万民"。明太祖高皇帝英明天纵，也懂得"有土无民是无赋也"的简要道理。太宗文皇帝也说"百姓必耕，以给租税"，"弃业逃徒，则租税无出"；也法其父皇，亦步亦趋，摧抑豪强，培植小民。丘濬说得通俗恳切："国之有民，犹仓廪之有粟，府藏之有财也。"用今天的话说，土地和人民是古代帝王财用的来源，是他们的经济基础。

从有文字记载的历史以来，没有哪一位帝王及其官僚不说土地和人民是帝王所有。周康王说他的祖父文王曾"受天有大命""受民受疆土"。秦始皇也宣告天下："六合（天地四方）之内，皇帝之土，人迹所至，无不臣者。"真正是"率土普天，皆帝王之宇宙"（王世茂语）。皇王权力之大小及其是否稳固，全取决于他控制的人数之众寡，土地之多少；二者之中，尤重户口。

明太祖即位为皇帝的第二年，就令天下脱漏户口的赴所在官司出首免罪，"收籍当差"。各以原报抄籍（以往是什么籍就报什么籍）为定，不准变乱版籍，违者有罪。第三年，令户部籍天下户口，颁发户帖，一户一帖，内填籍、贯、丁口名岁，户帖给民，籍藏户部。然后命大军出发配合当地有司点闸比对①。比对不合的发配充军，官吏隐瞒的处斩。

户帖的格式天下一致，而户帖的内容有一项不同，不同的项目就是籍。籍是役籍，当差的籍。古时叫版籍，也叫户版（书于木版之上）。就是孔老夫子"见负版者必式"的户版。

朝廷有多少种劳役，就佥拨多少类人户去承当。种田的有民户，当兵的有军户，供造作的有匠户，办纳盐课的有灶户（盐户）。这四大户役，尽人皆知。另外还有阴阳户、医户、儒户、乐户、陵户、庙户、坛户、酒户、醋户、面户、菜户、铺户、水户等等，总共不下五六十种，供应不同的需用，或物或力。明太祖为了垄断茶以易马，还设有茶户生产茶；为了使龙江船厂的原料不缺乏，设有棕户树棕、漆户树漆，并设渔户供应鱼胶之类。其设役供职之细致可想而知。

一类役户有一类役户的籍（册籍）。于是就有了与多少种户役相应类别的籍。如民籍、军籍、匠籍、灶（盐）籍等等。户帖上具填明白。民籍、灶籍隶户部、军籍隶兵部、匠籍隶工部、铺户籍隶礼部等等，专一听从各该部差遣，如奴仆。

为什么编户民服侍帝王如奴仆呢？因为这是他们的"本分"。太祖皇帝说："为吾民者，当知其分。田赋力役出以供上者，乃其分也。"臣僚也都异口同声地说："为王之民，执王之役，分也。""分"，也叫"本分"。编户民的本分就是纳粮当差。"说与百姓每（们），各守本分，纳粮当差不要误了。"每月初一日皇帝下的《宣谕》就是这么教训老百姓的。

既使用奴仆，就得饲养。怎么饲养？给他们土地，或听继祖

---

① 现在国内各地尚收藏有原户帖三张，均有洪武三年的圣旨。记载户帖的形制内容的也不下五件。

业，继当祖差（世业世役）。要之，"使贫者有所资"（太祖语），"内无俯仰之累，外不见往役之为难"（海瑞语）。这就是孟子所说的"制民之产"，古人所道的"制土处民"在明朝君臣嘴里的"翻版"。总之，必须使民有"恒产"，使其能生活能服役。这"恒产"就是土地和其生产资料，主要是土地。

土地即是为役户执行其本分差役而给予或允许其"管业"的，所以某一役户的土地便和那役户的本分（役籍）发生了不可分割的联系。除官田外，一般的土地叫"当差田"、"行差地"。具体分别开来，则民籍的土地叫"民田"，军籍的土地叫"军田"，匠籍的土地叫"匠田"，灶籍的土地叫"灶田"，驿夫户的土地叫"站田"、"站地"，孳牧军马的田地叫"养身田"等等。役皆永充，籍不得改，各色役户的田土也不许脱役而买卖。

在明朝，民户的民田当民差（徽州府祁门县民户户帖有"民籍"或"应当民差"字样）：当里甲正役和一切杂泛差役。军户的军田、匠户的匠田、灶户的灶田，各当守御、屯田、造作、煮盐本等差役，除里甲役的田土上的差役有轻有重。在一般情况不变的条件下，民田上的差役比军田、匠田、灶田上的差役轻，因此民田可以买卖，而军田、灶田正役外，不当杂泛差役；或按承差丁数的多寡优免杂泛差役。不同户田就不许买卖。民田虽然可以买卖，但民田上的民差，于买卖之际必须明白推收过割；卖者推出，买者收当，皆以不损失该项田土向朝廷办纳的赋役原额为前提。这正如私人佃户可以转佃其租种之田于他人，只须向田主告明新佃户姓名以防田主丧失田租一样①。军田、灶

---

① 这是就正常的情况而言。但旧佃户于转佃之时有不告田主新佃户姓名乡贯者，久之，田主不知新佃为谁，甚至不知其田土之所在。这也正和朝廷的民田和官田经常失额一样。

田、匠田是重役田，不许买卖。以防止当差之军户、匠户、灶户丧失其当差条件。设或已违法买卖，当然必须改正，田归原役户主。如因特殊缘故而不能改正归户，买者就必须承当他所买的那份田土上的差役。买军田的当军差，买灶田的当灶差。如果不是买入，而是租种，那租种人户也得承当他所租入的田土上的差役。如果重役户户下丁尽户绝或户人逃亡，遗下的田土被人承种或盗种，那承种人户也必须承当那逃亡户或户绝户田土上的差役。这些措施的意图不外是保证那重役户差役和维持他们出办差役的田土不致失额。

出于同一个原因，为了使重役户的差役不失原额，为了使维持那差役的田土也不失原额，那些重役户，军户、灶户、匠户，还不许"析产"（分家），也不准将户下弟男子侄过房与人，也不准作别人家（当然不是重役人家）的赘婿。因为如巧弄这样的机关，会使原役户丁数减损，甚至使原户的户丁全部窜入轻役役籍，折损了朝廷重役户的劳动力。

以上说的是法，法也不一定能够条条执行。在中国封建社会时期，有法不行和枉法徇私的事是家常便饭，因之法往往流为具文。明朝初年在太祖高皇帝的重刑统治之下，尚且犹如元末时"私胜公微，以致愆深旷海，罪重巍山"，"弃市之尸未移，新犯大辟者即至"，遑论其他时期。他作《大诰》，杀贪官，一编、二编、三编，贪官污吏还是杀了一茬又一茬。洪熙、宣德以后，国事日非，愈不可问。偶或遇有为公或为私按律行事的，那违法者只好认倒霉。因此在某种情况下，法还是有点效力、有一点社会意义的，不然今天我们怎么能知道田土具有役户的役籍和役户的身分呢？

役户的田土具有役户的役籍和承役户丁的身分这桩事，还可以从重役户的田土优免上看出来。军户免三顷田地上的粮差

（余田与民户同役）。山东正军全免，贴军免百亩以下，孝宗弘治十八年议准办纳盐课的灶户的灶丁一丁至三丁者，每丁免田70亩；四丁至六丁者，每丁免田60亩；七丁至十丁者，每丁免田50亩；十一丁至十五丁者，每丁免田40亩；十六丁至十九丁者，每丁免田30亩；三二十丁者，全户优免。"免田"多少亩就是免多少亩田土上的粮差。"全户优免"，就是户下的粮差全部优免。匠户也是重役，其户下田土也该有优免规定，可惜未见令文。粮差指的本等差役（本分差役）以外的所有差役。"杂泛差役"指的是"里甲正役"以外的所有杂泛差役，包括正统以后的"均徭"杂差和"上命非时"的杂差。正因为重役户的田土优免杂差，所以常见地方上的豪右大户将户下田土冒作军田、灶田、匠田，觊觎免差。

一般役户的田土免杂差，但不免夏税秋粮，因为夏税秋粮是"唯正之供"。不过，明令免田若干亩的，按田亩金点的重役也免粮差。驿夫户的田土（"站田""站地"），养马户的田土都免纳正役（税粮）杂差，所以养马户的田地也叫"免粮地"。

上面费了这么多话，无非说明一点：中国封建社会里编户齐民的田土都具有他本等差役（即本分差役）的负担。负担什么差役，有无优免条款，都随本户的役籍而定。役籍就是他们的"本分"，或曰身分。

每读马克思论贵族的"地块随它的主人一起个性化"、"土地仿佛是它主人的无机身体"的话，辄想到中国历史上各类贵族的土地也随着它的主人的爵位一起个性化，也是它主人的无机体，而编户齐民的土地也同样是随着它的主人的纳粮当差的强制差役一起个性化，也同样是它的主人的无机体；贵族的土地具有贵族的身分，编户民的土地具有编户民的身分。

纳粮也是当差[*]

一　引子

古代中国帝王取民之制不外两途：曰赋曰役。赋，或曰租，或曰税，或曰夏税秋粮，或简称曰税粮，或俗称曰钱粮、曰皇粮。役，或曰职役，或曰繇，徭；其中有贡，曰职贡。都是因一时取民之法不同，流俗不一，名有歧异，没有什么本质的差异存乎其间。其科派也，赋以田而丁存乎其中；其输纳也，定仓口之远近照户等，户等之分豁照丁田，而丁亦存乎其中。此正役也。至于杂泛差役与物料之科派，均照丁田，而田存乎其中，且居主要地位。古时赋与役之名可分，而实则不能分^①。

今人不如是观。以为赋出于田，是财政（经济）征收，役出于丁，乃国家强制之科差，把封建时代的赋与役（租税）看成是两种性质截然不同的事物。有人甚至强为界说，将私人出租田地所得专名之曰租，国家征于地土者专名之曰税。殊不知此说

---

* 本文原载《史学史研究》1989 年第 1 期。

① 参看《明朝徭役的审编与土地》。

与"租，田赋也"、"税，租也"（许慎）乖舛，而与租税本质同为差役的事实也悖谬。因对今说有疑，爰草此篇，试明税粮也是差役的道理。

今年适逢白寿彝同志 80 大寿，从事教学科研 50 周年，不惮谢陋，谨以此献，以表敬意并求指正焉。

作者知识短浅，不敢通论全史，请暂以明朝事例为限。

今日史学界习以为常地说古代封建中国的田赋是土地税①，还没有人直说古代中国的田赋是或近似是近代的土地税或地产税的；但其说意向所指，谓古代中国的田赋似与近代地产税无别，却是很明显的。明显处之一是错误地认为税粮是土地占有者的全部担负，纯经济的支付。这是一种误解，为什么有此误解？一则是，前已提及，由于成见：古代封建中国人民占有的土地既为人民私有，私有者向朝廷缴纳的只能是一种近代才有的地产税——财政的征收，而不是古代封建中国的税——封建的贡（供）。二则是由于时代的隔阂；生活在今天的人不十分了解古代的生活和制度，往往习惯地用自己熟悉的事物去推想古代的事物，用现存于自己脑子里的概念想当然地解释古代的法度，忽视了古代的封建中国的赋役特点——赋役合一，不自觉地把古代法度近代化了。

什么是近代的税呢？

照政治经济学创始人亚当·斯密（Adam Smith）的说法，近代的（即他当时的）税的征收有几条基本原则，其中最重要的两条是：第一，每个国家的公民应该按照他在国家保护之下获得的收入，缴纳其一部分给政府，以支持政府；第二，每个人向国家缴纳的税额是一定的，但不是专断的。亚当·斯密列出的税

---

① 说古代中国朝廷所征是土地税未尝不可，只是不能把这种税单纯地理解为纯财政征收。近人已有认识到中国古代朝廷所征是赋役合一、赋役不分的。

征原则是属于近代资产阶级代议制国家的，纳税的人是那个政府的公民。拿这原则和古代封建中国的税收相较，便可发现两者不同。古代封建中国的编户民缴纳的税不一定是纳税者收入的一部分，可能是他收入的多半部分甚至全部。其按照丁田（主要是田）所派征的物料，课额虽原有规定，但可随时改变，也可随时增加，"节年多寡不同，（州县）一如府帖应纳。"（海瑞：《淳安县政事》）"大要取给公家而止"（嘉靖《徽州府志·岁供》）。"事出朝廷，无奈之何！"（海瑞：《淳安县政事》）更有甚者，见存人户还被强制代逃户和差粮诡避者包赔他们的该当差粮，古代中国的税不只是不一定的，而且是专断的。田地有租（税，税粮），也有役（里甲、均徭、丁田），人丁有役，也有税（丁钱、丁银、户口食盐钞等）。田地与人丁不仅有联系，二者作为丁田、均徭科差基准，且紧密而不可分。近代的土地税不是役，其中也没有役，而古代中国的封建田赋则是役，而且完全是役。近代的土地税建立在土地私有制之上，古代封建中国没有土地私有制，所以不可能产生近代性质的土地税。而且近代国家纳税者是公民，法律上是平等的自由的，而古代中国的差税缴纳者则是具有封建的人身依附关系而隶属于帝王的编户齐民。

这里粗枝大叶地提一提做个引子，下面分四节说明自己的看法。

二　各色人丁必须立户收籍当差

对人户的控制，明朝和以往各朝一样，各色人丁必须立户收籍（军、民、匠、灶等籍）。丁指的是成丁的男子。明朝的规定是年及十六岁为丁。如户下只有幼童不及十六岁又别无丁男的，那就等到幼童到达十六岁时，再行立户当差（万历《大明会典·户部·灾伤》，太宗令）。户下没有丁男的作为畸零户，附里甲带管。子孙继承"祖遗户役"的，仍当祖籍原来的户役。原来当军的还当军（军户），原来当民的还当民（民户），原来当匠的还当匠（匠户），原来当灶的还当灶（灶户）等等，籍不得改。明朝的人（皇室勋贵除外），凡朝廷所能控制的人，都得立户。立户为的是收籍，收籍为的是当差。什么籍的人户当什么差，这就叫做"户役"①。

户役是每一类人户为朝廷承担的差役。民户应当民役，当正役和杂泛差役，军户应当军役，出军丁防御，匠户应当匠役，承办造作工艺，灶户应当灶役，办纳盐课，等等。各色户役不下五十种。户役的种类虽然不少，但从役法上讲，它们有个共同点，那就是都得"纳粮当差"②。

为什么把"纳粮"也看做是当差？《大明律·户律》首列《户役》，《户役》之目，首列《脱漏户口》。其文曰：

> 凡一户全不附籍，有赋役者家长杖一百，无赋役者家长杖八十，附籍当差。若将他人隐藏在户不报，及相冒合户附籍，有赋役者亦杖一百，无赋役者亦杖八十……别籍当差。

这律文里说的"附籍当差"的差有两种。一种是"有赋役者"之差，另一种是"无赋役者"之差。什么叫"有赋役者"之差，

① 万历《大明会典·凡立户收籍》录大明诏令：（1）"洪武二年令，凡各处漏口脱户之人，许赴所在官司出首，与免本罪、收籍当差"。（2）（同年）"凡军民医匠阴阳诸色户许各以原报抄籍为定，不许妄行变乱，违者治罪，仍从原籍"。（3）（洪武）"三年令户部榜谕天下军民，凡有未占籍而不应役者，许自首。军发卫所，民归有司，匠隶工部"。（4）（同年）"又诏户部籍天下户口及置户帖。各书户之乡贯、丁口、名岁。以字号编为勘合、用半印钤记。籍藏于部，帖给与民，令有司点闸比对，有不合者发充军，官吏隐瞒者处斩"。《大明律·户律·户役》有《人以籍为定》条，文长不再录。

② 也有例外，杂泛差役可以优免，但粮不得免。免粮自嘉靖二十四年始，京官外官照品级免粮自三十石至三石不等，举监生员各免粮二石，杂职各免一石。参看万历《大明会典·赋役》。

什么又叫"无赋役者"之差？明朝王肯堂《大明律笺释》称：

> 赋者，田地税粮，役者丁产差徭。有赋役谓有田粮当差
> 者也；无赋役，谓无田粮止当本身杂泛差役者也。

换句话说，"有赋役者"指有田地既当粮差又当丁差者，"无赋役者"指无田地止当丁差（杂泛差役）者。那也就是说，"有赋役者"是因有田地须办纳粮差和丁差的，"无赋役者"是因无田土不办纳粮差的。二者都是役，其区别唯在有无田土，缴不缴税粮。律文所谓附籍当差，也指二者而言。"有赋役者"，附籍纳粮当差；"无赋役者"因无田土，附籍止当本身（丁身）杂泛差役不办纳税粮差役者也。这个解释是符合律文原义的，也见于明朝其他律解书，如《昭代王章》等。有田土有丁身的户须纳粮当差，故脱漏户口其罚重（杖一百）；只有丁身而无田土、只当丁役无粮役的户，脱漏户口其罚轻（杖八十）。重役罚重；轻役罚轻，道理也明白。

三 纳粮是正役

纳粮不仅是种役，而且还是正役。顾炎武《天下郡国利病书》录《永康县志》曰："均徭自粮里正役之外，诸凡执役于官者通曰均徭。"志书的文字是解释"均徭"的。"均徭"是"杂泛差役"。为说明均徭是杂泛差役，遂别出"正役"。什么是正役？志书曰"粮里"。"粮里"就是属于里甲的税粮之役[①]。具体分析之，"粮"指税粮，"里"指里甲。里甲之役是催办税粮

[①] 明朝将人户都编入里甲（见下文）当"正役"和"杂泛差役"。杂泛差役分定额定时的杂泛差役（即"均徭杂差役"，简称"均徭"）和"上命非时的杂泛差役"。请看本书《明朝徭役的审编与土地》。

的，故"粮里"之役，即是税粮之役。严格说来，粮里为二事，笼统言之，二者又系一役。

嘉靖《香山县志·民物志·徭役》称："国朝役民之制，一里十甲，更番应者谓之正役，其余谓之泛役。"①"一里十甲"之役就是前面《永康县志》所说的"粮里正役"。嘉靖《海宁县志》言里长"专一应办岁办物料、催征夏秋税粮、解送应干线粮等项，此系正役"。正与此相合。《利病书》所录《泉州府志》正役文字，和《香山县志》的也完全相同。

"正役"，嘉靖《河间府志》里称"正额"。文曰："赋有夏税秋粮，皆一定之正额也。"额指税粮征收之额，以别于杂泛差役征发之额。"正役"也叫"正差"。海瑞有言：

> 今日朝廷正差，绢出于桑，粮出田亩，天下未甚病也，里役均徭飞差大户。月日内迫促索银，民以为厉②。

又曰：

> 是以民间不苦朝廷正差，独苦均徭里役③。

"正役"、"正差"又称"正赋"。《世宗实录》，嘉靖十三年十一月甲申，户部复两淮巡盐御史陈缟所陈盐法事宜，一厚优恤，谓：

> 灶户各有盐课，而有司概以徭役苦之④。宜照先年事例，灶田不许派差徭。间有置买地（指民户田地）者，听其自输正赋。其有奸灶飞射诡寄等弊，有司一体查究。

这"正赋"指的就是灶户置买的民户田地上应该办纳的税粮。灶户是优免杂泛差役的。税粮称"正赋"，宛平县知县沈榜

---

① 催办税粮的里长之役是十年一次轮当。
② 《兴革条例》。
③ 《均徭申文》。
④ 灶户免征杂泛差役。

也是这么记载的（见下文），事实清楚明白，该不容人再怀疑。而这"正赋"正是上面所说的"正役""正差"。

官府的文件有没有称税粮为"正役"的呢？有。《世宗实录》，嘉靖十八年二月辛丑以册立皇太子礼成诏天下：

> 在京文武官员之家除里甲正役外，其余一应均徭杂泛差役照依正统元年事例，全户优免。如有诡寄田粮靠损小民者，听抚按官参奏治罪。

诏令的这一款主要是优免在京文武官员全户的均徭杂泛差役，但不免里甲正役。前面已经说过，里甲役是催办税粮的，"里甲正役"就是税粮正役。担心官员之家因不免里甲税粮正役将田粮设法诡寄希图幸免的，则治以罪①。这道诏令里的"田粮"就是"里甲正役"（税粮正役）。

如果还嫌这件证据不凿凿，下边再引件更明白直截了当的材料。

先介绍一下证据的来由。灶户（盐户、盐丁）在明朝是优免杂泛差役的②。但山西有司不免河东盐池的盐丁（灶丁）的杂泛差役，致多逃绝。河东巡盐御史王臣和兵科给事中王铉先后题请优免盐丁的杂泛差役，户部尚书杨鼎等复议后也以优免题请。《宪宗实录》成化十年五月丁亥称：

> 户部议复河东巡盐御史王臣所奏事宜：……一、河东盐丁近多逃绝，盖因有司不免差徭（指杂泛差徭）所致。宜如淮、浙灶丁例，除正役里甲该纳粮草外，其余杂泛差徭丁少者尽行蠲免，丁多者量为减除。

这条《宪宗实录》的文字说的再清楚不过了：里甲正役，就是

---

① 内外官员杂职按品级免粮自嘉靖二十四年始。

② 按出丁数的多寡优免。

办纳粮草之役。《皇明条法事类纂·附编》录有户部尚书杨鼎的成化十年五月初二日原题本，奏请令：

> 河东运司《河东都转运盐使司》照依浙、淮灶丁，除正役里甲办纳粮草外，其余一应前项杂泛差役，悉皆优免。

这题本"奉圣旨，是，钦此"，准了的①。

纳粮就是正役，不仅见于上引臣工题本和明朝实录，而且还见于志书。江大鲲《福建运司志》②（《经制·优免差役》）称：

> 景泰五年兵科给事中奏行天下有司，凡灶户之家除正役纳粮外，其余长解、隶、兵、禁、库、仓一应杂泛差役并科派等项，尽行优免。

又，万历《兴化府志》（《田赋志·盐课》）称：

> 其各图灶户之花名，即本县里甲之正身……故国初隶盐灶籍者，除里甲正役办纳税粮外，杂泛差役全为优免。

根据以上所引文献，可以肯定说"正役"就是办纳粮之役，就是办纳夏税秋粮之役，就是输纳田赋之役。为什么叫"正役"？正在哪里？沈榜《宛署杂记》说："正赋即起运存留正供。"③ 隆庆《潮阳县志》纂修人林大春说："里立有长，以管图内人民有应办粮草，示惟正之供也。"④ 役之所以称"正役"，是由于这项差役所办纳的税粮是"唯正之供"，即"皇粮"也。

----

　① 《皇明条法事类纂》附编，日本东京大学附属图书馆藏，1966，影印本，下卷，468 页上至 473 页下。

　② "福建运司"指福建都转运盐使司。

　③ 夏税秋粮分"起运""存留"两部分，"起运"部分运京师供皇室百官及边军之用，"存留"部分留在地方上供官吏薪俸等。

　④ "图"是里之别称。攒造黄册时一里人户及其人丁事产制作一图以便省览。因此一里也称一图。

四　不纳税粮当差其田入官

夏税秋粮既是耕种田地的人向朝廷办纳的唯正之供，是他为占有那块田地而应当的"唯正之供"的"正役"，拒绝当这项正役，或不能当这项正役，朝廷就没收其田入官。这有下列各种情况。

（1）欺隐田粮，其田入官。

《大明律·户律·田宅·欺隐田粮》：

> 凡欺隐田粮脱漏版籍者，一亩至五亩，笞四十，每五亩加一等，罪止杖一百，其田入官。

《太祖实录》洪武十七年九月己未：

> 上谕户部臣曰：民有田则有租，有身则有役，历代相承，皆循其旧。今愚民无知，乃诡名欺隐以避差徭，互相仿效，为弊益甚。自今有犯者，则入其田于官，能自实者免罪。

（2）荒芜田地也有罪，其田入官。

万历《大明会典·田土》：

> （洪武）二十四年，令山东概管农民务见丁着役，限定田亩。着令耕种。敢有荒芜田地流移者，全家迁发化外充军。①

《大明律·户律·田宅·欺隐田粮》：

> 其还乡复业人民丁力少而旧田多者，听从尽力耕种，报官入籍，计田纳粮当差。若多余占田而荒芜者，三亩至十亩，笞一十，每十亩加一等，罪止杖八十，其田入官。

---

① 全家发化外充军，当即没其田入官。

（3）买卖田地不过割粮差者处死，其田入官。

万历《大明会典·黄册》：

（洪武）二十四年奏准攒造黄册格式……其田地等项，买者从其增添，卖者准令过割①，务不失原额……若官吏里甲通同人户隐瞒作弊，及将原报在官田地不行明白推收过割，一概影射减除粮额者，一体处死，隐瞒人户，家长处死，人口迁发化外。

又，《大明律·户律·田宅·典卖田宅》：

凡典卖田宅不过割者，一亩至五亩，笞四十，每五亩加一等，罪止杖一百，其田入官。

（4）功臣（勋贵）买民田不纳粮当差，其田入官。

《大明律·户律·田宅·功臣田土》：

凡功臣之家，除拨赐公田外，但有田土，从管庄人尽数报官入籍，纳粮当差。违者，一亩至三亩，杖六十，每三亩加一等，罪止杖一百，徒三年，罪坐管庄之人，其田入官。

（5）文武官员本人及家人弟男子盃不纳当差，田产入官。

万历《大明会典·附籍人户》：

正德六年议准：各文武官员吏典人等有因升降改调死亡事故……中间若有遗漏人丁并遗下地土……许将丁产尽数报官，编入正图甲首②，纳粮当差，仍于户下注写原籍原任贯址及今收缘由，如仍作寄籍见任当差随住，田产入官。

（6）置买民田，坐派民田粮差，否则其田入官。

----

① 谓过割有关田地上的该当差粮。如甲方出卖田地乙方购买，有关田地上的粮差，乙方必须过割于自己名下应当。这种手续官府谓之"推收过割"（卖方推出，买方收割），始自"两税法"，宋元也行此法。

② "编入正图甲首"，即编入里甲正管，不作寄籍或寄庄。正管人户都得纳粮当差。

《世宗实录》，嘉靖十七年十一月辛卯诏示天下：

一、各处军卫官舍军余人等置买民田往往不肯纳粮当差，不服州县拘摄，致累粮里包赔。着抚按衙门管粮等官明白榜谕①，今后一体坐派粮差，不许抗拒，违者原买民田追夺入官。

（7）违例寄籍，田产入官。

万历《大明会典·黄册》：

凡各处招抚外郡人民在境居住及军民官员事故改调等项，遗下家人弟男置有田地、已成家业者，许令寄籍，将户内人丁事产报官，编入图甲，纳粮当差……不许止作寄籍名色。如违，所在官司解京发口外充军，田产入官。

（8）不捡哪种差粮诡避，田产皆入官。

《世宗实录》嘉靖九年三月戊戌：

户部覆御史周禅所陈清册籍事，言册籍之设以定户口均赋役也。祖宗立法不为不严，而法骫民奸，弊端百出：那移诡寄、飞走洒派；及故为破折寄顿、忘作畸零带附；或投仕宦以借名，或称他户以影射。兹属大造册之期②，请敕所司，悉心稽核。得旨，如议，令所司查理改正，犯者即以其产没官。

以上征引的有诏，有令，有奏准，有议准，有大明律。对于不能办纳粮差的军户民户或购买民田而不应当办纳粮差的功臣、文武官以及卫军官舍军余人等，没收其田地入官，惩罚是严重的。为什么这么严重？原因是明显的。

基本上不外两条。第一，因为纳粮当差是土地占有的条件（说见第五节），不履行条件就得收回。第二，因为钱粮（即税

---

① 抚，巡抚。按，巡按监察御史。管粮官，各布政使司的粮道官。
② 指十年一大造赋役黄册之期。

粮）是"重事"①。也就是税粮是军国的物质基础。没有粮草，军国就垮台，故刑罚重。有这么个故事。有个钱粮揽头叫严杰的犯了法，赔纳了税粮之后还监追罚银，系诏狱两年后送刑部拟罪。刑部验其家产已尽，按例类奏。武宗皇帝得奏批答曰：

> 钱粮重事。自后有犯者遇赦不原。即家产追尽，仍令锦衣卫枷号三个月送兵部定拟永戍边卫。（《武宗实录》正德三年正月甲寅）

"永远戍边"，就是抄没，就是充军，全家迁往化外，惩罚更重。但这重惩也不是武宗的发明，有祖制可循。除上引洪武二十四年攒造黄册格式本人处死家属迁发化外的重刑外，还有《大诰》一类的圣旨。《大诰·诡寄田粮第三十九》里朱皇帝写道："将自己田地移坵换段、诡寄他人及洒派等项，事发到官，全家抄没。"抄没的处置接着便是充军。还有个故事。据说大将军汤和（后封信国公）的姑夫席某隐瞒田地，不缴纳税粮，竟被处死（刘辰：《国初事迹》）。明初，刑法严峻。比起那时的刑罚来，没其田入官就该算是轻微的。没其田入官，正和佃户不缴田租，田主夺佃，另觅他人佃耕一样。正统时，弥陀寺僧有地十八顷，请免税粮，英宗说："僧既不能输税，其地令没官。"（《典故纪闻》）道理就这么简单。

五　历史的渊源

种田当差纳粮，中国历史上有它的极古老的渊源。从什么

---

① 钱粮一词包含着三层意义。（1）粮有本色有折色，折色除折纳绢布外，主要折银办纳。税粮折银，故称钱粮。（2）民人向朝廷供纳的不仅粮草，还有大量的物料。到武宗正德时，大部分物料业已折银缴纳。钱粮一词也包括折色物料。（3）这时均徭力差也已多折银代役，钱粮一词也包括折银的力差。

时候开始的，怎么样发生的，还不太清楚。一般的情况是这样的：原始氏族社会分化为阶级社会以后，一部分人，氏族部落的酋长、神巫之类，将公社原有土地攫为私有，强制耕种原公社土地上的公社成员为之劳动，并贡献其产品。中世纪多瑙河诸公国那里出现的农奴制的情况，在中国历史上不是不可能的。中国历史上有阶级有国家，至晚在夏朝已经完成了。那时，社会分化成两个集团，一个小集团出现为剥削者，另一个大集团被抑为无权的劳动者。劳动者为剥削者生产。孟子说："夏后氏五十而贡，殷人七十而助，周人百亩而彻"，这大概就是那三朝取民之制的梗概。而殷因于夏礼，周因于殷礼，虽有所损益，其基本法度可能是一样的，即"其实皆什一也"。夏贡殷助的情况，我们一无所知，但周人百亩而彻的情况，痕迹是有一些的。

据说周王朝的建始人文王曾"受天有大命"，从上天那里受到了人民和土地（"受民受疆土"）。从那时起，民就是王民，土也是王土。他把那人民和土地保留一部分，将其余部分赐给诸公侯为封地。他制土处民，把他那部分土地划分为若干块"分地"，以井田方式分授给人民去耕种，人民为之无偿地共耕"公田"①，且出军赋，输徭役。那"分地"据说是按人户分授的，八家为一组，每家百亩。那全部土地是否形成一个井字形或八家共一井耕种，无从证实。但八家为一生产组，共为王室耕种"公田"，基本上是很可能的。周王分赐诸王公侯的土地，大概也是用同样方法经营的。

久而久之，"今以众地者，公作则迟，有所匿其力也；分地

---

① "公田"之"公"，当如"公子"、"公孙"、"公室"之"公"，非大公无私之义。

则速，无所匿迟也"（《吕览·审分》）①。王公诸侯发现了这种
情况，放弃了共耕"公田"的经营方式，索性同把田地都划分
为"分地"②，分授给庶民去耕种，履亩而税。这就是《汉书》
里说的"公田不治，故鲁宣公初税亩"③。那征税的"分地"或
百亩或二百亩，依土壤的肥硗而定。自春秋，经战国，以至于
秦，王朝公室都是用这一新方式经营其土地的。租赋徭役（纳
粮当差）代替了"公田"劳役地租的剥削方式④，目的是使人各
尽其力，地各尽其利。这就是后汉荀悦所说的"耕而勿有"
（《申鉴》）、明朝人所说的"占田于民，入赋于君"（《天下郡国
利病书》录《南阳府志·田赋》）之制。

　　如使人尽其力，地尽其利，则短期授田不如长期授田，"分
地"不如"永业"。短期则受田者大都不视"分地"如己业
（世业），不注意保养地力，反竭地力以逞其私，从事掠夺性的
耕种。永业长期则耕者视"分地"为己业，尽力耕垦。据说后
周太祖郭威广顺三年，将天下之"系官庄田""悉心分赐见佃户
充永业"。"百姓既得为己业，比户欣然，于是葺屋植树，敢致
功力"（《旧五代史·周书·太祖本纪》）。这就是编户民欢迎把
"分地"改授为"永业"的活生生的例子。既"敢致功力"，则
必尽心增殖地力，深整地，厚施肥，修建水利，树艺桑枣，以丰

----

　　① 高诱注："作，为也；迟，徐也；迟用其力而不勤也。""分地，独也；速，疾
也；获稼穑则入已分而有之，各自欲其疾成，无藏匿舒迟也。"意思是：现在用众庶耕
种田地的，耕种公田他们不出力，怠惰迟缓，耕种他们各自的分地时，做的就快。

　　② "分地"也叫"分田"，见《汉书·食货志》、《汉书·王莽传》，贺昌群曾
论及中国古代的"分地"，说至确，见《贺昌群史学论著选》。"分"字读 fèn 不读
fēn。

　　③ 事在鲁宣公十五年。

　　④ 参看《逸周书·大聚》、《银雀山汉墓竹简·吴问》、《睡虎地秦墓竹简》之
《魏户律》、《秦田律》、《汉书·沟洫志》等。

殖其收获。耕者收获多，则其供办赋役也易，上下两得其益。后世私人佃户之争取永佃权，其目的就是在争取长期使用，正和民田上的"永业"一个道理。使民"敢致功力"，是授民田为永业新取民之制的优越性之关键。

秦汉之"名田"，就是长期的占田。占田者供租税、徭役，口赋，算赋，物料。

南北朝隋唐行"均田制"，授田于民，有授有还，事实上得传诸子孙。其时受田者曰课户，出租、调、庸及杂役。

均田制隳，两税法兴，自唐末，历宋明，未再改变。其时取民之制为"管业"①，管业者管的是新授之田②，或祖遗世业，都是"系官田产"、"在官田地"③。管业者既得田地以存活，故必得为其所管田地纳粮当差。故其田曰："当差田"，"承差田"，地曰"当差地"、"行差地"④。或曰"纳粮当差田地"⑤。

由此看来，自周朝至明清，其取民之制之方式，虽有"公田"（"井田"）、"分地"、"管业"之不同，受田者、管业者有耕"公田"、或纳租税、或缴两税之歧异，其实都是受田者（庶民、编户民）向授田者或许其继承祖业者当差。

---

① "管业"一词不知起于何时，宋明官府有关土地之文件，经常出现这个词。

② 明朝"管业"之田地多系祖遗世业，新授者好象也不少，南北都有，尤其在明初。隆庆州（今延庆县）每户给五十亩，河南、山东、北直隶每户十五亩，并二亩菜地，苏州府一带给田十六亩，都是授田为永业，受田者耕种田地称"管业"或"永远管业"。

③ "系官田产""在官田地"所指不是一般的"官田"，是编户民耕种的田土之已登报在官者。《大明令·户令》曰："凡民年八十之上，止有一子、有系官田产应当差役者，许令雇人代替出官。"万历《大明会典》所载洪武二十四年攒造黄册格式有曰："若官吏里甲通同人户隐瞒作弊及将原报在官田地不行明白过割一概影射减除粮额者，一体处死。"这"系官田产""在官田地"在历史文献中一般称作"民田"。

④ 见《无锡均田碑》及各地方志书，不备举。

⑤ 见《大明律·户律·田宅·荒芜田地》。

马克·卜劳克说，在封建社会里给授予采邑（土地）不是叫受者为此而支付什么，而是令其为此当差①。古代封建中国，帝王给人民土地耕种为之纳粮当差，好象也有这种用意。

六 当差人民必须管束起来

授田地者给与田地，受田地者纳粮当差，条件好象是很公平的，实则不然。第一，田地的所有权是皇上垄断的，授予的田地或肥沃或硗确，受田者无法与官府计较，也没有条件与之计较。日后纳粮当差概以丁产多寡分户等，田地（产）往往以顷亩定多少而不问或沃或薄或较沃或较薄。第二，"钱粮不过都（里）"，都与都贫富不同，而粮差科派则一，赋役不均，贫都贫民苦累。苦累不堪，必致逃移，而逃移有罪②。第三，岁有丰歉，一概取盈。遇灾虽有蠲免之令，常不及时，或被府州县吞蚀。第四，授田者的欲望与时俱增，与事俱增，结果赋重役繁，民不堪任，亦致逃亡。第五，逃户遗下差粮无着，则摊派于见户陪纳。纳粮未必自愿，陪纳皆是强迫。陪纳不起，也自流移。"去者便，居者扰"，自古而然。此所以儒法两家都力主必使编户民"地著"。

为使编户民地著，则必须施之以经济以外的强制，即超经济强制，把他们管束起来。

明朝管束编户民的组织是"里甲"。一里一百一十户，其中以丁粮多者十户为里长，叫里长户。一里辖十甲，一甲十户，甲有

---

① 马克·卜劳克（Marc Bloch），法国著名历史学家，欧洲封建社会研究的权威。不幸死于德国法西斯侵略者手中。世界上为保卫祖国而牺牲的杰出学者不多，此其所以倍加令人尊敬处。引的这段话见于他最后的著作《封建社会》。

② 参看万历《大明会典》的《逃户》。

甲首①，率领其下十户当差。所有人户都编入里甲听从管束。管束之法分"正管"与"带管"两类。"正管"户是当差户，"带管"户是不当差户。所有有丁男及幼丁之户都编入"正管"②，纳粮当差，鳏寡孤独及寄庄户"不任役者"都编入"带管"③。

　　正管户且有互相纠察之责，这就是逃户遗下的差粮强令见户陪纳的根据。这也就是朱皇帝"里甲要明"的缘故。

　　中国历史博物馆收藏的明朝徽州府休宁县的档案有一宗关于里甲人户当差的，今转录一件于下：

　　　　正管第五甲

　　　　下户

　　　　一户，许元功，系直隶徽州府休宁县山西乡贰拾肆都第壹图，民籍。

　　　　（下列本户的户口、田、地、山塘、事产等项，从略）

　　　　（中略）

　　　　下户

　　　　一户，黄时渐，原在本甲当差，奉审县清告明，移入本〔都〕十甲下当差。（"审告"二字之上，"县清"二字原有，意思是县上已清查核准）

此系一里人户的"亲供长单"的一部分，选的是两户"正管"户。户等都是"下户"，即下等户。第二个下户这一条与上一条笔迹不同，显系另一里书于黄时渐从第五甲移入第十甲当差后所补

----

　　①　明朝的里甲制是古时乡党、乡时什伍、都保制演化而来的，性质上一样。

　　②　"正管"，指有丁男当役人户，"带管"主要是"畸零户"，没有丁男之"不任役者"。寄庄户应于原籍所在州县当差，故不列"正管"内。明朝赋役黄册十年一造。造册之年已十岁以上之儿童到下次编造黄册时已达服役之年，所以十岁以上之儿童也得编入正管，预备下次攒造黄册以前就得当差，故称之为"幼丁"。

　　③　万历《大明会典·黄册》。

记。上记"县清"二字，说明在县上已经清查核准了移黄时渐的移甲当差，黄时渐原编入第五甲，意思是原在第五甲当差；今改编入第十甲，为的是改在第十甲当差。许黄两户都是"正管"户。

从这件抄档上可以看出明朝诏令常见的"交官收管"字样的意义。人户"收管"如牲畜。

里甲管束之上，还有军伍的管束和文官的管束，这就是兵部尚书余子俊所说的都司和府县。其言曰：

> 编排里甲，纳粮当差。既设都司卫所控制，[1] 又设府县管束。[2]

在此里甲、都司卫所、府县管束之下，当差人民"如鸟之在笼，兽之在柙，虽欲放逸，有不可得"[3]。

看来，对当差人民的管束是周密的严厉的。人民之所以叫"编户齐民"、"编户民"、"编民"，就是因为他们被编入里甲一类的组织被管束起来纳粮当差的缘故[4]。

为什么这样对待人民？为的是要使他们尽其民分。

七 纳粮当差是民分

只是赤裸裸地暴力强制编户民纳粮当差还不够，还必须给他们加上精神的牢笼，必须使编户民深深地在意思上意识里就认为

---

① 都司，即都指挥使司，防守的地面约与一省相当。其下设卫，防守军约5600人。卫以下设千户所，防守军约1200人，和百户所，防守军约112人。洪武二十六年时，全国计有17都司，329卫。各关津紧要去处查防行人在逃军民的巡检司，也属兵部。

② 这是他在建议处理荆襄流民时所上《地方事》疏中说的，见《皇明经世文编》。

③ 河南巡抚徐恪《议处郧阳地方疏》中语，《皇明经世文编》。

④ "里甲"是明朝编制人民的组织，相当于明朝里甲的以往各朝有"乡党"、有"里伍"、有"什伍"、有"乡里"、有"都保"。

他们必须为帝王纳粮当差。这就是"民分"的谕教。且看朱明太祖高皇帝洪武十五年十一月丁卯圣谕:

> 为吾民者,当知其分,田赋力役出以供上者,乃其分也。能安其分,则保父母妻子,家昌身裕,斯为仁义忠孝之民、刑罚何由而及哉!近来两浙江西之民,多好争讼,不遵法度,有田而不输租,有丁而不应役,累其身以及有司,其愚亦甚矣!

这道圣谕里的"分",就是"本分"。

万历间顺天府宛平知县沈榜《宛署杂记》称:祖制,每月初一日,文书房请旨传"宣谕"一道,顺天府府尹率宛平大兴二县知县领出。从京师达于天下。月月有宣谕,宣谕辞句各有不同,有的宣谕这么说:"说与百姓每(们),各守本分,纳粮当差,不要误了。"又有的说:"说与百姓每,各安本分,不要生事害人";"说与百姓每,都安分守法,贫的不要歹勾当,富的不要骄奢";"说与百姓每,都要安分守法,不要骄奢"。宣谕最基本的一条是"各守本分,纳粮当差"。

皇帝这么说,臣子也都这么说。张居正:"夫出赋税以供上者,下之义也。"(《张太岳集》)海瑞:"夫民有此一身则有此役,以下事上,古之义也。"(《海瑞集》)宋一韩:"为王之民,执王之役,分也。"(《皇明经世文编·牧政日驰振刷宜亟敬陈一得以裨国计疏》)(佚名):"夫莫非王臣,天地之大分也。以籍为定,国家之永制也。今闾阎之民有一不服庸调者乎?"[1](《军

---

① "以籍为定",即人民当差各以其役籍为定,役皆永充。"庸调",唐均田制役法之"租庸调"。按,人民当差乃其本分之说,以往各朝屡见不鲜。例如唐,韩愈《原道》:"是故为君者,出令者也。臣者,行君之令而致之民者也。民者,出粟米麻丝、作器皿、通货财以事其上者也"。宋,吕中:"有田则有租,有租则有役,皆吾职分当为之事。"(《大学衍义补·傅算之籍》引)元,马端临《文献通考·自序》:"役民者官也,役于官者,民也。"

籍抽余丁议》,《图书编》)

这所谓"分"、"本分",是人的位置,是指某一人或某一群人在政治的社会的关系中的地位。这地位的规定可能是先天的、与生俱来的,也可能是后天的,因某人的经历按一定的规范而被确认的。那规范就是儒家的"人伦"、"五常"、"古先哲王之号令"(朱明高皇帝语)。

"分"、"本分"不是责任,不是当事人根据自己的意愿而自主地与对方订立的契约关系中的责任,"分"是先于他而存在的人伦规范强加于他身上的一种义务,一种强制性的义务,一种他在生产关系中的地位。对编户民说,这种强制性的义务,他分内所当作的,就是向皇帝纳粮当差。

既有其分,就得安分。如何安分?就是民当知报;报皇帝"安养"之恩。

> 民有不知其报而恬然享福,绝无感激之心。因不知报,不知感激,一旦天灾人祸并至,茫然无知其田。忧愁满室,抱怨横嗟,孰不知其报而若是耶!(中略)凡良民造理者,居一隅一方,食土之利,不拘多少,其心日欲报之。其诚曷适?以其社稷立命之恩,大比犹父母,虽报无极。良民有此念者,家道不兴鲜矣。方今九州之民有田连数千亩者,有千百亩之下至于百十亩者,甘于利其利而不知报者多矣。然而未尝不为富破其家赀以保其富。呜呼,至此之际,怒贯神人,天灾人祸由是①。所以破家资,不过贿赂有司,君差不当,小民靠损,所以不知其报在此也。若欲展诚一报社稷,为君之民,君一有令,其趋事赴公,一应差税,无不应当。

---

① 明初两浙、江西、直隶府州巨族划削殆尽,主要是因为他们脱避差粮、靠损小民。天灾人祸指此巨族所受之惩罚。

若此之诚，食地之利，立命之恩，斯报矣。（下略。《大
诰·民不知报第三十一》）

朱皇帝用了611个字讲说民不知报必受"天灾人祸"之后，接
着又用了289个字盛赞"民知报获福"（同上书，第四十七）：

　　若使知报之道，知感激之理，则于闲中起居饮食，不时
举手加额曰：税粮供矣，夫差役矣。（中略）除依差税外，
余广家资本身（中略）。孰敢称名道姓而盗取之。云何？盖
君，礼法之所治也；礼，人伦之正。民间安分守礼者多。
（下略）

朱皇帝在世俗的"人祸"（刑罚）之上又加上了"神"（"天
灾"）的惩罚。

八　小结

根据以上所述，最后可以总括一句：土是"王土"，民是
"王民"。为王之民，耕王之土，食王之利，就得为王当差。理
固宜然，分所当然。徭役固然是差役，纳粮也是差役。纳粮不仅
是差役，而且还是"正役"。

如此税粮，如果正役，中国古代的税粮（夏税秋粮）不是
一个公民向其国家缴纳的所得税，而是一个人身隶属于或依附于
帝王的编户民服事其君父的封建义务。故曰纳粮也是当差。

中国古代经济史研究议[*]

　　我们研究的是经济史，主题是经济。经济的研究主题是生产、生产力、生产方式、生产关系、社会经济基础。大概也就是今天常说的经济结构，经济体制。

　　可是我们研究的不是一般社会的经济，也不是资本主义社会的经济，而是中国古代封建社会的经济。封建社会的经济有什么主要特点？它的体制有什么主要特征？如果把它和资本主义的体制比较一下，这两种社会的经济体制之不同处又是什么？哪是我们应当着眼处？

　　过去在中国古代经济史写作的讨论会上，我曾提出过政治（政治权力）在封建社会经济中的重要作用，可惜没得到反应；无人赞同，也无人反对。每种社会形态中都存在着两种权力：政治权力和经济权力，这两种权力从来没有均衡存在过；不是经济权力支配政治权力，便是政治权力支配经济权力。和资本主义社会比较，封建社会里总是政治权力支配经济权力，而且，简直地说，政治权力就是经济权力。因此我认为在研究封建社会经济中

　　*　本文原载《中国经济史研究》1989 年第 4 期。

应着眼于政治权力。问题就在这里。

最近读到一篇山西煤矿管理干部学院葛湖先生作的《超越经济体制改革的"两难命题"》（九三学社，《民主与科学》，1989，2），很有意思。他说："传统的经济体制完全是一种政治选择的结果，是依靠政治强力锻造出来的一种刚性的经济结构。这一体制由于固定了利益分配格局（经济利益等级制）而使经济行为实际上失去了意义。经济活动不是为了经济目的而是为了政治目的。经济关系完全归属于政治关系，并且只有通过政治关系才能得到体现。因此，这是一种最严格意义上的'政治经济'。"

"严格意义上的政治经济"，意思就是政治的经济，或者说政治权力经济。

这种政治权力经济在中国历史上表现得最为突出，最为典型。因为中国古代封建社会是一种家长制专制封建社会。政治权力在那个社会里格外鲜明，格外强大。强大的中国古代家长制专制封建社会权力体制还影响到邻近国家如古代的朝鲜、安南、暹罗、缅甸。

中国古代家长制专制封建经济的基础是皇帝控制着全国的主要生产资料和劳动力——土地（包括矿产、森林、川泽）和人民。皇帝用户役法把全国人民编制起来（"编户"一词的由来），并驱使农民（民户）、工匠（匠户）、灶户、冶户等等役户为之种田、造作、煮海、冶炼、经营各种生产。规模之庞大、体制之划一是世界上无能与之为匹的。为尊宠其皇子皇孙公主驸马皇亲国戚，岁禄之外，皇帝赐给他们部分土地和人民作为他们的封邑、庄田、佃户，使其食租收税。为酬赏其开国辅运宣力、翊运宣力功臣（明朝封号），岁禄之外，皇帝也赐给他们部分土地、人户为之封邑、封户、庄田、佃户，听其食租收税。（各朝制度不一，本质相同）。百官有司为皇帝经营管理、牧养人民，是皇帝的纪纲之仆。俸禄之外，听其自置庄田、复其身家，或免其正役并杂泛差役，以贵其身，以利其行施管理职能。而编户齐民，没有政治权力，只能"努力种朝廷田，秋间又纳朝廷税"（应天巡抚周忱语），并承当一切超经济的杂泛差役。在家长制专制封建社会中，财产（生产资料、劳动力）就是按照这样的政治等级分配的。财产的利得也是照这样的政治等级分配的。所以说封建社会的经济是政治控驭下的经济，是等级制控驭下的经济；其政治等级体制就是其经济等级体制；其经济体制完全建立在其政治体制之上，且决定于政治体制。如此，谓之为政治的经济，正揭示出了封建社会经济的本质。它和资本控驭下的资本主义经济很不相同。

　　也许有人不同意这个看法。司马迁不是曾说过么："凡编户之民，富相什（十）则卑下之，伯（百）则畏惮之，千则役，万则仆。"这明明是说"富"、财产，非政治性的财产，在人际关系中是起决定作用的，那里不见有政治权力的作用。我们说，司马迁的话是可以这样理解的，而且他说的也是事实。但他说的是"编户之民"，没有任何政治权力的编户齐民。编户齐民在社会上、在法律上，他们同是隶属于皇帝（朝廷）的平民，依附于皇帝的平民，他们之间没有任何政治隶属关系，或人身依附关系，他们在政治上社会上地位是平等的。他们之间因富相十倍、百倍、千倍、万倍而产生卑下、畏惮、奴役的关系是可能的而且也曾是事实。富民能役使佃户，富民能放债准折人子女，富民能乘人之危虚钱实契抢夺贫民土地，富民能购买他人子女为奴婢，等等。这都是历史事实，而且是常见的历史事实，这都是因经济的"富"（不是政治的"富"）之不平而产生的社会的不平；富，经济的富，在平民之间是起大作用的，是具有经济权力的。

但平民一接触到政治的上层——皇帝、贵族、官僚，他们的"富"的力量，经济权力，便消失了，或大大地消失了。历朝的朝廷能强迫人民缴纳金课、银课不予值，能"和籴"米麦或"和买"货物少给钱或不给钱，汉武帝能没收商人的财货、土地、奴婢，宋理宗几乎无代价地强买民田为公田，朱皇帝能将江南富民籍没抄剐殆尽，那些拥有财产的富民都没有行施他们的经济权力予以对抗或反击。那时，平民的经济权力就不发生作用了。因为在中国家长制专制封建社会中起决定作用的是政治权力，不是经济权力。

以上拉拉杂杂说了许多，其实就只一句话：中国古代家长制专制封建社会的经济是封建政治经济，封建等级经济。如果把那个社会的主要经济生产经营（朝廷的经济经营、贵族官豪势要的经济经营）的目的为的是消费而不是为的改进生产技术并扩大再生产这一点合并看，那封建社会的政治等级性质就更加清楚了。

说中国古代封建社会的经济是政治权力、政治等级控驭下的经济，是我从史学界多年来的研究工作中得出的一个结论，它形成了我的观点。这观点对不对，还得请大家批评指正。

明朝人论明朝户口[*]

一　小引

我没曾读过几篇有关中国古代历史户口的文章，书籍更少。但每逢读到有关户口的文章时，总不免有点担心。常常自问：那些数字真与实际相符吗？

十年前，我在《民数与汉代封建政权》一稿中，曾提出过史书里户口数多不足据，以为综核名实的汉宣帝的话得其大体："上计簿，具文而已。"人人都引用汉平帝元始二年的户口数字，除了班固的赞辞以外，又有什么可靠的证据？

北朝、隋、唐行均田制，夫妇各受田土若干。其初尚有真户口。稍过若干年，王土大量被侵夺为私田、王民被隐占为私属，朝廷不得不置立专使搜括户口。宋、元、明没设户口使，但户口之欺隐脱漏很难说就次于唐朝。明孝宗谴责官员们编造的户口册籍为"因仍苟且，徒事虚文"。汉朝户政之废弛，复见于明朝。为什么皇帝们都不置信的数字我们反以为真实且据以著文立说？

---

*　本文原载《中国历史博物馆馆刊》1989 年第 13、14 期合刊。

话当然也不可一概而论。汉朝王子诸侯封国以户计（实际上还是划给一个地区作封国），实户与封户或相去不远。王子侯爵夺国除时，照例将人户收归朝廷，那籍没的户口数字应与实际户数相当。在明朝，一般册籍不可凭信，但也有两种例外。一、明初立法严猛，一般人不敢轻易犯法脱漏户口。《明史》谓："户口增减，由于政令张弛。"明朝和其他各朝一样，政令都是先张后弛。政令张时，隐漏可能不会太多，官府户口数字或与实际大致相符。二、遇有认真办事的知府、知县，他们编造的户口数字就比较可信。认真的知府如况钟，认真的知县如桂萼、海瑞、叶春及、沈榜等。可惜的是像他们那样的认真从事的地方官为数极少，就一般情况说，《明实录》和明朝史书里的官府户口数字，不可为据。

尝以此事语诸友人，友人曰朝廷数字虽不可靠，各地方志书里的数字当近事实。我也读过明朝几部地方志书，每见纂修人本人对其数字尚持怀疑态度，是以未敢对之遽表同意。今仅就平素所录地方志书、明朝实录、臣僚奏疏一宗零星笔记，爰作此篇，以供同业之参考并求正焉。

二　各地分论

话从北直隶州县开始。

直隶广平府属县的户口有伪增的。嘉靖元年桂萼任成安县知县，一以里甲的丁田户口的众寡行事，"而有司旧日伪增户口，人人愿改"。于是去其诡捏名字，在赋役黄册之外，又别为一图，命之曰"人户归图册"，与典册判而为二[①]。

万历年间，顺天府宛平县知县沈榜也是位认真民事的地方官

---

①　章潢《图书编》卷90，桂萼疏。

员，任内对宛平县的政事曾加整顿。关于丁口册籍，他说"年远丁数无可考"，可考的只有万历元年的、十年的、十四年的、十七年的。十七年的是知县徐启东审定的，实在审编当差人丁是13980，约为14000。而此所谓14000，"仅当旧册成丁三分之一"，而且"率多逃绝不堪，名存实亡"。虽多系逃绝，但执事者"犹然求足其数"。"此户不足，求之彼户，此甲不足，求之彼甲"，以"求足丁数"的原额为止（明太祖规定了一条法令，丁口田土"务不失原额"）。这样的求足办法，求的是纸上的数字，不是实在数字。（以上所引见《宛署杂记》）

山东《兖州府志》载汶上县万历二十年为户42657，口107806，可是二十二年的《须知文册》里只记载着户12737，口87782。（本文和本文引文中所列阿拉伯数字，都是将原汉文数字改写成的，为的是醒目）

万历《汶上县志》的纂修人说，万历二十年的数字可以称得上是"庶矣"，但为什么隔了两年而户口数字"顿减如是"（户减约30%，口减约23%）？纂修人认为户口册籍的攒造，"抑亦视为具文，随时捏算，自难符合耳"。因此他们得出了这么个结论："故均审攒造之册，要未足据，因存旧额云。"虽然不足为据，但也只好依旧志为新志，把旧额依样录存下来。纂修人并不是不知道他这样存录下来的户口数字与事实相去有多远！在方志界，这办法叫"抄旧"。

"旧额"是怎么攒造的？《天下郡国利病书》（以下简称《利病书》）录的《汶上县志》说：（有司）"寄耳目于里胥，使奸黠者得窜其智巧，册籍实虚宁复可凭乎！"又说："乃每当攒造典册，第令握算者准诸旧额少加益损，徒费毫楮耳。"① 按这

---

① 万历《汶上县志·政纪志》。

部志书里记事内容看，这部《汶上县志》大约修于嘉靖四十三年间，较上所引万历本早。万历本所说的"旧额"当然也包括上引嘉靖本的"旧额"，而嘉靖本所记较万历更早的"旧额"也不是实在数额，而只是握算者将更早的"旧额"稍加增减而成的。

按旧额稍加益损的固然不少，但伪增虚张的恐怕更多，原因是凡官吏考课，户口田土增殖的辄得上考，可以升迁。河南开封府兰阳县知县伪增户口的办法，是分户。嘉靖《兰阳县志》纂修者李希程就本县户口渐增之故说："户口渐增，由分户所致，非实增也。"① 他嘲笑虚增户口作绝句，曰：

瘠地濒河岁未登，新来赋役重难胜。

各分版籍求规避，谁解翻为户口增。

户口增可以得到上考，户口减就不免下考。因此地方官都尽力掩盖户口减损的事实。掩盖方法之一是逃亡死绝之数不予开除。《利病书》录《里社论》称：陕西巩昌府安定县的在籍之丁为2200，实在之丁止400。通渭县在籍的丁是1600，实在止600。为什么出现了这样册籍数字与实在数目的差别呢？是由于"官避耗减之名，而开除不列"。既是耗减，就该在"开除"项下填入因耗减而应开除的数字。今不按实开除，造出的册籍便成了虚构的。

在江南，直隶应天府上元、江宁二县，自嘉靖中年，田赋日增，田价日减，而细户不支，悉鬻田于城中，寄庄户因而滋多。但寄庄户纵甚多，不过户名一丁。"其细户，田既去则人逃。即不逃，而丁口不复隶于图册。"而当时的赋役之法，"密于田土而疏于户口"、"故土无不科之税，而册多不占之丁"。"生齿日

---

① 　嘉靖《兰阳县志·田赋志》。

繁，游手日众，欲一清之，固有未易言者矣。"①

　　苏州府的太仓州，洪武二十四年的赋役典册载本州原额67里，8986户。可是到了宣德七年造册时止有10里，1569户。在册的里数户数减少多了，但这还仅是册籍上的数字，实在户数还更少。周忱当时任应天巡抚，经他核实，见户不是1569，止有738户。其余不符之数，"又皆逃绝虚报之数"②。

　　苏州府的昆山县，洪武九年册籍上的户口是户99790，口390364。历八朝而至嘉靖十年，为户81308，口147555。户数、口数均大减（此仅就登籍的数目而言）。为什么嘉靖间户口大减了呢？纂修人归诸于隐漏，曰："意者，国初法令严密，不敢有漏籍者耳。"③虽然不能肯定洪武年间没有隐漏的人户，但那时政令严猛，人民不大敢违令脱漏户口是可相信的④。《利病书》所录常州府《宜兴县志》的纂修人则简直说本府的册籍不足为凭。说国初户各给户帖，备开籍贯、丁口、产业于上，军、匠籍例不分户，每十年一造册，其丁口添减，田产开除，皆照见额，法已密矣。"但岁久人玩，弊端渐生，或有户无人（注：花分之弊），或有人无户（注：诡寄之弊），或载之不实（注：谓已死无以为赂，则不开除），或实丁不载（注：谓已成丁而受其赂，则隐不上册），其户口之或多或寡，册俱不足凭也"。

　　隆庆淮安府《海州志》的纂修人陈复亨引张氏论册籍纯系空文说："考海州户数，志载景泰三年14216，至嘉靖四十一年15862户，十年一次重造，略有增损。旧制一百一十六里，今并为六十里矣，而户数犹是也。夫户损而后并里，乃不去其所损而

　　① 顾起元：《客座赘语》。
　　② 周忱：《与行在户部诸公书》。
　　③ 嘉靖《昆山县志·户口》。
　　④ 王鏊《姑苏志·户口》所述与昆山县情况稍有不同。

据额以登天府，使上之人执户数以定赋役，户数不增而赋役如故，册籍真空文哉。"

此"张氏"或系前志纂修人。今引张氏之论而未加任何不同之按语，足见陈氏所录所纂户口数字也还是空文。

陈纂隆庆《海州志》还附有《知州王同并里奏稿略节》，说得更详细。说本州原额一百一十六里，见仅存三十余里，原额人户 12700 余户，节年逃亡，现仅存 3500 余户。"切惟本州民逃而差不减，田荒而粮照旧；一户常有数差，一丁常有数役，苦累逃亡。如一里额有十甲，一甲额有十一户。今一甲止有一二丁，一里止有三五户，仍以一里一甲粮差，尽责见户包赔。至于全里全甲通无人户者，各项粮差亦照原额科派，以致积年拖欠"。王同恐再以粮差拖欠罢免，因此奏闻。户部题奉钦依转行抚按会勘，抚按会题如王同所奏，将额户 12760 户，以见在之 4400 户并为 60 里，每里尚欠 36 户，共少 2200 户。

虽然由于知州王同的上奏，中经户部题奉圣旨转行巡抚、巡按会勘，又经巡抚、巡按会题如王同奏，最后钦准将原额里数 116 并为 60，但每里仍然尚少 36 户（满里户数为 110）。这等于是将 74 户权作 110 户，这不是明明在作假？官以虚册报，皇上以实册收。36 户虚悬的粮差只有按惯例，摊派见户办纳。这是官定的名与实（册籍与实在户数）不相符的证明，名与实不相符也是官场经常要的手段。

浙江的情况如何？嘉靖四十一年知严州府淳安县事海瑞，在其《淳安县政事·兴革条例》中说：查得通县人口在洪武初是77307 口，嘉靖三十一年册止有 46000 口，减额很大。实际上，"自国初至今人口不啻数倍之矣，而以渐减额何"？他说是有"欺隐之弊"。他说欺隐者为不肯欺隐者之害，也为不能欺隐者之害。何谓之不能欺隐者？"如户有二三百丁只报五六丁，户有三四丁者报二三丁，户口一丁者尽报之。隐者五六十丁役一丁，不隐者丁丁着役。"

李日华、沈德符在所纂修的《嘉兴县志·户口》中说："朝家（指明朝皇家）从洪武至今，版籍纵横，初无实户可按。盖亦元之末流而未得振之之术欤。"明祖有振之之术，也曾有振之之实（洪武二十四年奏准颁行攒造黄册格式），但"日久法玩"的规律，难以人的意志为转移。皇帝要求的止是"务不失原额"。尽管生齿日繁，谁料到连"原额"也保不住。

《利病书》里的《海盐县志·食货篇》称："户口隐漏，为当今宇内通弊，不独东南然也。乃东南隐漏所由独多者，又自有说。"国初编审黄册，以人户为主。里长就役，以丁数多寡为次。赋役以丁而定，丁之查核不得不明。后就参验田粮多寡，不专论丁，"于是黄册之编审皆以田若干为一里，不复以户为里。人之附田以见者，尽花分诡寄之人所捏造，而非真名。滋生者不入册，乌有者终游移，至田少名存，无人顶认，而藉滋脱漏之奸，民增赔贩之累矣。此江北之以丁定差者，今尚有真户籍，江南之以田定差者，全无实口数，弊之所为独甚也"。

"此江北之以丁定差者，今尚有真户籍，江南之以田定差者，全无实口数"，情或有此参差，但事实上难作为一概之论。

《利病书》收录的《义乌县志·编户书》称：洪武间民甫脱汤火而就衽席，而义乌册籍户 28972，丁口 143933。"历成（化）弘（治）以来，休养生息户口固宜月积岁滋，乃今版籍所载，户不及 20000，口不满 80000，顾犹减于国初时也"。因列举户口册籍不实两大缘故。（一）"迨万历二十年，轮值大造，各里报丁填图，而县寻升迁，未及清核存亡虚实之数，遂至里有赔累不堪者"；（二）"又版籍漫漶，里胥因缘为奸，多巧避失实，豪右售赇，转相蔽匿，贫弱抑勒，辄报科差"。第一个原因带有偶然性，不足为训，第二个原因倒是普遍的事实。

　　同省会稽县的户口，数字似乎还提不上实与不实，因为那都是"漫书以应"上官的虚文。张竹撰县志（万历三年刊）称："户口即无考于前代，亦当溯诸洪武初籍而准之，以阅其盈耗，顾访之不得，比稍得嘉靖近籍，问诸相授受者。曰，'是亦漫书以应耳。必核之，非里胥岁月可办也。'故姑取隆庆新籍以志。"这隆庆新籍是否也是"漫书以应"的呢？张竹没这么说。但观其"姑取"二字，可见他未尝没有这个想法，这么想，也不奇怪，因为户口数字"漫书以应"的，不独会稽一县为然。

　　嘉靖四十一年海瑞调知江西兴国县事，到任后他发现"兴国县先虽五十七里，近则户籍空悬，民多逃匿，半里一二分里为多"①。以五十五户（"半里"）或一二十户（"一二分里"）称作一里，那户数空悬的也太多了。及稽查户口，他发现兴国县名虽五十七里，实则不及一半。他极力招徕，也止得四十里。"其间半里、一分二三分里尚多"。"通十排年计之，该 570 人，今止有 432 人"。而且"其间有里长而全无甲首者，有有甲首而止存一二户、户止存一二人者"。民数减前，而秋粮徭役则增倍于昔日。以粮计，凡一亩田输七八十亩粮有之。以丁计，一丁供三四丁之差有之。"满望造册年除豁，县中又以失额，不理所诉。"②朱皇帝要的是事实上"不失原额"，这县官所作的是册籍上不失原额。不理所诉，就得抄旧额上报，这和"漫书以应"相去无几。

　　再看看福建。

　　《利病书》所录《福宁州志·户口》称："国朝洪武二十四

---

① 《海瑞集·兴国八议》。
② 同上。

年，户给一帖，以书丁产，岁核于有司，十岁而登之黄册。然郡邑大夫数岁一更，若过宾之于传舍，不甚急也，而户帖遂废。吾州之籍，自嘉靖以视洪武，户减三之二，口减五之三。自今以视嘉靖，不能加其什一。虽或有盗贼荒札之萹，而以数十年之生聚，乃不足补其一年之耗，则隐口之弊，不敢谓其必无。顾令甲役民之制丁赋三钱……上但期于足用，不必计于隐口与否。"册籍的真实与否这样就不是绝对必要的事了。唯其不必要，故不必求其实。

本省嘉靖《延平府志·户口》也是如此。本志纂者称："人户以籍为定，今之籍果足凭乎？余知之矣。富者家联数十丁，籍之入者惟数丁耳。贫者家实无一二丁，籍之所载乃与富者等，兹固里胥之弊耳已。"

隆庆间叶春及知福建惠安县事。叶春及也是位认真民事的地方官。他所看到的惠安县册籍最早的是景泰三年的。十年一大造，户口辄增。到了孝宗弘治年间，耗甚。因为弘治年间没有兵革荒札之灾，他不明白为何户口反而大耗。他揣度不是"伪增者不敢实之"（过去伪增的户口数目而今不敢再以实报），便是胥吏为政，"阖辟弄走"。在他看来，原因是明朝取民惟丁，不惟其户，人人以"有身为患"，宜乎其趋辟差徭。结果，"户绝三之一，口五之一"[1]，实在是因为隐漏。

本省福州府情况稍有不同。那个府的户口不是不增，而是增得很少（"视洪武中不能增十之二三"）。纂修人想不通："夫国家治平晏然无事二百年于兹，前古所未有也，则休养生息固宜数倍于国初时，乃民不加多，岂有是理哉。"纂修人揣度其故有二：（一）"抑或有司未稽其实而奸胥蠹吏佯为侥倖者"；（二）

---

[1]　《石洞集·户口论》。

故旧之例，"十岁一籍其民，大抵足旧数而止"①。两项缘故都是实在的，而后者则是官场惯行的故事。

湖广户口册籍之不可信，一如以上各处。《利病书》所录《承天府志·户口》称："自肃皇（世宗肃皇帝）飞龙以来……百姓盖殷庶矣。但频年积荒，困于供亿，而土著之民贫者或逋逃转徙物故而有司莫为损削。殷富之民诚大且众矣，其间桀黠者率贿胥吏而讹其籍，使所编浮于所登。是使国版不足凭而赋役无由均也。况在沮洳之乡，淤水成腴，而浮食寄居操其重赀……夺居民之业，并其身而有之。故丁壮盈室，而借口客丁，免於编列"。这说的是一则由于胥吏伪造册籍使编入黄册的丁口多于实在丁口，二则由于富家巨室贿赂胥吏伪造册籍，隐匿丁口，三则由于寄庄户夺占本地居民之产并占有其身使脱落册籍，致使国家的版籍不足为凭。

岳州府的慈利县，知县陈光前论曰："然吾闻兹户口攒造，巨奸蟠穴于其中，固有族繁千丁而户悬数口，又有家无孑遗而册载几丁。"② 这样的册籍是有目的的以有作无，以无作有。

自宣宗宣德至宪宗成化各地流民聚居荆州、襄阳二府地，多达一百五十万，历四十多年。其间朝廷屡派兵部尚书白圭、都御史王恕、杨璿经略安抚。虽尝移文散遣，"奈有司虚文勘报，实无一人还乡"③。可见编造假文书的，固不仅里胥，还有封疆大吏。

至于四川，巡抚胡世宁在《为定籍册以均赋役疏》中说："人丁欺隐之弊与湖广大略相同，似与他处不相侔。其大户或十

---

① 《天下郡国利病书》录《福州府志》附《户口论》。
② 万历《慈利县志·田赋志·户口》。
③ 项忠：《抚流民疏》。

数姓相冒合籍，而分门百十家，其所报人户不过十数。小户或三五门或单门，先因无钱使用，人丁已尽报册，后或死亡败绝，而里书以其无新丁替补，不与开除。以后照册论丁编差，小户多累逃窜。"在本疏的下文中，胡世宁提出了几项整顿的具体办法，其一"清逃绝"。曰："查得各处乡都逃绝人户，每次造册，不敢开除。其先年卖出田产，远年死绝人丁，俱留在册，仍作实在。"

广东地方户口册籍也有隐漏。

惠安知县叶春及纂《肇庆府志》，其《户口论》称："洪武户凡九万，口四十一万有奇，今户损九之四，口半存耳。况岁征为实，此犹虚哉。罗定所分，户不过二十一，口不过十一余，岂尽耗于盗贼。国初法严，隐丁自令以下罪有差。今胥为政，故隐者多。"①

以上所录地方志书所论户口册籍的文字并不算丰富，可已经是很可宝贵的了。地方志书每一种都有户口部分，但并不是每位纂修者都郑重其事，问个究竟；地方志书之有"论曰"、"按"语的是极少数。今将以上所录之评论摘要分列如下：

1.（有司）"视为具文，随时捏算"，"要未足据"。

2."每当攒造黄册，第令握算者准诸旧额少加益损，徒费毫楮耳。"

3."官避耗减之名，而开除不列。"

4."土著之民贫者或逋逃转徙物故而有司莫为损削"，"殷富之民……其间桀黠者率贿胥吏而讹其籍"，"是使国版不足凭"。

5."十岁一籍其民，大抵足旧数而止。"

---

① 《石洞集·户口论》。

6. "其户口之或多或寡，册惧不足凭也。"

7. "夫户损而后并里，乃不去其所损而据额以登天府……册籍真空文哉。"

户口册籍不实，是否仅限于个别的几府几州几县？前引嘉靖《延平府志》纂者郑庆云、辛绍佐论曰："斯固天下之通弊耳，吾郡（府）云乎哉，吾郡云乎哉！"

怎么能说是天下之通弊？请看下文。

三 全国概论

大明政权甫定，太祖皇帝即积极核实他那政权的物质基础：人户和土地。清丈南直隶两浙田土此不具外，洪武二年立户收籍法，各色人等俱以原报抄籍为定，不许脱漏户口，不准变乱版籍（役籍）。三年诏户部置户帖，填具各户之乡贯人丁事产，命令有司和此时已无大仗可打的大军去点闸比对。洪武十四年诏天下府州县编赋役黄册，通行里甲制①。次年，洪武十五年，各地赋役黄册呈报上来了，但户部发现"天下郡县所进赋役黄册，丁粮之数类多错误"。于是请逮问之②。原疏不知措辞如何，但错误在"丁粮之数"那是明说的。这是朝廷典籍中第一次称说各布政司奏报的丁口钱粮数字"类多错误"。是什么性质的错误？《实录》文字太简略，无从得知。

到了宣宗宣德五年，六十多年过去了，地方官对赋役黄册的攒造条款应该说已经练达了，而兵部尚书张本却奏称在编造过程

---

① 按此系令天下通行编造赋役黄册里甲制。前此江南地区内府州县于洪武三年即已有行"小黄图"里甲制者，如湖州府。请看《吴兴续志》（《永乐大典》卷2277收录）。湖州府古名吴兴郡。

② 《明太祖实录》卷144。

中，"官吏里甲或徇私情，或受贿赂，为之隐蔽"①。问题具体了。这回所报丁口之数还是有错误，错误在"隐蔽"。有隐蔽就有脱漏，结果必然如此。张本"请严禁令，责限回还"，宣宗皇帝准了。但那时也是"有法不行"，"有禁不止"，奏、准两事，均未奏效。

又过了二十五年，英宗正统十二年，南京户部查理各处黄册有埋没户口之弊，具奏以闻，请惩处，州县官罚俸三个月了事。又过了二十年，宪宗成化六年，户部尚书杨鼎等奏称各处军卫、有司视祖宗良法为泛常，"坐视军民流移，漫不加意。武职岁报，文职给由，捏作文册，皆称军伍不虚，户口增益，虚应故事，倖免罪责，且得升擢者往往有之"②。虚报户口增益不仅未获谴责，反而因之升迁，户口不实达到这么严重的地步。汉之王成，又重见于明朝。

万历《大明会典·黄册》录有景泰二年奏准一款，说要将隐瞒丁口作弊的当该州县官吏提督书算问罪充军。次年接着又颁一诏令：

"令各处攒造黄册官吏里书人等捏甲作乙、以有为无、以无为有者，事发所在法司解京并发口外为民。"

当洪武三年，全国通行发行户帖登户造籍时，对"通同人户隐瞒作弊"的官吏的惩罚是"一体处死"。景帝这次给他们的惩处仅仅是"问罪充军"，或发口外为民，处罚轻多了。处罚轻可能表明景泰帝宽厚，但也可能表明犯"隐瞒作弊"的官吏里胥太多了，是"群众性"的，罚不胜罚。

景帝的一准一诏，也都未生效，"似前作弊者"仍然似前作

① 《明宣宗实录》卷69。
② 《皇明条法事类纂·荆襄流民例》。

弊。因而产生了孝宗弘治四年的奏准。奏准称：

"先年造册之时，有将丁口漏报，或税粮诡寄、户籍那移者，许先行备开缘由自首。本管州县详合于司府，查对相同，明白改正，免罪。其官吏里书人等如有通同作弊，照例问罪。造册完日，州县各计人户若干，填写帖文各一纸，后开年月，并填委官里书人役姓名，用印钤盖，申达司、府知会，给发各户亲领执照，使知旧管、新收、开除、实在丁粮各若干，凭此纳粮当差。下次造册各户抄誊似本，开报州县，以为凭据。"①

人言孝宗"仁厚"，看这一款奏准有点像。除重申禁令补充申报丁粮细节外，他也无能为力了。

三番二次禁止隐瞒丁口没有发生效力，隐漏虚报反而更多了。武宗正德十六年六月戊子（这时世宗已即位为嗣皇）御史宁钦奏"各州县以逃绝人户或捏诡名、或立女户、或父子兄弟析户分籍、或里分实在二三十户填写一里（一里一百一十户），或排年实在三四五户虚填一甲（一甲十一户）。节年逃亡逋欠及势要奸民飞诡税粮负累赔补，小民丁产不敷，亦行窜逃，以致逋租日多，里甲日耗"。户部复议："不许仍前捏立诡名女户及将逃绝人户凑数虚填。"世宗皇帝批准了②。

结果如何呢？没有什么结果。有下一议准为证。嘉靖九年三月戊戌，"户部覆御史周祥所陈清册事宜，言册籍之设以定户口均赋役也，祖宗之法不为不严。而法敝民奸，弊端百出：那移、诡寄、飞走、洒派、及故为破折寄顿妄作畸零带附；或投仕宦以借名；或称绝户以影射。兹属大造黄册之期，请敕所司悉心稽核"。本年的一道有关题准便是应户部议覆周祥所题而来的。那

① 《大明会典》卷20。

② 《明世宗实录》卷3。

题准命吏部令十三布政司各推一员，疏名上请，并行南北直隶巡抚巡按，每府各推一员，疏名上闻，各提调官专一督理大造黄册，给敕行事，"若有纸张粉饰差错等弊，指名参究，以罢软黜退"①。黄册题准下去了，还是不见效果。此后，虽屡诏严行攒造黄册，均于事无补，且每况愈下。

嘉靖二十年，吏部尚书万镗上疏嘉靖皇帝说，"往年均徭造册到府者十无三四，类多袭旧循讹，或有乘机作弊"。又说欲得其实，止有严明上司，悉心查考。"欲质之于簿书。而改匿符捏，巧伪百端，簿书不可凭也"②。

十年又过去了，嘉靖三十九年，户部尚书高耀等官又不得不会议上奏大造黄册事宜。这道题本共十八条，详细多了，也严密多了。他们说"各处黄册新旧矛盾，或有除无收，或有总无撒，弊端纷起，究诘为难"。"而所司踵袭旧弊，伪增户口"，必须使之"止以见在人名立户，不得袭用已故者"。以便"异日官以此审差，民以此应役，军匠以此清解，民籍以此分析"，纠正"里有不役之民、官无可查之籍"的宿弊③。

是怎么回事呢？原来对户口钱粮知县们有两本账。一本是为对付朝廷编造的，那就是"赋役黄册"。另一本是为实在审编徭役征收钱粮编造的，叫做"白册"。"白册"有地方叫"实征册"。叫"实征册"更符合实际，因为它是在知县胥吏"容私、畏势、受贿、捏算"、"伪增"之下编造的，征收钱粮科派徭役实在是照这本册籍办理。为证明这一解说，再引录《穆宗实录》的一段记事：

①　《明世宗实录》卷111；万历《大明会典·黄册》。
②　《西园闻见记》卷32，万镗疏。
③　《明世宗实录》卷489。

"（隆庆六年三月）庚子，南京湖广道试监察御史陈堂奏言：国制十年大造黄册，凡户口田赋事役新旧登耗之数，无不备载，所以重国本而存故实故也。今沿袭敝套，取应虚文，奸吏得以那移，豪强因之影射，其弊不可胜穷。臣尝论之，盖有司征钱粮编徭役者，自为一册，名曰白册，而此解后湖之黄册又一册也。有司但以白册为重，其於黄册，则惟付之里胥任其增减，凡钱粮之完欠、差役之重轻、户口之消长，名实相悬，曾不得其仿佛；即解至后湖，而清查者以为不谬于旧册斯已矣，安辨其真伪哉。"[1]

四　军册、灶（盐）册

明朝的役法采取的也是配户当差制。就是朝廷佥拨一定数量的人户去应当一类特定差役，这叫做"户役"。最主要的同时也是最重的户役有民户、军户、匠户、灶户。役户各有籍。籍，通俗也叫册。列其人户丁数于内，以便差派。民户籍、灶户籍隶户部，军户籍隶兵部，匠户籍隶工部。全部各类役户在五十种以上。充当户役的则是全国的编户齐民。上述四类主要役户中，军户户役、灶户户役最重，而二三两节中所述偏重民户，不无缺陷，以下再就这军灶两类户役的册籍隐漏冒滥情况，补记一二。

军册。

因为差重，军册的编造比民册严，但告阙冒滥也比民册重。试举一例。

英宗正统十二年，山西布政使司左参政朱鉴奉命往山西太原等府、辽州沁州等州县去清理军伍。各处军民人户诉告不该应当军役。朱鉴为查理分豁，要调洪武初年原垜集军的军册，各该管

① 《明穆宗实录》卷68。

府州县官吏都推说历年已久，军册"俱各无存"。还存在的军册，又"多被吏书更改作弊，将军作民，民捏为军，以致连年告讦，互相推调，空歇军伍"。朱鉴自然请乞令各府州县官到他们上级部门（布政司、兵部）去查写回还，"务要不失祖户姓名原垛丁口"，以及"其充军来历，卫所乡贯"①。连祖宗时的册籍都没有了，军户的来历不知如何能清理，至于军伍的确数，那更无法登录了。

到了孝宗弘治六年，兵部主事欧钲奏称："百余年来，（军伍）逃亡过半，皆因簿籍无稽。"从洪武元年到弘治六年是125年。

又过十三年，到了弘治十八年，情况没有改善，二月戊辰，早朝毕，孝宗面谕户、兵、工三部大臣说：

"方今生齿渐繁，而民间户口及军伍匠役日就耗损。此皆官司不能抚恤暨清理无方，以致逃亡流移脱漏埋没。其弊非一。尔等该部又不能悉心究治，因仍苟且，徒事虚文，可谓慢事矣。宜各从长议处以闻。"

大臣们怎么议处的，没有找到记载，抚治郧阳凌云翼的奏疏该可以概括那段期间的情况。他于隆庆元年六月庚午（时张居正实主内阁）上疏说：军丁数年不一审。其审差也，亦止按故籍了事。结果，"乃使逃故之丁差尚存，见在之丁隐占莫诘"②。

几乎在同时，叶春及在清理惠安县户籍的时候，也发现那县的军册里往往有丁尽户绝的见在还称军户的（"户绝丁尽，往往见称"），或者同姓同名本不是军籍的也列入军册的（"或同名若无名籍"），淆乱"不可究诘"③。连军伍册籍都不可究诘，哪里

---

① 《皇明经世文编·请补军民册籍疏》。
② 《明神宗实录》卷1、2。
③ 《石洞集·户口论》。

能知道正确的军数。

灶册（盐册）。

因灶丁（盐丁）逃亡事故不与开除而灶册失实，这一点灶户和其他各色人户的册籍失实是一样的。册籍不按时照实编造也是一样的。也举一个例子。广东盐课提举司和海北盐课提举司的盐册，据林希元奏称，从英宗天顺元年以后六十多年未曾改造过。结果"灶丁在册已故年久者未与开豁，新生续长者未及收入"①。有的则造册不实，如两浙都转运盐使司的松江分司。在那里，"挂册灶丁十无二三见在"，"凡称办课、免均徭者，皆本管总催及造册书手之丁"②。这样的灶丁丁册是假的。

再如河东都转运盐使司（山西）。宪宗成化十年五月初二日户部尚书杨鼎等题称，这个运盐使司的盐户（灶户），按旧例，如有逃绝事故，就从民内佥拨。但该运盐使司的盐户（灶户）都是从山西蒲州、解州和安邑等十县佥拨来的，而这些州县不统属于运司，不服提调，"比比因循，运司不行照〔例〕摧报，州县遂将造册停罢，各从苟简，丁多隐漏。每年运司止凭见年盐价呈报，盐丁捞盐只依呈报丁口作数，籍册无凭稽考，隐漏难以究治"③。可见自永乐以后，河东运司的盐丁数字是虚构的，是各州县随意呈报的，难以据以为实在。这一年经巡按、监察御史检核，结果盐户止有 5086 户，盐丁止有 14605 丁，比原额分别少了 1826 户 2943 丁。这个数字是否如实？官场事，都难说。

另外还有一种情况，是在籍的灶户（盐户）多于实在。有不是灶户而冒充灶户的，也造成灶籍之不可凭信。怎么会有人户冒

① 林希元：《陈民例以答明诏疏》。
② 《天下郡国利病书》录《松江府志》。
③ 《皇明条法事类纂·优免盐丁例》。

充灶户的呢？原因是灶户煎盐正役苦重，户下享有一点折免罪罚和优免杂泛差役的恩典（军户也如此）。据文献的记载，这恩典始见于宣宗宣德二年。这一年，"令各处灶户免杂泛差役"。因为现存令文是泛言灶户，所以"灶户"可以理解为全户优免。到孝宗弘治二年，把这项优免杂泛差役的待遇稍加限制，限制灶户全课（盐课）二十丁三十丁以上的"通户优免"，在这高额丁数以下的，止免实在煮盐的丁，不免余丁。弘治十八年议准，办纳盐课的灶丁，一户出一丁至三丁的，每丁"免田"70亩，四丁至六丁的，每丁"免田"60亩，七丁至十丁的，每丁"免田"50亩，十一丁至十五丁的，每丁"免田"40亩，十六丁至十九丁的，每丁"免田"30亩，"二三十丁者全户优免"。"中间该免之外，若有多余田亩，方许派差"（指田亩上的粮差）。因为灶户有这项优免差役的恩典，所以就有有力人户冒充灶户灶丁，图谋优免他们作为民户应该承当差役。这种冒充灶丁的事，弘治十八年制定上引法令时是预料到的，因而设有一禁条："其有丁无田者，不许将他人田诡寄户下，影射差役。违者问罪，照例充灶。"[1]

当是因为灶户灶丁有免杂泛差役的待遇，有的地方非灶户灶丁冒灶籍者多，所以万历年间陈善在纂修《杭州府志》时，发现杭州府的灶户"四倍国初"。因此他说："岂其生息独庶耶？所利厚故所加重也。"籍有冒滥，册自不实。

五 结语

以上所述引据的来源不同：一自地方志等，一自朝廷官籍；评论对象也不一：一为某府州县册籍，一为朝廷册籍。但结论的

---

[1] 万历《大明会典·盐法通例》。

实质都相同："因仍苟且，徒事虚文"，册籍不足为据。册籍即不足据，其中户口数字自难为凭。

王世贞言"国家户口登耗，有绝不可信者"。他说元末大乱之后洪武十四年得户千六十万，口五千九百八十多万（概数，以下同），休养生息二十年之后，洪武三十五年，户反减了二万七千多，口减三百五十七万，永乐元年有户一千一百四十多万，口六千六百五十九万多。经四年靖难战乱之后，户数反增加了七十八万九千多，口千余万。永乐二年，天下承平，而户反又减少了九十四万，口减了五百三十五万。永乐九年十年，其间相隔仅一年，户忽增一百四十五万，口增一千三百九十多万。十一年户复减一百三十多万，口减一千四百四十多万，自是休养生息又五十年，为天顺七年，户仅九百三十八万多，口仅五千六百三十七万。比旧，有耗无登。又不到一年，户又减了二十七万七千，而口却增加了四百一十二万九千，户口登耗相反。成化二十二年二十三年，一年之间，口减一千五百多万。弘治十八年户增至一千二百九十七万多，不二年正德九年，户仅存九百多万，减少了三百八十多万，口仅四千六百八十万，减少了一千三百三十多万。此后，刘六刘七乱中原，兰廷瑞、鄢本恕乱湖广、四川、江西，无处不被兵，而口却增至六千六百三十多万。诸如此类的户口登耗反常现象使王世贞困惑不解，最后他得出了这么个结论："然则有司之造册，与户科户部之稽查，皆儿戏耳。"①

王世贞没有来得及看到《穆宗实录》和《熹宗实录》的户口数字，如果他看到的话，还不知道他又该说什么。那两朝的户口数字分别为穆宗朝户 10008305，口 62537419。熹宗朝户 9835426，口 51655459。穆宗朝五年，年年是同一个数字，熹宗

---

① 王世贞：《弇州史料后集》；王圻：《续文献通考·户口考》。

朝六年，也是年年同一个数字。一户未增，一户未减。一人未生，一人未死。如或有生有死，则死生口数不多不少正相当。这好象是不可能的怪事，但在官场中这却是典型的惯行故事。

这五年或六年如一的户口数字，来源是那些年头的赋役黄册。唐龙说"在册不过纸上之捏，在户尤为空中之影"[①]。《利病书》录《宁波府志》说"名为黄册，其实伪册也"，诚是。

似这般"空中之影"、"纸上之捏"的"伪册"，不可能供给我们真实数字。官场事蜕化到"因仍苟且，徒事虚文"的地步，受权受信托于皇帝的知县、知府（他们赴任前都得陛辞听训）变成了欺骗皇帝的地方官。遗憾的是受骗的不止当时的皇帝，还有今天相信官方数字的历史研究工作者。质之同业，不知以为然否。

本文之作仅限于述说明朝人论明朝户口册籍之不实，着重的是他们对本朝官府数字的怀疑和批评，转述之于此以供国人之参考。至于户口册籍是如何隐匿、冒滥、伪造的，那原因很多，事例也很多，不是本文所能容纳的。对此如再为转述分析，请俟诸来日。

---

① 唐龙：《均田役疏》。"捏"，一作"桑"。

明朝田地赤契与赋役黄册[*]

一　契文举例

　　首批明清两朝徽州府各县文书已经安徽省博物馆和徽州地区博物馆编成《明清徽州社会经济资料丛编》第一集，并且已由中国社会科学出版社出版了。这是一件很值得庆幸的事。第一集所收文书共 950 件。绝大多数是出卖典当田地山塘契文。契文的绝大部分是赤契，一小部分是白契。赤契，通称为红契。是买主报经县衙查理缴纳过契税、钤盖了县印的契书，白契是未经县衙查理未缴契税、未钤盖县印的契书。

　　从这部分契书中，可以窥见契书与明朝赋役黄册的关系，以及卖田地山塘必须税契的政治意义。兹录契书数例如下。

例 1　休宁县金岩正卖田赤契

　　　　廿四都一图立卖契人金岩正，今因缺少使用，自情愿央中将续置田二坵，坐落土名查家坞，计租九租，系新丈恭字

　＊　本文原载《中国经济史研究》1991 年第 1 期。

一千九百四十五号、一千九百四十六号，计税一亩零三厘八毫整。其田东至大路，西至金锦田，南至山磅，北至山。今将前项四至内田，立契出卖与同都同图汪正遇名下为业，当日三面议作时价纹银一十两整，其田即便交付买人管业，其银当成契日一并收领足讫，别不立领札。其田今从出卖之后，一听买人自行管业、收苗收税。如有内外人拦阻及重复交易、一切不明等事，尽是卖人成（承）当，不涉买人之事，其税粮今奉新例本户自行起割，推入买人户内办纳粮差，并无生情异说。其上手来脚与别产相连，日后要用，刷出参照。今恐人心难〔凭〕，立此卖契存照。

崇祯元年九月十八日

　　　　　　　立卖契人　金岩正

　　　　　　中见人　金廷舜　金有全

　　　　　　　　　　（页 75）①

例2　休宁县吴汶卖田赤契

霓湖吴汶，今因缺少使用，自情愿将承祖父分业臣字五十六、五十七等号，土名李家坞，今编鳞字三千一百十三号内，取下下田一分五厘，三千一百十五号内取下下田一分三厘，三千一百十六号内取下下田一分，三千一百十七号内取下下田一分三厘，三千一百十八号内取下下田六厘，共新编鳞字五号，计税五分七厘……当日凭中出卖与同都人汪廷杲名下为业……其税粮候大造之年，听从收割过户当差……

---

① 契文页数皆据《明清社会经济资料丛编》第一集。契文内重点号都是作者加的。

万历十五年十一月初九日……（页63）

例3　休宁县程伯涵卖田赤契

八都五图立卖契人程伯涵，今将承祖田三坵，坐落土名极字坞，系新丈奈字二千六百八十一、八十三、八十五等号，四至自有丈量注明白，本家分得田、塘税共一亩三分九厘七毫……今将前项十二至内本身得田、塘凭中立契出卖与西南隅二图朱□□名下为业……今从出卖之后，一听收苗管业为定。其税粮候大造之年，系程伯涵户起割推入买人户内办纳粮差，并无异说……

万历三十二年七月　日……（页63）

例4　歙县郑应顺卖田赤契

廿七都四图立卖契人郑应顺，今因欠少使用，自情愿央中将欲字一千六百六十八号田一业，地名呈塘，计税二亩一分六厘五毫……又将量字三百六十五号，土名汪村林园地一业，计税六分六厘二毫……又将欲字一千七百廿九号，塘税二分九厘，土名呈塘……今将前项十二至〔内〕尽行立契出卖与廿五都四图吴康进名下为业……自卖之后，听从买人便行管业，即无异说。其税粮于廿七都二图郑济户下起割推入廿五都四图六甲吴康进户下解纳……

崇祯十七年五月　日……（页81—82）

以上征引了四份卖田赤契。作为例子，想已足够，契文繁简不同，基本上都具备十四项。它们是卖主姓名、田地名、号数、税额、四至、买主、田地价、交付管业、内外拦阻、推收过割、立契为照、年月日、立契人、中见人等等。不少契文还写上了佃人、租额等。

契文里的"都"和"图"都是明朝基层管理组织"乡""里"的别名。"里"就是"里甲"之里。契文中的"图",即明朝里甲制中的"里"。十年大造赋役黄册。里长将一里十甲人户的人丁事产供单编为册籍上之于县时,上面附上一个总图(图表),以省县官的目力。一里必有一图,因此,明朝的"里"也称"图"。"都"是里以上的较大组织,户数多少,不得而知。一都有二三图至十几图不等。一图(里)为一百一十户,一个五图的都就有五百五十户。明朝徽州府有的地区尚沿用宋元旧制——"都保",都以下为保。所以有的契文如谢芳卖地契有"本都十保"字样(页237)。旧时之保相当于"里",故里之册籍也叫"保簿"。契文中的"税"或"计税"一词的"税",是税粮的简称,"税粮"又是"夏税秋粮"两税的简称。税在不同契文中又称"田税"。如果卖的是地,则称"地税"。"税"与"田税""地税"在契文中以亩分厘计,这是当时的通行做法,实指田地的亩分厘。税有定则,说税粮若干,即知田地若干。"管业""永远管业"是宋元明各朝田土文书中的专用语,指的是朝廷授田于民听其"管业"或"永远管业",或朝廷听户主承祖遗产,允其"管业"或"永远管业"。"管业"的条件是管业者须对听其管业的朝廷办纳粮差。"管业"制之历史意义,略见《纳粮也是当差》一文(《史学史研究》,1989.1);此不具述。

明朝的赤契文字虽然有差别,但不影响其意义。譬如,"计税"若干,也可以写作"计田税"若干,或"计地税"若干,这一项在契书中不止写法不一样,有的契书中还没有。再如其税粮"推入买人户内办纳粮差"一事(例1),也不是所有契文都这样写法。有的写作"其税粮……听从收割过户当差"(例2),

有的写作"其税粮……系程伯涵户起割，推入买人户内办纳粮差"（例3）。或写作"其税粮于廿七都二图郑济户下起割，推入廿五都四图六甲吴康进户下解纳"（例4）。未征引的契文中有的写作"其税粮候至过割之日，一听买人于本户起〔割〕受税"（页39），或作"所有差粮随即交派买人输解，其税候日后分户时过割"（页50—51），或作"其田候造册日，听自买人收作地粮入产供解……"（页51），或作"所有税粮见造黄册推入买人户内供解"（页52），或作"所有税粮遇造册日听自本户收割入户供解"（页53），或作"所有税粮候至造册之年，听从收割过户当差"（页62），或作"税粮候大造之年本户自行起割入张明社户内办纳"（页68），或作"其税粮候册年在四甲吴绍伯户下起割，推入买人户内支解"（页72），或作"税至册年听到余文盛户下起割过户解纳"（页79），或作"所有税粮听自随时过割"（页47），或作"所有税粮候造册之年听自买主收割供解"（页54），或作"所有税粮候造册之年，照依原额成熟民田三十二亩有零、山五分、塘、地、基地照册推收供解无词"（页57）。或简作"其税粮造之年本户自行起割"（页59），"其秋粮候大造之年听从本户起割"（页60）。甚至更简作"一任买人自行闻官受税收苗管业为定"（页1）。或"一听买人自行管业收苗受税"（页43）。最后这一最简单的方式，多见洪武至正德（1368—1521年）休宁县的契文，不知其他县份的契文是否也这样。这期间乃至有个别契书既未写"计税"若干，也没言及税粮过割事，如页48《休宁县汪瑛卖田契》。这是一份白契，未经县衙查理。即使没写上"计税"若干，没写上粮差，这并不是说买主买了田地可以不纳粮当差。办纳粮差是例所当行，不写上也决不可免。过割也是例所当行，没写上过割也并不是说田地不过割；赤契本身就是过割的凭证。

卖地契一如卖田契，试举一例，以见其他。

祁门县谢芳卖地赤契

　　十西都军户谢芳，承祖地及兄续买到基地一段，坐落本都十保，土名岑西，经理系伐字三百七十八号，一亩四分五厘，又同号地三分一厘二毫。其地二号，东至谢玄保地及杨沟为界，西、南至程德富田，北至山，取原路一条，直出至坑。今将前二号四至内地尽数立契卖与十西都十保民户谢续祖名下为业，面议价钞七贯整。其钞当日收足无欠。其地未卖之先，即不曾与家、外人交易。如有家、外占拦及一切不明，并是出卖人自行〔祇〕当，不干买人之事。自卖之后，各家不许番悔。如有先悔者，甘罚契内价钞与不悔人用，后仍依此文书为始。所是（有）税粮役官事，推收过割之日一听买人收割入户，随产供解。所是（有）上手随时缴付。今恐无凭，立此文契为用者。

洪武二十五年二月十二日

立契人　谢芳

主盟在堂叔母　汪氏

遇见人　胡宗仁

谢原升　（页237）

　　这份契书和上引契书有三点不同处。一是基层管理组织不是都图，而是都保，"十西都十保"。都保是宋元旧制，徽州府有的地区仍沿用。二是军户买民户地（"民地"）。明朝人户的役籍（户籍）有别，差役也异。军户田地叫"军田"、"军地"，民户田地叫"民田"、"民地"。民田地应当杂泛差役，军田地优免杂泛差役（三顷）。如果军户买民地入户而影射为军地，那就有混同该军户的其他田地而优免杂泛差役之可能。因此契文必须写明买主买的是什么役籍的田地，卖主卖的是什么役籍的田地。如果买主是民户，买的是军户的田地，那同样得写明买主的役籍——民籍（民户），买的是军籍（军户）的田地。原因是军籍的田地有军差；民户买军籍的田地就得当军差（充正军），不可与民籍买主的其他田地混同而诡避军差。[①]三是推收过割事。这契文里写的更具体。契文说的"所是税粮役官事"，即所有税粮差役事，也就是说所有粮差事。"役官事"，就是向官府当差的事。"一听买人收割入户，随产供解"，这里说的是"随产"；产业要过割，产业上的差粮也必须随同过割。

休宁县金大傅卖山赤契

东南隅一图立卖契人金大傅，今将承父所遗山一业，今因粮差锁迫，并原父故欠缺衣衾原当屡年加利无办，自情愿凂中将山坐落土名二十五都八图茶坞。系新丈男字六百七十七号。其山东至□□，西至□□，南至□□，北至□□，四至之内，将本身山□合得一分六厘内取山税七厘，并在山树木柴薪，凭中出卖与西北隅二图汪有年名下为业，三面议作时值，价白纹银二两二钱。其银业当成契日两相交明白。其山听从买人开造风水迁葬，收苗受税管业，如有内外人拦阻及重复交易一切不明等情，尽卖人之当，不涉买人之事。其税粮遵奉新例随即推入买人办纳粮差。所有上手来脚契文及归户票与别产相连，缴付不便，日后要用，索出参照。今恐人心无凭，立此卖契永远存照。

天启六年七月十三日

---

① 参看《封建社会的土地具有主人的身分》。

> 　　　　　　立卖契人　　金大傅
> 　　　　　中见人册坊　李逢时……
> 　　　　　守山人　　朱十……（页371）

　　卖山契的本事程式和卖田地契的本事程式完全一样，无须多费解说。"隅"系明朝地方管理组织之另一名称，南北都有，相当于"都"，故此契"隅"下有"图"，如"都"。"新例"，疑指大造赋役黄册。卖田赤契例1金正岩卖田赤契中也有"今奉新例本户自行起割，推入买人户内办纳粮差"之语。

二　卖田地赤契与赋役黄册

　　明朝徽州府各县卖田卖地卖山契文程式，梗概已如上述。契文先由卖主买主双方商定写就，这就是世俗所说的"白契"。白契有约束力，但缺乏最终的法律效力。要使它具有法律的效力，必须获得官府的认可。要想获得官府的认可，必须将白契变为"赤契"。使白契变为赤契还必须经过买主的税契程序。税契就是由买主或买卖两主呈请县衙查验明白①，如果条件具备（主要是田地差粮推收过割），再由买主缴纳契税，县衙于契书上钤盖县印。一经钤盖县印，白契就变成赤契了。赤契给还买主，田地买卖的程序便告完成。

---

　　①　税契理应由卖主买主两方共同赴县办理。中国社会科学院历史研究所藏正德三年直隶徽州府黟县契尾（缴税的证据）一纸，言"除将买主卖主查审明白取各供词在卷……外"，说是买主卖主双方共同赴县办理。但洪武永乐年间休宁县卖田契书都写着"一任买人自行闻官受税收苗管业为定"，这又象是买主一方单独赴县。历史研究所所藏隆庆六年十月初六日祁门县一纸契尾说"今据买主报税在官"，也是买主一方到官，万历间山西巡抚吕坤言"过割之日卖主中人不同到官"（《实政录·改复过割》），也说的只是买主到官。这后两说和明初契书、隆庆六年契尾同。

　　前面说过，契书中的条目很多，都是土地买卖必须具备的款项。但其中使白契之所以变为赤契的最主要的一项是推收过割，即卖主推出，买主割收入户：卖主推出田地和田地上的差粮，买主收入田地和田地上的差粮。这就叫推收过割。

　　儒家治国平天下的政策原则是使人人有恒产，使劳动力（人丁）与生产资料（田地）相结合。历朝的明智君主及其臣工也都以此为治国之本策，不禁止田地买卖。但田地买卖必须履行一个条件，条件是在买卖时田地并田地上的差粮必须一并推收过割。

　　洪武二十四年户部奏准攒造黄册格式。其中规定："其田地等项，买者从其增添，卖者准令过割。务不失原额。"又规定："若官吏里甲通同人户隐瞒作弊，及将原报在官田地（即原额田地）不行明白推收过割、一概影射、减除粮额者，一体处死。"明朝徽州府各县卖田地山赤契契文中载明粮差过割一事，正符合明朝赋役黄册攒造格式的规定。

　　明朝赋役黄册以人户为母、田土为子，备载各地的户主姓名、乡贯、役籍以及户下的人丁事产：田、地、山、塘、房屋、牛畜等。赋役黄册是朱明皇朝的财产薄；它是据之"以定赋役、核隐漏、清逃亡"的版籍[1]；它是"官以此审差，民以此应役，军匠以此清解，民籍以此析户"的户版[2]。没有赋役，明朝政权就不能存在，更不用说使全部统治机构有效地运转，而赋役的来源就是人丁和土地。所以攒造黄册格式的规定对"不明白推收过割"田地及其粮差者处以极刑。

---

　　①　万历《大明会典·黄册》。

　　②　嘉靖三十九年十月戊戌户部尚书高耀等议上大造黄册事宜疏中语（《世宗实录》）。民籍户可析户（分家），军、匠、灶籍户不准析户，因差役繁重之故；朝廷怕析户因而减弱军、匠、灶等户的承差力量。

　　攒造赋役黄册格式奏准于洪武二十四年，而严令田地买卖必须明白推收过割却不是从这一年才开始的，它是从朱明皇朝政权建立之日起就已公布了的。《大明律》有《欺隐田粮》目，言"若将田土移丘换段那移等则、以高作下、减瞒粮额及诡寄田粮影射差役并受寄者，罪亦如之"。"如之"是如"欺隐田粮脱漏版籍者"之罪："一亩至五亩笞四十，每五亩加一等，罪止杖一百，其田入官，所隐税粮依数征纳。"①

　　洪武十四年初诏天下州县编赋役黄册，次年户部奏天下郡县所进赋役黄册"丁粮之数类多错误"。"错误"的性质虽不明确，但关系人丁粮差之数是可以断言的。3 年之后，洪武十八年，太祖高皇帝作《大诰》诰诫"将自己田地移垃换段、诡寄他人及洒派等项，事发到官，全家抄没"（《诡寄田粮等三十九》）。十九年作续诰，又诰诫移垃换段诡寄名色的"将田归于己名，照例当差"。不从者，捉拿赴京，家小迁发化外（《大诰续编·洒派包荒第四十五》）。接着又诰诫那些"买田不过割的，教过割了；田多洒派的，教收在本户自身里；移垃换段的各归本主，诡寄的，如之"（《大诰续编·粮长妄奏水灾第四十六》）。

　　从朱皇帝自己写的诰文，可以想见当时买卖田土不过割或在买卖过程中移垃换段、诡寄洒派的弊端多么严重，朱皇帝又是多么重视。从这几件诰文，也可以想见当建国之初，洪武元年春正月，即派遣周铸等百六十四人核实浙西田亩定其赋税、后又命户部核实天下田土、二十年编造鱼鳞图册这几桩大事的来历；也可以想见洪武二十四年攒造黄册格式规定明白推收过割以及田地赤契中写明推收过割粮差文字的来历。

----

　　① 《大明律》初修于洪武六年．初修后仍有改订，但此目是基本律条，当系初编时所拟定。

从事这方面研究的同志们，已经有把税契和粮差推收过割一事关联起来考虑的，可惜发挥的不够。有的过于强调税契是朝廷开辟的税源，目的在征税，因而忽视了或轻视了"赤契"之所以为"赤"的重要条件。"契尾"是征收买主购买田地纳税的凭据，周绍泉等已经解说明白，即使在这一纯系征税的单据上，官衙也不惮烦琐刻印上禁止在田地差粮推收过税中作弊的警告。如隆庆元年十月初六日给买主方得旺的契尾中说："隆庆五年九月内奉府帖（徽州府府帖）为严税契、革侵隐以杜宿弊事，内开人民未曾税契有碍推收"，"今据买主报税在官，合行付给以便推收，如有隐匿不行报官及里书私自过割者，查出定如律一体严究不恕"。又如一万历十九年十月十六日的契尾里说："……奉此合行刻刷契尾请印（指请府印）以便民人报纳推收。如有隐匿不行报官及里书私自过割者，定行如律一体重究。"① "革侵隐"者，革除侵冒隐匿者也，"隐匿不行报官"者，欺隐田地粮差不报官衙者也；"私自过割"者，不经官府核实造册而私行过割田地粮差作弊者也；"以便推收"者，以便卖主推出买主收添也。其实，皆田地差粮。推收过割之事，应载在契文，与契尾税银实无多大紧要关系。为什么在纳税凭证上也刻印上这些与税银无紧要关系的事？实在是因为税契是确保田地差粮推收过割的手段，不仅仅是为征税。办税契，朝廷固然可以增加收入，但其原设意图却有过于那宗税收的重要性：其原设意图是使田地差粮"务不失原额"。

大凡一种事物的显现常常是多方面的。一件卖田契文内容最简单的也有十四项之多，其中有例行性的，有比较重要的，有最重要的。我们是研究"赤契"之所以为"赤"的缘故的，赤契

① 上引二契尾均系中国社会科学院历史研究所藏品。万历契尾无买主姓名。

是经官审定而成为合法契书的；从官府的立场上说，契书的最重要的项目应该是关系着官府权力的最重要项目；那项目就是田地差粮如实推收过割。原因不妨再重复一下上边已经说的那句话：田地差粮是专制皇权的命根子，是它非严加控制不可的。

三　"衙门奸弊、八分粮地"

怎么样发生的田地粮差不推收过割，或推收过割不实、诡寄洒派、移坵换段的呢？具体情况又如何？

万历三十九年海盐县知县乔拱璧说：是由于"卖主写号不明，或记号差讹；或此户已收而彼户未推，或此图（里）已推而彼图失收；或一号而两主重收，或两号而误归一号；或有分收不为注明而一并除去；或祖旧册而以讹传讹；又或有方收此甲复收彼甲，顷刻而两三转移者。致使里长无处办粮，里书亦忘其原派"（《天下郡国利病书》录《海盐县志》）。乔知县的解释无疑是实在的，但他的解释偏重在技术方面，而且未必是弊端发生的主要原因。主要原因是有人蓄意在作弊。是谁在作弊？朱皇帝说是"奸顽豪富之家"，是"豪猾"，是"贪官污吏"（《大诰续编》）。是贪官污吏扶同豪富之家，"乡里欺州县，州县欺府，奸弊百出"（《太祖实录》，洪武二十年二月戊子）。总之，主要是知县知府吏典人员"容私、受贿、畏势"造成的（嘉靖《淄川县志·赋役志》）。所以明朝的谚语说："衙门奸弊，八分粮地。"（吕坤《实政录》引）

差粮是军国重事，而又弊端百出，所以议论衙门差粮的诏令奏议、地方志纂修人的评论，以及私人著述，那太多了，辑录起来可达数十百万言。今择其一般常见的，如山西巡抚吕坤的《实政录》、江西巡按监御史唐龙《均田役疏》、《宁波府志》所录《田赋书》摘要略记如下，要在能足以给读者一点具体知识即可。

万历山西巡抚吕坤认为推收过割之弊生于当政者误以推收过割为移坵换段。如北里赵甲买南里钱乙之地，即将钱乙所卖南里之地随买主北里赵甲而割入北里，地随人转；结果"乱版图，失原额，开影射之端，成飞跳之弊，岁去年来，粮亏地少不可究诘"。诸弊丛生，吕坤一气列出了十五款。其要者，"今日均丈方清，明日过割又乱，十年册籍，半不相同"。"卖主利于多价，应带粮十石者止带五石……地不失额，而粮已失额"。"过割之日，卖主中人不同到官，任从买主通同书手，或有开无收，或多开少收；粮既失额而地亦失额"。"本身之地，鬼分数名……是以差粮不是拖欠，即与包赔"。"子粒（指王府庄田子粒等）轻则诡为子粒，屯粮轻则诡为屯粮，实与子粒屯粮之家通同影射，全无粮差"。"将上作中，将中作下"。"书手受贿；隐漏钱粮"（《实政录·改复过割》）。

《天下郡国利病书》所录《宁波府志·田赋书》言田地奸弊颇详。其弊之生于不过割或过割不循法度的有"诡寄"。诡寄者，谓"多田之家或诡入于乡官举监，或诡入于生员吏承，或诡入于坊长里长，或诡入于灶户贫甲，或以文职立寄庄，或以军职立寄庄"[①]。有"虚悬"。虚悬者，"赵甲有田而开与钱乙，钱乙复开与孙丙，孙丙复开于李丁，李丁复开与赵甲。李丁有开，

---

① 依制，乡官举监生员吏承之家田产均优免杂泛杂役。免粮自嘉靖二十四年优免则例始。京官一品免粮三十石，人丁三十丁，以下品级各有差。举人、监生、生员各免粮二石人二丁，承差吏典各免粮一石人一丁。坊长里长未见免役明文，或亦免粮一石人一丁。灶户户重，弘治十八年议准灶户煎盐一丁至三丁者，每丁免田七十亩，丁数越多免田越多。户至二三十丁者，则全户优免。里甲下下户免役。寄庄则里长带管，也免役。参看万历《大明会典·赋役》。

赵甲不收，则并田与粮而没之矣"。有"影射"。影射者，谓"专货书手，悉以田归书手户，粮亦随之。书手乃迳豁其田，而粮则于十年之中（十年大造黄册）岁洒合勺于一里百户之内渐以消豁"。有"那移"。那移者，谓"有粮存而田不称，则捏作官田，以一埋十"。有以买户为奸者，谓"买田十而止开其八九，仍遗一二于原户；又或收田而不收粮，俾卖主受其害而己得减输"。有以卖户为奸者，谓"有田本轻则，而开作重则，田本八九，而多开为十以归于人，因得轻税之田"。有以乾没为奸者，谓"有买户已收其田矣，而卖户则不为除，使一田而两户粮差"。

弊既多端，而乡官又从而厝火扬汤加剧奸弊之增殖蔓延，有如顺天巡抚聂豹所言者："今日士夫一登进士，或以举人选授一官，便以官户自鸣。原无产米在户者（指户无田产粮差者），则以无可优免为恨，乃听亲厚推收诡寄，少者不下十石，多者三四十石，乃或至于百石。原有产米在户者，后且收添。又于同姓兄弟先以别籍异居者，亦各并收入户，以图全户优免。或受其请托以市恩，或取其津贴以图利。又有苞苴富厚、囊橐充盈，多置田产寄庄别县，仍以官名立户，中亦多受诡寄。势焰者，官府固已闻风免差；势退者，亦能多方攀援以图全免。诡寄之令非不严也，以之寄于士夫则踪迹益秘而不可复查矣。府县精明之官非不多也，以其分在士夫，则亦姑纵隐忍而不复究治矣"（《核官籍以均徭役》，《皇明经世文编》，疏或上于顺天巡抚任内，嘉靖二十九年—三十一年）。

张居正任内阁首辅，其子为编修等官，依制户下可免粮七十四石。另外"有族人倚借名号一体优免者，有家僮混将私田概行优免者，有奸豪贿赂该吏窜名户下巧为规避而优免者，有子弟族仆私庇亲故公行寄受而免者"，共诡寄优免者达五百余石，是诡寄之田高达张家己田的六七倍①。官宦之户甚至有明价出卖优免权以广招富豪之诡寄者。海盐县举人王文禄说："乡官受民诡寄，田亩银三钱，千亩三百两。"②又说："今有暴兴宦家，田未百亩，而受寄数千亩。"③故王思任言"三吴官户不当役，于是有田之人尽寄官户"④。明朝在京在外品官，本户既免粮差又从而收受诡寄者不知该有多少，朝廷因而损失的田地粮差又不知该有多少。

正德十六年，唐龙以御史巡按江西，上《均田役疏》也称："夫何江西省有等巨室，平时置买田产，遇造册时贿行里书，有飞洒见在人户者，名为活洒；有暗藏逃绝户内者，名为死寄；有花分子户不落户眼者，名为畸零带管；有留在卖户全不过割者；有过割一二名为包纳者；有全过割者不归本户、有推无收、有总无撒、名为悬持掏回者；有暗袭京官、方面、进士、举人脚色捏作寄庄者"。结果"在册不过纸上之捏，在户尤皆空中之影，以致图之虚以数十计，都之虚以数百计，县之虚以数千万计。递年派粮编差无所归者俱令小户赔偿。小户逃绝，令里长；里长逃绝，令粮长；粮长负累之久，亦皆归于逃且绝而已⑤。由是流离载道，死亡相枕，户口耗矣；由是鼠狗窃发，劫掠公行。盗贼兴

---

① 此见《万历邸钞》，万历九年四月。张居正命其子张嗣修查户内田粮实数诡寄影射等弊。嗣修查实如上，恳辞优免，湖广巡抚陈省奏告如上。"奸豪"诡寄是诡寄之大端。编修唐顺之致苏州知府王仪书中言"大户之诡寄起于官户之滥免"。见《天下郡国利病书》录《武进县志》。

② 嘉靖举人王文禄《书牍·上侯太帝书》，见《百陵学山》。

③ 王文禄：《答范二府书》云云，见《书牍》。

④ 《天下郡国利病书》录王思任《均役全书序》。时在万历末年。

⑤ 这样的结局，在朝廷的江南粮仓地区尤剧。嘉靖十六年九月戊戌"礼部尚书顾鼎臣言苏、松、常、镇、嘉、湖、杭七府财赋甲天下，而里书豪强欺隐洒派之弊在今日为尤多，以致小民税存而产出，大户有田而无粮，害及生民，大亏国课"，见《世宗实录》。

矣（此指农民造反）"（《昭代经济言》）。

四　几点认识

从明朝徽州府的卖田赤契和户部奏准的攒造黄册格式要求的
一致性，可以推断明朝其他地区的田地契书的内容基本上当也和
徽州府的一致。果如此，也当该如此，我们便可以从契文的内
容、推收过割的规定，以及推收过割中的种种奸弊，得出下边的
几点认识。

1. 卖主出卖田地立的白契主要是为保证卖主买主的双
方（主要是买主）利益而立的，钤盖县印的赤契（红契），
则主要是为保证官府利益的。官府的主要利益在于确定出
卖的田地已明白推收过割，田地不失额，粮差也明白推收
过割，粮差也不失额。粮差（赋役）是官府赖以生存的物
质基础。

2. 税契时田地从卖主户下起割推入买主户内不单是有关那
块田地上的粮差的事，伴随着的是有关的那块田地也必须过割，
或言明在下次大造黄册之年过割。"粮"指的是皇帝的子民向皇
帝办纳的"正役"，"差"指的是办纳粮草正役之外的一切杂泛
差役①。皇帝自然不允许他的原额田地损失，也不允许他凭田地
而科派的原额粮差损失，故田地卖买必须赴县税契，必须过割粮
差。

3. 在中国封建社会历史时期，纳粮当差，办纳正役和杂泛
差役，具有浓厚的超经济强制性质，而它又是田地转移过程中买
方对朝廷必须履行的封建义务，这就很难说田地买卖是无条件

---

① 请参看《明朝徭役的审编与土地》；《纳粮也是当差》。

的、自由的，也很难说买主对购买的田地没有封建纳粮当差义务的所有权。所有权应该是属于那"代天理物"能强制其子民办纳正杂二役的皇帝。

4. 正因为田地的买入随带着办纳正杂二役的负担，所以买主常常采取上述那些不过割，或过割不实，以及诡寄、寄庄、飞洒、影射种种方法躲避粮差。有的"势豪"甚至"违抗"①。

5. 从田地买卖和粮差过割诸弊端中，可以看到统治阶级内部有两股力量在争夺。一股力量是朝廷，它在尽力使"原报在官田地"及田地上的粮差不失原额，另一股力量是官豪势要富民，他们在尽力隐瞒田地并躲避田地上的粮差。两股力量争夺的结果，往往官豪势要居优势，朝廷居劣势；从景泰六年到弘治十五年，皇明朝廷的"原报在官田地"丧失了一半（据户部尚书张凤与詹事霍韬奏）。那两股力量的争夺与中国古代封建社会历史相始终，从未停止过；朝廷的田土日益减损的趋势也从未改变过。孰料皇帝扶持起来且赖以统治的官僚竟是蛀蚀其政权基础的蠹虫。这听来不合逻辑，却是历史事实。

（文中所引徽州府契尾均本所栾成显、周绍泉、张雪慧同志所提供，谨此致谢）

---

① 徽州府刻印的契尾文称："如有势豪抗违里书勒揩阻扰新法者拿究。""新法"，指为严密税契改县契尾为府契尾事。税契，是过割粮差必经的法律程序。税契后，发给契尾一张黏于赤契上。

明朝的配户当差制[*]

一 配户当差缘由

过去已经屡次说明过，在中国古代封建历史时期，土是"王土"（帝王的土地），民是"王民"（帝王的人民），这是一份极大的大家业。这份大家业帝王们怎么经营呢？

土地山林川泽是生命所由来，人类赖以生存的自然资源。这生存资源在阶级社会中被帝王据为私有，便成为他们持以役使剥削人民的条件。要使这自然资源变成人们赖以生存和享受的物料财富，须加之以人的劳动。"有人此有财"，"有人然后有赋役"，道理就这么显明而简单。换言之，土地止是在自然界存在的生产资料，没有人的劳动耕种制作，它自身变不成人们生活所需要所享受的物料财富。

生产资料和人的劳动相较，生产资料是被动的、消极的，人的劳动是主动的、积极的。古来的统治阶级都本能地明白这个道理，所以就"登民数……以制国用"，达到"民数周然后庶事

* 本文原载《中国史研究》1991 年第 1 期。

兴"（周，周知也）。正因为人是创造财富的动力，所以古来都重人，争夺人，甚至抄掠人，个个企图据有最可能多的人数（民数）。"民为邦本"、"民为贵"的政治思想基础就是统治阶级的生活和享受的物质需要。孟子说："诸侯之宝三：土地、人民、政事。"土地有了，人民有了，那政事该是什么？那政事就是讲求如何制土处民，如何编制人民去劳动，去"力役生产"。《汉书》言古制，据说古时有"四民"，四种人："学以居位曰士，辟土殖谷曰农，作巧成器曰工，通财鬻货曰商"[①]；并说"圣王量能授事，四民陈力就职"。

　　两千年过去了，朱明帝国的创建者用的基本上还是这套颇为古拙的役使人民的方法：以户为编制单位，把人户编成若干不同的役种，为每一役种立一役籍（版籍、册籍），驱使他们去承担他和他朝廷的各类生产、造作、兵防、奔走、祗应差役。这种以户为编制单位的役法就叫做"户役"。"户役"是《大明律·户律》的第一目。"户役"律，就是役户管束律，配户当差律。

　　明帝国很大。中叶以后，"东起辽海，西至嘉峪，南至琼崖，北抵云、朔，东西万余里，南北万里"。帝国虽然这么庞大，经营的原则却是单一的：全以"户役"律，驱使各种役户，强制劳动。为管理这个大帝国的户役——役户的差役，朱明皇帝设置了个相应庞大的管束机构：南北两京设有六部等衙门，畿辅之地设有北直隶各府、南直隶各府，在外设有 13 个布政使司，统辖 140 个府，93 个州，1138 个县，492 个卫，2593 个所，控制全国[②]，管束着

---

　　①　此疑举其要者言之谓之"四民"。"学以居位曰士"，即学而后"必君之用"（朱明太祖语），佐帝王劳心以制驭劳力之众庶者也。说见第四节。最初"士"指兵士，如"士卒"、"士伍"、"甲士"之士，仕宦之义是后起的。
　　②　此就明末言之。各时期府州县之建置改革省并不具。不包括少数民族地区，也不包括钦赐给皇室子孙、功臣贵族、皇亲国戚的庄田人户。

并驱使着上千万户的人户。内阁大学士丘濬说："人君承祖宗之统，为生灵之主，有土为之产财，有黎庶为之生财，有臣工为之理财。"① 说的就是这一事实。

朱明皇朝的生存与持续全靠他的地主官僚们管束着的这上千万户役户徭役劳动。民户自备牛具种田输租，以供徭役；军户自备军装盘缠守御，以供徭役；匠户袛应造作，灶户煮海制盐，马户牧养军马，牛户畜养官牛，乃至蛋户采珠，乐户供乐舞宴乐，也全属徭役。皇帝的玉食供自徭役（岁贡），朝廷所有厂坊造作的人力和物料出自徭役，所有京内京外大小各级衙门的供亿、夫役、傔伙也都出自徭役。宪宗成化以后，部分粮草、部分物料、部分力役逐渐折银代役，而役户户役之名与实仍然编在赋役黄册之中，朝廷仍然根据赋役黄册强制征取役银。力差、粮差、物差变为银差了。形式变了，其为差役之实，却一如往昔。此封建社会时期实物地租与货币地租是实物、货币其名，力役其实的底蕴。合里甲、均徭、物料贡办、夏秋两税诸役为一、且以银代役的一条鞭法，罢诸役名，"皆阴据其实"②，"诸役卒至，复金农氓"③。

那么，明朝是怎么样以户役法编制其人民、役使其人民以供徭役的？这就是我们所说的配户当差制。请看下节。

二 配户当差制概况

配户当差这个词，明朝文献中没有，以往各朝文献也没有。这是本着这种役法的实质，为便于人们了解，权且给它的一个通

---

① 《大学衍义补·总论治国理财之道》。
② 王原：《明食货志》，《学庵类稿》。
③ 《明史·食货志》。

俗名称。官府文件中称它为"户役"。"户役"相当于《汉书》所说的"圣王量能授事，四民陈力受职"。"量能授事"，也就是配户当差①。在明朝，"户役"一词首先见于《大明律》。它是户律的一门，已如上述。

朱明太祖在开国之初，近承元朝的户役法，远祖周秦以来的传统役法，把他所能搜括到人户，编入册籍，按照朝廷的需要分拨他们承当各种差役。其初他搜括到了多少人户，无明确记载。据洪武二十六年瞿善等编的《诸司职掌》，这年户部所管辖的户数是10652870②。朱明太祖曾把这1000多万户分别编为若干类役户（差户），承当各色差役③。其初那些役户有多少色（种、类），也不见记载。今天就个人有限的力量从明朝诸实录、地方志、文集、政书等等文献中找到了约80几种。这80几种中最基本的都有了，但不能说那就是明朝朝廷役户的全部。现将这80几种表列如下。

明朝户役概况表

户役名色	差役性质	管辖机关	数　额
民　户（粮户）	耕稼，纳粮，当差：正差（粮草）及杂泛差役。	户部	在役户中户数最多。
军　户	旗军防御，屯军屯种。	兵部	"不下二百万家"（永乐）。
军匠户	隶各卫造作军器。	兵部	

---

① 这役法的历史传统将来还需要略为解说。
② 《明史·食货志》作"一千六百五万二千八百六十"，误。
③ 分赐给皇室子孙、功臣贵族、皇亲国戚的人户各自为其受赐主人办纳籽粒当差，如衍圣公府的"户人"，不再为朝廷办纳粮差。

续表

户役名色	差役性质	管辖机关	数　　额
匠　户	纺织，造作（轮班、住坐、存留）。	北京南京工部，内府监局，设有织染局的各府。	原 232089（洪武），289000 户（景泰），隶内府各监局司库等衙门的嘉靖 40 年定为 17100 名。
灶　户（盐户）	制盐（海盐、池盐、井盐）	两淮都转运盐使司，两浙都转运盐使司，福建都转运盐使司，广东都转运盐使司，山东都转运盐使司，长芦都转运盐使司，河东都转运盐使司等。	两淮旧有灶丁 60000 余人（嘉靖以前），两浙 165574 丁（嘉靖），福建 13910 户（万历），山东 23264 丁（万历），长芦 2379 户（万历），广东 4458 丁（正德），河东 6912 户（成化）。
军盐户	制盐	军户调拨制盐（？）	福建惠安县有此种户，共 262 户（其军户为 1189 户，万历）。
校尉户	随驾人数，供护卫，驱使。	兵部	嘉靖 40 年锦衣卫定以 16400 名。
力士户	同上	兵部	
仪仗户	仪仗	兵部	
女轿户	宫中抬轿	取自福州府	
米　户	供制米	内府十二监之内官监	
磨　户	供磨制食用物料	北京南京光禄寺，内府八局之酒醋面局。	
油　户	供食油	北京内府供用库	

续表

户役名色	差役性质	管辖机关	数　额
酒　户	供酒	北京南京光禄寺，内府酒醋面局。	
面　户	供白面	北京南京光禄寺，内府酒醋面局。	
羊　户	供荐新羊羔，州县的供羊及羊毛	北京南京光禄寺司牲司，设羊户的各州县。	
厨　户（厨役户）	供烹调	北京南京光禄寺、太常寺	北京原额 9462 名（？）嘉靖 40 年定以 3600 名；南京 1050 名。北京太常寺的嘉靖 40 年定以 1100 名。
（宫中）纸　户	供粗细草纸（如今之卫生纸）	北京内府宝钞寺	
柴炭户	供应保和殿等处柴炭	北京南京内府惜薪司	
养牲户（养户）（牲户）（牧户）	牧养牛羊豕供膳羞	北京上林苑监良牧署	2476 家
畜养户（养户）	养育鹅鸭鸡供膳羞	北京上林苑监蕃育署	2357 家
果　户	供果品	北京上林苑监林衡署，南京内府司苑局。	北京永乐原额 3000 多家，南京 66 家。
菜　户	供蔬菜	北京上林苑监林衡署，内府司苑司。	隶林衡署者不下 2000 多户

续表

户役名色	差役性质	管辖机关	数 额
藕 户	供莲藕	上林苑监嘉蔬署，内府司苑局。	
海 户	南海子种植	北京上林苑监	永乐原额 794 户 2300 多丁。
栽 户	栽种花木蔬果	北京上林苑监林衡署	
瓜 户	供瓜果	北京内府司苑局	
池 户	供鱼虾	北京内府司苑局，南京内府司苑局。	南京司苑局 24 户
苑 户（园户）		疑为上林苑监或司苑局所辖役户之通称。	
冰 户	供冰	北京内府内官监，南京贡船进鲜北京沿途供冰所设。	
靛 户（蓝靛户）	供蓝靛	北京内府织染局有蓝靛厂	
陵 户	凤阳皇陵 南京孝陵 北京皇陵 供守护、洒扫、祭品	北京南京太常寺祠祭署	南京孝陵 20 户（？） 凤阳皇陵 3342 户。 北京长陵 140 家 北京茂陵 40 户
署 户（陵户）	泗州祖陵，守护、洒扫、祭品。	泗州祖陵祠祭署，太常寺。	314 户（《帝乡纪略》），293 户《大明会典》）。
坟 户	守护诸王坟茔并供应守护、洒扫、祭品。	在京太常寺，在外州县。	杨王坟 210 户，徐王坟 93 户，滁阳王坟 19 户。

续表

户役名色	差役性质	管辖机关	数　额
庙　户	看护历代帝王庙，先圣先师庙、先贤庙及其它庙宇	在京太常寺，在外州县。	
坛　户	守护天坛、地坛、朝日坛、夕月坛、先农坛等坛	在京太常寺	
乐　户	供乐舞祗应及官府宴乐	在京教坊司，属礼部，在外州县	英宗即位，曾省北京乐工 3800 余人。
铺　户	承应买办物料	北京南京工部，光禄寺，太常寺，内府惜薪司，内府十库；仓场，监局，在外州县。	
行　户	供应手工业产品及有关劳作	工部，在外州县。	
儒　户	教人学以入仕："其学既成必君之用。"（明太祖）	礼部，州县。	
僧　户	祷祀，祝福。"佐王纲而理中道"（明太祖），"皇度赖之尊安，群迷资其觉悟"。（宪宗）	府州县	洪武 24 年定凡僧道一府不得超过 50 人，州 30 人，县 20 人。实际上僧道人数大大超过此规定。
道　户	祷、祝福	府州县	
医　户	承应医疗	北京太医院，在外府州县。	

续表

户役名色	差役性质	管辖机关	数　额
阴阳户	祗应察天文定历数、占候、推步。	钦天监	
机　户	民间机户承应织造（非承应织造之匠户）。	府	
驿站户（站户）（驿马夫户）	承应邮驿迎送、供应舟车、夫马、廪粮、庖馔、裯帐。	兵部	据《大明会典》，明朝全国共有 1016 水马驿站（万历）。
马　户（非驿马户）	牧养军国备用马匹。	兵部、太仆寺。	仅顺天、保定、河间 3 府原额就有 52400户。溧阳 1 县牧养的种马就有 850 匹。全国南北皆养。
苑　户（苑民，非上林苑役户）	牧养军马	各边镇苑马寺	
牛　户	饲养官牛	工部	天下屯牛 255644 只（洪武）
鹅　户	饲养官鹅	镇江等府及其他有官鹅处	
猎　户（打捕户、兽　户、捕兽户）	供应野味、皮张。	在京工部虞部，在外州县。	国初各处岁办野味14250 只，岁办杂皮212000 张。
金　户	煎鋻黄金	云南布政使司。	

续表

户役名色	差役性质	管辖机关	数　额
银　户	供银	福建尤溪县及其它有银坑处	
窑　户（陶户）	烧造瓷器、砖瓦	工部	
冶　户	炼铁	有铁冶如广东惠州等处	
煤　户	供煤		
灰　户	供石灰	工部	
烧炭匠户	供办炼铁柴炭	工部遵化铁冶厂	71户（正统）
淘沙匠户	供办铁沙	工部遵化铁冶厂	63户（正统）
铸铁匠户	炼生熟铁	同上	60户（正统）
纸　户（槽户）	供纸张		
棕　户（棕园户）	栽种棕，供棕。	南京上林苑监，龙江船厂。	
漆　户（漆园户）	栽种漆树，供漆。	南京上林苑监，龙江船厂。	"千万株"
柏　户（柏园户）		南京上林苑监	
桐　户（桐园户）	供桐油	南京龙江船厂	"千万株"
（木瓜）园　户	贡木瓜	宁国府	
（雪梨）园　户	贡雪梨	宁国府	

续表

户役名色	差役性质	管辖机关	数　　额
车　户	金有车之家为之，供运输。	各地府州县	
船　户	金有船大户为之供运输。	各地河泊所	
农　夫	为皇帝耕种西苑田亩。		
茶　户（园户）	供茶叶	产茶去处	福建建宁府500户。四川江安县茶树80000株。
鱼　户（渔户）（网户）（网业户）（捞户）（蛋户）	供鱼、鱼油、鱼鳔（膘）、翎毛、课钞（鱼户初输纳鱼油鱼鳔等，后折纳麻、铁、铜、漆、米等物）。	各地河泊所	"今天下不下百万（户）"，（明末），广东香山县蛋户有19色2620户。
（州县）水　户		司、府、州、县	
（州县）酒醋户		同上	
（州县）菜　户	供应蔬菜	同上	
（州县）屠　户	屠宰并供膳羞	同上	
（州县）鱼　户		同上	

续表

户役名色	差役性质	管辖机关	数　　额
（州县） 柴夫户	供应柴薪	司、府、州、县	
镫　户	供应灯烛	同上	
铎　户	执木铎呼传圣谕六 句	各地城乡皆有	
东山 书院户	书院听差	（徽州府）祁门县	
白岳会户	守护白岳会	祁门县	
水马驿 递运夫户	即站户	祁门县	
廉慧仓户	守护廉慧仓	祁门县	
马船户	驾驶马船（一种快 船）？		
炉台户	（冶户？）	（漳州府）尤溪县	
磈台户	（窑户？）	（漳州府）尤溪县	

三　明朝役户概况表说明

表既成，有好几桩事须加说明。

第一，表中所列各专职役户虽已超过 80 种之多，而且四大要役——民户、军户、匠户、灶户——都已具列在内，但还不能说那是所有役户的全部，因为所据文献有很大的偶然性。实录和臣工章奏中的户役多是因为那些有关役户的金拨和使用发生严重问题、或应予裁减、或应予优免杂役时，才得以进入诏令章奏之中，从而我们可以录出。那些没有进入诏令章奏之中的役户，我们就无从得知。地方志中户役，因纂修人的见识和政治水平不一，这对我们后人也有有幸与不幸之别。体例不一，有的载入，有的失载。地方志的记录偶或相当完备，但绝大多数的记录常是极为简略。除民、军、匠、灶外，其它役户则概以"杂役户"出之。"杂役户"有多少种类，无从得知。有的地方志不仅记有役户名称，且记有"原额"若干户乃至承役人的姓名，这样的记载很有用，但有这样详细记载的极少，少的如凤毛麟角；大多数连户数都不记。要不是明太祖体恤建宁府的茶户，我们也不知道这个府的茶户有 500 户，专贡探春、先春、次春、紫笋。① 要不是有《石洞集》，我们就不知道州县衙门还佥编镫（灯）户、铺户。如果没有《天下郡国利病书》所录《宁国府志》，我们就不知道这个府还佥拨专役园户进贡木瓜、雪梨。这类情况太多了，既有木瓜园户、雪梨园户，那也应有荔枝园户及其他诸如此类的园户，可是没有这样的文献记载或者有而我们没有看到。总之上节里的《明朝役户概况表》所列役户绝非全部，只可供参考，藉以获得个印象而已。如果在此表之上再加上民户以"丁田之役"向朝廷的户部、礼部、工部、司府州县办纳的"岁办"、"额办"、"坐办"、"杂办"大量物料和"均徭"差役，那确确凿凿可以证明大明皇帝的财富全部出自徭役，大明帝国统治机构的运转全依赖徭役。太宗永乐四年开始建筑北京宫殿，十八年建成，达 15 年之久，日役工匠 20 万，夫役百万。② 宫殿大木远采自四川、湖广、江西、浙江。大方砖、长方砖全为苏州、松江、常州、镇江、临清等府的窑户所烧造，琉璃瓦为琉璃厂窑户

---

① 《太祖实录》，洪武二十四年九月庚子。
② 此等大数，亟言其役使的工匠夫役之多，不可拘泥。

所烧造，黑釉瓦为黑窑厂窑户所烧造，大石块供自远近石匠户，此可见徭役规模之广且巨。

第二，表中所列役户都是属于朝廷和内府这两个系统的，也就是宫中系统和政府系统的。各地亲王王府和功臣贵族的役户并未包括在内。王府和功臣贵族佃户之外也都有其他各种役户。有的是钦赐的，或奏请钦赐的，也有的是私行佥派的。虽偶有诏令禁止私行佥派役户，实际上没有什么效力。关于王府功臣贵族的役户，文献里有些零星记载，但远远不足为征。规模不会太小，数量也不会太少。曲阜衍圣公府，不是当朝显贵，权势没有当朝显贵的大，庄田人户也未必跟他们的一样多（祭田不过 90 大顷），但他府上在明清两朝时候还有役户 30 种。这是中国社会科学院历史研究所研究人员从公府档案中找出来的。那 30 种是佃户（种地）、庙户（守护孔子庙）、林户（看护孔子林）、巡山户（轮流巡视尼山）、洒扫户（供林庙洒扫祠祀祭品）、猪户（买办并饲养祭猪）、羊户（买办并饲养祭羊）、牛户（买办并饲养祭牛）、乐户（供乐舞）、女乐户（供宴乐?）、嚎丧户（丧事助哭）、扁担户（供搬运）、割草户（割孔林孔庙杂草）、窑户（烧砖瓦）、喇叭户（婚丧吹喇叭）、荆炭户（供柴炭）、掐豆芽户（掐豆芽）、浆糊户（糊窗户）、祭酒户（供祭酒）、菜户（供蔬菜）、萝卜户（供水萝卜）、笤帚户（供笤帚）、花炮户（制焰火花炮）、放炮户（放花炮）、杏行户（供杏）、梨行户（供梨）、核桃行户（供核桃）、船户（供鱼、菱芡）、鸭蛋户（供鸭蛋）、看庄佃户（看守庄屋粮食）[1]。以上这 30 种役户研究者称之为"当差夫"

① 《封建贵族大地主的典型——孔府研究》，第四章，著者未将佃户列入当差户（役户）。

和"贡纳户",一出力役,一贡物品,其为封建依附人户的性质是一样的。役种虽有 30,但这也不一定是全部的。为婚事丧事搬运桌椅,孔府设有"扁担户",公爵出门乘轿能不设置"轿夫户"?为衍圣公府造作建筑的工匠在书中虽有记述,却没有表列出来。看来,衍圣公府的全部役户数目应该超过 30种。一个公府的役户都有那么多,皇帝该有多少役户那是可想而知的。所以前表 80 种只能看作是一部分或大部分,或者说比较重要的部分。

更有意义的是衍圣公府佥派专业的原则和朝廷的完全一样:朝廷是有一事必设一事之役户,公府也是有一桩需要,就设置供应那桩需要的役户。封建社会的人民是"当差人民",是佥拨当差役户(户役)强制力的基础,不管那人身是属于最高的皇帝,还是属于皇帝的皇子皇孙或勋戚公侯。

第三,明朝朝廷的役户至少有 80 种,每一种的役户数目有多少?这是一个极为重要而又难以获得回答的问题。叶春及隆庆万历间知福建惠安县。就他那一县的情况而言,他说"大较民户为重,且最多……军户多,次之……盐、匠多,又次之……若医户,最少"[①]。本县的总户数是 4195 户。内民户 2432(占人户总数的58%),军户 1189(占 28%),匠户 157(占 3.7%),军盐户 262(占 6%),盐户(灶户)222(占 5%),医户 1[②]。全国役户数量的比例情况,各地有出入,但序次大致也如此:民户重,人户最多;军户次之,匠户灶户又次之,其他役户少。洪武二十六年全国总人户是 10652870,其中绝大多数是民户,军户 200 多万[③],匠

---

① 《石洞集·版籍考》。

② 《石洞集·惠安政书》。

③ 《太宗实录》,永乐二年八月庚寅左都御史陈瑛言:"以天下通计,人户不下一千万户,官军不下二百万家。"

户近30万①。有关灶户的记载不一致，有的论户，有的论丁，很难核算总户数。如上表中所记数字，两淮、两浙、山东、广东4都转运盐使司共293196丁；福建、长芦、河东3都转运盐使司的总户数是23201户。如果将两淮等使司的293196丁按户约2丁计，则293196丁约为146598户。146598户再加上福建、长芦、河东3都转运盐使司的23201户，总数可达17万户。广东的灶户、四川的盐户、云南的盐户、灵州的盐户还未计算在内。如果估计明朝的全部灶户（盐户）约20万户，去事实或不致太远。

民、军、匠、灶等役户之外的大役户，要推鱼户了。据万历年间经世致用的政论家陈子龙说，鱼户不下100万②，这话该有所根据。明朝役户最少的该是医户，一县止有一两户。③乐户想也不会太多，但无翔实记载。女乐户虽有，各州县也有，但很难见诸文献记载。

第四，关于那个明朝役户概况表，还有三件琐碎事须予交代。

1. 所有役户的役务及其所隶属衙门、户数等等，都没有写出出处（所据文献）。原因很简单：太多了。要写出，须增加大量篇幅，那个表容纳不下。

---

① 据《大明会典·工匠》，明朝匠户有轮班匠、住坐匠、地方存留匠。洪武二十六年全国轮班匠232089名。景泰五年更定轮班匠，总数是"二十八万九千有余"，其中北京182000，南京58000。《英宗实录》景泰五年四月乙巳，南北二京二数相加是240000。如二京数字不误，还有49000。不知道这49000匠的匠种是什么：是住坐还是存留？住坐匠多少？存留匠多少？《大明会典》数字的单位是"名"，《英宗实录》的数字单位不明，大概也是"名"，不是"户"。匠户有一户差拨一二名以上的，个别的有全户差拨的。

② 《陈忠裕公全集》卷22《议·江南乡兵议》："今鱼户不下百万。"

③ 明朝有1138个县。

2. 户役役务写的极为简单，这是为填表的缘故。本表以及本文通篇写作的目的止是为的给读者一个概况，所以本文篇名谓之为概述。先有了这个概况，获得个印象，然后才能讲求进行研究，才能分别述说，如民户论、军户论、匠户论、僧道户论等等。关于这个课题的局部，前人已经发表了几篇文章，有有关灶户的，有有关军户的，有有关匠户的，有有关铺户的，不过都还欠深入分析补充。至于从户役的总体制上理解户役的政治的、社会的、历史的意义，还没有着手。总之，本课题还很生疏，所以非先有个简单概况介绍不可。

3. 司、府、州、县各衙私自佥拨的役户，文献不足。原因是地方衙门私自佥拨役户虽是事实，但不合法令，因而地方志纂修人或有所回护。明中叶而后，州县衙门强制里长轮流到衙值日当差供应，这是当时普遍的事实、周知的事实，有臣工参奏，有诏令禁止（有禁不止），而在地方志书里却看不到这事实的踪影。

四　县役户役种数额举例

个人力量很有限。就是这样，作者还搜集到有关役户役种（类）和役户数额的记载也不下 200 件。有省的，有府的，有州的，有县的。如全部列出，将是乱糟糟的一大片，不符合本文介绍概况的宗旨。因此决定以县为单位，选了大明帝国南北若干县的记载，作为少数具有代表性的例子，制作了下列这个表，权且称之为明朝《县役户役种数额举例表》。制作这个表的目的也不外是介绍个概况，使读者获得个印象，不求全。这是连作者都认为是不得不割舍的缺陷。

县役户役种数额举例表

县	总户数	役户数		占总户数的百分比	说明	文献	年代
		户别	户数				
（北直隶大名府）内黄县	4092	民户	3607	88.1		嘉靖《内黄县志》，卷3《田赋·户口》	嘉靖十五年
		军户	351	8.5			
		杂役户	134	3.2			
（北直隶真定府冀州）南宫县	4648	军户	316	6.7		嘉靖《南宫县志》，卷2，《田赋第三·户口》	
		民户	4262	91.6			
		杂役户	70	1.5			
（山东青州府）安丘县	19174	民户	14664	76.4	志文中各项细数之合与总户数不符	万历《安丘县志》，卷8，《赋役考》	万历年间
		军户	2891	15.0			
		将军	1	0.005			
		校尉	9	0.04			
		力士	19	0.09			
		灶户	46	0.2			
		诸色匠户	521	2.7			
		打捕户	17	0.08			
		医户	2	0.01			
		僧户	1	0.005			
		道户	1	0.005			
		乐户	2	0.01			
（河南汝宁府光州）光山县	4833	军户	976	20.1	志文中各项细数之合与总户数不符	嘉靖《光山县志》，卷4《田赋志·户口》	嘉靖二十四年
		民户	3454	71.4			
		匠户	253	5.2			
		校尉户	4	5.2			
		厨役户	4	0.08			
		力士户	7	0.1			
		杂役户	176	3.6			
		医夫户	24	0.4			
		乐户	6	0.1			

续表

县	总户数	役户数		占总户数的百分比	说明	文献	年代
		户别	户数				
（河南归德府）夏邑县	2722	民户	2374	87.2		嘉靖《夏邑县志》卷3，《田赋第三》	成化、弘治年间
		军户	322	11.8			
		匠户	20	0.7			
		校尉户	4	0.1			
		力士户	2	0.07			
（陕西西安府乾州）武功县	1978	民户	977	49.3		乾隆《武功县志》，卷2，《田赋志第四》	正德七年
		军户	919	46.4			
		匠户	33(名)				
		校尉力士户	5	0.2			
		厨户	1	0.05			
		打捕户	2	0.1			
		阴阳户	2	0.1			
		医户	2	0.1			
		乐户	9	0.4			
（山西平阳府解州）安邑县	14729	民户	9231	62.6	志文中各项细数之合与总户数不符	万历《安邑县志·户口》	万历四十六年
		军户	3101	21			
		匠户	522	3.5			
		盐户	1874	12.7			
（山西平阳府绛州）稷山县	9015	民户	4163	46.1		万历《稷山县志》，卷4，《田赋·户口》	万历四十年
		军户	4403	46.8			
		杂役户	449	4.9			

续表

县	总户数	役户数		占总户数的百分比	说明	文献	年代
		户别	户数				
（南直隶徽州府）祈门县	6941	官户	3	0.04	志文中各项细数之合与总户数不符	万历《祈门志》，卷4，《人事志·赋役》	万历二十一年
		民户	6575	94.7			
		军户	207	2.9			
		杂役人户	156	2.2			
		儒学户	2	0.02			
		东山书院户	1	0.01			
		白岳会户	1	0.01			
		留芳祠户	1	0.01			
		廉惠仓户	3	0.04			
		阴阳户	1	0.01			
		医户	2	0.02			
		校尉户	4	0.05			
		力士户	2	0.02			
		各色匠户	124	1.7			
		捕户	14	0.2			
		住坐厨役户	1	0.01			
（南直隶苏州府）吴江县	72445	官户	31	0.04	志文中各项细数之合与总户数不符	弘治《吴江志》，卷2，《版籍》	成化二十二年
		军户	1900	2.6			
		民户	65231	90			
		儒户	2	0.002			
		生员户	10	0.01			
		旌表户	1	0.001			
		医户	19	0.02			
		各色匠户	2700	3.7			
		校尉户	6	0.008			

续表

县	总户数	役户数		占总户数的百分比	说明	文献	年代
		户别	户数				
		力士户	1	0.001			
		水马驿递运夫户	126	0.1			
		吏户	12	0.01			
		杂役户	2244	3			
		厨户	48	0.06			
		僧户	144	0.1			
		道户	14	0.01			
		乐户	13	0.01			
（南直隶常州府）宜兴县	46781	民户	43995	94	志文中各项细数之合与总户数不符	嘉庆《重刊宜兴县志》，卷3，《田赋志·户口》	正统十四年
		军户	1715	3.6			
		匠户	776	1.6			
		官户	51	0.1			
		公侯庄户	2	0.004			
		将军户	1	0.002			
		儒户	1	0.002			
		力士户	1	0.002			
		医户	23	0.04			
		僧户	123	0.2			
		道户	8	0.01			
		厨役户	63	0.1			
		铺户	2	0.004			
		马头户	2	0.004			
		脚夫户	2	0.004			
		尼姑户	2	0.004			
		校尉户	2	0.004			
		捕户	52	0.1			
		杂户	342	0.7			

续表

县	总户数	役户数		占总户数的百分比	说明	文献	年代
		户别	户数				
（南直隶广德府）建平县	16215	民户	14524	89.5		嘉靖《建平县志》，卷2，《田赋志·户口》	嘉靖元年
		军户	729	4.4			
		匠户	650	4			
		儒户	1	0.006			
		校尉户	1	0.006			
		力士户	1	0.006			
		医户	4	0.02			
		阴阳户	34	0.2			
		铺兵户	96	0.5			
		弓兵户	90	0.5			
		水防夫户	20	0.1			
		僧户	44	0.2			
		道户	3	0.01			
		祗禁	17	0.1			
		猎户	1	0.006			
（江西抚州府）东乡县	29008	民户	24720	85.2	志文中各项细数之合与总户数不符	嘉靖《东乡县志》，上，《户口第十》嘉靖2年	
		军户	2381	8.2			
		各色匠户	1675	5.7			
		儒户	6	0.02			
		阴阳户	1	0.003			
		医户	47	0.1			
		军官户	1	0.003			
		力士校尉户	61	0.2			
		僧户	85	0.2			
		道户	18	0.06			
		捕户	1	0.003			
		马舡户	8	0.02			

续表

县	总户数	役户数		占总户数的百分比	说明	文献	年代
		户别	户数				
（江西临江府）清江县	10632	民户	8370	787		崇祯《清江县志》，卷3，《户产志·户口》	崇祯六年
		军户	1142	10.7			
		匠户	1016	9.5			
		官籍	1	0.009			
		阴阳户	1	0.009			
		医户	20	0.1			
		僧户	33	0.3			
		道户	10	0.09			
		校尉户	36	0.3			
		打捕户	3	0.02			
（浙江金华府）浦江县	11240	民户	9721	86.4		嘉靖《浦江志略》，卷2，《民物志·户口》	嘉靖元年
		军户	626	5.5			
		医户	1	0.008			
		灶户	3	0.02			
		机户	75	0.6			
		匠户	698	6.2			
		捕户	91	0.8			
		校尉力					
		士户	5	0.04			
		铺兵户	1	0.008			
		水马驿	15	0.1			
		站夫户					
		土工户	3	0.02			
		海户	1	0.008			

续表

| 县 | 总户数 | 役户数 | | 占总户数的百分比 | 说明 | 文献 | 年代 |
		户别	户数				
（浙江绍兴府）会稽县	18608	民户	114087	75.7	志文中各项细数之合与总户数不符	万历《会稽县志》，卷5，《户书总论·户口》	隆庆六年
		军户	1612	8.6			
		灶户	697	3.7			
		匠户	354	1.9			
		官户	109	0.5			
		生员户	207	1.1			
		力士校尉户	28	0.1			
		阴阳户	10	0.05			
		医户	37	0.1			
		厨户	35	0.1			
		捕户	15	0.08			
		弓兵铺兵	65	0.3			
		水马驿	267	1.4			
		站坝夫	28				
		僧户	10	0.1			
		道户		0.05			
（湖广黄州府）蕲水县	12918	军户	4841	37.4	各类役户细数之合与总户数不符	嘉靖《蕲水县志》，卷1，《户口》	嘉靖元年
		贴军户	4083	31.6			
		民户	1747	13.5			
		杂役人匠户	1247	9.6			
（福建漳州府）龙溪县	21744	民户	16692	76.7	志文中各项细数之合与总户数不符	嘉靖《龙溪县志》，卷4，《田赋》	嘉靖十二年
		军户	4478	20.5			
		杂役户	574	2.6			
		匠户	502	2.3			
		校尉力士户	5	0.02			
		医户	2	0.009			
		铺兵户	8	0.03			
		炉台户	48	0.2			
		窑冶户	9	0.04			

续表

县	总户数	役户数		占总户数的百分比	说明	文献	年代
		户别	户数				
（广东潮州府）潮阳县	18158	民户	13067	71.9	志文中各项细数之合与总户数不符	隆庆《潮阳县志》，卷7，《民赋物产志·户口》	嘉靖三十一年
		军户	1178	6.4			
		官吏生	116	0.6			
		儒户					
		校尉力士户	5	0.02			
		僧道户	3	0.01			
		阴阳户	16	0.08			
		各色匠户	914	5			
		灶户	1925	10.6			
		窑户	15	0.08			
		蛋户	41	0.2			
		舁户捕户	37	0.2			
（广东琼州府）琼山县	16907	民户	14617	86.4	志文中各项细数之合与总数不符	正德《琼台志》，卷10，《户口》	正德七年
		军户	667	3.9			
		杂役户	1505	8.9			
		官户	9	0.05			
		校尉力士户	10	0.05			
		医户	18	0.1			
		僧道户	6	0.03			
		水马站所户	276	1.6			
		弓铺兵祗禁户	96	0.5			
		灶户	291	1.7			
		蛋户	183	1			
		窑冶户	15	0.08			
		各色匠户	601	3.5			
		寄庄户	118	0.6			

　　上表的第一个容易引起注意的是县役户的类别有的很少，如南宫县（北直隶）、稷山县（山西），止列出3项：民户、军户、杂役户，安邑县（山西）列出了4项：民、军、匠、盐（灶），没有其他役户，都太简略了。比较起来，南方的县志作出的细。这不单是因为北方的役户类别少（北方的匠户比南方的少），而是因为北方的地方志的编写多潦草从事，虚应故事，故以"杂役户"出之，有的甚至连"杂役户"也不出。

　　第二个容易引起注意之点是"官户"、"官籍"、"生员户""寄庄户"也被几种县志与役户并列，这不妥当。官吏虽然是"劳心"以佐帝王统驭万民的纪纲之仆，从这一点上说，"官，亦役也"，① 但和一般的役户有很大区别：一不劳力，也非世役（世代当差），而且还是置有庄田佃户、"治人"且"食于人"的劳力当差人民的统治者剥削者。官有籍曰仕籍（官籍）。这是居官人本人身分之籍，不是他所从属的役籍（户籍）。像第五节里提到的礼部尚书夏言和兵部侍郎俞纲个个都有仕籍，但他们也各自有各自的役籍：军籍、匠籍，他们请求脱落的也是他们的军籍、匠籍。我们抄制的这个役户举例表，抄的是役籍户别，不是个人的仕宦履历。军籍匠籍家族都不准分家析户。应当户役的止是本家族的某一房（支）本房（支）中的某一丁或两丁，故有余丁可以求学入仕。进入官籍，可不能自然就摆脱了原来户下的役籍。这个分别是重要的，必要的。户之有生员者，即为生员户，无者即非生员户，这和户役户籍无关。寄庄户指的是本户产业之所在。人居甲县，产在乙县，即为乙县之寄庄户。寄庄户是赋役征收中之一

_____

　　① 古时的官制并不避讳差役字。宋官制有"差遣"，明官制有"注差"、"题差"、"部差"，清则直呼做官的为"当差"。

个户种，也不是户役之户籍。凡此不妥之处都是由于地方志修纂体例粗疏之故。

第三个引人注意之点是役户名称不一。如驿夫户、站户有的县志分别称之为"马牛驴夫户"、"水马驿递运夫户"、"水马驿站坝夫户"、"水马驿站夫户"、"水马站所户"，其实都是站户的各地不同的名称。有的县志中把性质相同而役籍不同的役户合称为一种役户。如将"校尉户""力士户"合称为"校尉力士户"、"僧户""道户"合称为"僧道户"。实际上名虽合称，役籍还是分别存在的。"窑冶户"、"磁冶户"之为"窑户"与"冶户"的合称，想也是如此。凡合称之役户其户数皆在一户以上，也是一证。在地方志书中存在着的这样的合称，严肃的记载是不允许的。

第四个引人注意之点是有些差役本是由"均徭法"编金的，如"脚夫"、"铺兵"、"弓兵"、"水防夫"、"祗禁"等等，五年一编审，非世役，不知何故被一些县志的编纂人也以之与世役并列。《祁门志》的"儒学户""东山书院户"等等，也必是属于"均徭法"差役的。"均徭法"是审丁论地轮编的。有些地方志书编纂体例之不严整，随处可见。

第五，湖广黄州府的《蕲水县志》载军户4841户，贴军户4083户，而民户止有1747户，这是很特殊的一个例子。各地的情况是民户最多，军户次之，匠户、灶户又次之，而此县军户特多，且居首列，不知是什么缘故。

第六，再重复一句，上表所列各县志书的役户名称、数额，选的是各地区较有代表性与特殊性的，为的是给读者一个印象，切不可以为明朝全部县志都一模一样；地方情况不同，修纂人见识水平不一。

五　配户当差制小识

以上做的配户当差制——户役制——是一个极为重要但又极为生疏的课题①，所以先作这么个常识性的介绍。介绍既竟，还有几句稍带分析补充的话需要说一说。

第一，役皆永充。

配户当差制——户役制——实施原则是定户当差。皇家朝廷金拨一定数量的人户去应当一定的差役。拨就的人户编在同一册籍（版籍）里，那册籍里规定的差役就是那同一册籍人户的共同的籍。所以籍就是役籍②。通称曰户籍。

自古以来，民年成丁即须附籍当差；不成丁，不附籍当差。故周有"凡民自七尺以上属诸三官"之制，汉有民"年二十三年傅之畴官"之律，明朝有"不丁不籍"之法，大概中国历史上各朝都如此。成丁附籍的年龄各朝不尽相同：周以 20 岁，秦以 17 岁，汉以 20 岁或 23 岁，唐以 21 岁，明朝以 16 岁，附籍给公家徭役。60 岁年老免役，各朝大致也一样，有的是以 65 岁为老，始不事。一人一种籍（役籍），便不得改籍别入诸色，这在各朝也都一样。

役籍是世籍。父死子继，世代相承。这就是《明史》所说的"役皆永充"。大明律的《户律·户役》有一目曰"人户以籍为定"，其文曰："凡军、民、驿、灶、医、卜、工、乐诸色人户，并以籍为定。若诈冒脱免避重就轻者，杖八十。其官司

---

① 所谓生疏是指对现在的历史研究者说的；对历朝帝王，这役法是他们惯用的经营剥削措施，不生疏。

② 不是今天指一人出生地籍贯之籍。请参看《籍·贯·籍贯》。

妄准脱免及变乱版籍者，罪同。"严禁"诈冒脱免避重就轻"，就是严禁改籍。私自改籍者杖八十不能就算完事，还得附籍当差；附原籍，当原差，这有洪武二年令"仍从原籍"可证①。俞纲仕至兵部侍郎，因家中无人洒扫祖墓，乞免匠籍，事经三年，再经周折，才得免除。夏言仕至礼部尚书，因当役现丁笃疾，又无次丁补代，乞免军籍，才得恩准。这二例都证明改籍之难。俞纲、夏言户下脱落军籍、匠籍了，自当改入民籍，为民当差，也不能不当差，自由自在。民差虽也很重，但较军差、匠差稍轻。所以"诈冒脱免避重就轻"者，多是脱军、匠、灶等籍窜入民籍。世役世职不得改籍是各朝户役制的一条基本律条，不独明朝为然。

第二，役因籍异。

中国历史上的人民都是"当差人民"，明朝也如此。要不当差，除非脱籍（脱避役籍）。设若脱籍，即为无籍。无籍之徒是有罪的。罪在朱明太祖的"捉拏"之列。

明朝的差役基本上有两种。一种是正役，办纳粮草。另一种是杂泛差役，应当均徭、丁田之役和上命非时的杂役。

均徭是供应朝廷、司、府、州、县人力（夫役）的驱使如门子、皂隶、库子、斗级、解户、马夫、膳夫、弓兵、铺兵一类的衙役。有银差，有力差。银差是力差的代役。"均徭"的性质是有身则有役的丁役，重在丁身。丁田之役就是所谓"岁办"、"额办"，"杂办"，办纳朝廷以及司、府、州、县行政所需（连刑具、行刑所用木桩都在其内）、家伙供张所用、造作必备的所有物料。物料的科派是按丁照田（北方照"门"），故曰"丁

---

① "凡军、民、医、匠、阴阳诸色户许各以原报抄籍为定，不许妄行变乱，违者治罪，仍从原籍。"（万历《大明会典》卷19，户口一）

田"，但重在田。上命非时之役是不定量不定时的差役，也可以说是临时的差役，如治理黄河、搬运大木、转输军需等等。治理黄河，动辄几万人、几十万人。搬运宫殿大木，一条大木须两千人，由四川湖广运至北京，一条就得几万人。上命不时的大小临时差派，多的难以尽举。正、杂二役的差派具体到各类不同役籍的人户上，有各种不同应当情况。只有民户承当杂泛差役，其他役户都不当杂泛差役。一句话，役因籍异。

1. 民户（民籍户），应当正役办纳粮草，并应当杂泛差役；正、杂二役全当。

2. 陵户、坟户、坛户、站户，正役、杂泛差役全免，俾其供办祭品、守护、洒扫，答应使客。

3. 马户（孳养官马户）、牛户（牧养官牛户）等，正、杂二役全免，俾其全力以供本职（本役）。故其地曰"免粮地"、"免征田"①、"田不起科、丁不编徭"的"养丁田"②。

4. 其他役户，无例外地一律都应当正役办纳粮草，而杂泛差役则量予优免。量予优免者，不是全部或全户优免，而是分别轻重，出丁多少而量予优免。有免丁若干的，有免田若干顷亩的、有免丁若干也免田亩若干的，有依照本户出丁多少而免田亩不等的。所有这等役户的优免，都是优免杂泛差役，正役粮草一律不免。

优免杂泛差役，乃至优免正役，目的为的是使当差人户具有完成应当本籍本役的条件。如"宣德八年令沿河无军卫处免其民杂泛征科（杂泛差役），专修河道"，"景泰六年奏准修河人户

---

① 例见万历《扬州府志·赋役志》。

② 例见《熹宗实录》，天启元年正月庚寅。

免养马"①，专户专役。

第三，役有役田②。

使劳动力与土地相结合，给与各色役户以田土，是大明皇朝的，也是历代帝王的一项基本政策，目的为的是使服役人户有生产资料维持其劳动力的生产和再生产，为的是使役户得以履行其封建义务，并使其世代相承，不失役户原额。丘濬著《大学衍义补》，他说道："民之所以为生产者，田宅而已。有田宅斯有生生之具……由是而给公家之征求，应公家之徭役，皆有其恒矣。"万历《会稽县志》纂者张元忭等说："夫口与业相停（丁口与产业相当）而养始不病（养谓'养民'）。养不病，尔后可以责民之驯。"这说的都是老实话、地道话。这就是孟子之所以主张与民以"恒产"的道理。

役户的田业有的是祖遗户役田土，在原报抄籍（原先报编役籍）时就有的，有的是在佥拨之初就已选择丁粮多的人户充当而原有的，有的是在佥拨之后为充当本役而给予的。来源不一，数额不一，切不可以为所有役户都有同等数额的分地。洪武四年令免军户田地上的杂泛差役，"以田三顷为率"，这是说军户的户役田有3顷的，也可能有多于3顷的，也可能有少于3顷的，有多有少不一率。役户既有田地，但不一定户户都能保持其原有田地，有因役累而出卖了的③，有因贫乏而逃亡了的。切不可以为户役田地有不丧失的保证。统治者有诸色役户都能保有其户役田土的愿望，却无术使其愿望保持长久。

① 万历《大明会典》卷198，河渠三，黄河钱粮。
② 应该说是"役有役田地"。明朝人旱地叫地，水田叫田。有户役田，也有户役地。行文中以"田"代"田地"仅是为修辞省便的缘故。
③ 徽州档案成化十二年祁门县胡铭卖山赤契言"今因军役盘费无措"云云，便是一例。见《明清徽州社会经济资料丛编》第一集，332页。

田土既是户役田土，那田土自然就获得了那户役的品格。那块田土是"民户"（民籍户）的田土，所以叫"民田"①；叫"民田"，自当应民役。那块田土是"军户"（军籍户）的田土，所以叫"军田"②；叫军田，自当充军役。那块田土是"匠户"（匠籍户）的田土，所以叫"匠田"；叫匠田，自当充匠役。其余"灶田""站田""渔田"等等，皆可类推。于是那块有关的田土便具有了那块田土管业者役户的身分。结果便出现了种什么役户的田，就得当什么样役户的差（役）。种"民户"的田地就得当"民差"，种灶户的田地，就得当"灶差"等等。到此，田土与差役也获得了"相停"的属性。

户役田地及与户役田地相关诸问题的讨论，非本节篇幅所能容纳，请俟诸写作计划中之户役田土论。

第四，以户供丁。

中国的帝王向来利用家族卫护并支持他的政权，而且用的周到熟练。消极方面，古有族诛：诛三族，诛九族，以镇压"谋反""大逆"。积极方面，他利用家族创设了现在所说的配户当差的户役法，以经营他的国家。户役法是以家族为供丁单位、供役单位、责任单位。具体地说，这种役法对朝廷有这么几层效益：以户出丁，丁不离户；以户供丁，丁赖其户；以户养丁，子孙相承，役皆永充。

先说以户出丁，以户供丁。

以户出丁，以户供丁的性质可与中华民国时期的"拉夫"、

---

① 这"民田"不是泛称的民田，如与"官田"对应的"民田"。与"官田"对应的"民田"指的是所有人民管业的田地，不分役籍，不专指哪种役田；那"民田"的"民"是泛称，"田"也是泛称。本文中之"民田"是专称，专指"民籍户"的田地。

② 军户户下使用的田地，不是屯军在营屯种的田地。

"抓壮丁"比较说明。两者同是用暴力强制人民当差，但性质稍有不同。中华民国时期已是"民国"，人民当家作主的国家（名义上如此），不能再施行强制役法，更不能沿用历朝帝王的配户当差法，所以那时的"拉夫"、"抓壮丁"即使照统治阶级的规章来说也是非法的。"夫"一被拉，"丁"一被抓，他和他的家族（户）便断绝联系；他既不能顾及他的家，他的家也顾及不了他。中国古代封建社会时期的役丁和民国时候的"夫"、"壮丁"不一样。古时的役丁离不开他的家（户），家自然也离不了他。古时好象有一种普遍的传统成规：当差人按户征发，丁由户供；应役户丁的随手工具服装盘缠，也由户供。役户中的民户丁（民籍户丁）须自备一切应当差役（正役和杂泛差役）的条件那不用说，当差人丁根本不脱离他的家：他还是他的家长，他还继续养活他的家，而且全部家内成员都得共同支持他应当差役。他的整个家就是一个明朝人所称呼的"徭户"（当差户，古时或称"役门"）。当差去处就是他的家或家族之所在。类似民户丁这种情况的有灶户①、猎户、鱼户、马户、牛户、陵户、坟户、茶户等等。灶户丁（灶籍户丁）用的煎盐大工具，几千斤重的盘铁（汉之牢盆）大煎盐锅，是官府拨给的，自己备办不起，其他小工具、服装、盘费必须自备，且合户共当煎煮差役应该是不言而喻的。役户中的军户丁（军籍户丁）和匠户丁（匠籍户丁）都必须离开家庭赴服役处所。

守御旗军和屯军当差用的武器、牛具种子还须官府供给，在营口粮也须官为关发，但在营的盘缠服装却须仰赖他的家②，或

---

① 灶户即盐户。这里指的是滨海灶户。称之为滨海灶户者，用以区别于池盐的盐户（通称盐丁），如河东都转运盐使司管辖的河东盐池。河东盐池的盐户（盐丁）皆金自附近州县——蒲州、解州、安邑等十县。不知那些户丁是否携家赴役。

② 在冬季官府发给旗军冬衣布花。但不知是否递年都给或隔一两年一给。

仰赖其家庭遣送一两名"余丁"（以别于旗军正丁，故名）到营，营生扶助①。匠户丁（匠籍户丁）在官府造作，除每日口粮官府关发外，其家庭是否供给其他如服装随身工具等等，不见记载，但也不见不供给的记载。

此外，灶户丁和军户丁、匠户丁还经受着一种共同的特殊强制，就是他们的家或家族不准分家析户。原因是他们的役重，家庭联系也特别重，官府总是怕他们避重就轻，藉分户以规避本役。

总之，中国封建社会时期，在官服役者不止当役丁男本人供役，他的家庭也必须备办那些使他服役成为可能的条件。因此有的役籍的役丁实际上则是全家男女供役，犹如陕西巡抚马文升所说的，本省羊绒织户"未免拘令妇女在官捻线、男子在官上工"的情况②。再明显的例证是站户丁（驿站户籍丁）。官府不止使他的家庭解送他到驿站去摆站当差，还使他的家庭供给他备用马、牛、驴、车、船等等，以便使他执行迎送官员过客，还得使他能供办官员过客的厨馔、铺陈、供张。如此情况，帝王役使的不仅仅是摆站当差的丁身，而且役使着他户下的全部家人的劳动、事产。法曰"不丁不籍"（不成丁的丁男不当差），实际上是全户当差，不过差有直接当与间接当的区别而已。

说到这里，想再提醒一句：除少数役户如马户、牛户、陵户、坟户、站户等役户而外，其他役户都还有应当正役办纳粮草的差役，记住这一层是重要的。

还有一层，帝王所需要的不是一时一丁，而是万世万丁。明

① "余丁"的生产、生活须自理。
② 马文升的话容易使人联想起唐朝元稹的《织女词》："东家白头双女儿，为解挑纹嫁不得"。

朝的编户民 16 岁附籍当差，60 岁老免。即使役丁健康长寿，即使他不因役重而逃亡，其供役之期也不过 45 年。45 年以后呢？徭户又必须解送一名新丁（"幼丁""次丁"）顶代旧丁，而新丁养育的职责也在同一徭户身上，如果役丁在官服役逃亡或失班（轮班匠），现成的办法就是派清军御史到役丁的原贯户下强迫他的家庭再补供一丁①。这又是户役徭役法给帝王提供的另一巨大方便。从役法的实质上说，帝王既已派定某些户应当某一差，他便可永享那些役户户丁的无偿劳动以及其户下的无偿供应。这是名副其实的配户当差的役法，户役法。这役法规定了徭户担负着为帝王服役劳动力的生产和祖祖辈辈服役劳动力的再生产。

从以上所说的以户供丁一事看，就很容易明白明朝的赋役黄册的编制为什么以户为母的缘故，很容易明白配户当差制役法之所以称作"户役"的缘故，也可以明了脱漏户口之所以予以严厉惩处的缘故，也可以理解编户民之所以是帝王的隶民（依附民）的缘故，也可以看出配户当差役法之被帝王们利用了几千年如此持之以恒的原因。

配户当差制虽然给统治阶级很大的便利，但它之为役法在人类历史上却是很原始的，仅次于奴隶制。其原始性在于它强制驱使从事无偿劳动的人，摧残其人身，迫使服役者与役使者居于对抗地位，结果产品"造作不如法"，质地窳劣，役使者不得不以资课代役或折银代役，以银钱雇役。历朝官手工业在经营和工艺方面之劣于民间手工业端在劳动者之自主与否，劳动效率之高低与否，产品质量之皆窳与否，经营之节约与否。于此可以明瞭为什么历朝官营手工业人身强制经营之终归失败，官府不得不采取以银钱代身的雇役制。

----

① 这就是明文献中常见的"清军"、"清匠"、"勾军"、"行取"等词之所指。

《明史研究》创刊号祝辞*

中国明史学会的《明史研究》发刊了，受嘱说几句发刊的话。

1989 年 8 月 17 日明史国际学术讨论会在太原开会，因骨折未克赴会，提供了一份发言稿。稿中提到当时的明史研究虽有成就，但缺乏广度与深度，并曾举例说明。两年过去了，广度有开展（如宗族的研究），深度基本情况没大改变，因此，我愿意再说一说研究工作中的深度问题。

另行举两个例子。

第一个例子就是徭役优免问题。明朝品官优免差役，有文章叙述并评论这一制度。但著者都没有说明优免的是什么差役，也没有说明差役的优免本质上未必如一般人所理解的是种特权。

明朝的役法有两种。一种是正役，一种是杂役。后一种的全称是杂泛差役。正役是粮草的办纳（即办纳"皇粮"），见于《皇明条法事类纂》、《孝宗实录》、万历《大明会典》。杂泛差役是"均徭"、"丁田物料"、上命不时的杂役等等。杂泛差役可

* 本文原载《明史研究》第 1 辑，1991 年。

优免，办纳粮草的正役决不能、除特殊情况外，也不曾优免。这特殊情况指的是钦赐田土及明令免纳粮草的田土，如养马户田土、陵户田土等等。明朝文献中所说的优免差役除这种特殊情况外，一般指的都是免杂泛差役。

一般人都认为品官优免差役是品官们的特权。这见解也不十分妥当。杂差的优免，不论正役或杂役，是皇帝赐给的一种恩惠。被给赐这恩惠的不仅品官，还有军户、匠户、灶户、马户、牛户等等诸多役户以及社会最下层的役户——乐户。在品官优免制还未颁布以前，就已经颁布了军户优免杂差的诏令——每户免田地三顷，山东的全户优免。如果说优免是种特权，那军户免杂差的诏令就无法理解。品官无论品级多么高，还没有全户优免的。而居社会下层的军户、灶户却有的享有全户优免杂差的恩典。我们总不能说军户、灶户优免杂差是一种特权。优免杂差不是种特权，是钦赐的恩惠；它是给赐当差人的一种恩惠。品官，无论他品级多么高，也还不过是皇帝的当差的。不过他的差使是佐皇王以统治"野人"的"君子"之差，属于统治阶级。品官的优免之所以被人视之为特权，是因为他的政治地位已"贵其身"的缘故。

再一个问题是土地可以"自由"买卖的说法。主张这种说法的，忽视了土地转卖过程中有官府要求卖买双方必须"推收过割"；卖者推出，买者割入。推收过割什么？粮差。粮指正役，差指杂泛差役。如果说正役粮草还有点经济意义的话，那杂泛差役却纯是超经济的强制剥削。田土卖买必须附带超经济的强制剥削，那总不能理解成这种田土买卖是"自由"的。封建社会不是资本主义社会，封建社会的田土还不是抛向市场毫无封建超经济强制剥削牵挂可以自由卖买的商品。

还有一层。以明朝为例，不是所有地土都可以卖买，有的地

土被禁止卖买。军户的田地、灶户的田地、养马户的田地就
"诸不许收买"、"不许典卖与人"。连典卖之权都没有，连典卖
都禁止，怎么能说得上"自由买卖"！连典卖都不许，怎么能说
得上编户民的地土编户民对之有所有权！

　　谨举以上二例，说明我们的历史研究工作在一些主要方面还
欠深透。不深不透很难说研究者已经了解了自己的历史。

　　因此，在研究工作的深度问题上，愿与同志共同努力。

（1991 年 1 月 18 日）

户役田述略[*]

一 制民之产

过去已经屡次说明过，中国古代历史上的封建政权基础是土地和人民。土地是主要生产资料，人民是从事生产的劳动力。使生产资料和劳动相结合，然后才能产生赋役。历朝帝王占有人民、抄掠人民、检括人民，只是为的这一个目的，驱使其力以供赋税徭役。要驱使其力，须先养其身。要养其身，须讲求养其身的措施，这措施主要就是古来所说的制民之产。

《礼记·王制》为这措施提出的原则是"凡居民量地以制邑，度地以居民，地邑民居必参相得"。孟子给齐宣王提供的方案是授民百亩之田和五亩之宅，使其仰足以事父母，俯足以畜妻子，"保民而王"。这百亩之田和五亩之宅就是孟子所说的"恒产"。有"恒产"才能有"恒心"，才能讲"礼义"、安分生产，以养君子。这方案不是徒托空言，是可以施行的，因为孟子之世，各诸侯国实行的还是计户授田制。

---

* 本文原载《明史研究》第 1 辑，1991 年。

　　僵滞的中国封建社会总还有些表层进化的地方，至少在"保民而王"的辞藻上。去孟子一千七八百年之后，到了明朝宪宗皇帝成化二十三年（1487 年），礼部侍郎丘浚（1418—1495年）进呈所著《大学衍义补》时，他把那"制民之产"、"治民"、"养民"的道理表白得更坦率了。他对朱明皇帝说："臣按民之所以为生产者，田宅而已。有田宅斯有生生之具。所谓生生之具，稼穑树艺牧畜三者而已。三者既具，则有衣食之资（中略）由是而给公家之征求，应公家之徭役，皆有其恒矣。"①

　　丘浚究竟是位儒士，他会发挥古先哲人的政论，未尽照顾到现实。现实生活中除了"稼穑树艺牧畜"的农户（民户）之外，还有若干别的役户（当差户），如军户、如匠户，如灶户、如窑户等等，他们也都是供公家之征求，给公家之徭役的。为供公家徭役，他们也需要田宅以为生生之具②。因此，明朝除农民（民户）之外还有其他各种役户的户役田地名色。朱明太祖、太宗都颁发给州县官的《敕谕授职到任须知》（一种莅民手册）。太祖高皇帝的《到任须知》里说，"民有常产，则有恒心，士农工商务居一业，则自不为非"③。在太宗皇帝的《到任须知》中，列有民户、军户、医户、儒户、灶户、僧户、道户、匠户等等，

　　① 《大学衍义补》卷 14 《制民之产》。《神宗实录》卷 206，万历十六年十二月戊子，工部尚书石星覆总督河道潘季驯言 "役民用其力，当恤其私"，义同。赵贞吉言 "民之资生者田地，公家之取给者赋税"（《三几九弊之势疏》，《皇明经世文编》卷 254），义亦同。

　　② 明朝的经济尚未发达到工匠人户完全脱离业农自给。

　　③ "士农工商"，古时所谓 "四民"，其中 "士" 原为兵士、甲士；士为官吏之义是后起的。虽为官吏名称，但在沿袭使用 "四民" 的传统意义时，兵士、甲士之士仍在其中。"四民"，乃举要者而言，以概各色役户，役户固不仅四类。请看《敕谕授职到任须知》，万历《大明会典》卷 9，《关给须知》及《明朝的配户当差制》。

他们都是役户，都得有"常产"。"常产"，即"恒产"。一产一业，一业一职，一业一役。古时职即役，故古文献常曰"职役"。

二 明朝制民之产

也许是因为统治经验越到后来越丰富、统治手段越来越高的缘故，明朝的朱皇帝似乎比过去历朝皇帝都关切他的土地和民人。政权甫建，即从事他的土地清理和人户登录编制。洪武元年诏遣周铸等一百六十四人往核浙西田亩，诏书虽只关浙西苏州等处田地的清理，其为朝廷立一通例，是可以肯定的。洪武二年令凡各处漏口脱户之人往各处官司出首，与免本罪，收籍当差。凡军民医匠、阴阳、诸色户各以原报抄籍为定，不许妄行变乱，违者治罪，仍从原籍（原来的役籍）①。三年置户帖，写明本户户主的姓名、年龄、乡贯、籍（役籍：民、军、匠、灶等）；户下丁口数目、年龄、与户主关系；各项事产（田地房屋牛马等等）、数量多少。"籍藏于部（民籍，户部；军籍、兵部；匠籍，工部等等），帖给于民"②。这户帖写明的是各色役户的应当差役：军、民、匠、灶等等，以及役户的丁口年龄数目、产业数量等等，即役户的劳动力与经济状况。这户帖是供朝廷据以征调正役（税粮）及杂泛差役的版籍，供朝廷审查各色役户的生产资料（田地等）与劳动力结合的状况。无田地的给与田地，狭乡贫户没有田地的则徙于宽乡屯种，尽量使土地与劳动力结合，奠

---

① 关于籍、役籍，请看《籍·贯·籍贯》。

② 这"民"字是泛称，泛指一切当差人户。洪武三年的户帖，现在尚有几份存世，也有见于各地方志的。

定税粮徭役征调的基础，以期达到"均无贫、和无寡、安无倾"的帝王政权的治平境界。

关于这方面的记载，讲述明初建国规模的学者已经引证过多次，数量也相当可观，此地再无必要重复。按户授田的措施一般学者讲的不多。见于《太祖实录》和《大明会典》的，明初令"见今丁少而旧田多者，不许依前占护，止许尽力耕垦为业。见今丁多而旧田少者，有司于附近荒田，验丁拨付"①。具体的例子有北平布政使司隆庆州的每户五十亩②，山东布政使司济南府"户率十五亩，又给地二亩，与之种蔬〔菜〕"③。这五十亩和十七亩的数额大概可视为北方不同地区的授田标准。南方，如苏州府地区，则每户十六亩④。这大概就是江南诸地区的授田标准。徙狭乡贫无田地的民人于宽乡耕种的突出的例子有洪武四年徙江南无田民人十四万户往濠州垦种⑤，二十二年命杭州、湖州、温州、台州、苏州、松江等府无田民人就耕淮南的滁州和和州⑥，二十七年迁苏州府崇明县无田贫民五百多往昆山开种荒田⑦，三

---

①　《大明会典》卷17《田土》。

②　嘉靖《隆庆志》卷3《食货·财赋》。

③　《太祖实录》卷53，洪武三年六月丁丑："济南府知府陈修及司农官上言北方郡县近城之地多荒芜，宜召乡民无田者垦辟，户率十五亩，又给地二亩与之种蔬，有余力者不限顷亩，皆免三年租税。其马驿、巡检司、急递铺应役者，各于本处开垦。无牛者，官给之。"

④　见周忱《周文襄公集》卷1《与行在户部诸公书》；《况太守集》卷9《兴革利弊奏》。

⑤　《太祖实录》卷62，洪武四年三月壬寅："乃谕中书省臣曰：古者井田之法，计口而授，故民无不授田之家，今临濠之田，连疆接壤，耕者亦宜验其丁力，计田给之，使贫者有所资，富者不得兼并。若兼并之徒多占田以为己业而转令贫民佃耕者，罪之。"孙宜《洞庭集·纪·大明初略四》言徙者"数十万人"。

⑥　《太祖实录》卷196，洪武二十二年四月己亥。

⑦　《太祖实录》卷231，洪武二十七年二月丁酉。

十年分析江西丁多人户及无业者往耕常德府武陵荒田①。在北方，屡次大规模地徙山西泽州、潞州、沁州三州人民往耕北平、山东、河南三布政使司的荒闲地②。就近授田开垦，徙民宽乡屯垦，都是使劳动力（人户）与生产资料（土地）相结合的政策措施；其中令复业人民见今丁少而旧田多者不许依前占护、见今丁多而旧田少者验丁拨付、"有余力者不限顷亩"③，"验其丁力，计亩给之，使贫者有所资"④，"止许尽力耕种到顷亩以为己业"⑤，"惟犁到熟田，方许为主"⑥——这几条措施原则尤其具体地体现了使生产资料与劳动结合的基本政策。

关于这一政策的实施典籍中不多见。现将一点零星记载胪列于下。

1. 民户、军户无田土者拨地与之

永乐十九年·（1421 年）复审逃户，如户有税粮无人办纳及无人听继军役者发回，"其余准于所在官司收籍，拨地耕种，纳粮当差"⑦。

2. 逃军、逃匠自愿仍当祖遗户役者俱给与户田

弘治十八年（1505 年）四月戊寅，处理荆襄流民敕言：流

①　《太祖实录》卷 250，洪武三十年二月丁酉。

②　关于移民山西往耕河南例，请看高心华《明初迁民碑》，载《文物参考资料》1958 年 3 月。此次迁民系由山西泽州建兴乡大阳都迁往河南辉州府汲县双兰屯。迁民所居多称屯，参见川胜守《中国封建国家的统治构造》，第二章，1980，东京。洪武永乐间与此有关之部分迁民，请参看徐泓《明洪武年间的人口移徙》，《历史与中国社会变迁研讨会论文集抽印本》，1982，台北。及《明永乐间的户口移徙》，台北国际明清讨论会论文，1985 年。

③　《太祖实录》卷 53，洪武三年六月丁丑。

④　《太祖实录》卷 62，洪武四年三月壬寅。

⑤　《大明令·正礼仪风俗诏》。

⑥　万历《大明会典》卷 17《田土》。

⑦　万历《大明会典》卷 19《逃户》。

民中如有逃军逃匠等籍"自愿仍当祖遗户役不失者，俱与户田，编入里甲、量宽户役"①。

3. 住坐匠户拨地与之

正统七年户部议："住坐匠先年虽拨地与之，然多骘远沙淤洼碱不堪耕种，虚包粮草（中略）上曰，匠户亦应优恤，其所拨田土免其粮草一年。"②

4. 灶户籍有丁产者充当

"国初制，沿海灶丁俱以附近有丁产者充之，免杂泛〔差〕徭，给草荡。"③

5. 授灶丁卤地

"国初以两淮卤地授民煎盐，岁收盐课有差，亦犹授以田而收其赋也。"④

"洪武初，给灶丁卤地，复给草荡。"⑤

6. 灶户有灶地、灶田、灶山

"东莞编户原有军、民、灶、蛋四籍。（中略）灶籍之民所居房屋则为灶地，种禾之田、种树之山，则为灶田，灶山。"⑥

7. 灶户有祖遗灶田

（嘉靖二十四年户部覆巡按直隶御史齐宗道所陈两淮盐法事宜）"一分别民灶二户，其灶田祖遗真正者方免赋役（中略）得旨允行"。⑦

按，民户之田是"民田"，灶户之田是"灶田"，本来区别

---

① 《孝宗实录》卷 223，弘治十八年四月戊寅。
② 《英宗实录》卷 93，正统七年六月癸卯。
③ 《天下郡国利病书》，原编第 12 册。引《扬州府志·盐法考》。
④ 霍韬：《盐政疏》，《皇明经世文编》卷 187。
⑤ 同上。
⑥ 吴震方：《说铃·岭南杂记·东莞编户》。此言明朝情况。东莞县在广东。
⑦ 《世宗实录》卷 304，嘉靖二十四年十月戊申。

甚明，止因"灶田"（灶户田土）优免杂泛差役，乃至粮差，一般"豪民"往往将自己的"民田"诡寄在灶户户下作"灶田"，脱避差役，遂发生了"灶田"与"民田"混淆不清的弊病。怎样厘清灶田中的假灶田呢？齐宗道题请凡是祖宗遗传下来的灶田才是真正灶田，才可优免"赋役"。我们之所以引据此条，是证明灶户有灶田，一如民户有民田。灶户役是世代相传的，支应灶户役的灶田也是世代相传的，止有灶户祖先遗传下来的灶田才是真正灶田，才可以优免"赋役"。这就是齐宗道建议的意思。

8. 给坛户地土

（户部覆兵部尚书李承勋）"请委司属会同太常寺官亲诣籍田坛所丈量空闲余地授坛户耕种，俾供祭品。（中略）上命各抚按官斟酌晓谕。"①

9. 给泗州祖陵署户田地

《帝乡纪略》载泗州祖陵初设署户，咸摘无粮小户充之。洪武二十九年，明太祖命令这些"看祭人""速搬移附近去处，看守祖陵，三十里以里，二十里以外开耕田地，不要他纳粮当差"②。

10. 给凤阳皇陵陵户田宅

"皇陵祠祭署奏皇陵旧有二十户，邻近仁祖皇帝御居，蒙太祖高皇帝赐与甲宅，蠲免粮差，令其朝夕洒扫殿宇，朔望陈设祭祀。正统初，凤阳知府熊观奏其子孙散居甚众，乞于有司附籍，庶凭稽考。蒙令照旧于祠祭署附籍，仍免粮差。今临淮县又奏欲令附籍。有司诚恐编充里甲失误供祭执事，辜负高皇帝天地大恩。户部以闻。上命仍旧本署附籍。"③

---

① 《世宗实录》卷112，嘉靖九年四月癸亥。

② 参见王剑英《明泗州祖陵署户田粮清册》。

③ 《英宗实录》卷141，正统十一年五月壬辰。

（凤阳守备太监刘镇言）"又有署户，旧制每名给田五十亩，止供皇陵祭品及守直洒扫，并无别项杂差。（中略）得旨，（中略）署户止宜供办祭品，守直皇陵，不许复派杂差。"①

11. 给朱熹后裔祭田

"命增宋儒朱熹婺源县祭田二百亩，令其二支子孙收租供祀。羡余计丁均给，仍蠲其粮差。"②

12. 给沂国宗圣公庙户及地

"命以山东嘉祥县田十六顷四亩有奇，给沂国宗圣公庙祀。仍令同姓一人为庙主，给地九十亩，并给佃户五洒扫户十，俱免泛差役。"③

13. 佥拨神农、有虞庙墓坟夫给田耕种

礼部覆吏科右给事中张楚城题四事："一神农有虞遗庙墟墓，（中略）宜令地方亟为修理，仍岁佥人夫二名，给田耕种，俾司香火。"诏可④。

14. 给静慈仙师坟户土地

"复敕户部顺天府曰，今静慈仙师坟园已完，其原看金山守坟二十户，见在者六十名及先退回漷、东安二县五十三名，俱令于坟园边原拨官地内居住种作，看守坟园，供应洒扫等。一应粮差，悉皆优免。"⑤

15. 给太子坟茔坟户地土

"上谕辅臣严嵩，内监奏太子例用地户守坟。今哀冲地户既多，庄敬茔域相近，并用看守如何？嵩言，凡守坟地土，原无空

---

① 《熹宗实录》卷61，天启五年十二月乙亥。
② 《世宗实录》卷31，嘉靖二年九月癸酉。
③ 《孝宗实录》卷26，弘治三年三月丙辰。
④ 《神宗实录》卷22，万历二年二月丁巳。
⑤ 《英宗实录》卷111，正统八年十二月戊子。

闲官地，俱系所司出银买民地充用，抑价强估，民多失业。今若令二坟合并看守，于事体最便，百姓受惠不可胜言。请即传谕所司施行。报可。"①

以上所举事例，近于琐碎，但它们具体表现了朝廷役民"养民"的政策。既役其力，必须予以养身执役的生生之具；既役其身，当恤其私。万历《会稽县志》纂修人张元汴等说："夫口与业相停（相当），而养始不病。养不病，尔后可以责民之驯。"他说的更露骨了。

如果将要佥拨的役户是从旧有的民户中佥拨②，那佥拨的标准是"以丁粮多者"、"丁多粮富者"等等"上等"人户③。这可以以匠户、养马户（牧养官马）及驿传马户（驿传马夫）为例，说明如下。

16. 佥拨上户壮丁为工匠

（洪武十三年）"起取苏、浙等处上户四万五千家填实京师。壮丁发给监、局充匠。余为编户，置都城之内外。"④

17. 马户有养马免粮田地

民间马户孳牧官马事例，明朝前期比后期复杂，有先照丁后照地的，也有先照地后照丁的，无论变化如何，总不外照人丁照

---

① 《世宗实录》卷348，嘉靖二十八年五月乙未。

② 在明朝，"民户"经常是佥拨各色当役人户的来源。民户户数最多，用途也最广。

③ 明朝的役法分别各色役户为三等九则。原则是上等三则户（上上、上中、上下）应重差，下等下下户（即贫难下户）免役。事实役使佥拨之权在州县，州县官往放卖上等户佥役下等户（下等中之七、八则户）即卖富差贫。或因畏势、贿赂、徇私而放富差贫。

④ 顾起元：《客座赘语》卷2《坊厢始末》。监、局俱内府宦官所辖衙门。监局为十二监、八局之代称。十二监之"内官监"、"御用监"及八局之"兵仗局"、"银作局"、"针工局"、"内织染局"皆有工匠造作。既曰"填实京师"，故其故居乡贯田地未被没收。

田地两途。后期自弘治以后，北直隶河间等七府照地养马，山东济南等三府、河南开封等三府、南直隶应天五府及广德州，计丁养马，凤阳等四府滁和二州，照田养马。此其大较。略具万历《大明会典》①。田地是有丁之田地，丁是有田地之丁。究其实，二而一者也。因此有了熹宗天启元年礼科左给事中周希令的话："查民间有田二顷人十丁者养兒马一匹，有田三顷人十五丁者令养赢马各一匹。"更有意义的是他说养马户"田不起科，丁不编徭，谓之养丁田"②。"田不起科"就是田不纳粮，"丁不编徭"就是丁不当差。丁是养马丁，田是养丁田。北方，有地无田，地也不纳粮，所以养马户的地叫"免粮地"。南方有田有地，那里的养马田地叫"免征田地"，如泗州③、盱眙县④、仪真县⑤、扬州府⑥。在明朝除了三两类役户的田地及皇帝钦赐的田地免粮外，没有不纳粮当差的田地。役户如匠户、养马户在金拨之初，即择"以丁粮多者编充"⑦，那更是"自有额定丁田"的了⑧。即使按丁按户牧养马匹的，也给牧地。翁大立所言之应天等府"养马之家给以牧地，免其徭役"⑨。

18. 驿递马户也有田产

"洪武十六年，令金苏、松、嘉、湖四府民占田四十顷之

---

① 万历《大明会典》卷150《马政一·凡养马户丁》。

② 《熹宗实录》卷1，天启元年正月庚寅。

③ 《天下郡国利病书》原编第9册《凤宁徽·泗州志》。

④ 《天下郡国利病书》原编第9册《凤宁徽·盱眙志》。

⑤ 隆庆《仪真县志》卷6《田赋考》。

⑥ 万历《扬州府志》卷13《赋役书》。

⑦ 《世宗实录》卷528，嘉靖四十二年十二月丙午，兵部条议查处马政事宜："一、寄养马户以丁粮多者编充"，从之。

⑧ 《世宗实录》卷154，户部奏"养马人户自有额定丁田。"

⑨ 《革种马以助军需以祛民害疏》，《皇明经世文编》卷297。

上者出上马一匹，三十顷之上出中马一匹，二十顷之上，出下马一匹。"①

"永乐二年令佥江西八府民充马户。每粮五百石佥上马一匹。如一户粮不及数，许并户佥充。粮多者充马头。"②

"成化元年奏准：南北直隶及山东等处各驿马夫俱于本地相应人户内佥充，免其赋役。"③

按，"相应人户"即丁田相应、丁田够标准的人户。因驿递也称驿站，故摆站者之田称"站田"。北方称"站地"。

各色役户给以田地以供徭役，这是政策。政策不一定完完全全地是现实。现实中也偶有没有田地的役户。南京龙江船厂的匠户有的就没有"恒产"（田地），"贫不能给，往往流移漂散"。事见《龙江船厂志》④。龙江船厂匠户因无"恒产"而逃亡，正说明了役户必须给与田地以自给的必要。

三　种什么田地当什么差

拨给各类役户的田地，或授予各类役户的田地，或允许其继承祖遗田地继续应当祖遗户役，这些措施的目的止是一个：使当差役户有、并且继续有承当本等差役的条件。这条件就是丘浚所说的生生之具。既有各色不同的当差役户，役户有田地，于是就产生了各色不同的户役田地，附着各种不同的户役差役。于是民田，民役；军田，军役；匠田、匠役；灶田、灶役；站田，摆站；陵户、署户田供祭品、看守、洒扫等等。种什么户役田地就

① 万历《大明会典》卷148《驿递事例》。
② 同上。
③ 同上。
④ 李昭祥撰，见《玄览堂丛书》。

得承当什么样的户役①。礼部尚书李腾芳说，"夫朝廷所赋之土，则有军、民两田，所莅之人，则有军、民两差"②。就是上边说的种什么田地就得承当什么户役那番意思。李腾芳显然是为了就事论事才止说军民两田军民两役，其实明朝的役户田地和役户固不止军、民二者而已③。

下边略举少数实例，说明种什么田地就得当什么差的情况。

1. 民户田地

（1）军户买民田，与民户一体坐派粮差

（嘉靖）"六年诏抚按衙门并管粮等官，申严晓谕卫所官军，今后置买民田，粮差一体坐派，仍听有司拘摄，务使军民两便。"④

（嘉靖）"十七年诏各处卫所官舍余丁人等置买民田，一体坐派粮差，不许抗拒。违者，夺田入官。"⑤

"嘉靖十一年题准，蓟州永平一带沿边关营抛荒山场地亩，查照册籍，果系有粮原为民业者，令附近军余承佃，认纳民粮。"⑥

按，上例说明军户应当军差。但是，如果军户购买了或占种了民户田地，他就得应当民户差役，即应当正役和杂泛差役，不得如军户田地例免杂泛差役。

（2）灶户买民田，与民同役

"两淮巡盐御史陈其学言，两淮民、灶田中多混淆，赋役不

---

① 请看《封建社会的土地都具有主人的身分》。
② 《李湘洲全集》卷3《编审议》。
③ 请看《明朝的配户当差制》。
④ 万历《大明会典》卷29《征收》。
⑤ 同上。
⑥ 万历《大明会典》卷17《田土·凡招佃拨种地土》。

均，宜履亩划界，仍勒石以垂久远。凡灶丁买民田者，三十亩以上五十亩以下，应民役之半，百亩以上，役与民同。"①

（嘉靖）"三十三年令查灶户新买民田，不问年月久远、亩数多寡，照例与民编派。"②

（3）宗室见种民田，与民一体纳粮当差

（隆庆）"六年令陕西抚按备查宗室见种民田，某府将军中尉位下，见种某州县某里某甲某人田地若干，应派税粮若干，其银若干，造册呈院（都察院）印发各该府收贮。隆庆五年以前拖欠者照旧追纳外，自后如遇各府宗室关支本年分禄米之时，计其应纳税粮银两，按册照数扣除，年终造册奏缴青册送部（户部）查考。"③

"各巡按屯田御史凡巡历至处，即查所属地方王府公侯钦赐子粒地土原赐顷亩，调取金册磨对。果与不同，即系侵占投献，速改民田入籍，一体纳粮当差。"④

2. 军户田地

（1）买军户地应当军差

"十西都军户谢芳承祖地及兄续买到基地一段，坐落本都十保，土名岑西，经理系伐字三百七十八号，一亩四分五厘。又同号地三分一厘二毫。（四至，略）今将前二号四至内地尽数立契卖与十西都十保民户谢续祖名下为业。（中略）所是（有）税粮役官事，推收过割之日，一听买人收割入户，随产供解。（中略）洪武二十五年二月十二日（下略）。"

---

① 《世宗实录》卷342，嘉靖二十七年十一月甲戌。

② 万历《大明会典》卷20《户口二》。详文见《世宗实录》卷409，嘉靖三十三年四月庚寅。

③ 万历《大明会典》卷29《征收》。

④ 《嘉隆新例》卷2《户例》，《玄览堂丛书续集》第104册。

按，这是洪武二十五年军户谢芳卖地给民户谢续祖的一件赤契，录自《明清徽州社会经济资料丛编》，第一集，页237。因为卖者买者的户役役籍不同，一为军户，一为民户，有关地土上的户役不同，所以必须各自写明所隶役户。谢芳卖的是军户的地，买人谢续祖是民户。民户买军地，就得应当军差，至少他应当他买的那块地土上的军差，同时也享受到军户田地优免杂泛差役的恩惠。这军差就是赤契里所说"税粮役官事"。"役官事"就是承役于官府的事。这是买人谢续祖于推收过割之日应当"收割入户"，代卖人谢芳承当的差役。那军差至少是供给在营正军的服装盘缠。

又按，军户的田地自成化十五年以后，就不许典卖了。事见第四节，《户役田不许典卖》。

（2）军户丁逃，里邻佃种办纳军差

"成化十五年题准，凡造册（大造黄册）之时，遇有军户，俱要明开全家在营、逃移未获等项行款存户在册。其田产止令见在里邻佃办，诸不许收买，以免日久告争难查之弊。违者田土追给军户，不追用过价钱。若果在营原籍丁俱故绝，曾经查勘文移明白，方可开除。毋得将有丁消乏军户贪分田产，淆乱版籍。"①

（3）佃军田当军差

（正德）"八年题准，凡有逃绝（逃军丁绝）军人田土卖绝年久者，不许告争。若见今抛荒及分拨十排里甲佃种，陪纳粮差，累人民间。人户有请愿继本军名役告佃者，备行该府州县清军官，督令各该里甲人等查勘，委是本处净民，不系逃移远军，方许承佃，本人仍发原充卫分当军。（中略）若本军逃回，俟拿得获，仍补原伍，田归本军管业。其佃田顶军之人取回，仍作民

---

① 万历《大明会典》卷155《册军》，附事产户籍。

户当差。"①

因为有以上成化十五年和正德八年的题准，所以才产生了兵科左给事中蔡汝贤所说的后遗症以及兵部的解释：

蔡汝贤言军政五害，其首二害曰："一、佃军，谓佃故军之地为业而补军者；二、婿军，谓娶故军之女为妻而补军者。"对此兵部复议说："佃地补军，谓情愿者听也。女户补军，谓承产者也。"② 兵部的话也有令甲根据，所以说得理直气壮。

至于因佃种逃故屯军屯田地土而补军的，那更是理所当然。因不涉本题，此从略。

3. 匠户田地

（1）田地决定役籍

"广西按察司使王增祐奏，访得天下文职官员中间有军、匠、灶役者，多在任所及邻境州县置〔买〕田宅，报作民籍，脱免原役。乞移文各处府县，从今审核。若有此等，俱发原籍当差。从之。"③

（2）承佃匠户田产充匠户

"工部覆应天府尹白圻奏，上元、江宁人匠逃故者二千一百八□余名，□□坊民陪纳月钱，宜令原籍解补。年远户绝，则以承佃本户田产之家者抵充。（中略）。从之。"④

《固始县志》称："令曰军、匠以利国，今以病国矣。月粮侵克而役者逃，工价追征而役者散。逃则勾之原籍，散则陪之佃

---

① 万历《大明会典》卷155《册军》，附事产户籍。

② 《神宗实录》卷6，隆庆元年十月辛巳。

③ 《英宗实录》，景泰三年四月庚辰。"发原籍"即是发赴原役籍，不是发赴原乡贯。

④ 《武宗实录》卷114，正德九年七月乙丑。明制，里在城曰坊。坊民，即居城坊中之人户。

赁。军匠之田庐，里甲之戈铤也。"①

4. 灶户、盐户田地

（1）佃种灶户、盐户地当灶、盐差

（正德）"七年奏准，永阜等场逃移灶户，丁地盐课，著落佃地人。每引办纳银一钱五分。"②

（河南按察司副使史公知临晋县）"民户与盐户半（人户半为民户半为盐户），而盐户苦重役，佃盐户地者身受二役。核而均之，比要至今为律。"③

按，灶户、盐户都是生产盐的役户，因其生产条件不同，故习俗上有不同称呼。煮海制盐（所谓"熬波"）的，一般通称灶户，其执役者为灶丁。两淮、两浙、福建，多如此称呼。平地作畦浇灌卤水晒盐（所谓"种盐"）的，俗称盐户，其执役者称盐丁，也称畦丁。河东都转运盐使司所辖解池（解州盐池），如此称呼。官府行文中，有这样的区别。东南沿海灶户也偶有称盐户的，其执役者称盐丁。时见于地方志书和私人著作。因为灶户盐户都是服役制盐的，所以我们归并为一类处理。

（2）诡寄灶田充灶户

"浙江巡按御史邢昭与布按二司、运司官议宽恤灶户事宜（中略）。今拟灶户三丁以下，人免田七十亩，勿事徭役。或六丁，或十丁，十五丁、十九丁以下，凡四等，所免田各递减十亩。二三十丁以上，全免之。或无余田，则止免其所有。既免而有余田，乃听派差。若将田准丁办课者，免如数。或有丁无田者，毋得以他户田诡

_____

① 嘉靖《固始县志》卷4《民物志·军匠》。"戈铤"，戕害人之武器。"工价"，谓匠班折银。"佃赁"谓佃种田地者。

② 万历《大明会典》卷32《盐法一》，永阜等盐场属山东都转运盐使司。

③ 李维桢：《大泌山房集》卷81《河南按察司副使史公墓志铭》。（史副使嘉靖十八年生，万历十四年卒）。临晋县属山西蒲州府，其盐户属河东都转运盐使司。

寄免役。违者究问，拟充灶户。庶惠均而弊可革。从之。"①

（明）"至正德初，佥事吴廷举查申各该旨敕及抚按区处事例，自正德四年以后（中略），其民间豪富奸猾之徒将田诡寄灶户户内，或将民户诡作灶户名色，或将各县灶户姓名寄庄者，多般诡计，躲役避差，逐一清查问罪改正。如若再有前弊，查访得出，即便验丁收充灶户"。②

（3）灶田灶差，民田民差

（福建）"运司何思赞盐册议（中略）奈因嘉靖三十一年造册，令将黄册内盐户卖于民户事产不许推出，名为寄庄，在盐册照旧当盐。盖不收入民户而止当盐诚为太轻，今已收入民户则已当民矣，尚在盐户当盐，则是一人分为两户，一业应当两差，弊害如此。"③

"户部覆御史徐炉条陈盐政事宜。（中略），一、灶丁正粮之外加派杂差，殊非优恤之意。宜为区分民、灶原田，以二十年黄册为准。如灶买灶田者，止令办粮如旧例。如已有灶田又买民田者，灶田仍得免差，民田三百亩内止编银差，三百亩外另议。如绝无灶田而新置民田者，亦令如灶田例。如既有灶田及本县民田又买隔县民田者，许隔县编为力差。（中略）。报可。"④

5. 马户田地

（1）民佃养马地养马

（弘治）"九年奏准，牧马处所或论地亩或论人丁，其有亩

---

① 《武宗实录》卷2，弘治十八年六月癸未。"布按二司"，指布政使司和按察使司。"运司"，指两浙都转运盐使司。

② 咸丰《琼山县志》卷8《盐法》。

③ 江大鲲：《福建运司志》卷6《经制志·攒造盐册》，《玄览堂丛书》第59册，"不许推出"，即不许过割粮差，亡失本等差役。

④ 《世宗实录》卷516，嘉靖四十一年十二月壬戌。"以二十年黄册为准"，谓以嘉靖二十年编造之黄册为准。

在而丁消马存者，应牧马匹改得业之人及丁多之家领养，逃绝免粮田地给以同群管业。"①

（嘉靖六年）"兵部言，旧例养马地在顺天所属论地派养，此外更无别役。（中略）。今宜令顺天所属核地，应天所署核种马。有地亡而马存者，即以其马责之佃主。"②

（2）民佃养马地土拨与养马人户

（嘉靖）"九年议准，（中略）其（河南）项城县民佃养马地土退出，拨与养马人户牧放，通免征租银。"③

（3）民佃养马地岁征租银以代养马人户

（嘉靖十年）"巡抚凤阳都御史刘节奏，江北各州一应马场，除马户自种免征外，其小民承佃应得租银，并免解部。岁征在官，以代无田养马人户及逃亡之家。岁派备用骑操马数有余，仍以摊助有田马户，庶几民力少纾。兵部议覆，从之。"④

按，民佃养马地岁征养马地租银以代养马人户及逃亡马户，或摊助养马人户，实质上还是种什么田地当什么差；种养马地当养马差，虽然不是直接地当养马差。

以上诸例该足以说明种什么田就得当什么差。在这种情况下，田地与差役合为一体。某类户役田地之管业者（或者说占有者）就得履行某类田地上所课的差役。种民户田地当民差，种军户田地当军差，种匠户田地当匠差，种灶户田地当灶差，种养马户田地牧养官马，种站户田地供摆站，种陵户田地供祭品看守山陵，等等。由田地上课征的差役，便变成了它的管业者

① 万历《大明会典》卷150《马政一》。

② 《世宗实录》卷74，嘉靖六年三月庚子。

③ 万历《大明会典》卷150《马政一》，"免征租银"，"租银"即折银之税粮。此亦马户田为免征田地之另一例。

④ 《世宗实录》卷125，嘉靖十年五月丁未。

（佃种者）的属性。由此属性，便产生了管业者（佃种者）的身分——当差的身分。

四 户役田不许典卖

军户、灶户、马户在役户中是重役役户。他们的田地，即军户田地、灶户田地、马户田地，朝廷不准出典转卖。其他役户的田地是否有的也不准典卖，还没有发现这样的文献记载。现在且就这三类役户的情况，分述如下。

1. 军户田地

"成化十五年题准，凡造册（大造黄册）之时，俱要明开全家在营、逃移未获等项行款存户在册。其田产止令见在里邻佃办，诸不许收买，以免日久告争难查之弊。违者田土追给军户，不追用过价钱。若果在营原籍丁俱故绝，曾经查勘文移明白，方可开除。毋得将有丁消乏军户，贪分田产，淆乱版籍。"①

按这件题准，上边第三节《种什么田地当什么差》已经引录过。在那里，重点是军户的"田产止令见在里邻佃办"，重在佃种军户田产办纳军户差役。在这里，重点是军户的田产"诸不许收买"，重在不许买卖，故再次援引。"诸不许收买"，意思是别人、别的役户，不许收买。

又按，军户除出正军一丁、余丁一二丁、并办纳正粮、供给军丁盘缠服装外，一般优免三顷以下的杂泛差役；有的如山东，完全优免杂泛差役。军户出卖田地须写明卖人是军户。不然，军户田地可能被假作民田典卖，也可能日后被人诡为民户田地，因而混乱版籍，逃避军差。如果发生这样的情况，朝廷就丧失了军

---

① 万历《大明会典》卷155《册单·事产户籍附》。

户田地的原额，也丧失了军丁以及军丁服装盘缠的供应。所以朝廷禁止军户典卖田地。

又按，军户田地不许典卖，洪武年间尚无此禁令。第三节，《种什么田地当什么差》中录有军户谢芳洪武二十五年卖地赤契。就现存文献而言，不许典卖军户田地事始自成化十五年。成化十五年的题准是军田买卖已颇具规模的反映。

2. 灶户田地

"御史刘翾言盐法七事（中略）一、灶地多被豪右侵夺，宜视旧籍清查，不许私相典卖。各州县居民（指民户——作者注）佃种逃亡灶地逋税甚多，争竞展转渐失故额，悉宜清理。（中略）户部覆奏，报可。"[1]

按，灶户田地也是重役田地，故豁免粮差优厚。例见《武宗实录》，卷2，弘治十八年六月癸未，及万历《大明会典》，卷20，《赋役》。这年议准灶户办纳盐课，户出一丁至三丁者，每丁免田七十亩，四丁至六丁者每丁免田六十亩，其出三二十丁者，全户优免。正因为灶田豁免粮差优厚，所以豪民或假权势，或私下典买，企图影射己田，诡避差徭。

3. 马户田地

（1）（弘治）"九年奏准，牧马处所，或论地亩，或论人丁。其有亩在丁消而马存者，应牧马匹改得业之人及丁多之家领养。逃绝免粮田地给与同群管业，不许典卖与人。"[2]

按，"逃绝免粮田"，即逃亡丁绝的养马田地。养驴田地也叫免粮田地，如前述。

① 《穆宗实录》，隆庆元年十月庚戌。灶户一户户丁多至三二十是朝廷不准灶户分家析户的缘故。
② 万历《大明会典》卷150《马政一》。

（2）（正德九年）"兵部覆太仆寺卿杨廷议所言马政、（中略）一、其养马田地不得变卖。（中略）诏如议行。"①

按，我们阅览过的明朝典籍不算太少，可止见到以上三种役户（军户、灶户、养马户）的田地不准买卖的记载。这记载不同寻常的记事，因为所录有关四条都是"例"。大明律有"律"有"例"。"律"是始皇太祖所定，"例"是嗣皇所定。第一条"题准"是"例"，第二条"户部覆奏，报可"，也是"例"。第三条"奏准"是"例"，第四条"诏如议行"，也是"例"。"例"和"律"止是形式上有分别，实质上也有"律"的统治效力。这四条之所以不同寻常的文献记载，就是因为它们都是大明"律例"的"例"，等同于法。

不准典卖户役田地是保证役户的户役田地不失原额，因而使役户有生生之具，有承当差役的条件；又可避免影射，逃避重役。

五　户役田地小识

1. 封建朝廷郡国所需皆出于徭役。全国人户除皇室勋臣国戚及少数钦赐优免者外，没有不被分拨承担徭役的②。因为徭役是按户分派的，所以叫做户役。承应户役的人户通称曰徭户。本文内称之为役户，犹古时之"役门"。徭户种类繁多，皇室郡国有多少种需要就金拨多少类徭户。承当正役和杂泛差役的有民

---

① 《武宗实录》卷116，正德九年九月己丑。

② 《神宗实录》卷353，万历二十八年十一月丁卯，大学士沈一贯题："但思天下田土除皇庄外无不出办差徭者"。

户①。承当军差的有军户，承当造作的有匠户，承当煎盐的有灶户②，牧养官马的有马户，牧养官牛、官驴、官羊的有牛户、驴户、羊户。泗州祖陵、凤阳皇陵有署户③、北京皇陵有陵户，专事供办祭品、看守、洒扫。司祷祝的有僧户、道户，培养生员的有儒户，供乐舞宴乐的有乐户，等等。其概况已具《明朝的配户当差制》一文④，此不复赘。

2. 徭户的职责是劳动、生产、备驱使，供力役。役使者欲役其力，须先养其身，赋予"生生之具"以资自给，这是必得如此的道理。这生生之具就是所谓"恒产"，也就是田地。于是役使者不得不讲求制民之产，使徭户与恒产相结合，使劳动力与生产资料相结合，以生产必需的劳动力，以办纳所需要的各项徭役。于是有民户的田地——民田、民地，有军户的田地——军田、军地，有匠户的田地——匠田、匠地，有灶户的田地——灶田、灶地，有站户的田地——站田、站地，有养马户的田地——免粮地、免征田、养丁田，以及僧户的僧田、道户的道田等等名色。

3. 役户（徭户）恒产之获得基本上有四种形式。（一）以原报抄籍为定。当初报籍入户当差时所报的原役及原产（户下人丁事产）。（二）田地是祖先传下来（祖遗），而仍当祖遗户役的。（三）无田地的人户拨与临近空闲地土或移徙宽乡垦种。（四）自认自报经由官府批准开垦荒地，官府允许其管业，并蠲免粮差若干年，或永不起科。

4. 田地的赋与或授予是保证粮差的承当的。役因籍异，役

---

① 因此民户也称"粮户"。
② 灶户也称盐户，尤其是在内地者。
③ 这些役户隶属太常寺祠祭署，故名署户。
④ 见本书426页。

随田转。于是购买或承种民田的当民差，购买或承种军田的当军差，购买或承种灶田的当灶差。总之，种什么田地就得当什么差。至是，不同的田地与各自不同的差役结合为一体，田地因而获得了当差人户的身分（役籍），当差人的封建超经济强制的义务。如欲摆脱这种超经济强制义务，除非流移逃亡。逃，也有被查获押送回籍（回原役籍）应当原差的可能。这个可能还不太小。

5. 军户、灶户、养马户都是重役户。他们的田地优免粮差的幅度都很大，养马户甚至连正粮也全不办纳。因此这三种役户的田地都是被富室官豪觊觎的田产。田产被人觊觎去，而田产上的差役却被人逃避着。逃避差役的方法，纷纭多端，略见吕坤《实政录·改复过割》、顾炎武《天下郡国利病书》所录《宁波府志·田赋书》，此或不必引述。出卖者不推出，购买者不过割，再加上诡寄、虚悬、影射、那移诸法术，朝廷失的不仅仅是差役，而且经常也丧失了差役所自出的役田。所以朝廷禁止典卖军田军地、灶田灶地以及养马户田地。

今人之研究中国古代社会土地所有制者，多力称编户民（各类役户的总称）占有的土地是他们私有的，各具有所有权，得"自由"（"自由"！）买卖。若果如此，若果得自由买卖，何以买卖中又附加以苛刻的超经济强制条件——必须过割粮差？若果是私有的，私有者具有所有权，又何以能被禁止典卖？须知封建社会的土地不是市场上的商品，它是一种手段。通过这种手段能以使佃种者（占有者）供办超经济强制的劳役。因为佃种者对它没有所有权，所以能以被所有者朝廷禁止典卖。

作者主要论著目录

Early Chinese Coinage **（中国古货币）** 美洲古钱学会，1952 年。

我国古代货币的起源和发展 科学出版社，1957 年。

中国古代货币的起源和发展 中国社会科学出版社，1991 年。

明代的军屯 中华书局，1965 年。

莱芜集 中华书局，1983 年。

中国历史大辞典·明史卷（主编） 上海辞书出版社，1995 年。

中国大百科全书·中国历史卷明史分支（主编） 中国大百科全书出版社，1992 年。

中国通史·明时期（主编） 上海人民出版社，1999 年。

中国经济通史·明代经济卷（主编） 经济日报出版社，2000年。

The Rise of Land Tax and the Fall of Dynasties in Chinese History （中国历史上田赋的增加与朝代更替），Pacific Affairs, 9（1936）。

The Organization of the Central Government of the Western Han Dynasty **（西汉中央政府的组织）** 载哈佛燕京亚洲研究学院学报（英文版），1960 年。

汉代"亭"与"乡""里"不同性质不同行政系统说 载《历史研究》1954 年第 2 期。

说秦汉到明末官手工业和封建制度的关系（与白寿彝合著） 载《历史研究》1954 年第 5 期。

爰田（辕田）解 载《历史研究》1957 年第 4 期。

"民数"与汉代封建政权 载《中国史研究》1979 年第 3 期。

明代军屯制度的历史渊源及其特点 载《历史研究》1959 年第 6 期。

明代的军户 载《历史研究》1959 年第 8 期。

明黔国公沐氏庄田考 载《历史研究》1962 年第 6 期。

明代的王府庄田 载《历史论丛》1964 年第 1 辑。

《皇明条法事类纂》读后 载《明史研究论丛》第一辑,1982 年。

研究历史必须实事求是 载《史学史研究》,1988 年第 3 期。

明朝徭役审编与土地 载《历史研究》1988 年第 1 期。

籍·贯·籍贯 载《文史知识》1988 年第 2 期。

封建社会的土地具有主人的身分 载《文史知识》1988 年第 11 期。

纳粮也是当差 载《史学史研究》,1989 年第 1 期。

中国古代经济史研究议 载《中国经济史研究》1989 年第 4 期。

明朝人论明朝户口 载《中国历史博物馆馆刊》1989 年第 13、14 期合刊。

《明实录》《明会典》一事异书互有得失举例 见《郑天挺纪念论文集》1990 年。

明朝田地赤契与赋役黄册 载《中国经济史研究》1991 年第 1 期。

明朝的配户当差制 载《中国史研究》1991 年第 1 期。

《明史研究》发刊辞 载《明史研究》第 1 辑,1991 年。

户役田述略 载《明史研究》第 1 辑,1991 年。

明代地区经济研究之我见 载《明史研究论丛》第 4 辑,1991 年。

作者年表

1910 年

3 月 10 日生于山东省莱芜县小曹村。

1924 年

入曲阜山东省立第二师范学习。

1925 年

加入中国共产主义青年团。

1926 年

任山东省曲阜县团委书记。

1927 年

初调至济南团省委书记处。"四一二"政变后，国民党军队进入济南，团省委被冲散，他返回曲阜，继续省立第二师范的学业。

1929 年

夏考入北京大学预科。

1931 年

在北京大学完成预科学习，进入经济系。

1931 年

"九一八"事变后，与北大同学千家驹等发表北京学生抗日的第一张宣言。

1931 年

12 月任北京大学新学生会交际股股长，负责联络南北大学学生进行抗日救亡运动，先后到南京、上海等地，学生请愿示威运动被镇压后，被国民党军队遣送回北大。后转入北大历史系学习。

1936 年

毕业于北京大学历史系。

1936 年

在南开大学经济研究所做研究工作。

1937 年

"七七"事变爆发后，平津沦陷，回到家乡支持本县"抗日救亡运动委员会"，配合八路军第四支队做抗日救国工作。

1938 年

底到美国参加"中国历史编纂计划"。为扩大中共的抗日影响，争取西方人民的援助，应陈翰笙要求，将八路军鲁南敌后抗日游击队的活动情况用英文写成《The Organization of a Typical Guerrilla Area in Southern Shantung》（一个鲁南典型游击区的组织），由太平洋学会印行。从此与中共纽约支部建立联系。

1939 年

参加太平洋学会（设在美国）主持的"中国历史编纂计划"（The Chinese History Project），承担秦汉部分。

1946 年

毕业于美国哥伦比亚大学研究生院，获硕士学位。

1947 年

受美洲古钱学会之聘，担任该学会博物馆远东部主任，同时研究商周古钱。

1948 年

在中共纽约支部的领导下，与进步人士在留美学生和学者中组织"新文化学会"，被选为第一届主席，并以主席的身分号召留美人士在新中国成立后回国参加社会主义建设。

1950 年

3 月回国后，任历史博物馆陈列部主任。

1955 年

到中国科学院历史研究所工作，任研究员。

1971 年

从"五·七"干校调回北京，参加顾颉刚先生主持的点校廿四史的工作。

1978 年

任中国社会科学院历史研究所明史研究室主任，中国社会科学院研究生院硕士生、博士生导师。

1986 年

加入中国共产党。

2002 年

10 月 27 日在北京逝世。